U0896039

民国教育史专题研究丛书　　田正平　主编

民国中小学教科书研究

石　鸥　著

"十三五"国家重点图书出版规划项目　　2019年国家出版基金资助项目

CNS 湖南教育出版社

图书在版编目（CIP）数据

民国中小学教科书研究 / 石鸥著. —长沙：
湖南教育出版社，2018. 12
（民国教育史专题研究丛书）
ISBN 978 - 7 - 5539 - 6498 - 0

Ⅰ. ①民… Ⅱ. ①石… Ⅲ. ①中小学—教材—研究—中国—民国
Ⅳ. ①G632. 3

中国版本图书馆 CIP 数据核字（2018）第 274470 号

MINGUO ZHONG-XIAOXUE JIAOKESHU YANJIU

书　　名 民国中小学教科书研究
作　　者 石　鸥
选题策划 黄步高
责任编辑 何　莉
责任校对 胡　婷　任　娟　丁泽良　王怀玉
装帧设计 肖睿子
出版发行 湖南教育出版社（长沙市韶山北路 443 号）
网　　址 www. bakclass. com
微 信 号 贝壳导学
客　　服 0731 - 85486979
经　　销 湖南省新华书店
印　　刷 湖南省众鑫印务有限公司
开　　本 787mm×1092mm　16 开
印　　张 29. 75
字　　数 450 000
版　　次 2018 年 12 月第 1 版
印　　次 2018 年 12 月第 1 次印刷
书　　号 ISBN 978 - 7 - 5539 - 6498 - 0
定　　价 150. 00 元

总　序

（一）

国内学术界关于中华民国教育史（1912—1949）的研究，严格意义上讲，是从20世纪80年代后期开始的。至20世纪末，有关民国教育史的通史性研究成果大致有三种，分别是熊明安著《中华民国教育史》（重庆出版社，1990）、申晓云主编《动荡转型中的民国教育》（河南人民出版社，1994）、李华兴主编《民国教育史》（上海教育出版社，1997）。其中，作为国内第一本以《中华民国教育史》冠名的学术著作，熊著对有关民国时期的教育史料进行了收集整理，构建了一个以历史阶段演进为纵轴、以各级各类教育为横轴的纵横交错的研究框架，并对民国时期教育的诸多举措和事件，做出了自己的评价，认为“从总体上看，民国时期的教育仍是进步的教育，并取得了可观的成就”①。申著涉及民国教育史研究中的有关理论问题，尤其是对民国教育史的历史分期问题做了初步探讨。李著出版于20世纪90年代后期，在体例框架上有所创新，全书分为“学制篇”“思想篇”“管理篇”和“办学篇”四部分，对民国教育史的历史分期提出了新的看法，在史料收集和分析上亦有所深入，特别强调了对民国时期教育“进行历史描述和价值评判的出发点与标尺”的问题。作者在“绪言”中指出：“在1912—1949年的三十八个春秋里，伴随着社会转型的阵痛，民国教育经历着从传统向

① 熊明安：《中华民国教育史》，重庆：重庆出版社，1990年，第3页。

现代化的蜕变。一方面，对传统教育的摒弃与继承、否定与弘扬，对西方教育的接纳与排拒、移植与抗阻，对民国教育的构思与运作、试验与调整，交织成一幅错综复杂、色彩斑斓的历史画卷；另一方面，在苏区、边区、解放区，广大民众又在共产党领导下，进行了新民主主义教育的理论思考和具体实践。”①

1994 年和 2000 年湖南教育出版社和山东教育出版社先后出版了《中国教育思想通史》（王炳照、阎国华主编）和《中国教育制度通史》（李国钧、王炳照总主编），前者的第六、七卷和后者的第七卷的研究对象是民国时期的教育。《中国教育思想通史》第六卷的时限是 1912—1927 年，第七卷的时限是 1927—1949 年；而《中国教育制度通史》第七卷的时限则是 1912—1949 年。由于体例的限制，《中国教育思想通史》的六、七两卷，主要探讨了民国时期教育改革思潮、职业教育思潮、实用主义教育思潮、三民主义教育思潮、乡村教育思潮、生活教育思潮、新民主主义教育思想等 20 多种教育思潮产生、形成、发展的原因和对实际教育的影响。作者指出：“与清末的各种教育思潮相比，这一时期的教育思潮从总体上显现出一种比较注意从多方面探讨教育发展规律的特点，就是说，具有较强的理论色彩和教育色彩。……上述特点的出现，标志着中国近代教育发展的一个新阶段。”②《中国教育制度通史》第七卷则在分析了 1912—1927 年间教育制度转变的深层次原因之后，重点考察了三民主义教育制度和新民主主义教育制度的产生形成过程、具体内容及其各自对教育实践的影响。作者认为，“民国教育是中国教育近代化的一个重要阶段。其间，中国的教育制度发生了两个重要转变：从日本模式到美国模式的转变，以及从以模仿外国模式为主到与中国实际相结合的方向转变。特别是第二次转变，由于教育变革的旗帜从分散的知识分子转到了有组织的政党手中，分化出了两种既相对立又相补充的教育制度体系：国民党所领导的三民主义教育制度与共产党所领导的新民主主义教育制度。这使得教育变革与社会变革取得了更加密切的联系。在这一过程中，有一定中国特点的近

---

① 李华兴主编：《民国教育史》，上海：上海教育出版社，1997 年，第 1 页。

② 田正平主编：《中国教育思想通史》（第六卷），长沙：湖南教育出版社，1994 年，第 3 页。

代化教育模式得以确立”[①]。上述论断虽然分别是针对民国时期教育思潮和教育制度的变革而言，其实也反映了作者对整个民国时期教育发展的基本看法。

进入新世纪以来，有关中华民国教育史的学术成果中，最值得注意的是2013年由北京师范大学出版社出版的《中国教育通史·中华民国卷》（上、中、下）和2015年由南京大学出版社出版的《中华民国专题史》第十卷《教育的变革与发展》。《中国教育通史·中华民国卷》（上、中、下）是由前面提及的《中国教育思想通史》和《中国教育制度通史》两书有关内容增补、调整、修订而来的，其指导思想和分析框架基本保持原状，上、中两册以教育思想为主，下册则以教育制度为主，在中国教育通史的大框架下，这三册冠之以“中华民国卷”。由张宪文、张玉法两位教授共同主编的《中华民国专题史》，是海峡两岸暨香港、澳门40所大学和研究机构的70位历史学教授与研究员合作撰著的，全书设计了18个专题，教育是其中之一。参与《教育的变革与发展》一书写作的几位作者分别来自大陆和台湾的高等院校和研究机构，这是海峡两岸学者第一次合作完成的关于中华民国时期教育的研究成果。全书由8章组成，依历史发展线索分专题展开，各个专题又分别结合了典型个案分析。作者在“绪言”中指出：“民国时期的教育，在中国近代教育发展的历程中占据着承前启后的重要地位。作为有着数千年悠久历史文化和教育传统的文明古国，教育也如同这个民族的命运一样，在19世纪下半叶和20世纪上半叶遭遇到前所未有的冲击。……中国的传统教育思想、理念、制度模式和知识体系在‘西洋’文明的冲击下开始了艰难的‘现代化’转型。……民国时期的教育，正是这次转型进程中的一个重要阶段。在中国现代教育的发展上，民国时期的教育进行了卓有成效的探索和实践。”[②]

综观20世纪90年代以来先后出版的民国教育史著述，可以看出有如下几方面的共同特点。第一，除最早出版的熊著《中华民国教育史》外，其余各书都明确采用的是“近代化”或“现代化”的研究范式和视角，都主张把民国时期的教

① 于述胜：《中国教育制度通史》（第七卷），济南：山东教育出版社，2000年，第413页。

② 朱庆葆、陈进金、孙若怡、牛力等：《教育的变革与发展》，南京：南京大学出版社，2015年，第1页。

育放在“与几千年来的自给自足的封建农业经济基础和专制政体相适应的传统教育，逐步向与近代大工业生产、与资本主义发展相适应的新式近代教育转化与演变的历史过程”① 中考察，都认为“民国时期的教育，是中国教育近代化的一个重要阶段”②。第二，上述不同时期出版的这些著作，都架构了一个大致包括教育方针、教育制度、教育人物（思想）、各级各类教育实施与管理等内容的分析框架，尽管在详略上间有区别，但大的架构基本一致。第三，都对民国时期的教育从总体上给予肯定，对民国教育的不同层面做出了自己的评价。当然，由于各书出版时间前后跨越四分之一世纪，而这一时期中国社会正在经历着深刻的变革，各书在评价尺度的把握上表现出较大差异，应该说，这也是正常的。第四，作为通史性著作，上述各书无论是按历史时期的演进为序展开，还是以专题的形式展开，受篇幅和体例的限制，尽管已经做了很大努力，但对 38 年间民国教育史上的不少问题，有的仍然是点到为止，未能展开深入探讨，有的甚至基本未能涉及。这种状况，既为民国教育史的研究提出了更高的要求，也为进一步的深入研究留下较大的空间。

与学术界对民国教育史的研究持谨慎、执着而又稳步推进的态势不同，社会上对民国教育的关注从 20 世纪末开始，可以说热浪滚滚、持续升温。有学者统计，“在百度搜索引擎上以‘民国教育’为检索词，截至 2012 年 11 月 20 日，搜索到的结果竟然有近 300 万条之多”③。坊间各种文章、著述及教育家传记、回忆录等大量刊布和结集出版，甚至包括民国时期的一些中小学教科书也以精美的形式一再重印。贯穿于这些海量的对民国教育关注的各种文献的主旋律，是对民国时期教育的高度赞扬和称颂。2008 年 12 月发表在“天涯论坛”上的一篇帖子，题目即是《民国时期的中国教育，一直走在世界的前沿》。文章从教育完全免费、教育经费、教师薪水、多样化的教育布局、不惜代价办教育等五个方面，反复论证当时的中国教育走在世界前沿。尽管文章的内容并非建立在严格的史实基础之

---

① 田正平主编：《中国教育通史·中华民国卷》（上），北京：北京师范大学出版社，2013 年，第 1 页。

② 于述胜：《中国教育制度通史》（第七卷），济南：山东教育出版社，2000 年，第 1 页。

③ 胡金平：《民国教育热的背后：一种想象性的社会记忆》，《教育发展研究》2014 年第 Z2 期。

上，也没有提供任何有根据的统计数据，但是，该帖子却不胫而走，直至今天，仍然持续地被大量转发。这只是众多的对民国时期教育极力推崇和颂扬的显例之一。为什么会出现这种现象？恐怕至少有两方面的原因值得考虑。其一，与社会各界对当代中国教育改革中出现的诸种问题的焦虑有直接关系。带着现实的感受，人们希望通过回顾、梳理、考察民国时期相应的教育问题，启迪智慧，开阔眼界，总结经验，汲取教训。于是，民国教育就成为被社会各界广泛关注的一片“热土”。耕耘者各自怀揣不同目的，有的是希望从中获得创办一流大学的启示，以使中国的高等教育更快地跻身“世界一流大学的行列”；有的是呼唤渐行渐远的某种“精神”或“情怀”，借以批评当下学术界的浮躁与腐败；有的试图通过比较体制方面的异同而引发相关的联想；有的则企盼为革除当下的某些积弊寻求“一剂良方”。当然，更不乏有些人将自己想象中的“教育愿景”投射到那段逝去的历史，论说和言语间更多的是情感的诉求和理想化的憧憬。说实话，所谓民国时期的教育，总共也就是38年，如此短暂的时间，居然会给后人留下那么多想象与重构的空间，在充分体现历史的“魅力”的同时，也生动地说明了那是一个在中国教育早期现代化进程中极其重要的时代，是一个由于迄今为止尚有许多问题没有被人们正确认知因而极易让人产生各种“想象”与“移情”的时代。可以说，对于这段教育历史的关注，已经远远超出了学术研究本身的范围。其二，从更深的层次考察，上述民国教育热的背后，可能潜伏着一种对被20世纪六七十年代极左思潮所形塑的民国教育图景的不满情绪和逆反心理。长期以来，由于众所周知的原因，教育史上的“昨天”（民国教育）与它赖以存在的环境被不加区别地描绘成一个充满妖魔鬼怪的黑暗世界，种种反映事实真相的史料被一张又一张无形或有形的网络所过滤、筛选。于是，民国时期的教育以一幅专制集权、崇美媚外、毒害青年、扼杀人性的荒诞不经的图像，通过教材、课堂、学术论著及其他传播方式广为流传，其影响亦远远超出学术界，几乎成了全社会的“共识”。30多年来随着改革开放的深入，许多人为的障碍逐渐消除，大量被屏蔽和过滤的史料重见天日。民国时期的教育究竟如何？人们自然而然地追问，不到40年的民国教育培养出那么多大师、大家，那一时期的教育究竟是怎么搞的？民国时期的教育有哪些“高招”和“法宝”可供今天借鉴？著名的“钱学森之问”更是激发了人们对这些问题的思考。平心而论，综观21世纪以来有关民国教育的各种论文、著述、回忆录等，其中不乏严肃的学术著作和论文，有许多成果可以说无论在论题的选择、史料的发掘利用，抑或是在分析框架的建构和观点的提炼方面，都体现出很高的学术水准。但是，也确实有一些作品，更多的是一种感情的宣泄或寄托，很少提供有价值的新材料、新观点，立论往往失之偏颇；更有一些著述，对民国教育的许多问题缺乏具体的实事求是的分析，而是一味地“拔高”，给人的感觉是，那个时期的教育样样都好，多年前的“黑暗地狱”，如今变成了人人向往的“光明天堂”。

上述社会现象给我们的启示是，民国教育作为中国教育早期现代化的一个重要历史阶段，它是我们的“昨天”。实际上，我们今天遇到的、讨论的、感到困惑的许多教育问题，也都是民国时期的人们曾经遇到过、讨论过、感到困惑的问题。所以，对民国教育的研究，能为我们处理和解决这些问题提供有益的借鉴。长期以来我们曾经把这段历史的研究视为禁区，与中国古代教育史、中国近代教育史的研究状况比较，这段离现实最近的历史，恰恰最不受重视、成果最为匮乏、形象最为模糊；近年以来，这块“禁区”变成了“热土”，人们出于各种动机、带着各种问题，试图从民国教育中寻求答案、解疑释惑，在这种情况下，急功近利的心态、“削足适履”的后见之明和个人情感的流露时有所见。“禁区”也好，“热土”也罢，从学术研究和社会需求的角度讲，都不是一种正常的现象。说到底，民国时期的教育既不是“天堂”，更不是“地狱”，客观的史实只能有一个，而解释、分析、评价却可能多种多样。这就要求我们，在认真总结民国教育史研究过程中“冷”“热”两方面经验教训的基础上，有组织地加强对民国教育史的深入研究，这既是学科建设、学术发展的需要，又是回应社会需求、为当代中国教育改革提供有益借鉴的需要。

（二）

众所周知，中国教育的早期现代化是在19世纪60年代拉开序幕的。如果以

1862 年京师同文馆的创办作为中国近代新式教育的滥觞，至 1912 年中华民国成立，传统教育的变革和新式教育的推进已经经历了整整半个世纪。50 年间，无论是在教育理念、教育制度、教育模式层面，抑或是在知识体系、课程设置、教学形式和方法层面，都发生了缓慢、深刻而不可逆转的变革。尽管阻力重重，但经过自强运动、维新运动和清末最后 10 年的新政改革，仍然开启了教育早期现代化的诸多门径：各类新式学堂的创办，培养目标的多元化，大量西学课程的引进，留学生的走出国门，书院的改造与改制，科举制度的不断修补、改革及停废，近代学校制度的颁行，中央教育行政机构的独立建制，等等。据统计，1912 年全国专科以上学校 115 所，学生 40 114 人；全国中等学校 832 所，学生 97 965 人；全国小学校 86 318 所，学生 2 795 475 人。[①] 中华民国的教育，就是在这个基础上起步的。

中华民国时期的教育，以 1927 年为界，38 年间大致可以分作两个阶段。

辛亥革命推翻了清王朝的统治，这是中国历史发展进程中的一次重大飞跃。它标志着在中国延续两千多年的封建君主专制制度的终结和资产阶级共和制度的诞生，是中国从传统社会向近代社会转变过程中的一个重要里程碑。同样，中华民国的建立，使中国教育早期现代化进入一个新的历史时期：封建专制政体的崩溃，使得由它所支撑的价值观念、社会心理、道德规范以及与此相适应的传统教育的各个层面统统失去了依托，由此催发了民初教育的新气象。无所不包的普遍王权的一元结构突然解体，在造成权威丧失、价值迷津的同时，也诱发了保守顽固势力的拼死反抗，袁世凯在教育领域的倒行逆施，对民初教育的反动，掀起了一股短暂的复辟逆流。但是逆流毕竟不是主流，从一定意义上讲，正是这股逆流引发了国人对数千年积淀而成的文化传统的总体性思考与批判，引发了中西文化的激烈论争，促进了观念形态的深刻变革，于是有新文化运动和五四运动的发生。中国教育早期现代化的基本内涵诸如追求民主、崇尚科学、强调实用、求新知于世界等，生动鲜明地在理性思考和实践活动两个层面凸现出来。1912—1927

① 教育部教育年鉴编纂委员会编：《第二次中国教育年鉴》，上海：商务印书馆，1948 年，第 1400、1428、1455 页。

年间，中国教育早期现代化留下了之字形发展、螺旋式上升的轨迹，在艰难曲折中显现出历史的选择和进步。如果说此前50年间传统教育的变革和新式教育的推进是在封建专制政体的框架之内进行的话，那么辛亥革命后的这种变革和推进则是在民主共和观念逐渐深入人心、封建专制制度无可挽回的历史大趋势下展开的。

1912年1月3日，蔡元培出任中华民国首任教育总长。1月9日，教育部正式成立。至1913年9月“二次革命”失败，蔡元培和他的继任者们，在革故鼎新的重大历史转折时期，适应政体转变，废除清末教育宗旨，确立“注重道德教育，以实利教育、军国民教育辅之，更以美感教育完成其道德”的培养共和国新国民的教育方针；召开全国临时教育会议，讨论议决民国教育发展的大政方针，进行教育决策民主化的尝试；制定颁布“壬子—癸丑学制”，对“癸卯学制”进行制度改造。在前后不到两年的时间里，采取了这些重大举措，顺应社会发展潮流，为民国教育发展奠定了第一块基石。

1915年兴起的新文化运动和其后的五四运动，对民国时期教育的影响是深远、持久且多重层面的。新文化运动的骁将们几乎毫无例外地把批判的矛头指向封建教育的核心——尊孔读经，其措辞之激烈、揭露之无情、批判之深刻，都是前所未有的。如果说辛亥革命后对封建教育的冲击和废除更多的是凭借政权的力量，主要是进行了制度层面的改革，尚未来得及从教育观念、教育思想上进行深入清理的话，那么，新文化运动、五四运动正是力求弥补这艰苦而又十分必要的一课。

与上述批判高潮相呼应，中国的知识界、教育界表现出前所未有的学习、追赶世界先进教育潮流的活跃趋势。在中国教育早期现代化的历史进程中，西方教育的影响，始终是一个极其重要的因素。教育早期现代化每跨出一步，都伴随着西方教育不同层面影响的扩大和加深。如果说在中国教育早期现代化的启动阶段，传统教育的改革主要以增设新的课程、引进新的教学内容为标志，更多地受西方教育物质层面的影响，19世纪末20世纪初传统教育的改革集中地体现在近代学制的建立，更多地受西方教育制度层面影响的话，那么，在新文化运动中兴起并得到蓬勃发展的教育改革运动，则主要是受西方教育理论、教育思想的影响。人们在探讨导致中西教育差别的本质内涵、寻求中国教育根本出路的过程中，把形形色色的西方教育理论、学说、思潮统统拿了过来，形成了近代以来教育思想界最为活跃的一个时期。这种多姿多彩、众说纷纭的思想氛围，不仅为人们提供了批判旧教育、发展新教育的理论武器，而且从根本上锻炼和提高了我国教育界的理论素养。

1915 年以后，我国教育界初步形成了一支为数可观、具有多元化色彩、知识结构比较合理的教育理论人才和实践人才队伍。这支队伍的组成大致可分为三个层面。一是出身于封建士大夫营垒、在维新运动时期实现了自我转变的老一辈文化教育界人士。从清末废科举、兴学堂、创办新式教育以来，他们大都站在时代前列，做出过积极贡献，在新的社会历史条件下，他们中的大多数，仍然追随时代步伐，努力更新自己的知识和观念，在自己所能理解和接受的范围内，以不同的方式，直接或间接地促成、支持教育上的各种改革活动。二是民国肇始，积极参与废除封建教育制度、创建新教育体系，在革故鼎新中勋劳卓著的一批以留日学生为核心的半新半旧的知识分子。在新形势下，他们锐意进取，不断追求，对自己亲手制定或参与制定的民初教育宗旨、“壬子—癸丑学制”，不居功，不护短，又以积极的姿态呼唤新的改革高潮。三是 1915 年以后陆续回国的欧美留学生。他们的年龄大多在 25～35 岁，出国留学少则二三年，多则五七载，出身名校，师从名家，学有专长，受过全面的西方教育熏陶和科学方法训练，取得了学士、硕士、博士学位。这批人血气方刚，视野开阔，承袭的负担少，思想敏锐，富于朝气，对国内教育现状极为不满，要求变革的愿望最强烈。上述三个层面的人们，广泛地分布在中央和各省市的教育行政部门，各大学、专门学校、中等学校和各种文化教育出版机构、教育社团组织。从总体上看，他们的教育理论素养、他们的知识结构、他们对中国国情的认识以及对世界教育发展趋势的理解，均可以说达到了前所未有的水平。他们同气相求，此呼彼应，成为左右中国教育方向的主力军。

以 1917 年 9 月 7 日教育部公布《修正大学令》为标志，中国近代高等教育体制的演进进入到一个新的阶段。《修正大学令》规定：设两科以上者得称大学，但单设一科者得称为某科大学。1922年颁布的“壬戌学制”吸收了上述规定，而这些规定在1924年2月公布的《国立大学条例》中又得到进一步的肯定。这些规定不仅打破了清末学制中关于在京师设立大学必须八科俱全、在省城设立大学必须三科以上的成案，而且也突破了民初《大学令》中所规定的大学至少需设两科以上的要求，反映了20世纪20年代中国社会经济发展对高等教育的需求。而1917年后蔡元培对北京大学卓有成效的改革，改革中所体现出来的现代大学理念、大学精神、管理体制以及所做的种种努力和尝试，更是对整个中国思想文化和教育学术都产生了广泛、深刻的影响和巨大的辐射力。大学成为现代知识分子安身立命之所，成为新知识、新思潮、新文化的生产者、倡导者、发源地。1926年，蔡元培在一篇文章中指出，中国大学取得了显著进步，这既表现在数量的扩大方面，“十倍于民国元年”，也反映在内容的提高方面。他从科目设置、教学内容、师生观念以及开展科学研究等多个角度进行对比，得出结论：“不能不说今日的大学，比十五年前已经进步得多了。”① 当然，蔡在充分肯定这一时期大学发展所取得的成绩的同时，也不无忧虑地指出了存在的严重问题，这些我们将在后面讨论。

从1915年开始酝酿至1924年教育部颁布《国立大学条例》大致完成的20世纪20年代的学制改革，前后历经近10年。与清末新政时期“癸卯学制”和民国初年“壬子—癸丑学制”的制定、修订相比，这次学制的修订真正发展成为一场名副其实的教育改革运动。不仅具有酝酿时间长、视野开阔、民间参与成为主体、涉及面广、所形成的“壬戌学制”影响持久等特点，而且正是在这次改革过程中，中国教育的发展模式完成了由取道日本向取法欧美，特别是美国的转变，这个转变影响了此后中国教育的国际取向。而在改革过程中从理论和实践两个层面体现出来的民间社会力量参与的积极性、主动性、多样性和主体作用发挥的有效性，在中国教育早期现代化的历史进程中，既是空前的，又可能是绝后的。

---

① 中国蔡元培研究会编：《蔡元培全集》（第五卷），杭州：浙江教育出版社，1997年，第412～413页。

（三）

1927年南京国民政府的建立，标志着民国教育的发展进入新阶段。如果说此前15年间中国教育的发展是在中央政府走马灯似的更迭、缺乏威权，社会动荡、各地军阀混战不已的大背景下，民间社会力量充分介入和展现，以思想理论上的多元化、实践形态上的多样性为特征向前推进的话，那么南京国民政府建立后，中国教育的发展则是在“一个政党、一个主义、一个领袖”的政治框架逐步形成、日趋强化的过程中，在中央政府的主导下以完善立法和制度建设，强调集权和统一，致力于各级各类教育的规范化、标准化为特征进行探索和推进的。

1928年5月，中华民国大学院在南京召集第一次全国教育会议，提议以“三民主义的教育”为中华民国教育宗旨。1929年4月，国民政府公布《中华民国教育宗旨及其实施方针》，确定“中华民国之教育，根据三民主义，以充实人民生活，扶植社会生存，发展国民生计，延续民族生命为目的；务期民族独立，民权普遍，民生发展，以促进世界大同”[①]。1931年6月，国民政府公布《中华民国训政时期约法》，以根本法的形式进一步确认：“三民主义为中华民国教育之根本原则。”[②]与民国初年蔡元培主持制定的“五育并重”的教育方针和1922年“壬戌学制”制定过程中形成的“七项标准”相比较，三民主义教育宗旨的确立，明确地把教育的发展与国家的发展目标紧紧地联结在一起。

从国民政府成立到抗日战争全面爆发前的10年，是民国教育稳步发展、经费支持较有保障、各级各类教育事业取得显著成绩的10年。鉴于北京政府时期中央政府弱势、教育法令法规滞后、全国教育秩序松散的实际情况，国民政府在制定颁布三民主义教育宗旨及其实施方针的同时，加强教育法律、法规、制度和有关政策的制定、修订和完善，从制度建设上进行本土化探索。在1927－1937

---

① 国民政府：《中华民国教育宗旨及其实施方针》，宋恩荣、章咸选编：《中华民国教育法规选编（修订版）》，南京：江苏教育出版社，2005年，第35～36页。

② 国民政府：《中华民国训政时期约法》，宋恩荣、章咸选编：《中华民国教育法规选编（修订版）》，南京：江苏教育出版社，2005年，第37页。

年间，先后颁布的重要法令、法规、政策有：《中华民国大学院组织法》《大学区组织条例》《教育部组织法》《教育会规程》《大学组织法》《专科学校组织法》《大学规程》《专科学校规程》《学位授予法》《大学研究院暂行组织规程》《小学法》《小学规程》《实行义务教育暂行办法大纲》《中学法》《中学规程》《中学学生毕业会考规程》《职业学校法》《职业学校规程》《师范学校法》《师范学校规程》《私立学校规程》《整顿学风令》《整顿教育令》，等等。上述法律法规的制定颁布，在比较完备的现代教育法律法规体系的基础上，建立了一个比较完整的包括初等、中等、高等教育和师范、职业、成人、社会教育、教育管理在内的国民教育体系。尽管在实施过程中大打折扣，但是，由于中央政府的权威日益强化，这一整套法律法规体系在保障各级各类教育正常运作的过程中，仍然发挥了重要的积极作用。

完成教育主权的回收。民国成立后，北京政府曾经针对外国宗教团体的在华办学活动，多次发布通告，要求外国教会学校向中国政府注册立案。20 世纪 20 年代中期，全国范围内更掀起声势浩大的反对教会教育、收回教育权的社会运动。但是，由于中央政府本身的不稳定和缺乏威权，直至国民政府成立，除燕京大学曾于 1927 年 2 月向北京政府教育部申请立案之外，外国宗教团体在华所办学校多持观望态度。国民政府成立后，先后公布《私立学校条例》《私立学校董事会条例》和《私立学校规程》等通令、通告，明确规定，“外国人及宗教团体设立之学校”均属“私立学校”；“私立学校须经教育行政机关立案，受教育行政机关之监督及指导”；“私立学校如系外国人所设立，其校长或院长须以中国人充任”；“私立学校如系宗教团体所设立，不得以宗教科目为必修科，亦不得在课内作宗教宣传，学校内如有宗教仪式，不得强迫或劝诱学生参加，在小学并不得举行宗教仪式”。[①] 在国民政府的敦促下，各宗教团体所办学校纷纷向中国教育行政部门注册立案。以高等教育而言，至 20 世纪 30 年代初，除圣约翰大学外，其他教会所办高等学校全部完成了向中国政府的注册立案。正如有的学者所指出

① 教育部：《私立学校规程》，[日] 多贺秋五郎：《近代中国教育史资料·民国编》（中），东京：日本学术振兴会，1974 年，第 573 页。

的："在中国教会大学的历史上，20 世纪 20 年代的事件结束了一个时代，教会学校不再是外国人管理的宣传外国教义的学校了。……教育成了学校的主要目的，传播福音只能在政府控制的教学计划所容许的范围内进行。"[①]

整顿各级各类教育，提升教育质量。10 年间国民政府在教育方面的另一大举措即是整顿各级各类教育、提升教育质量，并且取得了显著成效。以对高等教育的整顿为例，国民政府成立之初，全国高等教育正处在所谓"大学热"时期。1931 年国际联盟教育考察团来华考察，在其考察报告书中，对中国高等教育的现状做了如下评述："中国人对于高等教育之信仰——几成为对于高等教育之狂热——致使二十五年之内，竟有五十余所大学之创设，此种信仰之本身，确有值得特别羡慕者。但此种迅速创立之制度，纵具有真实之优点，其品质上之缺点，自不可免。"[②] 为改变高等学校"数量增加，质量低下"的状况，国民政府对高等教育进行了整顿，其中取消单科大学、限制滥设大学，加强对私立院校及教会学校的控制与管理，调整院系结构、限制文科、注重实用科学和提高教育效能等是整顿的重点。为此出台了一系列的法规政策，目的是全面加强政府对高等教育的控制以"限制数量、提升质量"。规范和控制相结合是这一时期国民政府整顿高等教育政策的主要特征。此次整顿呈现以下特点：第一，整理方式以"裁、并、改、停"为主；第二，整顿内容明确，主线突出，贯彻始终；第三，政府整顿高等教育的法规和政策在执行过程中，既有刚性的一面，亦有一定的灵活性。通过此次整顿，改变了 20 世纪 20 年代以来高等教育发展中的无序状况，提高了高等教育的整体水平。当然，在这一过程中也进一步确立和加强了国民党在全国高等院校中的渗透和影响。

1937 年抗日战争全面爆发，深刻的民族危机打乱了中国教育早期现代化的正常进程，战前初步形成的稳定的教育发展局面被破坏。随着日寇侵略的步步进逼，各级各类教育受到严重破坏，特别是集中于平津地区和东南沿海地区的大批高等学校损失更为惨重。据战后教育部统计，战时全国各级学校与教育人员直

① ［美］杰西·格·卢茨：《中国教会大学史》，杭州：浙江教育出版社，1988 年，第 248 页。
② 国际联盟教育考察团编：《国际联盟教育考察团报告书》，台北：文海出版社，1986 年，第 160 页。

接、间接所受损失合计美金 9.6 亿余元。其中，建筑物被破坏 31 万余间，图书损失 7 259 万余册，仪器标本损失 97 万余件，各类器具损失 2 984 万件，其他物品不计其数。① 战前的 108 所高等学校中，校舍遭到日军占领或轰炸，被迫迁移或停顿者达 94 所，其中 14 所被全毁，25 所被迫停顿。② 多所大学被迫颠沛流离、辗转内迁，日本帝国主义的野蛮行径，使中国的教育事业遭受空前的巨大损失。

1938 年 3 月 29 日至 4 月 1 日，国民党在武汉召开临时全国代表大会，制定了《中国国民党抗战救国纲领》，临时代表大会通过了《战时各级教育实施方案纲要》，内容包括九大方针和十七个要点，用以指导战时教育。国民政府教育部据此制定了战时各级各类教育实施方案及改善要点，对学制、学校设置、师资、教材、课程与科系、训育、体育、管理、经费、学校建筑、行政机构、学术研究及审议、留学制度、边疆教育、社会教育等做了具体规定。1939 年 3 月 4 日，蒋介石在第三次全国教育会议上致辞，指出教育要以适应抗战救国需要为中心，以“革命救国的三民主义为我国教育的最高基准，以实现抗战救国纲领”，强调“教育是一切事业的基本”，并提出“平时要当战时看，战时要当平时看”，认为“战时”与“平时”并非截然分开。③ 3 月 7 日，大会议决通过临时提案《蒋委长在本会议训词为我国教育之最高指导原则案》④ 作为大会的重要决议和今后国内教育的指导方针。“战时须作平时看”的指导方针的确立，明确了政府抗战时期教育工作的总基调，兼顾抗战与建国、目前与长远的双重任务。遵循这一方针，国民政府在全面抗战期间采取多种应变措施，取得积极成效。至抗日战争胜利，全国各级各类教育在迅速医治战争创伤的同时，取得了长足的发展。据统计，1936 年，全国有专科以上学校 108 所，学生 41 922 人；全国中等学校 3 264 所，学生

---

① 教育部统计处：《全国各级学校及教育机关战时财产损失统计表》，中国第二历史档案馆编：《中华民国史档案资料汇编·第五辑第二编教育（一）》，南京：江苏古籍出版社，1997 年，第 383～399 页。

② 教育部统计处：《全国高等教育概况之比较表》，杜元载主编：《革命文献·抗战时期之高等教育》，台北：“中央文物供应社”，1972 年，第 85 页。

③ 《蒋委员长讲：教育的当前任务》，《新华日报》（重庆），1939 年 3 月 5 日；《全国教育会议详记·第四日蒋委长莅会勉教育界》，《申报》（上海）1939 年 3 月 22 日。

④ 《全国教育会议昨闭幕：通过蒋委长莅会训词为最高指导原则》，《申报》（上海）1939 年 3 月 10 日。

627 246 人；全国小学校 320 080 所，学生 18 364 956 人。至 1945 年抗战结束，全国专科以上学校增至 141 所，学生 83 498 人；全国中等学校增至5 073所，学生 1 566 392 人；全国国民学校及小学校数虽然有所下降，但在校学生却增至 21 831 898人。[①] 这期间，全国专科以上学校在校学生数、全国中等学校在校学生数均增长 1 倍左右，全国国民学校及小学在校学生数增长近 20%。

抗日战争胜利后，全国人民渴望和平安定，教育事业百废待兴。国民政府教育部于 1945 年 9 月召开全国教育善后复员会议，讨论制定各项政策，并先后颁布《国立各级学校迁校办法》及对收复区各类学校教师、学生的甄审和处理办法。教育复员工作大致在 1947 年 4 月完成。但是，随着内战爆发，战火连绵、经济崩溃、物价上涨、通货膨胀，国家财政极度困难，教育经费急剧缩减，中国教育早期现代化的进程再次受挫。1949 年 10 月，中华人民共和国宣告成立，国民党失去了在大陆的统治地位。

（四）

通过上面简短的回顾，可以看出，38 年间中国教育的发展，与 1862 年以来中国教育早期现代化的前半个世纪相比，应该说，在推动传统教育的变革和促进新式教育的成长方面，这一时期确实做出了重要贡献，取得了很大的成绩。据统计，1947 年全国专科以上高等学校 207 所，在校学生 155 036 人[②]，分别是 1912 年高等学校数和高等学校在校学生数的 1.8 倍和 3.9 倍。1946 年全国中等学校 5 892所，在校学生 1 878 523 人[③]，分别是 1912 年中等学校数和中等学校在校学生数的 7.1 倍和 19.2 倍。1946 年全国国民学校和小学 290 617 所，在校学生 23 813 705 人[④]，分别是 1912 年小学校数和小学在校学生数的 3.4 倍和 8.5 倍。这仅是就新式学校数和在校学生数的一个粗略统计，至于在教育观念转变、制度建设探索、培养人才质量等方面，更有着前 50 年无法比拟的进步。以人才培养为例，民国时期的教育有着特殊的贡献，一大批具有国际水准的优秀人才在战乱

①②③④ 教育部教育年鉴编纂委员会编：《第二次中国教育年鉴》，上海：商务印书馆，1948 年，第 1400、1428、1455，1402，1428，1455 页。

动荡的环境中脱颖而出，直至中华人民共和国成立后的相当一段时间内，仍然是国家建设的骨干力量，在政治、经济、科学技术、文化教育的各个领域发挥着无可替代的作用。这批人才的涌现，与民国时期学校教育，特别是高等教育的办学体制、大学理念、制度环境、精神追求、师资质量、校园氛围等密切相关。经过20世纪30年代初期的整顿，私立高等学校不仅在体制上一直得到保证，而且，私立专科以上学校在民国高等教育的整个格局中仍然是三分天下有其一。如上所述，至1947年，全国共有专科以上学校207所，其中，私立者79所，占38.2%，而私立专科以上学校在校大学生数则占大学生总数的37.5%。[①] 有的研究者指出：民国时期“中国的大学已经逐渐发展成熟，它在保持中国的传统特色和与世界大学制度互相接轨这两者之间已经成功地找到平衡点”[②]。论者从文化冲突的视角立论，这种看法不无深刻之处。

但是，38年间的中国社会除1937年全面抗战开始前的10年各方面较为稳定之外，其余的大部分时期，不是政局动荡、军阀混战不已，就是列强入侵、内战连绵，这样一种社会背景，又从总体上制约着这一时期教育的发展。在1927年之前的十几年间，政局走马灯似的你方唱罢我登场，教育总长、次长的人选换了40余次，几乎每年都要更换3位教育总长，而1922年一年之内，总长、次长即各换了7次。这种状况下，中央政府政令难出都门，教育法令、法规、政策的制定不仅滞后，且缺乏连续性、长远性和全局性考虑。中央政府的动荡和弱势，在客观上为民间力量的介入和发挥作用提供了空间，为教育理论和教育思想界的五彩缤纷提供了土壤，为教育实践中多样化探索提供了可能性。但是，毋庸讳言，这种状态也大大削弱了教育早期现代化的实际成效。众所周知，在现代化进程中，国家政权起着异常重要的作用。它是现代化的倡导者、设计者、推动者和实行者。推动现代化的首要条件是有效地动员物质资源和社会资源，其中动员社会各个阶层和群众的支持又是最重要的因素。这就需要有一个拥有高度威权与组织

---

① 教育部教育年鉴编纂委员会编：《第二次中国教育年鉴》，上海：商务印书馆，1948年，第1402页。

② ［加］许美德：《中国大学：1895—1995 一个文化冲突的世纪》，北京：教育科学出版社，2000年，第91页。

能力的政府。教育作为国家系统的组成部分，作为社会控制的重要工具，这一时期的中央政府无法有效地予以掌控，不仅难以集中必要的人力物力发展教育事业，甚至也难以将教育事业整合、规范到国家政权建设的轨道上来。所以，这一时期教育的发展在取得重要成绩的同时，也存在许多问题，如教育经费的严重短缺、教育发展的无序状态、教学内容的脱离中国实际以及沿江、沿海口岸城市和少数大城市与广大农村、边远地区的强烈反差，等等。由于军阀间的连年混战，本来就短缺的教育经费常被随意挪用，有的省份的军阀甚至不惜下令全省小学停办一年而将其经费用于扩充自己的势力。至于因政府欠薪而引发的教师罢教、学生罢学风潮，在 20 世纪 20 年代前期，几乎成了学界的常态。前面曾经论及，1917 年教育部公布《修正大学令》推动中国高等教育的发展进入一个新阶段。但是，由于缺乏相应的制度和政策跟进，在各种利益追求的驱动下，短期内许多并不具备条件的学院和专科学校纷纷升格为大学，还冒出许多完全不具备条件、纯粹以营利为目的的私立大学。有资料显示，1924 年一年之内北京地区就新增 13 所私立大学，上海地区新增 8 所私立大学。[①] 对于此种乱象，陆费逵在《中华教育界》上撰文《滥设大学之罪恶》，指出，“年来大学之兴，大有蓬蓬勃勃之象。然夷考其实，则国立大学，本已名不副实。高专升格，除最少数外，尤不免形同儿戏。各省为名高而悬一大学招牌与夫私立者之徒慕虚名不求实际，不惟等诸自郐，抑且制造许多罪恶”[②]。文中他列举了滥设大学的五大罪状。这种发展的无序状态，其根源当然在于中央政府对大局的失控。1917 年，赴美留学多年的胡适，归国不久，就对国内教育状况表示深深的忧虑：“我有十几年没到内地去了，这回回去，自然去看看那些学堂。学堂的课程表，看来何尝不完备？体操也有，图画也有，英文也有，那些国文、修身之类，更不用说了。但是学堂的弊病，却正在这课程完备上。例如我们家乡的小学堂，经费自然不充足了，却也要每年花六十块钱去请一个中学堂学生兼教英文唱歌。又花二十块钱买一架风琴。我心想，这六十块一年的英文教习，能教什么英文？教的英文，在我们山里的小

① 《国内教育新闻》，《中华教育界》1924 年第 14 期。

② 陆费逵：《滥设大学之罪恶》，《中华教育界》1924 年第 14 期。

地方，又有什么用处？至于那音乐一科，更无道理了。……所以我在内地常说：'列位办学堂，尽不必问教育部规程是什么，须先问这块地方上最需要的是什么。譬如我们这里最需要的是农家常识，蚕桑常识，商业常识，卫生常识，列位却把修身教科书去教他们做圣贤！又把二十块钱的风琴去教他们学音乐！又请一位六十块钱一年的教习教他们的英文！列位自己想想看，这样的教育，造得出怎么样的人才？……'"[①] 胡适的这段话指出了当时教育界过分注重形式上的模仿而脱离中国国情、脱离农村实际的普遍现象。至于全国各地教育发展的不平衡和地区、城乡间的巨大反差更是不争的事实，一方面是沿海、沿江口岸城市和一些大城市的教育改革、教育实验搞得风生水起、热热闹闹，各种教育理论、教育学说争奇斗艳、众说纷呈；另一方面，广大农村和边远地区的学堂冷冷清清，师生们甚至不知道新式教育为何物。论者多以"腐朽与神奇并存、五彩缤纷与光怪陆离同在"来形容这一时期全国各地教育发展的巨大差异，应该说不无道理。当然，这种状况的形成有着更深层次的原因，实际上，"在近百年的发展进程中，中国教育早期现代化始终走着城市和乡村分途行进的二元路线"[②]。民国最初十几年教育的发展，进一步延续且加重了这种趋势。所以，20 世纪二三十年代，在中国知识界掀起了一股到乡村搞民众教育和乡村建设的热潮，从一定意义上可以看作是对日益加深的地区间、城乡间教育发展鸿沟的一种反动。

1927 年南京国民政府建立，1928 年东北易帜，国民革命军完成北伐，全国在形式上结束了分裂局面。国民政府在确立三民主义教育宗旨，强调集权和统一，制定、完善一系列教育法令法规，加强制度建设，整顿教育秩序，提高教育质量，进行本土化探索的同时，大大强化了国民党对全国教育事业的控制，强化了政治和意识形态对教育的渗透，力图把教育纳入国民党一党专制的轨道。先后在北京政府和国民政府时期完成小学教育的何兆武回忆说："我做小学生时，北伐以后就有了政治学习，'党义'和革命史是学校里的公共课，要背三民主

① 胡适：《胡适文集》（第 2 卷），北京：北京大学出版社，1998 年，第 473 页。

② 田正平、陈胜：《中国教育早期现代化问题研究——以清末民初乡村教育冲突考察为中心》，杭州：浙江教育出版社，2009 年，第 1～2 页。

义。……国民党有意识形态灌输，开口三民主义、闭口三民主义，但在这之前，完全不是这样，北洋军阀没有意识形态的统治，这是和国民党时期最大的一点不同。”[①] 事实上，正是从 1927 年南京国民政府成立开始，中国教育早期现代化走上了一条由政党政治主导的道路，国民党的纲领、路线、方针通过政府的法令、法规和一系列政策，规定和制约着国家教育的发展方向。在抗日战争全面爆发后，国民政府一方面在民族救亡中提出“平时要当战时看，战时要当平时看”的教育指导方针，采取诸多举措维护和发展教育事业；另一方面则在民族主义的旗帜之下，进一步强化国民党对各级各类教育的全面控制。所以，将民国时期教育作为一个整体看，1927 年前，政府威权缺乏，思想控制松懈，民间力量彰显，教育思想、理论、学说多元而活跃，办学实践探索多样而缺乏宏观秩序。1927 年后，在政府主导下强化教育法制建设、制度建设，强调规范化、制度化，强调集权、统一下的本土化探索，而教育理论和教育思想界的活跃局面变得沉闷而单调。从一定意义上可以说，教育被改造成为一种政党斗争的工具，其结果，同样削弱和降低了中国教育早期现代化的成效。

正是由于以上多种因素的综合作用，当我们就中国教育早期现代化的历史进程从纵向上做比较时，呈现在我们面前的民国时期 38 年间教育领域所取得的成绩，是相当可观的，放在当时的社会背景下看，甚至可以说是来之不易的。但是，换一种角度，如果把这些成绩与中国社会对教育的需求做比较来考量，或者是放在世界范围内做横向的断面比较，那就是另外一种景象：1946 年全国小学生入学率是 54.52%[②]，而日本义务教育入学率在此前半个世纪的 1894 年即达 61.7%，至 1908 年更上升至 97.8%[③]。在一个近 5 亿人口的国度里，识字人口的比例如此低下，这一基本事实告诉我们，无论如何，对民国时期中国教育早期现代化的成绩不能估计过高，当然，这种状况，说到底是与中国社会早期现代化的整体水平相匹配的。

① 何兆武口述、文靖执笔：《上学记》，北京：生活·读书·新知三联书店，2013 年，第 9—10 页。

② 教育部教育年鉴编纂委员会编：《第二次中国教育年鉴》，上海：商务印书馆，1948 年，第 1483 页。

③ 王桂：《日本教育史》，长春：吉林教育出版社，1987 年，第 185 页。

（五）

“民国教育史专题研究丛书”是来自全国10所大学的12位教育史从业者，出于共同的学术兴趣自愿结合在一起完成的一个项目。鉴于目前学术界关于民国教育史研究的实际状况和当前我国教育改革的现实需要，我们采取“以问题为导向、以专题研究为形式”的方式开展工作。所谓“以问题为导向”，即是说打破一般大型通史性著作以各级各类教育立卷的写作惯例，既不是按照学前教育、小学教育、中学教育、高等教育，职业教育、师范教育、成人教育、社会教育、留学教育等教育类型面面俱到地展开，也不是按照教育方针（宗旨）、教育制度、教育行政、教育人物（思想）、各级各类教育实践这样一种中小型通史性著作的常见框架来组织。所谓“以问题为导向”主要有两层含义：一是选择那些在民国教育发展进程中发挥过重要作用，且学术界较少关注而又与当今的教育改革有紧密联系的问题作为研究对象；二是选择那些在民国教育发展进程中发挥过重要作用，虽然学术界已有相当的成果面世，但仍有较大的拓展空间，特别是很可能蕴含着当前教育改革急需从中汲取经验教训的那些问题作为研究对象。简而言之，学术价值和现实需求两个维度的高度契合，是我们决定哪些问题入选、哪些问题暂时放弃的考虑原则。所谓“以专题研究为形式”，是说丛书的每一种著作，都是围绕我们筛选出来的某个问题而展开，力求全方位地把该问题来龙去脉的基本事实梳理清晰，对其在历史进程中得以产生的背景、所发生的流变、所发挥的作用、所产生的影响及意义给予合理的解释和说明。在这里，事实是第一位的，历史著作的本质特征首先是真实，只有在真实地再现历史原貌的基础上，因果关系的分析与评判才有意义和价值。

出于上述考虑，我们选择了13个问题作为研究对象，这些问题，有的是属于教育理论层面，有的是属于教育制度层面，有的是属于教育实践层面，当然，更多的是融理论、制度与实践为一体而展开；有的是高等教育方面的问题，有的是基础教育方面的问题，有的是社会教育、乡村教育方面的问题。上述问题既涉及教育思想、教育管理、教育行政、中外教育交流等宏观领域，也涉及教育考试、教育社团、课程、教材、教师生活等微观领域。粗略地看，似乎各专题之间缺乏内在逻辑、相互之间没有多少联系，但是，如果认真地考察目前学术界民国教育研究的现状和我国当代教育改革的实践，就会理解我们这种结构安排的良苦用心。在前人研究的基础上，真实呈现历史、开拓新的领域、充实薄弱环节、反映现实需要，是全书结构的内在逻辑和我们努力追求的理想目标。说得远一点，作为教育史从业者，对历史了解的同情和对现实的强烈关注始终是我们从事一切研究工作最根本的动因和态度。我们期望这一合作成果能对推动民国教育史的研究做出有益的贡献，我们更期盼着学界前辈和朋友们的批评指正。

“民国教育史专题研究丛书”计划分两辑出版。第一辑的作者及专题如下（以作者姓氏笔画为序，下同）：

1. 王建军（广东理工学院教授）：《民国高校教师生活研究》
2. 石鸥（首都师范大学教授）：《民国中小学教科书研究》
3. 曲铁华（东北师范大学教授）：《民国乡村教育研究》
4. 张礼永（华东师范大学副教授）：《民国教育社团研究》
5. 周慧梅（北京师范大学副教授）：《民国社会教育研究》
6. 侯怀银（山西大学教授）：《民国教育学术研究》
7. 熊贤君（杭州师范大学教授）：《民国义务教育研究》

“民国教育史专题研究丛书”第二辑的作者及专题如下：

8. 王伦信（华东师范大学教授）：《民国私立学校研究》
9. 王建军（广东理工学院教授）：《民国教育视导研究》
10. 朱宗顺（浙江师范大学教授）：《民国特殊教育研究》
11. 刘正伟（浙江大学教授）：《民国学校课程研究》
12. 程斯辉（武汉大学教授）：《民国学校管理研究》
13. 熊贤君（杭州师范大学教授）：《民国教育行政研究》

“民国教育史专题研究丛书”是“十三五”国家重点图书出版规划项目，2019年国家出版基金资助项目，团队全体同人感谢湖南教育出版社社长黄步高先生、总编辑刘新民先生给予的大力支持和多方面指导，感谢教育理论编辑室主任李军先生和他的专业而又敬业的团队为全书付出的辛勤劳动。“民国教育史专题研究丛书”由我忝为主编，得到了课题组各位朋友的真诚相助。在几年的合作过程中，大家就课题的指导思想、编写原则、基本观点、各子课题的框架乃至体例和史料等方面的问题进行过多次讨论、协商、沟通。但是，丛书毕竟包括了13种独立成书的著作，各书的论域不同，海内外已有的研究基础不一，因此，在取材范围、研究视角、解释框架以至一些观点的提炼和表述上，难免会有不同的风格和理解处理的方式，作为学术著作，应该说是正常的。书中存在的缺点和不足之处，我应该承担自己应负的责任。我们热切地期盼着广大读者的批评指正。

田正平

丁酉冬月于浙江大学西溪校区

目　录

第六章　民国时期的特色教科书　299

导 论

鸦片战争后，中国逐渐沦为一个半殖民地半封建社会。国人对于中国命运的再思考使得“中国向何处去”成为近代中国的时代主题。在“中体西用”的思想指导下，西学大量引进，新式教育破冰而行。而新式教育最终能否成功，很大程度取决于教科书，取决于能否提供新式教科书。一代先进学人迅速行动起来，新式教科书如雨后春笋般涌现，新知识、新思想、新伦理、新观念如开闸之水，轰然涌入古老的中国。中国传统的知识系统被西方以近代学科为分类标准建构起来的新知识系统所冲击，近代中国的伟大启蒙拉开了序幕，中国现代教科书事业也走上了一条可圈可点之路，“最新教科书”“中华教科书”“共和国教科书”“新时代教科书”“复兴教科书”……一系列保存着民族教育记忆的重要教科书系统地留下了民国时期中小学教育发展的历史轨迹。在这些小小的教科书文本后面，跃动着一代又一代知识人的愿望和探求、选择和困惑、理想与实践……

一、我国现代教科书发展的基本轨迹

1949 年前的教科书发展，可以大致划分为四个阶段。

（一）西式教科书的引进时期（19 世纪 60 年代—19 世纪末）

这基本上是西方教科书的翻译引进阶段，也是集中在科学技术领域的教科书阶段。这一时期，大量的科学技术知识如开闸之水，迅速涌入古老的中国。中国传统的知识系统开始了学术转型及学科整合的艰难过程。这一过程表现出如下特征：

第一，引进的西式书籍几乎都为科学技术类，零星而缺乏严密的体系；而且多集中于当时洋务运动中最急迫需要的知识领域，如工兵、制造、天文、算学等。

第二，西学书籍的编译出版从形式到体例，力求通俗易懂。主要编写与出版机构大多由教会主持，如墨海书馆、美华书局等，以及洋务运动中的教育与出版机构，如京师同文馆、江南制造总局等。

第三，西学书籍流布于社会和学堂，大多没有明确的使用范围，社会各界开明知识分子和学堂教学均使用这些西式书籍。

第四，新式教科书的编译者主要由欧美传教士和中国学者共同组成，他们通力合作，共同承担了我国早期西学和西式教科书的引进。

西式教科书的引进在中国近代社会所引起的震荡，已远远超出了学科的范围，它意味着长期以来一个以世界中心自居的老大帝国和它的臣民，被迫认识并实际进入到一个新的世界格局之中，成为世界体系的一员，它使近代中国人的思维从 2000 年以来传统经学的束缚下解放出来，以一个崭新的角度认识自然和社会。

这一时期西式教科书从零星到系统，逐渐完善，基本适应了当时的教会学堂和洋务学堂等西式学堂的教学需要。然而作为教科书，这些西式教科书的基本要素不全，没有分年级（因为没有出现现代学制），不注重教，也不注重学，没有教授法等，所以还只能看作现代教科书的雏形，处于现代意义教科书的萌芽时期。对这一时期产生的教科书，我们一般称之为“西式教科书”。

（二）自编教科书的兴起与蓬勃发展时期（19 世纪末—20 世纪初）

这是教科书的引进与自编自创结合、引进逐渐被自编自创取代的阶段，是教科书涉及学科基本齐全的阶段，也是教科书要素日益完善的阶段。起始于南洋公学自编的教科书，止于清朝终结。

这一时期的标志性事件是我国第一个近代学制的颁布及科举制度的废除。这一时期教科书发展的主要特征是：

第一，学堂自编教科书产生并扩大了影响和使用范围。

第二，伴随着 1902 年《钦定学堂章程》的颁布及 1904 年《奏定学堂章程》的正式实施，中国第一套现代意义的教科书——“最新教科书”（1904，商务印书馆）出版发行，紧接着由学部编撰的第一套国定本教科书也开始陆续出版发行。这些教科书要素基本齐全，分册分年级编写，分学科编写，有教授书配套发行，已经是很完整的现代教科书了。[①]

第三，大量零散的、单科的教科书产生。

第四，这一阶段的教科书作者以留日学生群体为主，许多教科书原型也是日本教科书。

第五，民间教科书和官方国定本教科书同时出现，相互激励和竞争。国定本教科书并没有以行政命令的形式否定民间教科书的存在空间或获得教科书使用的特权。

19 世纪末 20 世纪初，在西学东渐的历史上，是一个重要的转折年代。一方

① 石鸥：《最不该忽视的研究——关于教科书研究的几点思考》，《湖南师范大学教育科学学报》2007 年第 5 期。

面，当“人人谈时务，家家言西学”、放眼世界、渴望新知已逐渐成为不可遏止的社会风尚之时，对开眼界、扩思想、获新知的新式教科书的需求急剧增加。另一方面，甲午海战中国失败而引发对新式教育的重视，特别是《辛丑条约》签订后，清政府内外交困，不得不实行新政，于 1901 年 9 月下令将各地所有书院一律改为新式学堂。1901—1903 年，全国各地涌现的官立、公立的大中小学堂就达 680 所，私立学堂 89 所。[①] 一个由官立、公立、私立和大中小学堂、师范、专门学堂相互配套的新学教育体系初具规模，而且发展势头强劲。尤其是 1905 年废科举后，新式学堂迅猛发展，客观上对教科书的需求也就急切地提上了议事日程。此时，再以由传教士为主体翻译的介绍西学知识为主的教学用书就显然不合适了。一些有创新思想的中国知识精英率先在编译的基础上，开始了自编教科书的尝试，而这个尝试直接来自新式学堂，它们的教学需要成为最大最急迫的动力。比如南洋公学、无锡三等公学、澄衷学堂等学校的课本就成为近代国人自编的最早的一批教科书。对这一时期产生的教科书，我们一般称之为“新式教科书”，以区别于前一阶段的以翻译为主的“西式教科书”。台湾历史学家王尔敏认为，西学与新学二词意义相仿，但新学在 1894 年后方见盛行。其实，西学更重在引进之学，新学则已经有国人自动、主动建设、建构，用本国语言消化的味道了。[②] 这很能够说明近代西式和新式教科书的微妙区别。

中国人自己编撰的现代意义的教科书闪亮登场后，迅速成形，并很快取代了西式教科书，适应了大规模新式学堂的需要。这些教科书适应了当时社会动荡、发展参差、需求不一的教育格局，既反映了当时新兴资产阶级要求国家独立、民族富强的善良动机，也体现了改革的知识精英们力求用新思想、新科学启蒙民众的强烈愿望，它们在科学、伦理与政治民主启蒙中发挥了重要作用。[③]

① 王建军：《中国近代教科书发展研究》，广州：广东教育出版社，1996 年，第 79 页。

② 孙青：《晚清之“西政”东渐及本土回应》，上海：上海书店出版社，2009 年，第 12 页。

③ 石鸥、吴小鸥：《从有限渗入到广泛传播——清末民初中小学教科书的民主政治启蒙意义》，《教育学报》2010 年第 1 期。《清末民初教科书的现代伦理精神启蒙》，《伦理学研究》2010 年第 5 期。《清末民初教科书的科学启蒙》，《高等教育研究》2012 年第 11 期。

（三）教科书的兴盛与规范化时期（20 世纪初—1926 年）

这是教科书兴盛、定型与规范化的阶段。时间定位在民国成立到 1922 年新学制颁布后几年。中华民国的建立，把教科书推向了重要的发展台阶。“中华教科书”的出现开启了新政治新教育体制下的教科书建设大幕，“共和国教科书”更是上演了一出现代教科书发展史上最壮观的大戏。新思潮下的教科书不断涌现，为民国共和思想的传播做出了重要贡献。这一阶段的主要特点有：

第一，清末旧教科书全部退出，民国新政体要求下的新教科书迅速登场，满足了新课程的需要。

第二，零散的、单本单科的、小型出版机构的教科书逐渐被挤出学校、挤出市场，大型出版机构的成套而完整的教科书取而代之。

第三，欧美留学生逐渐取代留日学生成为教科书的主要编撰者队伍，在教科书上不断闪跃出胡适、冯友兰、陈衡哲、竺可桢、马君武、丁文江、何炳松等一大批让人景仰的现代学人的名字。

第四，教科书质量总体上明显提升，教科书编写日益规范化、制度化。

第五，以白话编写的教科书取代文言文教科书，横排教科书逐渐取代竖排教科书，教科书外在形式定型。

（四）多种政治制度并存下的教科书发展时期（1927—1949 年）

这是教科书稳定、制度化并略显沉闷时期，也是教科书全面服务抗战、服务尖锐的阶级对抗的时期，是一个统整和分化并行的时期。抗日战争的爆发致使中国政治格局发生新的变化，由土地革命战争时期的苏维埃政权根据地和国民党统治区域的二元对峙，逐渐分割成解放区、国统区、沦陷区“三足鼎立”的不同政治气候，并由此形成了不同政治语境下的教科书新变化，呈现出不同的教科书话语特点。这期间的基本特征是国民党的党化教育的强化、抗战期间的“三地”意识形态分裂，一方面导致教科书日益强烈的意识形态摒弃了多样化探索，消融了各种分散的教科书的市场，勾销了以前教科书发展的自由、包容的局面，教科书逐渐统一，也逐渐走向僵化；另一方面，地缘政治导致教科书分化发展，分化后的教科书特色鲜明，教科书的社会动员与政治宣传功能发挥到极致。

二、清末民初教科书发展的黄金时期：成就、影响与退出

把 19 世纪末至 20 世纪 20 年代中期视为中小学教科书发展史上的黄金时期，也许略有夸张。

（一）教科书发展黄金时期的广狭之分

所谓教科书发展史上的黄金时期有宽泛和狭义之分。宽泛而言，伴随着新式学堂课本的出现和第一套现代意义的教科书出现，一直到 20 世纪 20 年代后期，大约在 1897—1926 年之间，可称之为黄金 30 年。[①] 狭义来说，这个黄金时期大约在 1904—1923 年之间，从第一套现代教科书的产生，到奠定了现代学制基础的 1922 年新学制教科书的出现，约 20 年黄金发展时间。

即便宽泛，但我们还是很看重在 1904 年现代教科书出现之前几年的学堂自编课本（以 1897 年南洋公学课本为标志），这可视为现代教科书的萌芽与启动时间；也看重 1922 年新学制后多种相应教科书的全面完成时间（1926 年前），所

① 石鸥：《百年教科书论》，长沙：湖南师范大学出版社，2012 年，“序”。

以粗略地认为是30年，提出“黄金30年”的概念。事实上，当今教育学界比较普遍地看重1927年前的教育发展时期。比如，熊明安、周洪宇主编的《中国近现代教育实验史》(2001)，就将“壬戌学制”的推行实验期定为1921—1927年；李华兴主编的《民国教育史》(1997)，把1915—1927年定为“新文化运动与教育改革”时期；台湾学者陈启天著的《近代中国教育史》(1979)，将1919—1927年划分为“新教育运动时期”。以上均说明这一时期在中国教育发展历程中的重要意义与独特价值。

（二）教科书发展的黄金时期

1. 教科书黄金时期的特征

之所以称之为“教科书的黄金时期”，是因为这一时期的教科书表现出教科书数量和品种丰富多样的显著特征。

在这个黄金时期，社会思潮的激荡与教科书的发展交相辉映，如雨后春笋般出现的教科书铺就了30年发展之路，数量上、种类上都创造了中国教科书之最，质量上也站到了中国教科书发展的高地。学堂教科书、书坊教科书，单品教科书、系列教科书，民间教科书、国定教科书，乡土教科书、女子教科书、复式教科书、单级教科书，还有蔡元培编教科书、章士钊编教科书、刘师培编教科书、马君武编教科书、冯友兰编教科书、胡适编教科书等，有如满天繁星，异彩纷呈，满足了不同学校、不同师生的发展需求。这是中国历史上教科书最为丰富多样的一个时代，这是一个世纪拐点，一个社会变革的拐点，这个拐点描绘了教科书的黄金30年曲线，没有哪一个时期有这么多的社会资源参与中小学教科书建设，没有哪一个时期有这么多知识精英关注中小学生那小小的课本，多特色、多种类、多形式的教科书如潮水般涌来，占领了大大小小的课堂，被千百万学童捧在手中，由此掀起了思想启蒙的高峰。当时那种学术自由、思想开放、兼容并包的场景，令繁星般的单品教科书与闪烁着智慧之光的大型成套教科书双轨并存，令民间教科书与国定教科书并行不悖，单品教科书各显特色，大型系列教科书气势恢宏。以“共和国教科书”为例，它是民国元年根据中华民国新政体的要求由商务印书馆迅速推出的大型教科书系列，据不完全统计，包括初小教科书及教授书 20 种 140 册（含挂图 24 幅），高小 25 种 118 册，中学 36 种 53 册。同时，为了既适应新学制秋季始业的规定，又照顾老学校一时难以放弃旧学制春季始业的做法，部分“共和国教科书”又分为春季用和秋季用两种。作为普通的民间出版机构，难以想象它能在短时间内适应新要求而编撰出涵盖了中小学、文理各科的这么多的教科书，实在可敬可佩。

这是中国教科书史上十分罕见的 30 年，是一个翻天覆地（摧毁科举）、重建教育（颁布学制）、启蒙思想的时期，这是思想开放的高峰，也是创造性高扬的年代。各种新式教科书应时而生，在百年中国教育史上留下了浓墨重彩的一笔。此后，中国教科书的发展基本定型，而这黄金 30 年也成为中国近现代历史上延续时间最长和发展最自由的教科书建设时期。

2. 教科书黄金时期的成就

在教科书的黄金岁月里，有三大成就尤显辉煌。

成就一，传统经典教材被逐出了新学堂，教科书对教材取得全面胜利，新式教科书经典地位得以确立。在 19 世纪和 20 世纪之交的几年时间里，新式教科书体现出它对旧教材的极大优势。教会学校、洋务学堂特别是新学堂出现后，可以称之为旧教材体系的破坏阶段。新教材将中国人卷入到现代国家、现代科学、现代文明的大世界之中，它突破了中国式旧教材千百年来在封闭的文本形式里精致化、自我复制、自我循环的格局，把学生引向长期被淡忘被忽视的社会实际、生活实际、儿童实际以及陌生的西方文明。

在漫长的传统教育里，“三百千千”“四书五经”等都是不可撼动的经典教材，但是当 1904 年新学制颁布、新学校创办、新课程实施以后，这种不分科、不分年级，不顾教与学、只重灌输的旧教材日益暴露出它的不适应性，旧教材是可以“修之于己”，但很难“传之于人”的文本，旧学堂教、学这种文本，结局只能是“人人能读经而能经学者无几，人人能识字而能小学者无几，人人皆作文而能词章学者无几”。[①] 所以，在西学知识大量涌入中国的时代，理论上它们就已经失去了作为新学堂教材继续存在的基础。尽管有人尽力挽救这些教材，大声疾呼要学习这类经典教材，比如四川总督赵尔巽的幕僚戴姜福在宣统二年就曾经建议，让所有学生都读《论语》，小学生能够背记《论语》的才能上中学，中学生能够解读《论语》的才能上高等学堂，但赵没有采纳他的建议。[②] 一段时期学校亦曾安排了严格的读经课程，但这些抵抗实际上已经无济于事。传统旧教材敌不过按照西方教育学理论构建的既关注“教”又关注“学”的新教科书。当时的士人已经意识到旧教材与新教科书之间的巨大差距。许之衡 1905 年就指出：经学乃孔子之教科书，今人能够完全理解者极少，这因为旧教材与今天的新教科书不同，“若易以今日教科书之体例，则六经可读，而国学永不废”。[③] 这实际上等于已经承认旧教材不如新教科书效果好。甚至旧学人也不得不承认，教科书注重方法，“使人一见而能”，此为过去所无，所以即便传统经典需要学习，也应该按新教科书编之。张之洞更是明确表示，中学之“存”不能不靠西学之“讲”。[④] 旧式教材被新式教科书取代，既有模式日益枯萎，无法满足新需要的内在原因，也有外部原因，如由社会的（科举废除）、教育的（新学堂出现）变化引起。任何一种教科书文本样式的兴起都不可能在自我封闭的语境中获得独立发展，除了自身的内在因素外，必定要借助并依赖特定时代的文化生态环境。

科举废除，学堂兴起，旧教材被取代已是水到渠成大势所趋了。到“最新教科书”出现时，教材的性质发生了巨大的变化，传统的教材不得不退出。在文本意义上真正统一了教与学、以“教科书”全面命名的现代教科书全面登场，完成了由纯粹的教本、读本向教学结合的教科书文本的转型。此时，大局已定，旧教材已经无法挽回，再也回不去了。章太炎 1908 年观察到，上海的新学堂中“有教师课历史，言教科书荒陋，愿尔昔参考‘纪事本末’。学堂大哗，以其师为义

① 罗志田：《裂变中的传承——20 世纪前期的中国文化与学术》，上海：中华书局，2009 年，第 142 页。

② 《赵尔巽档案》，案卷号 468。

③ 许之衡：《读〈国粹学报〉感言》，《国粹学报》1905 年第 6 期。

④ 罗志田：《裂变中的传承——20 世纪前期的中国文化与学术》，第 143 页。

和团”。[1] 可见，早在 1908 年时，新教育、新教科书已经深入人心了，复旧已不可能。

成就二，白话文与文言文决裂，教科书全面使用白话文。从表面上看，白话文只是一种语言形式，它与教育内容的新旧无必然的关系。但白话文在清末民初的意义就不仅仅只是一种语言形式，更重要的是一种话语系统的历史性转换进而引发思维方式改变的媒介。白话文具有平民性和大众性，对国民文化的普及，对塑造国民全新的世界观、价值观都意义重大，可以说，白话文是传播新文化新思想的有效载体。民初白话文的使用，使得现代教科书以摧枯拉朽之势得以普及。没有海量教科书，任胡适等知识分子如何呼号呐喊，白话文的普及都可能是非常缓慢的。同理，没有白话文，现代教科书就不可能那么通俗易懂迅速地大规模普及。尽管今天普遍认为白话文的倡导是新文化运动中的重要内容，但事实上早在 19 世纪末，就有了用简单的文言文和粗浅的白话文编撰教科书的尝试，最突出的是上海彪蒙书室。彪蒙书室规模并不大，但它却编印了大量小学白话教科书，在晚清教育界有相当的影响。

另外，西学传入及其在教科书中的必然出现，也带来了新的问题，必然要求文字和印刷排版的变革。一些学科门类、一些科学公式、一些科学名词、一些科学符号在中国传统教材文本中很难呈现（试想一下，英文或化学分子式要被中国传统文本的竖排方式理想地呈现出来有多么艰难），所以，白话文及其排版很早就在部分教科书中出现了。到 1922 年学制实行后，所有教科书均开始使用白话文。反过来，白话文也正是借助教科书的流传而被广泛接受并发挥了重要作用。

成就三，建立了教科书最重要的制度——教科书审定制，理性地对待国定教科书，从而使之成为示范性或判例性的典范，为后来的教科书使用创设了榜样。当教科书大量涌现之时，完全放任自流并不是理想状况，清学部首开教科书审定之风；民初教育部并没有让这一教科书事业中最重要的制度断裂，而是不断完善之。清末民国的教科书审定蔚然成形，可圈可点之处颇多。最重要的是，尽管晚

① 章太炎：《规新世纪》，罗志田：《裂变中的传承——20 世纪前期的中国文化与学术》，第 147 页。

清学部自己编撰了国定本教科书，但在听取多方意见后，并没有一意孤行地以政治与权势强行让自己的课本进入课堂，更没有以行政命令的形式否定民间教科书的存在空间。中央学部也没有赋予自己费尽苦心编写的国定本教科书以使用的特权，而是依市场法则，高度赋权给地方、学校、校长和老师，把教科书选择权交给他们，质量优先——这一做法开了限定国定本教科书权力空间的先河，明确了国定本不是垄断本的思路，对保障教科书多样化的局面，具有非常重要的意义。这一优良传统对后来民国教科书制度都有重大影响，有限的几次国定本也是在这一权力限定中展开的，袁世凯时代、蒋介石时代的国定本教科书几乎都是如此结局。进入全面抗战后，尽管这一非常时期确实需要统一教材，但中央政府在编撰好教科书后，也并没有（或有所顾忌）指定某一家出版机构（包括中央自己的官方出版机构）来出版印刷教科书，而是由多家出版机构共同完成。

3. 教科书黄金时期的影响

在三大成就之外，黄金时期教科书的影响也非常深刻和广泛。最突出的影响表现在对人才的培养和社会变革的思想舆论准备上。19 世纪末 20 世纪初，本土与外域的持续碰撞，救国图存的时代主题，对传统文化的全面反思，求新维新、变革变法的国家追求，使得中国历史的进程到了一个极具转折意义的时刻。政治变革出现了，科技求强出现了，现代教育出现了，一批最不能被遗忘的教科书诞生了，在一个特定的时间、场景和一个特定的地域，演绎了一幕思想大启蒙、知识大传播、科技大普及的历史教育剧。一本本教科书促生了兼容并包的学术环境，传播了各种新思想、新学术，论证并推进了思想开放；一本本教科书自由讨论思想文化政治，启民智新民德，在思想启蒙的地平线上，撒播现代文明，为构建文明社会的话语系统和观念体系，为培养大批现代社会的呐喊者和建设者，做出了重要贡献。

我们有理由认为，20 世纪前半个世纪之所以是中国各领域人才辈出、思想活跃、流派纷呈的时期，之所以是社会变革大起大落的时期，这是与 19 世纪和 20 世纪之交的教科书千姿百态，共演思想解放、舆论准备大戏这一格局密切关联的。

章开源先生曾经为戊戌变法的失败找原因时提出："百日维新是幸逢其时而

不得其人。”[①] 这是非常有道理的。除此之外，戊戌变法的失败也许还与新教育未开和新教科书未出有关。当时还没有出现大规模传播改革思想的媒介或工具，绝大多数人还没有被新知识、新思想、新观念所触动。甚至在士大夫精英中，有新思想新知识者也寥寥无几，更不要说普通民众了。这个时候，任变法者颁布的维新诏令雪花般飞舞，也只能看作主观愿望，一厢情愿。社会还没有准备好，知识精英也没有准备好，民众更没有准备好，心态、舆论、思想、观念都还没有准备好迎接这场变法。所以，不管是谁，都无法完成这场不可能完成的变法，它失败得如此迅速也就在情理之中了。谭嗣同曾经自责性急而导致事情不成。其实，性急也就意味着时候还不到，之所以时候不到，是因为新思想之星火还未成燎原之势。

几年后情况就变了。这以后几年，几乎是新思想新观念如火如荼的涌现时期，新教育、新式教科书则把它们传播到千家万户，由此推动了近代中国群众性的启蒙高潮的形成。严格说，辛亥革命的成功一定程度与当时的改革舆论的传播和革命思想的宣传有一定关系。当时一些初步的民主、自由的思想，宪政、共和的观念随着海量的新式教科书铺天盖地而来。比如，1904 年的《最新国文教科书》(初等小学用）一经出版便势不可当，发行后几日内便被抢购一空，“未及数月，行销 10 余万册”[②]，还不包括其他各种最新教科书。1907 年就有传教士惊叹：到目前为止，商务印书馆“所编印的优良教科书，散布全国”。[③] 民智为之而开，民心为之而新，武昌的枪炮声尚未完全平息，各地已经插满了革命的旗帜，读书声辅佐了枪炮声，革命的成功乃为必然。

五四运动之所以一呼百应，也有这一道理蕴藏其中。据统计，1912 年的《共和国教科书·新国文》出版后迅速受到欢迎，一印再印，版权页上显示的信息非常惊人，如《共和国教科书·新国文》第二册 1912 年 6 月初版，1913 年 2 月已是 46 版了，1922 年 2 月则高达 1 931 版，10 年之间共销售 7 000 万～8 000 万册之多。

① 章开源：《两个世纪的对话》，《开放时代》1998 年第 6 期。

② 王建军：《中国近代教科书发展研究》，广州：广东教育出版社，1996 年，第 111 页。

③ Rev. H. S. Redfern. *The Educational Review*. 1907，No. 6. p. 3.

而且当时还出现过大量形形色色的手抄本、翻刻本、盗版书，皆足以证明新教科书受欢迎的程度。较之于教科书，《新青年》及陈独秀、胡适、鲁迅等思想家的作品的发行量简直就算不了什么了。据统计，《新青年》1915 年 9 月创刊，从创刊时的 1 000 册增加到 1917 年时的 1.5 万册左右，没有资料显示更大的发行量了。陈独秀、胡适、李大钊和鲁迅的许多被认为影响深远的重要作品就发表在该刊物上，如鲁迅的《狂人日记》《孔乙己》《药》等，李大钊的《庶民的胜利》《布尔什维主义的胜利》，胡适的《文学改良刍议》，陈独秀的《敬告青年》《文学革命论》等。单从刊物发行量上看，至少当时这些作品的影响面还是有局限的。没有教科书的普及，就不会有大量学子对新文化运动的一呼百应，也就不会有新文化运动的普及。使民主政治由少数知识精英关注而成为浸润到社会各阶层民众的普遍思想，冲击和改变着广大人民的既有观念，塑造着国民新的世界观与价值取向的，正是浅显易懂、深入千家万户、绝大多数人能够读到读懂的中小学教科书。某种意义上，张之洞、蔡元培、陈独秀、胡适、周作人、吕思勉、顾颉刚等人写的教科书比他们犀利的著作，在短期内对大多数普通民众的影响更大、更迅速、更直接。比如张之洞亲自编撰的《张相国新撰唱歌教科书》(1904)，不但成为脍炙人口的学堂课本，① 更由于其独特的节奏感和押韵的“九九”句式，该教科书中的《军歌》② 很快成了张之洞在湖北操练新军时的军歌，也成为辛亥革命军军歌，发展到后来，被修改为《民主立宪歌》③。有人研究认为，再后来，在“九九”句式的基础上演变成了中国人民解放军《三大纪律八项注意》歌④。可见，

---

① 冯友兰晚年的回忆录里，这样记录了当时诵唱张之洞的“学堂歌”的情形：“我们这些小孩也学唱这个歌，其实也无所谓唱，因为本来没有谱子，只要大声念，而把腔拉长一点，就算是唱了。”冯友兰：《三松堂自序》，北京：人民出版社，2008 年，第 7～8 页。

② 《张相国新撰唱歌教科书》包括三部分，其中之一是《军歌》，采用十八字一句，“九九”句式。上四字缓读，每字一步，略一停顿；下五字急读，五字共两步，被学生或士兵齐声吼出，铿锵而行，很有排山倒海之气势。且听：方今五洲/万国如虎豹，倚恃强兵/利械将人骄。我国文弱/外人多耻笑，若不自强/瓜分岂能逃。请看印度/国土并非小，为奴为马/不得脱笼牢。

③ 1919 年改为《民主立宪歌》，又做了修改，比如“民主立宪/五族共和了，方知今日/练兵最为高。庚子兵变/人人都知晓，若不当兵/国家无人保”。

④ 刘琪：《〈三大纪律八项注意〉歌的诞生与演变》，《军营文化天地》2006 年第 3 期。这是典型的张之洞《军歌》的“九九”句式：红色军人/个个要牢记，三大纪律/八项的注意。第一不拿/工农一针线，群众对我/拥护又喜欢。

当时的新式教科书在传播和普及新思想方面确实有独到之处。[1]

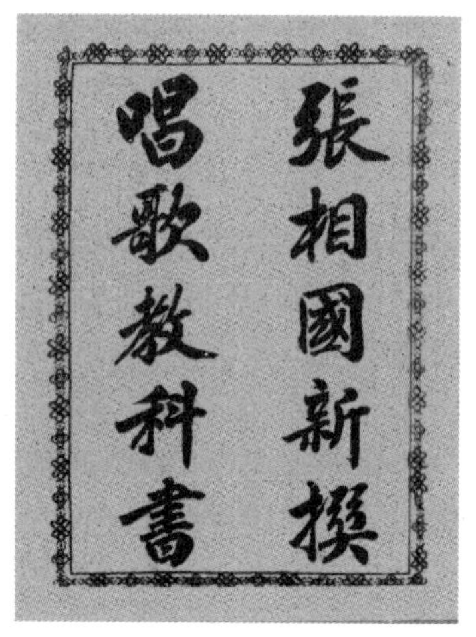

《张相国新撰唱歌教科书》
（1904，张之洞著）

尽管有人会批评，在教科书发展的这段所谓的黄金岁月里，教科书编撰的专业门槛比较低，稍有专业知识和学术训练的知识人，都能比较容易地进入。许多教科书编撰者既是知识人，也是政治行动者；既有多年经师经历的老学究，也有才出甚至未出校门的黄毛青年。产生的一些教科书非常粗糙，没有系统，没有规范，甚至错误也很多。在一定程度上这是事实。但笔者认为，对教科书这一新起的学术领域来说，不完全是坏事。相关教科书大量涌现，尽管鱼龙混杂，但竞争性强，你进我退，危机意识强，更新换代快，使得这一领域葆有必要的动力与活力。正是这种众声喧哗的局面，这种混杂但生机勃勃的时代，才能得以冲破僵化的旧教育的束缚，才能得以突破传统旧经典的羁绊，才能适应社会文明的大变革，才能满足不同地方、不同学校、不同学生的需要，才能吸引许多富有理想和批判精神的热血知识分子进入教科书领域，利用教科书发声。利用教科书发声，在当时，和利用报纸杂志发声一样具有重要的启蒙价值。教科书的繁荣时期，应

① 张之洞本人就很看重教科书的价值，认为新式教科书比传统经学典籍更有利于教学，他明确表示，中学之“存”不能不靠西学之“讲”。他甚至在《劝学篇》中提出：如果读完他开出的书目，“美质五年可通，中材十年可了。若有学堂专师，或依此纂成学堂专书，中材亦五年可了”（“学堂专书”即新式教科书）。从十年缩短为五年，张之洞心中新式教科书的价值太大了。张之洞：《劝学篇》，《张文襄公全集》（第四卷），北京：中国书店，1990 年，第 3 页。

该是能够吸引大量关注教育、关注学童的组织与个人加入其建设的时期，这是好现象，尽管有明显不足。

这以后，特别是国民党党化教育的推进和党义教科书、国定教科书出现以后，我国教科书发展就一直处于相对平稳甚至沉闷的时期，日益规范化，日益标准化，但也少了开放的生气，少了创新的锐气，教科书的黄金时期结束了。

（三）教科书黄金时期的退出

清末到民国早期一段时期，知识界、教育界具有一定的自主权，各届各级政府并没有过多也无暇过多地干涉学术的发展，加上各种思潮纷至沓来，由此形成了中国历史上教科书受各种新思潮、新主义影响，发展最开放、最活跃的时期之一。然而这种宽松的氛围并没有延续很久，1924 年孙中山采取新的三大政策后，在苏联顾问的指导下，加强了国民党对各领域的控制。在思想领域，期望构建以“三民主义”为核心的主流意识形态。特别是 1927 年蒋介石南京政府成立后，进一步强化国民党意识形态的主导地位，大力实行“党化”，编写党义教科书，通过教科书阐释党义，维系国民党的正统地位，极力消除各种“异端思想”的传播。大量印数不大、各有特点与风格的教科书逐渐消失，教科书种类大幅度减少，教科书的丰富性越来越弱。教科书形制日益统整，日益模式化，部分教科书逐渐板起了严肃的面孔，自此中国教科书发展失去了独立自由的局面，被全面纳入国家权力的控制范围内。中国现代教科书的发展告别黄金时期走入了相对平稳时期，也是意识形态控制逐渐严格的时期，到 20 世纪 40 年代，这个转变完全实现。再也看不到教科书发展那略带一些野性、新鲜劲、创新气势的局面了。

中国教科书黄金时期的退出的另一个原因是日本的入侵。日本全面入侵后，教科书出版机构和其他机构一样，受到严重挫折，上海的出版事业几乎全停，转移到重庆的分支机构远不景气，几乎就是维持。为抗战服务的、标准的、示范性的或国定教科书时代开始替代黄金教科书时代。抗战结束，民营出版机构还来不及缓口气振作起来，世局大变，教科书事业再也难以复兴世纪之初的辉煌了。

三、民国教科书研究之重要

清末民国教科书是一个研究基础非常薄弱、学术开拓空间非常广阔的领域。说研究基础薄弱，主要表现为史料建设工作严重滞后，教科书及其相关史料的调查、整理、开发、保护等工作都没有明显进展；大量相关史料被尘封在历史角落甚至化为纸浆纸屑，谈不上全面系统进入研究视野。说学术开拓空间非常广阔，主要表现为迄今为止，学界对清末以降特别是民国早期的教科书的研究非常薄弱，多种重要的教育史著作均未给它以应有的重视，往往语焉不详甚至一笔带过，有限的几本课程史教学论史也只是顺带述之，未能正视教科书的历史面貌与意义。自王建军教授 1996 年出版第一本系统研究民国教科书的著述后，这一领域几乎沉寂了 20 年。这与教科书在清末民国时期所扮演的角色是非常不相称的。清末民国教科书是一个跨学科、综合性的资料库和研究领域，种类繁多的教科书，对当时的政治、经济、文化、教育有全方位的特定形式的反映和描述，是研究该时期社会思潮、语言形态、乡风民俗、价值观人生观等领域的鲜活而宝贵的历史材料。教育学、教育史、历史学、语言学以及政治学、体育学、艺术学、自然科学各学界，都可以从中获取本学科所需要的早期研究史料及其发展素材。这是一个没有断裂的连续的学科发展史的活资料库。难怪中科院学科史专家对现代科学早期引入的研究几乎都要盯着早期教科书。

早期教科书对于我国现代科学具有重要的定型或参考、启迪价值。台湾学者王汎森认为：在近代中国建立新知的过程中，新教科书的编撰起到了关键的作用，很多学科的第一代或前几代教科书，定义了我们后来对许多事物的看法，史学就是其中之一。如吕思勉的教科书第一课定义“历史”和梁启超的看法一样，认为有进化才算是历史，没有进化的不算是历史。又如汪荣宝的《中国历史教科书》也说：“（旧史）要之事实散漫，略无系统，可以为史料，不可以为历史。历史之要义，在于钩稽人类之陈迹，以发见其进化之次第，务令首尾相贯，因果毕呈。晚近历史之得渐成为科学者。其道由此。”① 傅斯年 30 年代写了《闲谈历史教科书》一文，称编历史教科书“大体上等于修史”，可见其对教科书的“充分看重”。② 有研究认为，张相文的《初等地理教科书》和《中等本国地理教科书》二书为“中国有地理教科书之嚆矢”③，甚至有人认为，这两本书的出版，标志着中国民族的新地理学的产生。④

民国教科书更应该是中国课程与教学论的重要研究领域，它对今天的教科书建设具有难得的宝贵启迪。我们总是强调如何教如何学，可就很少关注教什么学什么。我们总是说学生负担太重，要减轻学生负担，可就很少关注学生到底负担着什么。如果我是家长，我不怕孩子负担重，我最怕的是孩子负担了不少垃圾知识。我们不少人认为民国时期一定意义上是人才辈出群星璀璨，但很少有人对“他们到底是读什么样的书成长起来的”展开研究。美国儿童文学家 B. B. 雪利（B. B. Sherry）自陈：“如果能够记录有史以来美国青少年读了什么书，就能多少弄清楚社会发生了什么事情。”⑤ 可以借鉴这一说法：如果能够研究透彻近代以来中国青少年读了什么教科书，就能够一定程度弄清楚社会发生的变革以及他们的成长之路。

尼采说过：重要的不是怀念过去，而是认识到它潜在的力量。而要认识教科书的潜在力量，显然需要认清楚教科书的过去或过去的教科书。这就是本研究的

---

① 王汎森：《执拗的低音》，北京：生活·读书·新知三联书店，2014 年，第 33～35 页。

② 傅斯年：《傅斯年集》，广州：花城出版社，2010 年，第 401 页。

③ 张星烺：《泗阳张沌谷居士年谱》，张相文编：《南园丛稿》，上海：上海书店，1929 年，第 55 页。

④ 杨吾杨：《地理学思想史纲要》，郑州：河南大学出版社，1984 年，第 98 页。林崇德、姜璐、王德胜等主编：《中国成人教育百科全书》（地理·环境），海南：南海出版公司，1994 年，第 492 页。

⑤ ［美］尼古拉斯·A. 巴斯贝恩：《文雅的疯狂：藏书家、书痴以及对书的永恒之爱》，陈焱译，上海：上海人民出版社，2014 年，第 401 页。

追求。

本书沿着现代教科书的萌芽发展之路走来，对民国教科书进行系统梳理，展现不同发展阶段教科书的基本面貌和主要特征，兼及一些有重要意义的特色教科书，如乡土教科书、女子教科书、短期小学教科书、华侨教科书等。最后对民国教科书的编写者、教科书内容与教科书形式以及教科书的审查制度等进行了分析，旨在探寻民国教科书之特色，为今日教科书建设提供一定启迪。

第一章　艰难的历程：现代教科书的萌芽

晚清面临变局，数千年未有之变局。

这变局是什么？在西方的坚船利炮的打击下，开眼看世界的国人惊讶地发现，我们面临着一个大不同于以往的文明和世界，一个极有可能“以夷变夏”的窘境。这是中国几千年的文明史上第一次面对的似乎要高于自己的域外文明。顺服，还是抵抗？不管怎样，中国被外力裹挟着正进入一个新的时代。恰如费正清（John King Fairbank）所言：“虽然历史学界关注的中心问题，每代各有不同，但就中国近代而言……一个需要阐明的重大问题就是外来影响的程度和性质。”①

教科书是时代的镜子。中国现代教科书发展历程，折射出中国艰难曲折的现代化之路。教科书反映社会，教科书是时代的组成部分，教科书的变迁史，就是社会的变迁史，就是民族的心灵史，就是文明的进步史。考察中国现代教科书的发展历程，就有了特殊的意义。

---

① ［美］费正清：《剑桥中国晚清史》，中国社会科学院历史研究所编译室译，北京：中国社会科学出版社，1985年，“导言”，第32页。

第一节　新式学堂的出现与现代教科书的孕育

鸦片战争的隆隆炮声，使固守几千年古老文明的封建末代王朝出现了“天崩地解”的历史性转折，在西学东渐的冲击下，开始了步履维艰的现代化起步。

在这一艰难的现代化进程中，新式教育既是现代化的重要组成部分，也为现代化的发展提供了必不可少的人才、思想、知识与智慧支持。新式教育的主体是新式学堂，而新式学堂的核心是新式教科书。教科书是学校教学中重要的和基本的教与学的材料，是传播主流文化、反映科学进步、体现社会文明的重要工具，也是国家意识形态的具体化。科举时代，没有近代意义的新式教育和新式学堂，只有启蒙教育和为参加科举考试做准备的私塾和书院。初学《三字经》《百家姓》《千家诗》，进而读“四书五经”，我们称之为教材，不是现代意义的教科书。[①] 现代意义的教科书是从 19 世纪后期开始，伴随着新式学堂——教会学校以及洋务学堂的产生发展而逐渐发展起来的，当时大量的西学教科书被引进，拉开了中国现代教科书发展的帷幕。

一、新式学堂的出现

鸦片战争后，中国逐渐沦为半封建半殖民地社会，对于中国命运的思考，使得“中国向何处去”一时成为近代中国的时代主题。为回答这个问题，当时社会的知识阶层和权贵阶层分别从不同的角度进行了探索，从一定意义上说，

① 石鸥：《最不该忽视的研究——关于教科书研究的几点思考》，《湖南师范大学教育科学学报》2007 年第 5 期。

中国近代化的艰难转型是和他们分不开的。然而，他们之间存在着巨大的差别。

对传教士而言，传播教义的艰难让他们认识到必须调整策略，才能有效地普及福音的恩泽。他们多年来在中国的经验，帮助他们认识到“在中国，教育极受人们所推崇，一个没有受过教育的人在社会上所能起的影响极有限”①。因此，传教士们开始转变策略，从单一的布道传教转向筹办教育，客观上把西方新式学堂及其课程体系和教材体系引入中国，助推了中国近代大规模的教育变革和学术变革。

1818年，西方传教士马礼逊（Robert Morrison）在马六甲创办英华书院，学生只有一二十名，其中有不少是从中国大陆带去的。中国第一所新式学堂是由“马礼逊教育会”于1839年11月在澳门开办的马礼逊学堂（Morrison School），1842年后迁到香港，成为香港开埠后的第一所学校。中国近代第一批留学生容闳、黄胜宽等即是该校学生。② 该校的课程分中文科和英文科，中文科与中国传统教育差距不大，英文科则设立了天文、地理、历史、算术、代数、几何、初等机械学等近代学科。③ 这一时期，教会学校的规模较小，人数多在几人至几十人之间。在当时的中国，“夷夏之防”的思想仍然很浓厚，故富裕的家庭多不愿将子女送入教会学堂，学生来源受到了很大的限制。因此，早期教会学堂招收的对象主要是贫穷儿童，多数学堂免收学费和膳宿费，有些还供给衣服、路费。同时，初创时期的教会学校，聘请教师困难，经费亦极为困难。④

第二次鸦片战争极大地改变了历史的进程，一方面它加速了中国的半殖民地半封建化；另一方面它也加快了中国的近代化进程。这一点，从西式学堂的设立就看得极为清楚。如果说之前的教会学校的发展是奠定基础的话，那么第二次鸦片战争之后，在不平等条约的庇护下，传教士可以深入内地自由传教，教会学校

---

① 陈学恂主编：《中国近代教育史教学参考资料》（下册），北京：人民教育出版社，1993年，第8页。

② *Chinese Repository*，1894（10），p. 569～570，蒋祖缘、方志钦主编：《简明广东史》，广州：广东人民出版社，1993年，第407页。

③ 石鸥：《简明中国教科书史》，北京：知识产权出版社，2015年，第3页。

④ 张书丰：《山东教会学校教育九十年》，《华东师范大学学报》（教育科学版）2000年第4期。

的发展速度明显加快。到1860年，天主教耶稣会在江南一带有传教据点400余处，天主教小学90所；基督教设于五口通商口岸的基督教新教小学就达50多所，学生1 000余人。[①]

随着学校数量和学生人数的增加，教会学校的性质也在悄然发生变化，最明显的就是人才培养的目标发生了转移，培养手段更是变化显著。传教士们创办的教会学校，其目的是传播基督教的福音，扩大教会的影响，让中国人得到上帝的福音，以成为虔诚的教徒，这个目标，在任何时候都是传教士的第一要义。然而，是直接以此为目标，还是间接以此为目标，其中存在很大的差别。教会学校在中国的发展，使得传教士逐渐认识到，“科学和艺术将有效地根除异端迷信……为基督教徒的胜利开辟一条光明大道”[②]。他们在教学中强调宗教与科学的统一性和不可分离性，教会学校的目的就是用基督教文化打败中国的儒学文化，对未来的中国施加影响，所以如果宗教课不及格，就不允许升学。但是中国人头脑中根深蒂固的儒学观念迫使传教士将儒家学说置于讲堂之中，实现某种妥协，以降低人们内心的敌视程度。除了宗教神学课外，几乎所有的教会学校都设有西学课程。于是，西方现代科学开始全面涌入中国。尽管教会学校的办学因国别、教派和程度、专业的不同，在教学内容上也有所差异，但总的来说，课程可以分为宗教课、儒学课程、外语和近代科学文化课四类。学校“不但教中文，还教西学，包括算学、历史、地理等知识和英语，学生的知识面比当时一般的学塾的学生开阔”[③]。在外语课方面，传教士鼓吹全盘英语授课。至于西学课程，基本上就是科技类课程，那是绝大多数教会学校都开设的课程，也是数十年间传教士悟出来的“以学术为媒”的道理，以利于传教布道。[④]

教会创办的西式学堂，客观上开了在中国通过学校以引进和传播西方近代自然科学的先河，一定程度上为中国培养了最早一批现代化需要的人才。

---

① 孙培青主编：《中国教育史》，上海：华东师范大学出版社，2000年，第294页。

② 1877年狄考文在基督教在华传教士召开的全国大会上的专题发言，陈学恂主编：《中国近代教育史教学参考资料》（下册），北京：人民教育出版社，1987年，第10页。

③ 顾长声：《从马礼逊到司徒雷登》，上海：上海人民出版社，1985年，第28页。

④ 吕达：《近代教会学校课程的特点及其评价》，《教育评论》1990年第3期。

教会学堂不但在僵化封闭的中国旧式教育体系中撕开了一个缺口，而且为洋务派创办的新式学堂树立了典范和榜样。随着教会学堂的兴起，洋务派也掀起了兴办新式教育、引进西方科学技术的热潮。洋务派创办的第一所洋务学堂——京师同文馆以及后来的江南制造总局翻译馆、马尾船政学堂、天津电报学堂和江南铁路学堂等，基本上都借鉴和采用了教会学堂分科分级制的管理体制。

第二次鸦片战争后，为处理越来越多的外交事务，清政府成立总理各国事务衙门，洋务派开始设法以多种举措应对“数千年来未有之变局”。为维护封建统治，洋务派提出“采西学”的主张，采西学的第一件事就是兴办京师同文馆，培养翻译人才。之所以这么做，是因为奕䜣等人感觉到在对外交涉时，因“文字不通、语言不辨，一切隔膜”而导致“受人欺蒙”，[①] 先行设立英文馆，后陆续开设俄文馆、法文馆、天文馆、算学馆。娴熟他国语言，只是交际之工具，最为紧要的，乃是学习先进国家的器械和科学技术。新式学堂以学习传教士介绍而来的西方科学文化为主。何兆武认为鸦片战争时期先进的知识分子提出的“师夷长技以制夷”，可以说是最早的西学，也就是指“夷人”所擅长的技术。后来人们把这个思想进一步深化，认识到“船坚炮利需要有船坚炮利的根据，这个根据就是近代科学。中国没有近代科学，所以这时就形成了一个‘西学’的概念，也即‘西洋的科学’。这个科学也很简单，是声光化电，也就是化学、物理学、数学”[②]。洋务派及当时的先进知识分子对西方的认识是逐渐深化的，到第二次鸦片战争之后，基本上已经认识到中国落后于西方，是人才的培养落后于西方，是教育体系落后于西方，因此，中国要改变落后挨打的局面，就必须接受西方的科学文化。

1869 年，丁韪良（William A. P. Martin）受聘担任京师同文馆总教习，从此任职达 25 年，直至 1894 年 5 月因健康原因离职。任职期间，丁韪良制订了新

① 奕䜣：《通筹善后章程折》，高时良编，《中国近代教育史资料汇编》，上海：上海教育出版社，1992 年，第 3 页。

② 何兆武：《中学、西学与近代化》，《社会科学战线》2009 年第 4 期。

的明显西化的课程计划，课程设置分为两套，其中一套为“由洋文而及诸学共须八年”，除“汉文经学原当始终不已”外，八年制课程的前三年主要学习一门外语，从第四年起学习数学、格物、化学、天文、地理等自然科学课程及公法、富国策等社会科学课程，同时进行外语翻译的训练。[①]

以京师同文馆为肇始，自19世纪中后期，新式学堂迅速发展起来，产生了巨大的社会影响。洋务派新式学堂的创立和发展，极大地冲击了传统的教育观念和教育体制，人们不再以学“西学”为耻，而是认为，通过学“西学”，甚至更激进地通过选派幼童赴美留学专门学西学，可以“将使此老大帝国变成充满生机和活力的新中国”[②]。狄考文（Calvin Wilson Mateer）甚至不无自豪地说：“西方文明与进步的潮流正朝它（指中国）涌来。这种不可抗拒的潮流必将遍及全中国。”[③] 狄考文的说法很有洞见，中国在外界环境的逼迫下，以西学为追求，以新式学堂为重要催化剂，不由自主地被裹挟进现代化的进程中。

这一过程中，最直接的问题产生了：新式学堂的建立与发展，必然呼唤新式科学书籍，必然呼唤新式教科书。

二、西学教材的引入与现代教科书的萌芽

学校的形式变了，教育的目标变了，学习的内容也必然需要改变。编辑适合时代需要的教材，就成为新式学堂能否成功举办并延续下去的关键。

19世纪后期，教会学校使用的教科书，主要是由教会出版机构翻译出版。国人自办的新式学堂也以教会出版机构和中国官办、民办出版机构翻译的西学著作、西学教材为主体，兼及少量自编的教材。

---

① 王维俭：《丁韪良与京师同文馆》，《中山大学学报》1984年第2期。

② 容闳：《容闳自传——我在中国和美国的生活》，石霓译注，上海：上海百家出版社，2003年，第45页。

③ 陈学恂主编：《中国近代教育史教学参考资料》（下册），第10页。

这一时期，教会出版机构主要有墨海书馆、美华书馆、广学会、上海土山湾印书馆等，在国内出版机构方面有京师同文馆、江南制造总局翻译馆等。

墨海书馆是 1843 年由英国伦敦教会的麦都思（Walter Henry Medhurst）在上海创立，这也是外国在华传教士创立的第一个现代出版机构，取“翰墨之海”之义。开馆初期，主要印刷《圣经》及其他宗教小册子，从 1850 年后，开始印刷部分西方科学书籍。1857 年墨海书馆出版的《六合丛谈》（*Shanghai Serial*）是上海第一份中文刊物。它先后印有《光论》（艾约瑟、张福僖合译，1853）、《数学启蒙》（伟烈亚力主译，1853）、《地理全志》（慕维廉撰，1853—1854）、《大英国志》（慕维廉翻译，蒋敦复润色，1856）、《续几何原本》（伟烈亚力、李善兰合译，1856）、《重学浅说》（伟烈亚力、王韬合译，1858）、《重学》（艾约瑟、李善兰合译，1859）、《谈天》（伟烈亚力、李善兰合译，1859）、《代数学》（伟烈亚力、李善兰合译，1859）、《代微积拾级》（伟烈亚力、李善兰合译，1859）、《植物学》（韦廉臣、艾约瑟、李善兰合译，1859）等比较重要的科学著作，也就是科学教科书。据熊月之统计，从 1844—1860 年，墨海书馆共出版各种书刊 171 种，其中数学、物理、天文、地理、历史等科学知识的有 33 种，占总数 19.3%。[①] 墨海书馆的译著，使鸦片战争之后的西学东渐之势在自然科学方面开了先河，它本身成为 1843—1860 年间西学传播方面最重要的据点。

美华书馆是 1860 年由美国长老会创办，其前身是美国基督教长老会于 1844 年在澳门创办的花华圣经书房，后迁至宁波，1860 年迁至上海，并改名美华书馆。美华书馆是当时上海规模最大、最先进的活字排版、机械印刷的出版机构，它发展迅速，取代了墨海书馆的地位，成为基督教在华的最主要出版机构。到 19 世纪末，美华书馆已成为外国教会在上海也是在整个中国规模最大的印刷机构，著名的《万国公报》便是由它印刷的。据 1920 年的统计，该馆印刷各种书籍 2 262 507 册，其中 80%为宗教书籍，其余为科学类及其他书籍。[②] 美华书馆

① 熊月之：《西学东渐与晚清社会》，上海：上海人民出版社，1994 年，第 188 页。

② 邹振环：《近百年间上海基督教文字出版及其影响》，《复旦学报》（社会科学版）2002 年第 3 期。

先后出版《华英初学》《英字指南》(杨少坪辑译，1879)、《形学备旨》(狄考文译，邹立文笔述，1885)、《法字入门》(龚渭琳编译，1887)、《代数备旨》(邹立文、狄考文编译，1891)、《八线备旨》(潘慎文、谢洪赉合译，1893)、《代形合参》(潘慎文、谢洪赉合译，1893)、《格物质学》(潘慎文、谢洪赉合译，1898)、《地理略说》(潘慎文、谢洪赉合译，1898)、《中学万国地志》(1907) 等。这些都成为当时新式学堂非常重要的教科书。1905 年，江苏学政唐景崇采辑《中学堂暂用课本之书目》，中学算学教科书就有美华书馆出版的《代数备旨》和《形学备旨》。①

此外，有影响的传教士出版机构还有基督教的广学会。广学会出版了大量图书，所编译的历史、地理、理化、伦理、宗教等书籍，大多被学堂作为教科书。据王树槐的统计，1897—1911 年间，共出版书籍 461 种，其中纯宗教性的书籍为 138 种，仅占总数的 30%，余下均为非宗教或含部分宗教内容的书籍。② 比如《泰西新史揽要》(李提摩太、蔡尔康合译，1894)、《格物探原》(韦廉臣，1856)、《七国新学备要》(李提摩太撰，1887)、《自西徂东》(花之安，1888)、《中东战纪本末》(林乐知译编、蔡尔康笔述，1896)、《文学兴国策》(林乐知译，1896) 等。

上海土山湾印书馆也是重要的出版机构。该馆主要出版宗教书刊、经本、图像、年历、教科书，以及中、英、法、拉丁文书籍。此外，它还承印法租界工部局的文件、报表、通告等，印制一些附有地图和照片的有关中国气象、地质、水文、风俗民情的著作、资料。土山湾印书馆出版的有关教科书的代表作有：《形性学要》(汇报馆译)、《西学关键》(汇报馆译)、《几何探要》(汇报馆译)、《透物电光机图说》(汇报馆著)、《五洲图考》([法] 龚若愚译，许采白述)、《公额小志》(汇报馆译)、《墨澳觅地记》(汇报馆译)、《物理推原》([法] 罗爱弟著，李杕译) 等。民国后它还出版了许多有影响

① 王全来、曹术存：《〈笔算数学〉内容探析》，《内蒙古师范大学学报》(自然科学汉文版) 2004 年第 9 期。

② 王树槐：《清季的广学会》，林治平编：《近代中国与基督教论文集》，台北：宇宙光出版社，1981 年，第 240～242 页。

的国文教科书。

京师同文馆、江南制造总局翻译馆则代表了中国洋务派官方的出版力量，翻译出版了大量新式科学书籍，一方面是为了满足自身课程的需要，另一方面也是“自强”精神的推动，认识到西学书籍的重要性。当时的先进人士认识到，“国家欲自强，以多译西书为本；学子欲自立，以多读西书为功”，强调“翻译一事系制造根本”。①

京师同文馆究竟编译出版了多少书，至今仍未能做出精确的统计。吉少甫主编的《中国出版简史》称：“30 多年中，北京同文馆翻译出版的著作共 200 多部。”② 该书没有注明这一统计是从何而来。据苏精统计，京师同文馆出版译著 35 种，其中法律 7 种，天文学 2 种，物理学 6 种，化学 3 种，语言学 5 种，医学 2 种，历史学 2 种，经济学 2 种，游记等 6 种。③ 同文馆的许多译书也被当时该馆和其他新式学堂采用为教科书，其中较有影响的有《增订格物入门》（丁韪良编著，1868）、《格物测算》（丁韪良编著，1868）、《星轺指掌》（联芳、庆常译，1876）、《英文举隅》（汪凤藻译，1879）、《富国策》（汪凤藻译，1880）、《算学课艺》（席淦、贵荣编译，1880）等。

1865 年，曾国藩、李鸿章等在上海建立江南机器制造总局，简称“江南制造总局”，又称“上海制造局”。该局于 1868 年设立了翻译馆。江南制造总局翻译馆是 19 世纪中国最大的西书翻译出版机构，但江南制造总局翻译馆究竟翻译出版了多少科学书籍，尚无定论。有统计表明，从 1868 年成立到 1880 年的 12 年间，江南制造总局翻译馆翻译刊印了西书 98 种，235 本；已译未刊西书 45 种，142 本；销售 31 111 部，共计 83 454 本。④ 到 1907 年，该馆累计译书 160 种。⑤ 翻译馆的主要译员傅兰雅（John Fryer）在翻译馆工作到 1908 年，据他回忆，已

① 中国史学会主编：《中国近代史料丛刊·戊戌变法》（一），上海：上海人民出版社，1957 年，第 448 页。
② 吉少甫：《中国出版简史》，上海：学林出版社，1991 年，第 280 页。
③ 苏精：《清季同文馆及其师生》，台北：上海印刷厂，1985 年，第 158—161 页。
④ ［美］傅兰雅：《江南制造局翻译西书事略》，《格致汇编》第 3 年第 5 卷，1880 年。
⑤ 上海社会科学院经济研究所：《江南造船厂厂史》，南京：江苏人民出版社，1983 年，第 54 页。

译已刊著作 98 部，已译未刊著作 45 种，未译全者 13 种，共计 156 种。① 这是一项令人叹为观止的成就，倘若把时间后移到机构关闭的 1913 年，有统计表明，江南制造总局翻译馆的译书共计 170 种，翻刻图书 30 余种。② 这些译书，很多都被洋务学堂和新式书院作为教科书使用。

这一阶段由此类机构出版的出版物，一个重要特点是直接翻译西学书籍，而且此时出版的西学书籍除了宗教类外，主要集中在数学、物理、天文、地理等领域。由这些教会出版机构和洋务派出版机构出版的西学著作，在 19 世纪 90 年代之前，许多被教会学校和洋务学堂采用为教科书。它们虽无教科书之名，但因其内容浅显易懂，多属于西学知识的普及性读物，在当时还没有正规的教科书之前，被充作教会学校和早期新式学堂的西学启蒙教科书是比较合适的。在缺乏新课本的时期，中国一些地方的书院也多乐于采用西学译著为教材，不少学校也用来作为教学参考。可以说，19 世纪中晚期的中国，从国外译介的西学著作和教材几乎是同一的，没有本质区别。

西学书籍的大量引入，从零星到系统，种类逐渐齐全，数量逐渐增加。教会出版机构在教材引进和出版方面可以说是起了雪中送炭的作用，客观上为中国现代教科书建设铺垫了第一个台阶。

然而，这些西学书籍，并不具备教科书的基本要素，它们不算正式的或现代意义的教科书，因为它们不分年级，不注重教，也不注重学，我们可以将它们看作是传播科学、解放思想、启蒙大众的广义的教材，是现代教科书的萌芽或雏形。现代意义的教科书应该满足如下条件：第一，产生了现代学制，根据学制，分年级编写；第二，有相应的、配套的教学参考书，有教学建议等；第三，依据教学计划规定的学科课程，分门别类地编写，即教科书已经分科。③ 这样的定位，并不会弱化或者降低西学科学书籍在新式教育中的历史地位。在晚清教育

---

① ［美］傅兰雅：《江南制造局翻译西书事略》，张静庐辑注：《中国近代出版史料》（初编），上海：群联出版社，1953 年，第 9～28 页。

② 乔亚铭、肖小勃：《江南制造局译书考略》，《图书馆学刊》2015 年第 7 期。

③ 石鸥：《最不该忽视的研究——关于教科书研究的几点思考》。

界，西学科学书籍享有很高的声誉。以《形学备旨》为例，中国现代文学巨匠茅盾先生小时候，学的几何教材就是《形学备旨》，在他的印象里，是“一本有光纸印的厚厚的线装的老家伙”①。无独有偶，著名人士陈布雷，小时候在私塾念书的时候，也是“授以几何，用《形学备旨》为课本”②。可见，伴随着西学教材在华夏的传播，西方科学技术涌入国门，对中国人的传统观念和思想产生了强烈冲击，也给中国传统教育领域带来了新的气息。

三、“教科书”的产生：从课本到教科书

“教科书”的产生是与传教士的教会学校教育密切关联的。

（一）“教科书委员会”

“随着教会学校数量增多和影响增大，合适的教科书，尤其是各种科学类教科书在中国十分需求。”③ 有的传教士就开始自己编译教科书，如同治三年（1864）狄考文在登州文会馆自编教科书，供该校学生使用。但这种自编自用的方式不能相互交流，教材质量也参差不齐。传教士们认为在这个问题上应当通力合作，共同解决，于是“光绪二年（1876）举行传教士大会时，教士之主持教育者，以西学各科教材无适用书籍，议决组织‘学堂教科书委员会’”④。

1877年5月，School and Textbook Series Committee 即所谓“学堂教科书委员会”正式成立，在当时，这一组织被翻译成“益智书会”。这是中国近代史上第一个编辑出版教科用书的专门机构。成立这一组织的目的，是为了加速出版和统一规划教会学校编著的西学科学书籍与教材。

---

① 茅盾：《茅盾全集·散文》（第11卷），北京：人民文学出版社，1986年，第489页。

② 陈布雷：《陈布雷回忆录》，北京：东方出版社，2009年，第14页。

③ C. W. Mateer, *School Books For China*, *The Chinese Recorder*, Sep-Oct, SOAS (School of Oriental and African Studies), University of London, 1877, p.427

④ 教育部：《教科书之发刊概况》，中华民国教育部编：《第一次中国教育年鉴·戊编教育杂录》，上海：开明书店，1934年，第115页。

益智书会的委员有丁韪良、韦廉臣（Alexander Williamson）、狄考文、林乐知（Young John Allen）、傅兰雅等。当时，傅兰雅被推举为干事。益智书会的工作主要有两项，一为编辑出版教科书，一为建立统一的译名。对于学校用教科书的编撰，狄考文提出了五条原则：一是教科书的编写体例，编写学校教科书的目的是用来研究和教学之用，并非一读了事；二是每一种新科学都要创造一种新名词，使用的原则要简要、适用、准确；三是教科书不仅仅是翻译，尽量要用通俗的语言进行表述；四是教科书应该是明白朴素的；五是教科书应该是生动有趣的，他强调应该用一些图片，不同类型例子的对比，以及一些令人困惑或好奇的问题，或者是自然界的一些重大的事实或现象来吸引学生的兴趣。[①] 这些原则基本成为教会学校编撰教科书的标准，也为现代意义的中国教科书的编撰提供了参照，奠定了基础。在这些原则中，狄考文着力强调新名词，即“术语”的使用，他指出，术语使用有四条原则：“一是简短，不必要求它能包含所有的意思；二是适用，方便在各种情况下使用；三是统一，同类术语应该协调一致；四是清楚，每一个新术语都要给出确切的含义。”[②] 这就意味着翻译西学书籍的人已经意识到，必须和中国的语言文字建立起联系，而不能仅仅是转译，应该相当于是结合中国传统文化的二度创作。

“益智书会委员经过数次商讨之后，决定编辑两套学校用书，一供初等学校使用，一供高等学校使用，包括数学、天文、测量、地质、化学、动植物、历史、地理、语文、音乐等科目。规定用浅易的文言撰写。”[③] 关于教科书的内容，要求包括：“一、初级和高级的教义问答手册，以直观教学课的形式，各分三册。二、算术、几何、代数、测量学、物理学、天文学。三、地质学、矿物学、化学、植物学、动物学、解剖学和生理学。四、自然地理、政治地理、宗教地理以及自然史。五、古代史纲要、现代史纲要、中国史、英国史、美国史。六、西方

① C. W. Mateer, *School Books For China*, *The Chinese Recorder*, 1877, p. 427～432.

② 王树槐：《清末翻译名词的统一问题》，《中央研究院近代史研究所集刊》（台湾）1969 年第 1 期。

③ 王树槐：《基督教教育会及其出版事业》，林治平编：《近代中国与基督教论文集》，台北：宇宙光出版社，1981 年，第 199～202 页。

工业。七、语言、文法、逻辑、心理、哲学、伦理科学和政治经济学。八、声乐、器乐和绘画。九、一套学校地图和一套植物与动物图表，用于教室张贴。十、教学艺术，以及任何以后可能被认可的其他科目。”[①] 可见，这套教科书已经非常全面地涵盖了当时的学科体系。

据1890年傅兰雅报告益智书会历年来的成就，14年中自行编辑出版的书籍共50种、74册及图表40幅。另外还审定合乎学校使用之书48种、115册。两项合计共98种、189册。其中以自然科学为最多，算学类8种，科学类45种，历史类4种，地理类9种，道学类（包括哲学与宗教）19种，读本类1种，其他12种。[②]

英国传教士傅兰雅于19世纪80年代编写出版的《格致须知》是益智书会最具规模和最有影响的启蒙丛书之一，也是中国近代史上最早的系统的西学教科书。《格致须知》原计划编写10集，每集8种，共计80种。第1、2、3集是自然科学，第4、5、6集是工艺技术和社会科学，第7集是医学须知，第8、9集是国志须知和国史须知，第10集是教务须知。至1890年已编出前3集，其他几集后来只出了一部分，没有完全编成。[③]《格致须知》第1集初版于1882—1887年，共8册，包含《地志须知》《地理须知》《地学须知》《化学须知》《气学须知》《天文须知》《算法须知》和《声学须知》。这套教科书作为中国近代第一套按照西方学术门类分科设编的西学教科书，开拓性地构建了科学的学科门类知识体系，也同时构建了现代教科书的学科知识体系，开启了中国近代史上系统分科编撰西学教科书的时代。

益智书会不但自己编辑出版教科书，还通过审定程序，选用达到标准的其他机构出版的教科书。据统计，到1890年，益智书会审定的图书计有算学7种10册，科学24种62册，地理4种4册，道学7种20册，其他6种9册，合计48

① 陈学恂主编，《中国近代教育史教学参考资料》（下册），北京：人民教育出版社，1987年，第86～87页。
② 王树槐：《基督教教育会及其出版事业》，林治平编：《近代中国与基督教论文集》，第199～202页。
③ 屠寄：《译书公会叙》，《译书公会报》1897年10月第一册。

种 105 册。[①] 选用作教科书的标准主要是要适应社会的需要，体现中国的特色，内容简明易懂，符合知识的逻辑体系，编排体例由浅入深，提出问题并解答，适用于学校教育，体现知识的科学性。一批备受时人推崇的西学名著，如狄考文译《笔算数学》和《形学备旨》、求德生（J. H. Judson）译《圆锥曲线》、卜舫济（Francis Lister Hawks Pott）译编《地理初桄》、海文（Joseph Haven）著《心灵学》、斯宾塞（Herbert Spencer）著《肄业要览》、潘雅丽（Alice S. Parker）译编《动物学新编》、慕维廉（William Muirhead）译编《大英国志》等，都曾被益智书会选作教会学校的教科书。而花华圣经书房所出的《地球图说》《天文问答》、美华书馆所出的《格物质学》《代形合参》《地理略说》《心算启蒙》和墨海书馆所出的《数学启蒙》《续几何原本》《代微积拾级》《重学浅说》等著作也因为是西学普及性读物，适合于学校的科学启蒙教育，经益智书会审定后被选用作教科书。[②]

益智书会对教科用书的“审定”，可以看作是清末（1906）学部第一次审定中小学堂教科书的滥觞。

清末的教育新政，主要目的是维护清政府的利益。为维护其统治，清政府逐渐意识到教科书的重要性，力求以教科书统一全国读书人的思想。1903 年，京师大学堂编书处颁布的《暂定各学堂应用书目》，将学堂课程分为 16 门，列有教学用书 91 本。[③] 当时的局面，一方面是清政府的国定教科书难以在短时间内问世，另一方面是民间教科书的鱼龙混杂，纷繁浩博。对于这个问题，既要满足如雨后春笋般出现的新学堂儿童的学习需要，又不能让不利于政府统治的思想堂而皇之地进入学堂。于是，清政府确立了在国定教科书发行以前，以审查民间教科书为主导的政策，规定“书成后，应咨送学务大臣审定，颁行各省”，编辑的教科书务必做到“宗旨纯正，说理明显，繁简合法，善于措辞，合于讲授之用”，[④]

---

① 孙培青：《中国教育史》，上海：华东师范大学出版社，2000 年，第 308 页。

② 张雪峰：《试论晚清新式教科书的出版及其影响》，《图书与情报》2005 年第 2 期。

③ 石鸥：《简明中国教科书史》，第 48 页。

④ 舒新城编：《中国近代教育史资料》（上册），北京：人民教育出版社，1961 年，第 213～214 页。

从而开启了清末教科书审定的端头。应该说，传教士的益智书会的审定政策，对于清末教科书审定政策的制定提供了一定的启发，同时对清末教科书的发展具有积极的导向意义。

（二）“教科书”

既然 School and Textbook Series Committee 成立于 1877 年，那么学界通行的看法，是“教科书”（textbook）一词即由此而来，“教科书之名自是始于我国矣”①，即 1877 年。

笔者认为，这种说法尚有值得商榷之处——后人把自己的理解与翻译施加于早年的文献。“textbook”一词的翻译，颇费思量。当时 School and Textbook Series Committee 以“益智书会”的名义出现，那么，按理“textbook”对应的就是“益智书”，后来才按字面被翻译成“学校教科书委员会”。而且，迄今为止，从所见到的教科书实物来看，没有发现任何一本出版于 19 世纪七八十年代的以“教科书”命名的教科用书。传教士们自己编的供教会学校用的书也没有一本叫“教科书”的，多为“读本”“须知”“启蒙”“志”等，倒是出现了不少以“益智书会”署名出版的书籍。这就表明，当时还没有出现“教科书”这个词，可能还不知道如何翻译“textbook”为好，所以译为“益智书”。这个译法也确实能够反映“教科书”的本质，不像后来译为“教科书”，有点过于中立，干巴巴的，毫无温度。

日本著名学者实藤惠秀在其《中国人留学日本史》中认为：“凡以‘教科书’为名的书籍，都可看作是‘从日本翻译过来的东西’。说起来‘教科书’这个词汇，也是从日本输入的。”② 近年来，我国也有学者认为，“教科书”一词来源于日本。③ 目前可见的实物，最早出现的以“教科书”命名的教材是上海乐群书局

---

① 教育部：《教科书之发刊概况》，中华民国教育部编：《第一次中国教育年鉴·戊编教育杂录》，第 115 页。

② ［日］实藤惠秀：《中国人留学日本史》，谭汝谦、林启彦译，北京：生活·读书·新知三联书店，1983 年，第 233 页。

③ 代钦：《“教科书”词源探》，《内蒙古师范大学学报》（教育科学版）2011 年第 2 期。

于光绪二十二年（1896）出版的《最新动物教科书》（马良编撰），而不是学界过去一直所认为的1883年5月上海东亚译书会初版的《支那史教科书》2册（[日]富三房编辑，唐秋渠译）。因为此书出版时间为“光绪念九年”，被今人疏忽，看作“光绪九年”，[①] 从而把出版时间提前了20年。

如前所述，自1877年益智书会成立，直到19世纪末的近20年间，从事西式教育教学的传教士和国内知识分子，积极参与编辑出版教科书的工作，但是在该概念的界定上，仍然没有使用“教科书”一词，即便1896年出现了目前所见最早的一本以“教科书”命名的课本，但还是未能广泛流传，无法取代“课本”“读本”等中国传统概念。

（三）“教科书”的前术语

在中国传统文化中，在“教科书”一词出现之前，各种官私文献中使用的是“课本”“课书”“功课书”“读本”等术语和泛称，这些中国固有词汇的一些义项与现代“教科书”概念相近，所以在使用上是教科书出现之前的主要术语。

1900年后，在清末新政的教育改革讨论中，张謇、张之洞、张百熙、荣庆、盛宣怀、袁世凯等大量教育革新派人士，仍在频频使用“课本”一词。1901年，张謇在《变法平议》中主张设师范学堂，提出要“习小学堂师范课本书”“学堂教育章程及课本书与官学同，考试给凭出身亦同”[②]。1902年正月，管学大臣张百熙在《奏筹办京师大学堂情形疏》中提出附设译局：“然译局非徒翻译一切书籍，又须翻译一切课本。泰西各国学校，无论蒙学、普通学、专门学，皆有国家编定之本，按时卒业，皆有定程。今学堂既须考究西政西艺，自应翻译此类课本，以为肄习西学之需。……此外百家之书，浩如烟海，亦宜编为简要课本，按

---

① 北京图书馆、人民教育出版社图书馆合编：《民国时期总书目》（中小学教材），北京：书目文献出版社，1995年，第333页。

② 张謇：《变法平议》，光绪二十七年（1901），朱有瓛主编：《中国近代学制史料》（第一辑下册），上海：华东师范大学出版社，1986年，第127、10页。

时计日，分授诸生。……故学堂又以编辑课本为第一要事。现各处学堂皆急待国家编定，方有教法。上海南洋公学，江、鄂新设学堂，即自编课本以教生徒，亦不得已之举也。”① 1902 年，两江总督刘坤一在《奏办江南省各学堂大略情形折》中，也使用的是“课本”一词，如“而小学必须课本，课本尤资师范，此一定不易之理。……又江楚会设编译书局，一俟成有课本，咨送京师大学堂核定颁行，则小学又不患无书”。②

1902 年 8 月，清政府颁布的《钦定学堂章程》中，使用的也是“课本”一词。③ 如《钦定蒙学堂章程》写道：“各项课本，须按照《高等学堂章程》之第一章第十二节办理。”④ 《钦定小学堂章程》写道：“小学堂各项课本，均按照《高等学堂章程》之第一章第十二节办理。”⑤《钦定中学堂章程》写道：“中学堂各项课本均按照《高等学堂章程》之第一章第十二节办理。”⑥ 在《钦定高等学堂章程》第一章《全学纲领》的第十二节关于“课本”的规定中写道：“凡各项课本，须遵照京师大学堂编译奏定之本，不得歧异。其有自编课本者，须咨送京师大学堂审定，然后准其通用。京师编译局未经出书之前，准由教习按照此次课程所列门目，择程度相当之书暂时应用，出书之后即行停止。”⑦

可见，直到 1902 年，在国家权威的《钦定学堂章程》中，“课本”仍然作为新式学堂教学用书最常见的指称词，在官方与民间普遍使用。此时，“教科书”之称谓仍然没有取得正统地位。

总的来说，我们可以把 19 世纪下半叶的西式学堂教科用书的发展分为两

---

① 张百熙：《奏筹办京师大学堂情形疏》，光绪二十八年（1902）正月初六，朱有瓛主编：《中国近代学制史料》（第二辑上册），上海：华东师范大学出版社，1987 年，第 835 页。

② 刘坤一：《奏办江南省各学堂大略情形折》，璩鑫圭、唐良炎编：《中国近代教育史资料汇编·学制演变》，上海：上海教育出版社，1991 年，第 71 页。

③ 《钦定蒙学堂章程》出现“课程”“功课”“学科”“教习”等词汇。《钦定小学堂章程》出现“课程”“功课”“学科”“教科”“教习”等词汇。《钦定中学堂章程》出现“课程”“功课”“学科”“教科”“教习”等词汇。

④ 《钦定蒙学堂章程》，光绪二十八年（1902）七月十二日，朱有瓛主编：《中国近代学制史料》（第二辑上册），第 158 页。

⑤ 《钦定小学堂章程》，朱有瓛主编：《中国近代学制史料》（第二辑上册），第 164 页。

⑥ 《钦定中学堂章程》，朱有瓛主编：《中国近代学制史料》（第二辑上册），第 375 页。

⑦ 《钦定高等学堂章程》，朱有瓛主编：《中国近代学制史料》（第二辑上册），第 560 页。

个阶段，以 1877 年为分界线：前一阶段，教会学校规模较小，学生人数不多，洋务派设立的新式学堂多为语言类学校，这些新式学堂中的教科用书多以直接翻译西方科学书籍为主；后一阶段，益智书会起了统领教科用书发展的作用，教科用书的编辑质量有了显著提高，出现了第一套按照西方学科门类编辑的西学教科用书。尽管名称还没有完全固定下来，但是人们已经在实践中多次检验教科用书的优劣。时代在呼唤着更适合的教科用书，同时实践经验的积累，也在潜移默化中孕育着现代意义上的教科书，“教科书”呼之欲出，而且即将如雨后春笋般涌现。

四、国人自编教科书的出现

甲午战争的失败，标志着洋务运动的破产，表明在封建统治内部，当一个裱糊匠，东补西补，以挽救大厦将倾的腐朽统治，已经是不可实现的神话了。同时，败给一个“蕞尔小国”，也给了先进知识分子痛定思痛深入思考的机会，维新救国的思潮应运而生。在维新派众多的救国建议中，“兴办学堂”被认为是能够强种、保国、国家富强的救国利器。百日维新时，新式学堂迅猛发展，近代教育终于改变了传统教育唯经书是从的局面，开始走出“精英”教育的圈子而面向广大民众。当“人人谈时务，家家言西学”，放眼世界，渴望新知，已成为社会风尚之时，当新学堂遍地开花之时，对带来新知识的新式教科书的需求也急剧增加。于是，中国人自己编撰的初具现代意义的教科书应运而生，它既反映了当时新兴资产阶级要求国家独立和民族富强的善良动机，也体现了要求改革的知识精英们力求用新思想新科学启蒙民众的强烈愿望。

如果说 19 世纪下半叶的教会学校和洋务学堂的发展，为学校教科用书的发展提供了生长的土壤的话，那么最终破土而出、开出璀璨之花的荣耀，却是由中国人自己完成的。主要原因是中国人自办的新式学堂已经既不满足于旧的传统教材，也不满足于从西方引进的、以翻译材料为主的教学用书，他们勇敢地走出了第一步，自己尝试编写适合自身需要的教科书。[1] 可以说，现代意义的教科书的产生与国人自办的新式学堂的发展有着紧密的关系。

据不完全统计，截至甲午战争，中国人开设的新式学堂不过25处，而在甲午战争后至1899年间，产生了150所新学堂。[2] 1901—1903年间，全国各地涌现的官立、公立大中小学堂更是高达680所，私立学堂89所。[3] 新式学堂的快速扩张，与教科书的严重滞后形成一对矛盾。为解决这一迫切的需求，很多新式学堂等不及系统的现代教科书的出现，他们开始了自编教科书的行动。

<图1-1
《蒙学课本》(1897，南洋公学编)

>图1-2
《新订蒙学课本》(1903，朱树人编，南洋公学印)

目前所能见到的最早的、有代表性的自编新式教科书实物为1897年南洋公学自编的《蒙学课本》。盛宣怀创办的南洋公学，先设师范院，相当于我国最早的师范院校，以培养师资为急务；继而设立外院，相当于师范院校的附属小学，属于我国最早的公立小学，由师范生教授。当时苦于找不到合适的新式教科书，师范学堂的生员尝试自编教材，边编边教，遂成《蒙学课本》一书，初版于1897—1898年。该书引起了学术界重视，但说法也不少，关于作者就有多个版

① 石鸥：《中国近现代教科书发展演变的若干特征》，《简明中国教科书史》，"代序"。
② 桑兵：《晚清学堂学生与社会变迁》，桂林：广西师范大学出版社，2007年，第2页。
③ 王建军：《中国近代教科书发展研究》，广州：广东教育出版社，1996年，第79页。

本。一说作者是陈懋治、杜嗣程、沈叔逵，此说影响大；[①] 一说是朱树人，这一说法来自清末民国教科书的重要参与者、中华书局的创始人陆费逵在 1925 年的回忆，所以具有一定的权威性；[②] 说法之三，作者应该是陈懋治、沈庆鸿，这主要是夏晓虹教授的观点，据她研究，作者可能还有朱树人，但杜嗣程参与编写的可能性不大。[③] 同时，该《蒙学课本》又往往被人们混同于南洋公学的《新订蒙学课本》，而该书的作者是朱树人（1901 年，南洋公学的朱树人在《蒙学课本》的基础上进行修订，编为《新订蒙学课本》三编，由上海商务印书馆出版发行）。这主要受陆费逵的影响。不管如何，南洋公学的《蒙学课本》是中国近代最早的小学语文教科书，开启了中国教科书现代化的进程，具有重要的历史地位和意义，为以后的教科书编写提供了重要的参考。[④] 无论是学校制度，还是教科书，南洋公学等新式学堂和以前的洋务学堂已经完全不同。自南洋公学推出自编教科书后，其他学堂纷纷效仿，中国的学校教育进入自编新式教科书的历史阶段。

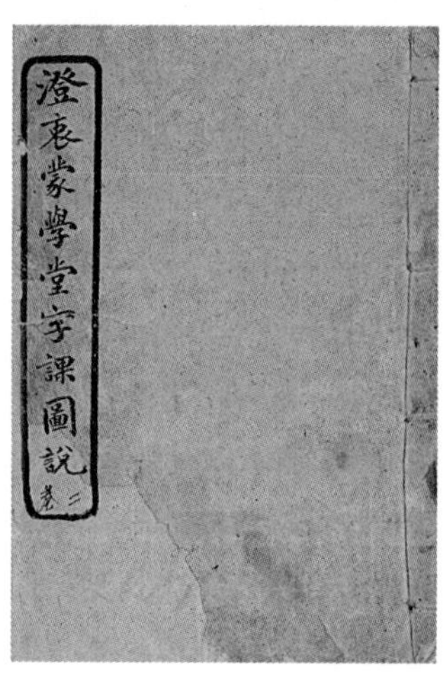

＞图 1－3
《澄衷蒙学堂字课图说》（卷二，1901）

---

① 教育部：《教科书之发刊概况》，中华民国教育部编：《第一次中国教育年鉴·戊编教育杂录第三》，第 116 页。蒋维乔：《编辑小学教科书之回忆》，《出版周刊》1935 年第 156 号。霍有光：《南洋公学译书院及其译印图书》，《西安交通大学学报》（社会科学版）1999 年第 4 期。

② 陆费逵：《与舒新城论中国教科书史书》，舒新城编：《近代中国教育史料》，北京：中国人民大学出版社，2012 年，第 337 页。

③ 夏晓虹：《〈蒙学课本〉中的旧学新知》，《清华大学学报》（哲学社会科学版）2009 年第 4 期。

④ 霍有光：《南洋公学译书院及其译印图书》，《西安交通大学学报》（社会科学版）1999 年第 4 期。石鸥：《我国最早的现代意义的教科书——南洋公学的〈（新订）蒙学课本〉》，《书屋》2008 年第 1 期。

1898年，上海商人叶澄衷创办澄衷蒙学堂，这是我国近代第一所私立新式小学。胡适和竺可桢是澄衷蒙学堂的最早一批学生之一，他们在那里开始了接受新式近代教育的第一步。胡适回忆在此求学的情况时说：“澄衷的好处在于管理的严肃，考试的认真。还有一个好处，就是学校的办事人真能注意到每个学生的功课和品行。”① 他在1936年写的《敬贺母校卅五周纪念》一文中，感慨道：“我离开澄衷整整三十年了。但我现在回忆那一年半的光阴，我还觉得那是我幼年最得益的时期。”② 他还说过：“我在澄衷只住了一年半，但英文和算学的基础都是在这里打下的。”③ 先后在澄衷学校讲学的有马寅初、章太炎、陶行知、马君武、章士钊、林语堂、杜重远、陈鹤琴、章乃器、夏丏尊、寿孝天等。蔡元培曾经做过澄衷学堂的第二任校长。1901年，澄衷学堂为教学的需要，出版《字课图说》4卷8册。全书图文并茂，选3 000余字，有黑白插图762幅。封面印“澄衷蒙学堂字课图说”，而扉页则多是“澄衷学堂字课图说”字样。该书没有现代意义的版权页，没有署作者名，但有序言（或凡例），作序的是刘树屏。据此普遍认定该书为刘树屏著，但笔者不认同这一说法。笔者偏向于认为是集体成果。首先，刘树屏自己也写道，“此书乃众为聚敛以成之”，明确表示是集体成果。蔡元培也参加了《字课图说》的实际编撰工作。可以这么认为，此课本是刘树屏领衔，白作霖、蔡元培等参与其中，共同编撰完成的。这些人多与南洋公学有关。很可能该书的编写受早其3年的《蒙学课本》的启迪。④《字课图说》以石版印刷流通，随即被广为仿效和普及，成为全国各小学学堂通行教材。几十年间，其扩印之多、流布之广、版本之杂，一时无二。胡适、茅盾、李四光、竺可桢等人均受到过这部教科书的熏陶。胡适曾说：“中国自有学校以来，第一部教科书，就是《澄衷蒙学堂启蒙读本》，这一部读本在中国教育史上有着历史性的价值。”⑤ 著名作家茅盾曾回

---

① 胡适：《持诚求真办学有方》，《文汇报》2005年8月16日，第4版。

② 《澄衷中小学卅五周年纪念刊》，《申报》1936年4月16日。

③ 胡适：《四十自述》，合肥：安徽教育出版社，1999年，第45页。

④ 石鸥、郑小玲：《〈字课图说〉：何以让〈新华字典〉如毒药》，《课程教材研究》2016年第3期。

⑤ 陈存仁：《阅世品人录》，桂林：广西师范大学出版社，2008年，第103页。

忆说，他的母亲就是用澄衷学堂的课本来教他识字的。今天的浙江乌镇茅盾故居陈列室就有一套澄衷学堂的《字课图说》。《字课图说》最大的特点，也是它比照并超越南洋公学《蒙学课本》的所在，就是有大量精美图画，每字以说为主，兼有插图，或摹我国旧图，或据译本西图。《字课图说》以书法楷体、工笔绘图印刷，据蒋维乔说，课本的范字由著名书法家唐驼书写。[①] 该书楷体书法与工笔绘画刚柔相济，生动形象，学生日日研习，不但能学习识字、提高文化素养，还可提高自身的书法与绘画水平，使学生在潜移默化中受到艺术的熏陶。正因为澄衷学堂的《字课图说》的深远影响力，在百年后的今天仍被多家出版社重印出版。如 2014 年有新星出版社、青岛出版社出版，并辅以相当规模的宣传攻势，有请陈丹青题写书名的，有请名人写序、写评论文章的，这足以表明此书的历史与现实价值。

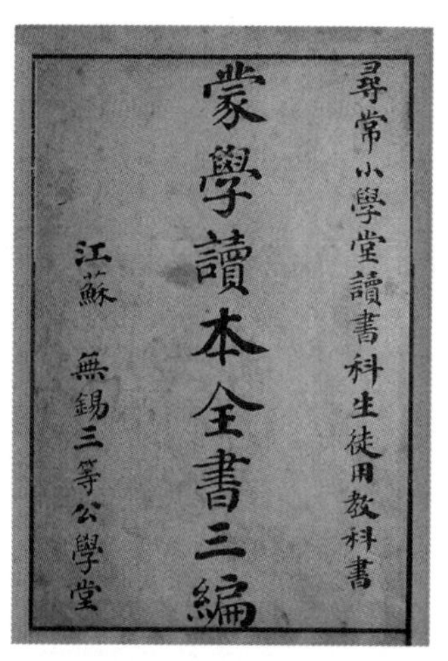

＞图 1-4
《蒙学读本全书》（三编）（1902，无锡三等公学堂编）

光绪二十四年（1898），由无锡举人俞复、裘廷梁会同友人丁宝书、吴稚晖、杜嗣程等人创办无锡三等公学堂。之所以命名为“三等公学堂”，是因该学堂仿照日本学制，开设中学校、高等小学校、寻常小学校三级。办学仿日本，学校课程也多少会仿日本学校的课程，“堂中课程，略仿日本寻常小学校，分修身、读

① 蒋维乔：《卖字先生唐驼墓表》，蒋维乔：《蒋维乔自述》，合肥：安徽文艺出版社，2013 年，第 77 页。

书、作文、习字、算术等科”。设置这些课程，必然要求相应的课本，而当时各地书坊并没有这类教科书，于是，为了教学的需要，只能自编。这是当时几乎所有新式学校都面临的问题。无锡三等公学堂应教学之需，从 1898 年开始，边教边编，前后历经三载，于 1901 年完成《蒙学读本全书》七编。无锡三等公学堂自编的教科书极有影响，较之南洋公学的《蒙学课本》和澄衷学堂的《字课图说》，它更具备现代教科书的全部特征。《蒙学读本全书》于 1901 年出版，共七编。重要的是，该套教科书已经配有类似于教授书的“文法书”。1902 年 3 月，该套教科书经京师大学堂管学大臣审定，报请官厅存案，交付上海文澜书局石印发行，载明“寻常小学堂读书科生徒用教科书”，并声明“文法书嗣出”。文法书类似于教授书教授法或今天的教学参考书，以供教师教学时参考。这是我们所发现的我国近现代教科书发展历程中最早正式配备教授法的教科书。[①] 它也成为清末新学制颁布之初最为盛行的小学教科书之一。由于《蒙学读本全书》编者落款为“无锡三等公学堂”，故我们只能认为这一套教科书是集体智慧的结晶，具体作者有哪些人，目前尚无法确证。但根据目前所掌握的资料看，俞复应该是主要作者。也有人认为是由俞复、丁宝书、吴稚晖等执笔编写，丁宝书绘图，杜嗣程缮写。[②] 该套教科书由浅入深，楷书石印，附有图画，极为美观，故盛行一时，是同时期最完备最漂亮的新式教科书。它比南洋公学的《蒙学课本》更美观，比澄衷学堂的《字课图说》更综合，前者无插图，后者严格地讲，更类似于识字教科书甚至字典。而且无锡三等公学堂的《蒙学读本全书》已经配有“文法书”，相当于今天的教师用书或教学参考书，较之南洋公学的《蒙学课本》和澄衷学堂的《字课图说》，它更具备现代教科书的特征。俞复自称：“当此学堂萌芽时代，儿童发蒙用书，先只有南洋公学所编之《蒙学课本》，仅有三四册。又其它零星课本，皆不成军者。自此书出，一时不胫而走。至光绪三十年，已印十余版，而

① 石鸥：《百年中国教科书忆》，北京：知识产权出版社，2015 年，第 74 页。

② 陆费逵：《六十年来中国之出版业与印刷业》，陆费逵：《陆费逵文选》，北京：中华书局，2011 年，第 394 页。

各地翻印冒售者，多至不可胜计。”① 1925 年，陆费逵在提到《蒙学读本全书》时，还不无赞誉地说道：“这本书写、画都好，文字简洁而有趣，在那时能有此种出品，实在难得。”②

此外，当时中国许多有创新思想的新式学堂纷纷自编教科书，较有影响的有上海三等公学堂、上海育才书塾、杭州求是学堂、湖南修业学堂、中国公学、吉安中学堂、无锡竞智女学等私立学堂，一些公立学堂，如京师大学堂、山西大学堂、武昌高等学堂等，都加入到自编教科书的行列。③

相对于此前的西学教科书的大量引入以及后来民间书坊教科书的涌现而言，19 世纪末 20 世纪初新式学堂自编教科书的整体数量是有限的，但其涵盖的范围较宽，从蒙学识字到中学各科均有涉及。学堂教科书编译者大都接受过新式学堂教育或有着出国留学或考察的经历，而且教育教学实践经验丰富。他们不但注重教育教学规律的渗入，而且在自编教科书中融入了教育教学实践。为了提高效率，教科书中出现了专门的教学指导用语，并出版了相应的教学指导书。一个最重要的特征就是中国人改变了以往在西学教科书引进中的“参与”角色——翻译者，体现了操作上的主体地位——成为教科书的编撰者。这些力量虽然微薄，却显示了一种民族精神，不但在一定程度上抵制了教会文化对中国的进一步入侵，让新式教育有了更多的选择，而且奠定了国人在新式教科书建设中的主体地位，影响深远。

当然，由于没有统一的课程标准，加之新式学堂的学制、课时都没有定制，因此，此时的教科书在内容和形式上还比较杂乱，还没有相对认同或统一的模板，质量参差不齐，还处于现代教科书的萌芽阶段。

---

①② 舒新城编：《近代中国教育史料》（第二册），上海：中华书局，1928 年，第 253、254 页。

③ 石鸥：《简明中国教科书史》，北京：知识产权出版社，2015 年，第 19 页。

第二节 “癸卯学制”的确立对现代教科书的催生

在19世纪的最后5年，新式学堂有了爆发性的增长。从1895年至1899年，全国共兴办学堂150所，估计全盛期间学堂学生达万人。[①] 但新式学堂的可持续发展和新式人才的大规模培养，遇上了科举制度的阻碍。1901年，清政府以光绪帝的名义下诏令，改变科举试法，论自明年始，正式废止八股，改试策论，终止了自明代以来几百年的制艺取士之法。这是中国近代科举制的重大变革，预示着呼吁了近40年之久的科举制改革正式落到制度层面，在某种意义上，这是清政府的巨大让步，也是科举考试在清末的巨大变化。[②] 可以说，这一举措，为1905年的废除科举埋下了伏笔。学堂的发展和科举制的改革，这一进一退，成为社会发展的主流方向。历史学家陈旭麓称：“晚清新政中最富积极意义而有极大社会影响的内容当推教育改革，而教育改革又是从废除科举开始的。”[③] 从历史的发展来看，戊戌维新期间的政策大多遭到革除，但是教育领域的变革却保留下来，说明即使是最为顽固的保守派力量也看到了教育非变不可，它标志着近代意义上的学制变革提上了议事日程。

一、“癸卯学制”的确立与科举制的废除

从更深层次看，清末新式学校的大量创办，原有以科举选才为中心、儒家经典为内容的古代学制框架已无法适应，建立新学制成为当务之急。1902年8月，

① 桑兵：《晚清学堂学生与社会变迁》，上海：学林出版社，1995年，第40页。

② 刘龙心：《从科举到学堂——策论与晚清的知识转型（1901—1905）》，《中央研究院近代史研究所集刊》（台湾）2007年第58期。

③ 陈旭麓：《近代中国社会的新陈代谢》，上海：上海人民出版社，2006年，第264页。

管学大臣张百熙主持制定的《钦定学堂章程》正式公布，这是中国近代第一个由国家颁发的现代学校系统文件，时称“壬寅学制”。这一学制虽经公布却未实施，成为新学制的先声。“壬寅学制”的夭折，与其主持人张百熙有莫大的关系。无论是在政界还是学界，张百熙素以偏护新学遭谤议，引起慈禧太后等保守派的不满。同时也由于“壬寅学制”制定仓促，存在诸多不足，公布后即有人提出不同意见，其中湖广总督张之洞还提出了较为系统的建议。在这种情况下，管学大臣张百熙、荣庆于1903年6月以“学堂为当今第一要务，张之洞为当今第一通晓学务之人”为由，奏请派张之洞会同商办学务，上谕照准。①

1904年1月13日，即光绪二十九年十一月二十六日，清政府公布了由张之洞、荣庆、张百熙主持重新拟定的一系列学制系统文件，包括《初等小学堂章程》《高等小学堂章程》《中学堂章程》《高等学堂章程》《大学堂章程》（附《通儒院章程》）《初级师范学堂章程》《优级师范学堂章程》《实业教员讲习所章程》等，统称《奏定学堂章程》。因光绪二十九年是农历癸卯年，故称“癸卯学制”，这是中国近代由中央政府颁布并首次得到实施的全国性学校系统。②

“癸卯学制”分为三段七级，完全学成约需25～26年。第一阶段为初等教育，包括蒙养院4年、初等小学堂5年和高等小学堂4年；第二阶段为中等教育，包括中学堂5年；第三阶段为高等教育，包括高等学堂3年，分科大学堂3～4年，通儒院5年。其中关于中小学堂课程设置的规定如下：

初等小学堂招收学生，7岁入学，其目的是“以启其人生应有之知识，立其明伦理、爱国家之根基，并调护儿童身体，令其发育为宗旨；以识字之民日多为成效”。分为完全科和简易科两类，完全科教授科目为8科：修身、读经讲经、中国文字、算术、历史、地理、格致、体操。还可视地方情形，增加图画、手工的1科或2科，列为随意科目。偏远乡村可设简易科，科目为5科：修身、读经合为1科，中国文字为1科，历史、地理、格致合为1科，余为算术科和体操

①② 孙培青、杜成宪主编：《中国教育史》，上海：华东师范大学出版社，2009年，第347～349页。

科。以《孝经》《礼记》"四书"节本为必读之经。[①]

高等小学堂招收的学生须是初等小学毕业，但在高等小学堂开办之初，入学资格可放宽至"15岁以下，略能读经而性质尚敏者"，其目的是"以培养国民之善性，扩充国民之知识，强壮国民之气体为宗旨；以童年皆知做人之正理，皆有谋生之计虑为成效"，4年毕业。教授科目为9科：修身、读经讲经、中国文字、算术、中国历史、地理、格致、图画、体操。还可视地方情形，增加手工、农业、商业等科目，均列为随意科目，但对准备升入中学堂的学生，不加授这些科目。修身科以"四书"为主，经学科以《诗经》《书经》《易经》及《仪礼》之一篇为必读之经。[②]

"癸卯学制"的确立，成为逼迫科举制退出历史舞台的最后一击。科举制曾经是选拔人才的一种较为公平的机制，但是自明初以八股取士以后，越来越僵化，不但不足以选才，反而逐渐成为禁锢人心、妨害自由思想的障碍。梁启超对此有很鲜明的批评，他说："近代官人皆由科举，公卿百执皆由此出。然内政外交治兵理财，无一能举者，则以科举之试，以诗文楷法取士，学非所用，用非所学故也。故科举为法之害，莫有重大于兹者，夫当诸国竞智之时，吾独愚其士人，愚其民，人皆智而我独愚，人皆练而我独暗，岂能立国乎？"[③]因此，欲改变积贫积弱的中国之现状，就必须废科举、兴学校，除此之外，别无他途。梁启超说："变法之本，在育人才，人才之兴，在开学校，学校之立，在变科举。"[④]

在决策层，此时的精英人士对科举制的废除态度也非常坚决。在晚清有巨大影响力的张之洞、袁世凯等人就力主废除科举制。张之洞本人是科举出身，是同治二年的探花，十分重视"科名"，他为女儿、孙女找婆家就十分看重"科名"。

---

①② 朱有瓛主编：《中国近代学制史料》（第二辑上册），上海：华东师范大学出版社，1983年，第188～180页。

③④ 梁启超：《论变法不知本原之害》，林志钧编：《饮冰室合集》（一），上海：中华书局，1989年，第10、19页。

他说："元配、续弦不拘，家道如何可不论，甲班出身最好，否则曾中举人、拔贡者亦可。"① 然而就是这样一个十分重视科举的人，却在湖广总督任内，建立多所近代学堂。更甚者，张之洞、刘坤一等在1901年的《江楚会奏变法三折》，主张"前两科每科分减旧日中学额三成，第三科分减旧额四成，十年三科之后，旧额减尽，生员、举人、进士皆出于学堂矣"②，即利用10年时间，逐步淘汰科举。袁世凯亦持相似的主张，据统计，袁世凯所上的奏折中涉及科举制的废除及学堂的兴办的不下十篇，其中比较重要的有：1903年的《请递减科举中额专注学校折》、1905年的《请立停科举推广学校并妥筹办法折》等。袁世凯对待科举的态度，与他积极兴办新式学堂有关。

1905年9月，清政府明令废除科举，历时1 300多年的科举制最终落幕。尽管当时舆论哗然，但是这一决定还是很多人乐意看到的结果。曾经有人对于废除科举之后的选才表示担忧，但是历史车轮滚滚向前，会碾压一切不合时代的旧事物。科举制的废除，使新学堂的发展少了很多的禁锢，得到了快速发展，因为"取士非由学堂不可，但科举不停则学堂仍不能大兴"③。

新学制的颁布与科举制的废除，带来的直接局面，一是各地普遍出现兴学热潮，新学堂井喷式大量涌现；二是新学堂根据新学制设置的课程急切地需求相应的教科书，而此前绝无此类教科书，且不要说《三字经》《百家姓》等旧教材了，就是南洋公学的《蒙学课本》、澄衷学堂的《字课图说》、无锡三等公学堂的《蒙学读本全书》等新式学堂自编的课本，也与新学制的规定相差较远。于是，随着新式学堂的发展，现代意义的教科书的产生就无法阻挡了。

---

① 《丙午闰四月初八致京锡腊胡同吏部大堂鹿尚书》，《张之洞电稿丙篇》第22函，所藏档甲182～101。

② 张之洞：《变通政治人才为先遵旨筹议折》，张之洞：《张文襄公全集》（卷五十二），北京：中国书店，1990年，第24页。

③ 《会议科举》，《苏报》1903年6月14日。

二、民间书坊与现代教科书的涌现

新式教科书是推进现代新式教育发展和文明传播的利器。在“新民为今日中国第一急务”的渴求中，带有资本主义经营性质的民间书坊准确而迅速地捕捉到了新式教育对现代教科书的大量渴求，他们抓住机遇，乘势而上，编撰出版各种新式教科书。这样一来，教会出版机构及官书局垄断教科书的旧出版格局被打破，新学堂自编教科书也逐渐退出，民间专门书坊成为新式教科书建设的主体，教科书的编撰出版日益规模化、系统化、规范化。

“19 世纪末至 20 世纪初，卷入自编教科书潮流的不仅有各地各级学堂，还有商务印书馆、文澜书局、文明书局等民间出版机构，个人编辑者更是难以数计。”① 仅以上海为例，据 1906 年上海书业商会出版的《图书月报》统计，已入会的会员共 22 家，分别是：文明书局、商务印书馆、开明书局、点石斋书局、广智书局、昌明公司、中国教育机械馆、启文社、新智社、会文学社、通社、新民支店、群学会、东亚公司新书店、彪蒙书室、时中书局、有正书局、乐群书局、普及书局、鸿文书局、新世界小说社、小说林社。② 截至 1911 年 5 月，上海一地加入书业公所的书局、印刷所更是达到 110 多家。③ 这些出版团体大多数都是以出版教科书为专业的。④ 他们敏锐地察觉到伴随着新式学堂的兴起，教科书的需求构成了一个巨大的市场，于是纷纷编撰出版新式教科书，既满足新式学校的需要，又通过这一巨大的市场实现自身发展的最初资本积累。据统计，从光绪二十三年（1897）到宣统二年（1910），我国有案可查的，有不少于 100 家出版单位出版了小学课本 13 门 472 种。这其中，最早也是最成规模编撰、出版、印

---

① 教育部：《教科书之发刊概况》，中华民国教育部编：《第一次中国教育年鉴·戊编教育杂录》，第 116 页。

② 《图书月报》1906 年第 1 期。

③ 来新夏：《中国近代图书事业史》，上海：上海人民出版社，2000 年，第 12 页。

④ 李泽彰：《三十五年来中国之出版业（1897—1931）》，张静庐辑注：《中国近代出版史料》（丁编），上海：上海书店出版社，2003 年，第 214 页。

刷教科书的当属文明书局、上海商务印书馆和会文学社。1906 年 4 月，清学部公布了《学部第一次审定初等小学暂用书目》，共计 46 种 102 册（学生用书是 19 种 55 册，教员用书是 27 种 47 册），其中商务印书馆 52 册，位居第一，文明书局 33 册，位居第二。① 这些民间出版机构为我国新式教育的发展，特别是教科书的发展做出了重要贡献。

（一）文明书局及其教科书

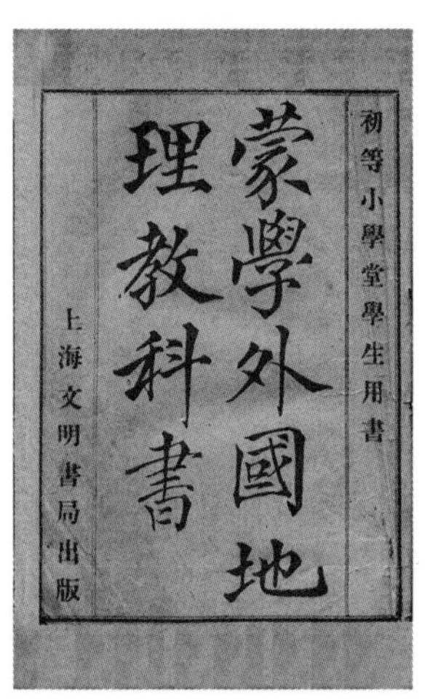

<图 1-5
《蒙学外国地理教科书》(1903，张相文编，文明书局)

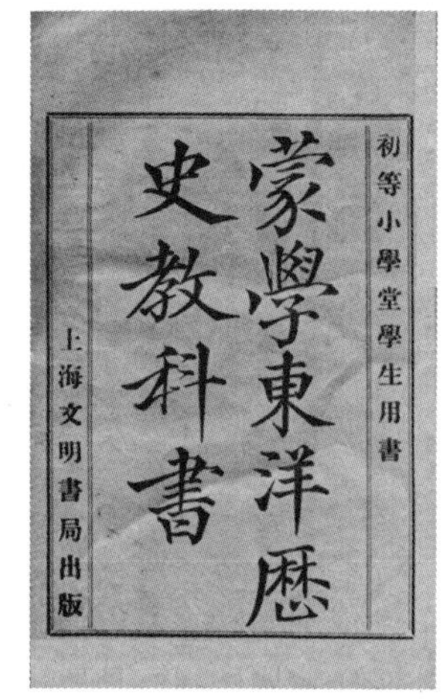

>图 1-6
《蒙学东洋历史教科书》(1903，秦瑞玠编，文明书局)

清末，在民营出版业的教科书出版尚未全面兴起之时，文明书局率先涉足这一领域，标举“蒙学大旗”和“文明大旗”，其教科书涵盖了从蒙学、初小、高小到中学堂等各级学堂用书。文明书局的教科书结合教学实践和学童学习兴趣，注重质量，在内容上和形式上都体现了新式教科书的学科特征，在当时的教科书市场独树一帜，产生了广泛的社会影响，也在中国近现代教科书发展历史上占有重要地位。

文明书局成立于 1902 年的上海，它是中国最早的民营教科书出版机构之一，由廉泉、俞复、丁宝书等集股创办，俞复任经理。创立伊始，文明书局就出版多

① 《学部第一次审定初等小学暂用书目》，单行本，无版权页。

种教科书，其教科书出版的时间，正是清政府颁布“壬寅学制”的时间，两相激荡，酝酿出现代意义的教科书。1903 年，文明书局开始抛弃传统教育经史子集的分类方法，联络了一批大都出国考察过师范教育的有志之士，推出了中国人自编的第一套近代分科设学的“蒙学教科书”系列——“蒙学科学全书”。到 1905 年 5 月，文明书局已经出版蒙学科学教科书 25 种 37 本，[①] 囊括文法、修身、历史、地理、珠算、笔算、卫生、天文、化学、动物等。最后一共 28 种 41 本，包括《蒙学卫生教科书》《蒙学文法教科书》《蒙学中国历史教科书》《蒙学西洋历史教科书》《蒙学东洋历史教科书》《蒙学矿物教科书》《蒙学初级修身教科书》《蒙学修身教科书》等。这是第一次书名全部印有“教科书”字样，第一套中国人自己分科编著（译）的且成系统、覆盖面广的教科书。“蒙学教科书”系列第一次完整地以分科为标志编撰课本，用先进的知识帮助中国普通民众建立起西方分科的科学知识和价值观念；这也是中国人有意识地运用现代学科知识，出版发行近代学科教科书的开端。参加“蒙学教科书”系列编写的皆一时俊杰，如张相文、陆费逵、丁宝书等。

《蒙学地理教科书》的作者张相文是江苏桃源县（今泗阳县）人。1901 年他编著的《初等地理教科书》（2 册）和《中等本国地理教科书》（4 册）是我国最早的地理教科书。他曾应傅增湘之邀，出任天津最早的官立女子学校——北洋女子师范学堂之教务长，后升任校长。1909 年他邀集白雅雨、张伯苓等人发起成立中国最早的地理学术团体——中国地学会，并当选为会长，次年创办中国最早的地理刊物《地学杂志》。

《蒙学中国历史教科书》《蒙学毛笔习画帖》《蒙学毛笔新习画帖》《蒙学铅笔新习画帖》等教科书的作者丁宝书是无锡人。光绪二十四年（1898）他与吴稚晖、俞复等创立无锡三等公学堂，并担任教习。1903 年编写的《蒙学中国历史教科书》是完全由中国人自己编写的最早的历史教科书之一。

编撰《蒙学卫生教科书》《蒙学生理教科书》《蒙学心算教科书》《蒙学笔算

---

① 丁福保：《蒙学卫生教科书》，上海：文明书局，光绪二十九年（1903）九月初版，光绪三十一年（1905）五月八版，封底内页。

教科书》等书的是丁宝书的弟弟丁福保，他早年随华蘅芳学数学，编撰了多种早期算学教科书。后改习医学，创办丁氏医院、医学书局，先后编译出版了近 80 种国内外医学书籍。曾任京师大学堂译学馆算学兼生理卫生学教习。

编著《蒙学西洋历史教科书》和《蒙学东洋历史教科书》以及《蒙学简明世界地图》等书的秦瑞玠也是无锡人，曾赴日本法政大学留学，回国后历任北京临时参议院议员、江苏第一高等审判厅监督推事、北京政府农商部参事，一度代理农商部次长，1923 年任商标局首任局长。

编撰《蒙学体操教科书》的作者叫丁锦，光绪三十一年（1905）毕业于保定北洋将弁学堂，辛亥革命后赴日本帝国陆军大学留学。回国后初执教于保定军官学堂，李宗仁、白崇禧均为其学生。1913 年加升少将，1919 年加授中将军衔。后与李济深等筹组中国国民党革命委员会。

“蒙学科学全书”时代感强，是中国人自编的第一套系统的体现分科设学、专为初等小学堂编写的新式教科书，第一次系统、全面地将西方主要的科学知识分门别类地纳入蒙学教科书中，有利于现代科学知识的完整传播与普及。它比第一套现代学制下的“最新教科书”（商务印书馆，1904）更早一年分科设教材。“蒙学科学全书”的编撰出版，使新式学堂的学生接受了系统的近现代科学知识的濡染与熏陶，影响了一大批新青年。郭沫若在《童年时代》里回忆说，学习了上海文明书局出版的《格致》《地理》《地质》《东西洋史》等“蒙学科学全书”，使他的“观感焕然一新”。胡适在《四十自述》中提到他在上海梅溪学堂求学时的经历，说：“班上读的是文明书局的《蒙学读本》……我是读了许多古书的，现在读《蒙学读本》，自然毫不费力。”①

“蒙学科学全书”系列及文明书局的其他教科书，打破了传统的教科书编写手法，首次体现了教科书的学科意识及编写体例，为现代教科书编撰出版提供了有效的参照，影响了当时和以后一段时间内的教科书编写。陆费逵曾这样回忆说：“其实我入文明书局，与俞、丁诸君编初小国文读本、修身、算术等，仅出

---

① 胡适：《四十自述》，合肥：安徽教育出版社，2006 年，第 47 页。

三、四册，颇觉一新耳目。最近中华书局出版俞复、戴克敦所编新小学国文读本前五册，尚用该书作品不少。"[①] 陆费逵的这段话写于1925年，可以想见文明书局当年的教科书编写质量确实非同一般。

文明书局还出版了"高等小学教科书"系列，有国文、国史、中国历史、西洋历史、地理、游戏法、博物、卫生等；以及系列中学（中等）教科书，包括国文、西洋史、东洋史、生理卫生、伦理学、修身、矿物学、数学、算术、地理、化学、日本文法、物理学、植物学、中国历史、地文等。但文明书局教科书的出版时间多在1902—1904年间，参照的很可能是1902年颁布的《钦定学堂章程》，而该章程并没有实际推行，新的学制又还没有颁布，所以文明书局的教科书基本上不分年级，对即将颁布的新学制的课程要求也不完全了解，因而主要只是流传于1902—1904年间，没有被实施1904年新学制的学校广泛使用。文明书局未能把握住适应1904年新学制这一最大商机而及时修正，且将大量的精力投入到中学教科书中，但清末中学发展缓慢，影响了教科书的发行，尤其是商务印书馆的"最新教科书"出版，一炮打响，文明书局遂逐渐被商务印书馆挤出教科书主力市场。

（二）商务印书馆及其教科书

上海商务印书馆创办于光绪二十三年（1897），创办人是夏瑞芳和鲍咸恩、鲍咸昌兄弟及高凤池等。开办之初，其主要业务是印刷商业簿册和报表，以及给学堂和其他机构代印书籍。1898年，商务印书馆邀请谢洪赉翻译教会学校使用的、英国人为其印度殖民地小学生编辑的英语课本 *Primar*，用中英两种文字印刷，定名为《华英初阶》，这是商务印书馆从印刷转行出版的第一本书，是商务出版的第一部英语教科书，也是商务自编出版的第一本教科书。该书面世后大受欢迎，为商务赢得了第一桶金。不久，商务印书馆聘蔡元培任第一任编译所所长，蔡很快离沪，遂请南洋公学译书院院长张元济主持编译所，以出版教科书为

---

① 陆费逵：《论中国教科书史》，陈学恂主编：《中国近代教育史教学参考资料》（上册），北京：人民教育出版社，1987年，第635页。

中心业务，从此展开了商务印书馆孜孜以求、以启发民智为己任的教科书编撰与出版的半个世纪的辉煌历程。商务印书馆教科书编撰出版的高峰最初发生在清末“癸卯学制”颁布到民国成立之时。这一时期，商务印书馆组织编写、编译和出版了大量新式教科书。如1904年陆续出版的“最新教科书”系列；1906年出版“简易教科书”系列，包括简易修身、国文、历史、地理、数学、格致、实业、法律等。

商务印书馆是出版中国学校教科书的先驱之一，尽管它比文明书局晚一年启动出版系统的分科教科书，但很快就以“最新教科书”等大量各种各样的教科书超越文明书局，稳稳占领了中小学教科书市场。它出版的书涉及方方面面，包括哲学、宗教、社会科学、语文学、文学、艺术、史地、自然科学、应用技术等各个学科，但在商务印书馆早期，教科书是其最重要的出版物。除了出版书刊，商务印书馆还举办社会公益文化教育事业，先后开设了小学师范讲习班、尚公小学、商业补习学校、艺徒学校、师范讲习社、养真幼稚园、函授学社、东文学社、国语师范学校、励志夜校等，尤其是设立了当时中国最大的图书馆。商务印书馆于1909年设立图书馆，名为“涵芬楼”；1926年改组为东方图书馆，对外开放。至1931年，图书馆收藏中外图书达四五十万册，其中拥有大量珍贵的古籍善本书和地方志。据统计，上海书业的营业“在前清末年，大约每年不过四五百万元，商务印书馆约占三分之一，文明书局、中国图书公司、集成图书公司等合占三分之一，其它各家占三分之一”①。商务印书馆所出版的一些教科书在中国教科书历史上甚至整个教育史上具有不可磨灭的价值。比如《华英初阶》和《华英进阶》，这是我国第一套英语教科书。这套教科书的编译出版为商务印书馆全面进军新式教科书领域拉开了序幕。② 它盛行几十年，是清末民初重要的英语教科书。周作人在《知堂回想录》中就说过，他在南京水师学堂学英语的课本就是这种《华英初阶》。胡适童年学英语也是它。胡适在他的自传《四十自述》之

---

① 陆费逵：《六十年来中国之出版业与印刷业》，张静庐辑注：《中国近现代出版史料》（补编），上海：上海书店出版社，2003年，第279页。

② 石鸥：《我国最早的自编英语教科书——〈华英初阶〉与〈华英进阶〉》，《书屋》2008年第5期。

《在上海》中，说他上梅溪学堂时英文班上用《华英初阶》。① 可见此书在当时的影响。商务印书馆早期最为有名的是 1904 年陆续出版的“最新教科书”系列，它是我国第一套完整的、严格的、现代意义的教科书。后文将有专门分析。

<图 1-7
《小学万国地理新编》(1902，陈独秀编，商务印书馆)

商务印书馆历经沧桑，默默耕耘，人才荟萃，名家辈出。从商务印书馆，走出了一大批杰出人物，夏瑞芳、蔡元培、张元济、茅盾、陈叔通、周建人、胡愈之、王云五、郑振铎、叶圣陶、蒋梦麟、竺可桢、黄宾虹、袁翰青、陈翰伯、陈原、陈云……这些光辉的名字都刻写在商务印书馆的史册上，其中不少人直接参与了教科书的建设工作。商务印书馆的教科书编撰与出版队伍学识渊博，视域开阔，他们不是开办过新式学堂或任教于新式学堂，就是曾大量编译过西学书籍，尤为突出的是许多人都有出国留学背景。还有一些很难联想到会从事教科书编撰的大名鼎鼎的人物，年轻时却实实在在地编撰了一些有影响的教科书。比如中国共产党早期领导人陈独秀，就编撰出版过小学外国地理教科书《小学万国地理新编》。该教科书于光绪二十八年（1902）三月初版。因为受欢迎，当年就第二次刊印，光绪三十年（1904）三版，光绪三十一年（1905）第四次排印。我国地理学界把 1901 年张相文编写出版的《初等地理教科书》和《中等本国地理教科书》

① 胡适：《四十自述》，第 47 页。

评价为“中国有地理教科书之嚆矢”，在中国地理教科书编撰史上具有“开创性地位”。[①] 晚一年出版的《小学万国地理新编》也应成为中国近现代科学启蒙过程中最早的一批由我国学者自己编撰的地理学教科书甚至地理学著作之一，对引进和介绍现代地理学体系有重要价值。《小学万国地理新编》的字里行间流露出陈独秀对民主自由的追求与羡慕，更反映了他对封建专制的不满与反抗。在第二篇《亚洲各国》的第二章《中华帝国》中，他写道：

自古政体，皆主专制，政无大小，听命于朝。人民不能参预，生杀与夺，皆君一人专之。

对于中国人，陈独秀写道：

人情耐劳苦，务货财，唯少合群爱国之性，至男子吸鸦片，女子贵缠足，乃中国特别之敝俗；

教育以伦理为主，考试专重儒学。

对国人“少合群爱国之性”的忧患，颇似鲁迅。而对教育的描写，更是入木三分，切中中国传统教育的本质，也为未来他对传统教育的彻底反叛打下了认识论基础。[②] 在锁国愚民的年代，《小学万国地理新编》实乃启迪民智的好书。该书的传播，让国人知道除有“天子”世袭的帝国外，还有“民主”“共和”之国，这一认识很快就转化为批判的武器，成为辛亥革命的助推器。

这些爱国志士尽管各有追求，但他们走在一起，为了倡导他们所热爱的新式教育，筚路蓝缕，煞费苦心，得成一种辅助教育的新事业，开创了中国教科书出版史上众多第一，奠定了商务印书馆在近代教科书发展进程中的领先与权威地位。

（三）其他书坊及其教科书

中国近现代教科书来自民间，出版教科书既是理想主义者的追求，也是有利

① 郭双林：《西潮激荡下的晚清地理学》，北京：北京大学出版社，2000 年，第 109 页。

② 石鸥：《字里行间中国情——试论陈独秀的〈小学万国地理新编〉》，《河北师范大学学报》（教育科学版）2013 年第 9 期。

可图的行当，于是出现了国人蜂拥竞相编辑出版的状况。除了商务印书馆和文明书局外，还有众多的民营团体甚至个人。

比如会文学社，亦称会文堂书局，清末民初以出版新式教科书闻名，特别是其出版的女子教科书，影响很大。如《最新女子初等小学修身教科书》（何琪编纂，1906）、《初等女子修身教科书教授法》（何琪编辑，会文学社编译，1906）、《最新女子初等小学国文教科书》8册（何琪编，1906）、《最新官话识字教科书》16册（寿潜庐编辑，蔡元培、寿孝天参阅，1907）、《初等小学本国历史教科书》3册（蔡元培鉴定，1905）等。据统计，到1911年初，会文学社出版教科书42种118本，其中高等小学堂用10种18本。①

上海科学会编译部也是值得关注的一家出版机构。关于上海科学会编译部的成立时间及创办人，没有查到可靠资料，其教科书上印刷者署名为日本人。该组织最大的特点是出版了许多中学教科书，尤其是理科教科书。马君武是该机构教科书的重要作者，编译有《美国伦孙氏中等化学教科书》（1911）、《温特渥斯平面几何学》（1910）等。此外还有：《中等博物教科书动物学》（秦嗣宗编辑，1906）、《中等博物教科植物学》（李天佐编，1908）、《中等博物教科书生理卫生学》（陈用光编，1907）、《中等博物教科书矿物学》（陈用光编辑，1911，第3版）等，由此亦可以反映当时的所谓博物科究竟包含哪些主要内容或学科。

又如彪蒙书室，书室最初成立于杭州，后来搬迁到上海。书室规模并不大，但它的影响却很大，主要是它在当时最早编印了大量小学白话教科书，远远早于新文化运动。截至1909年2月，彪蒙书室已经出版有各种白话教科书75种，②包括《绘图中国白话史》《绘图外国白话史》《杭州乡土历史教科书》以及“初等小学教科书”系列等。彪蒙书室白话教科书的编撰者们，除了书室主人施崇恩外，还有程宗启、戴克敦、钱宗翰、董承志等。书室出版的教科书许多都不署名，只署集体的名字“彪蒙书室”或“彪蒙编译所”。不少文章认为，主要编撰

① 何琪编纂：《最新女子初等小学修身教科书》（第二册），上海：会文学社，1906年，封底。

② 彪蒙编译所：《绘图蒙学论说实在易》，上海：彪蒙书室，1909年，广告页。

书》《安徽乡土历史教科书》《江苏乡土历史教科书》《广东乡土地理教科书》《广东乡土历史教科书》《江西乡土地理教科书》《江西乡土历史教科书》《湖北乡土历史教科书》《直隶乡土地理教科书》《直隶乡土历史教科书》等。国学保存会为我国乡土教材的建设做出了重要贡献。

此外，还有其他许多出版机构都参与了教科书的编撰与出版，为我国现代教科书的发展，为满足新式教育的需求，为民国人才的培养做出了积极的努力。比如：普通学书室、新学会社、广智书局、上海科学会编译部、普及书局、乐群书局、昌明公司、集成图书公司、上海春风馆、上海土山湾印书馆等。

由于晚清政府“以学堂为新政之大端”，所以接踵而至的便是国内各种教育大事——定学制、兴学校、派留学、停科举、厘宗旨……一时间如雪片散落，令人目不暇接。日益严峻的国际形势，相对宽松的舆论环境，无比强烈的教育改革诉求，这一切为现代意义的教科书的产生创造了良好的外部条件，同时也为教科书提供了赖以生存的丰富的信息源泉。正是这样一种特定背景催生了丰富多样的教科书。在“新民为今日中国第一急务”的全民渴求中，带有资本主义经营性质的民间书坊准确而迅速地捕捉到新式教育对新式教科书的大量渴求，教科书如雨后春笋般涌现。这些教科书寄托着新兴知识分子的人生观与世界观，不仅为新式教育的发展提供了支持，也为新知识、新文明在社会上的普及和启蒙起到了积极的作用。

三、早期教科书的基本特征

民国成立之前的教科书的最大特征是以翻译为主，大量教科书来自日本，大量留日学生成为教科书的主要翻译者、引介者。

清末民初，一批先进的知识分子已经感受到传统旧教材对人才培养和思想启蒙的挤压，以及对引入新理论新思想的束缚。所以，这批教育界的先行者把目光投向域外，或者说，此时恰好东洋日本的教科书进入了他们的视野，崭新的教科书令人眼前一亮，进入中国就势不可当了。年轻的留学生们成为引进新型教科书的先驱。

当时翻译和编译日本书籍的速度近乎疯狂，疯狂到几乎是把日文词汇不分青红皂白地引介到中国来，形同抢掠的译者往往不是真的翻译，只是把日本的外来词语用中文串联起来，匆忙地把中文的词汇、句子结构和表达方式加以“日本化”。梁启超曾经评价过清末留日学生对日本文化、教育与教科书的引进情况：“壬寅、癸卯（1902—1903）间，译述之业特盛，定期出版之杂志不下数十种。日本每一新书出，译者动辄数家，新思之输入如火如荼矣。然皆所谓‘梁启超式’的输入，无组织、无选择，本末不具，派别不明，唯以多为贵，而社会亦欢迎之。”①

虽然不是原创，但早期的西学、新学翻译引介的价值一点都不比原创的小，甚至价值更大，“传播文化影响最实在的形式……可能就是通过翻译书籍”，“没有大量热心的翻译者，中国不可能有思想更新”。② 李杰良说，科技文化，即科技书籍几乎全盘采用了日本新的词汇。而法律方面，岛田正郎注意到，明治时期日本的法律术语，通过多种渠道“原样不动”地进入中国语言。③ 在现代哲学方面，谭汝谦认为，中国人完全依靠日本借出的词汇。可以说，在一定程度上，词语本身塑造并规限了人或社会的思想世界，在这方面，日本对塑造现代中国的贡献，几乎是无法估量的。

留日学生通过大量译著，把西方的“启蒙思想”，包括自由民权理论、唯物主义哲学、早期社会主义思想及科学方法论介绍到中国。这些译著在很大程度上重新塑造了中国人的思想世界，影响了中国近现代大批的知识精英。

---

① 梁启超：《清代学术概论》，熊月之：《西学东渐与晚清社会》，上海：上海人民出版社，1994 年，第 662 页。

② ［美］任达《新政革命与日本：中国，1898—1912》，南京：江苏人民出版社，2006 年，第 122～125 页。

③ ［日］岛田正郎：《清末近代法典的编撰》，《东洋法史论集》（第三册），东京：创文社，1980 年，第 234 页。

第三节　第一套现代意义的教科书与第一套国定教科书

1904年清政府颁布《奏定学堂章程》，史称“癸卯学制”，这是中国正式实施的第一个近代学制，标志着中国现代教育的开始。该章程规定，初等小学堂设置修身、中国文学、算术、历史、地理等8门课程；高等小学堂设置有修身、读经讲经、中国文学、算术、地理、格致、图画、体操等9门课程。[①] 新学制颁布后，紧接着1905年废除科举，各地普遍出现兴学热潮，同时也就急切地需要相应的教科书。商务印书馆审时度势，决定以出版新式教科书为中心业务，全面启动了教科书编写业务，并编写出我国第一套现代意义的教科书。这套严格意义的、影响深远的现代教科书即“最新教科书”系列。

一、第一套现代意义的教科书及其影响

<图1-8
《最新修身教科书》(1905，商务印书馆)

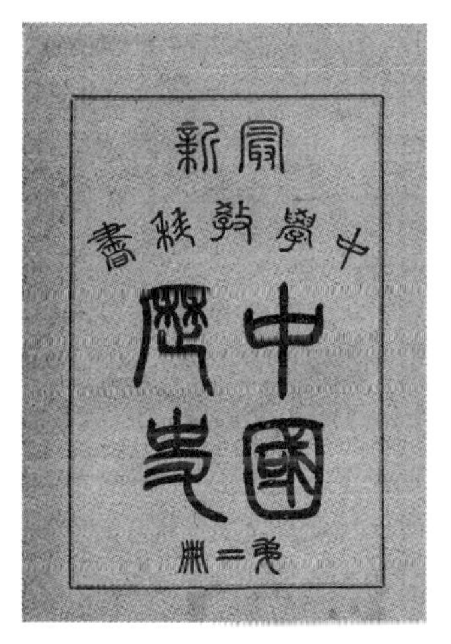

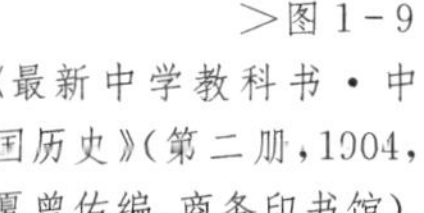
>图1-9
《最新中学教科书·中国历史》(第二册，1904，夏曾佑编，商务印书馆)

① 朱有瓛主编：《中国近代学制史料》(第二辑上册)，上海：华东师范大学出版社，1983年，第189页。

所谓现代意义的教科书，即狭义的或严格意义的教科书，是指符合以下三个条件的教科书：第一，它要依学年学期编撰，即分年级分学期；第二，它要依学科编撰，即分科目的课本；第三，它一般有配套的教学参考书，或者叫教授书、教授法。前两个条件显然与学制相关。按这三个条件，我国早期的“三百千千”和“四书五经”都不是现代意义的教科书，只能是广义的教科书，是教材，因为它们是综合的，不分科，文史哲、政史地浑然一体；而且不分年级，只能是大略的安排，有的在分量上是主观的而不分课时的，也没有教学建议，并且全部在程度上是模糊而不分级的。“三百千千”也好，“四书五经”也好，几岁开始学、学几年、至少学多少课时等，都没有基本要求，完全靠教师的个人经验加以判断和把握。就是南洋公学的《蒙学课本》、澄衷学堂的《字课图说》等均与新学制的规定相差较远。无锡三等公学堂以及文明书局的“蒙学课本”系列，虽然开始了编写教授书（被称为“文法书”），但也没有严格按学年学期、学科分级编写，仍然难说是真正的现代教科书。

1904 年，商务印书馆开始出版冠以“最新”字样的系列教科书，这才是我国第一套现代意义的教科书。[①] 商务印书馆“最新教科书”的编写始于 1903 年，出版于 1904 年。《最新国文教科书》的版权页表明，第一册初版日期为光绪三十年岁次甲辰二月二十三日，即 1904 年 4 月 8 日。该教科书系列科目众多，覆盖新学制要求开设的所有课目。据《最新初等小学修身教科书》第二册（1907，孟夏十三版）的广告页登载，到 1907 年夏，已出版初等小学堂用教科书 16 种 54 册，包括“修身教科书”10 册、“国文教科书”10 册，以及珠算、笔算、历史等科，“教授法”5 种 27 册，包括“修身教科书教授法”10 册、“国文教科书教授法”8 册；高等小学堂用教科书 19 种 41 册，包括中国历史、西洋历史等科，“教授法”及教员用书 3 种 10 册；中学堂用教科书 40 种 54 册。

“最新教科书”编撰出版队伍学识渊博，思想开放，许多人有留学背景。他们中间有蔡元培、张元济、蒋维乔、高梦旦、杜亚泉、庄俞、邝富灼等。他们洞

---

① 石鸥：《百年中国教科书论》，长沙：湖南师范大学出版社，2013 年，第 152 页。

者还有谭彼岸。据郑逸梅回忆，谭氏为彪蒙所编的教科书，都有插图。①

中国图书公司也是一家影响比较大的教科书出版机构。1906 年由苏州人席裕福与曾少卿发起组织，以出版教科书为业务重心的中国图书公司成立。中国图书公司起步较晚，但阵势颇为壮观，是“商务的劲敌”②。席和曾都是上海资本家，中国图书公司内部人力资源相当丰富，编译所所长是沈恩孚，在江苏教育界有相当声望，其麾下有一批有能力的中学、师范教师做编辑，如朱树人、徐傅霖、姚明晖、秦同培等。另外还聘张謇为董事长，张謇是清末状元，与清朝权贵交情颇厚，又是江苏教育会长，掌握全省教育大权。由此可见中国图书公司的实力后盾。中国图书公司成立不久，就出版印行了多种教科书。从初小到高小再到师范学堂用书，领域涉及修身、历史、国文、心理、教育、卫生、数学、地理和体操等各方面。据《家事课本》广告页记载，到 1908 年 6 月，中国图书公司已出版有教科用书 37 种 71 册。③ 中国图书公司出版的教科书不如商务印书馆和文明书局有影响，但其门类比较齐全，尤其是有些新兴学科的教科书，很有特色，填补了清末自编教科书的某些空白或不足。如 1909 年出版、徐傅霖编写的《女子体操范本》，《教育杂志》第 1 年第 2 期（1909）是这样评价的：“我国之人文弱已达极点，女子尤甚。欲救此弊，舍体操莫由。然则是书固今日所最急需者也。”④

1904 年，邓实等人在上海发起“国学保存会”。刘师培、邓实、黄节、陈庆林等都是国学保存会主要成员。他们发行《国粹学报》，编辑国学教科书。他们认为，编写新式国学教科书是普及国学最重要的工作，为此国学保存会出版了国学教科书及乡土教科书，其中最有影响的是乡土教科书的编写，其编撰者是刘师培、黄节、陈庆林等。国学保存会出版的中学教科书主要有《经学》《中国历史》《中国地理》《伦理学》《中国文学》等，乡土教科书主要有《安徽乡土地理教科

① 郑逸梅：《书报话旧》，上海：学林出版社，1983 年，第 87～88 页。
② 章锡琛：《漫谈商务印书馆》，中国人民政治协商会议全国委员会文史资料研究委员会编：《文史资料选辑》（第四十三辑），北京：文史资料出版社，1964 年，第 69 页。
③ 黄端履编：《家事课本》，上海：中国图书公司，1908 年，广告页。
④ 王建军：《中国近代教科书发展研究》，广州：广东教育出版社，1996 年，第 133 页。

彻中国社会固有的顽疾，深知启蒙思想在现代社会的必要性，本着国家兴盛于教育的宗旨，秉承着改造传统的热情和责任，为了倡导他们所热爱的新式教育，满腔热情地设计、编撰、出版具有现代性内涵的教科书，为中国现代教科书的发展做出了重要贡献。

在内容方面，“最新教科书”关注儿童现实生活，综合实用性强，强调养成学生品格和增进知识双重功能。选材关注现实，“凡关于立身、居家、处世，以至事物浅近之理由与治生之所不可缺者，皆萃于此书”。内容的综合性强，如《最新初等小学国文教科书》“各册 60 课中，理科、历史类各占 15 课，地理类占 9 课，修身、实业类各占 7 课，家事、卫生、政治、杂事类各 7 课”。《最新高等小学理科教科书》“取自然科学（天文、地文、物理、化学、生理卫生、动物、植物、矿物诸科）全体之要理”，“第一、二册以动植矿物、地文为主，第三、四册，以物理、化学、生理卫生为主，读此，则一切小学博物理化教科书，均已包孕无疑，足为中学之基础”。同时教科书的内容还注重农业、工业、商业等实用知识和尺牍等日常应用知识，如《最新初等小学国文教科书》第五册（光绪三十二年四月七版）第二十六课为《账簿》，用两个版面清楚地呈现“账簿”样式，在此书的最后还附有“信函”的书写样式等，足见“最新教科书”内容之丰富、广泛以及与现实生活的联系。

“最新教科书”的忠君内容有所减少，不讲“二十四孝”、节妇一类的陈腐内容，开始引入自由、平等、博爱的观点，甚至专门安排了《公平》《博爱》等课文。特别值得一提的是，“最新教科书”各册把大量的现代社会新知识及新事物呈现在学生面前。如与现代科技相关的《电报》《电话》《望远镜》《五带之生物》等，与现代政治文明相关的《法律》《图书馆》《博物院》《慈善事业》等，与现代经济相关的《专利》《邮政》《日报》《公司》等，与现代文明生活相关的《咀嚼作用》《体操之益》《竞走》《拔河》《缠足之害》《学堂卫生》《烟草之害》《传染病》等，与外国文明相关的《中外历法之异同》《科仑布》《美利坚》《侨民》《德意志》《俄罗斯》《华盛顿》等。由是观之，“最新教科书”的编撰者洞彻到中国社会固有的顽疾，深知启蒙思想在现代社会的必要性，小小的教科书，实施着大启蒙。

在教学方面，“最新教科书”考虑了儿童的心理发展需要及学科间的内在衔接，教学过程注重由浅入深。如在国文教科书编写原则中指出：“1. 第一册教科书采用的字应限定笔画。五课以前，限定六画；十课以前，限定九画；以后渐渐增加到十五画为止。2. 教科书采用的字应限于通常日用的字，不取生僻字。3. 第一册每课生字在五课以前不得超过十个字，全册中每课生字必须在以后的各课中出现两次以上。4. 全书各册字数，第一册每课从八字至四十字；第二册每课从四十字至六十字；第三册以后，不受严格限制，听行文之便，若课长，则分两课。”教科书的编撰者学习从日本传入的赫氏五段教学法，将其改造为三段论教学法，[①] 按课本另编教授法（教师用书），各种教授法基本采取三段教学法，即预备或复习、教授新课、练习。在每课教学之首端，都有一小段精彩的提示，以启发学生思考并引起学生的兴趣，然后自然转向正课教授。教科书之间特别注意横向配合和纵向衔接，《最新初等小学修身教科书》第二册（1907，孟夏十三版）指出，“所列文字即为图说，皆取儿童易解易读者，字数至多者不过三十二字，不逾国文教科书第二册每课字数。本编虽兼列文字，然修身科与国文科不同，仍以反复论解，令学生了解大义为主，不可拘泥文字徒责记诵”。其第三册（1910，二版，第1页）规定：“本编为初等小学堂第二年上半年之用（正月起六月止）。本编分二十课，每星期教授一课（计二小时），适供半年之用。授本编时学生已读过国文教科书两册，故所引古人之格言、遗事文字较第二册为繁，然至多者不过五十五字，不逾国文教科书第三册每课字数。”另外，为了帮助教师的教学，与教科书配套的材料也不断完善，如配合《最新国文教科书》，编辑出版了一套习字帖，重在与国文教科书联络，每册所习之字，必取教科书已读过之字。

在形式方面，“最新教科书”的课文均用浅近的文言文，有简单标点符号，配以图画。文字呈现除《最新初等小学修身教科书》课文文字为毛笔楷体、无标点符号外，其余教科书内文字均为印刷体，有小圆点符号，没有间隔，如有生字，则位于课文的最上方。课文多插图，如《最新初等小学修身教科书》前二册

① 吴洪成：《赫尔巴特五段教学法在近代中国——兼论若干省份的实施情况》，《衡水学院学报》2015年第4期。

均为图画，没有课文文字；第三、四册每课一图，左面为图，右面为文字。其他各科图片与文字交融，在其上下或左右，一般不单独占一面。尤其值得关注的是在“最新教科书”中首次出现彩色插图，这些彩图采用铜版纸，印刷精美，色泽鲜艳，一般都单独占一面或两面。

在体例方面，“最新教科书”多有“编辑大意”、目次、课文、版权页及广告等部分。“编辑大意”对该书的适用范围、课时分配、编撰宗旨、基本内容、教学要求等进行简单说明。在书的最后（有少数放在封面内页）一般附有商务印书馆出版教科书的广告。小学教科书的封面简单，书名文字竖排，楷体。中学教科书的封面文字多用篆体。比较罕见的是，110 多年前的这套教科书全部附有英文书名和其他比较完整的版权信息。

正因为这样一些特点，《最新国文教科书》出版上市后，销售状况之良好，出乎编辑者的意料，不得不紧急加印再版。蒋维乔在其日记中写道：“未及五六日已销完四千余部，现拟再版矣。”[①] 两年后，“最新国文教科书”出齐十册，在全国形成巨大的影响。可以说，“最新教科书”从适用对象、学习进度、语言难易、内容选材、版式设置诸方面都力图遵循教育规律，同时又从内容到形式开启了现代中国教科书编辑的新时代。[②]

“最新教科书”的最大意义在于它开了我国现代教科书之先河。该套教科书完全符合现代教科书的三个条件：它是第一套依遵学堂章程（国家课程方案）而编辑的教科书，是第一套同时配套出版有教师用书（“教授法”或教学参考书）的教科书，是第一套按课程门类分学年学期、分级分册分学科编写的教科书，是第一套附有彩色插图的教科书，是第一套每册都印有英文书名的教科书。[③] 它的面世具有重大教育意义和深远的历史价值，诚如蒋维乔在《编辑小学教科书之回忆》一文中所说，“教科书之形式内容，渐臻完备者，当推商务印书馆之‘最新教科书’。此非作者身与其役，竟敢以此自夸，乃客观之事实可以证明：一、此

① 汪家熔：《蒋维乔日记》，《出版史料》1992 年第 2 期。

② 王卫芬：《浅析张元济的教科书编辑思想》，《编辑之友》2011 年第 12 期。

③ 石鸥：《百年中国教科书论》，第 153 页。

书既出，其他书局之儿童读本，即渐渐不复流行。二、在白话教科书未提倡之前，凡各书局所编之教科书及学部国定之教科书，大率皆模仿此书之体裁”①。《最新初小国文教科书》一经出版便势不可当，发行后几日内便被抢购一空，“未及数月，行销10余万册”②。“最新教科书”可谓横空出世，独步神州，既取代了其他教科书，又成为后世教科书模仿的对象。它是一套独一无二、成就卓越的教科书，无可置疑地成为我国教科书发展史上的经典巨作。不论从哪个角度看，它在教科书发展史上的地位都是那么耀眼。它为中国教科书的现代化打上了最鲜明的印记，是整个教科书发展系谱上一座难以超越的里程碑。

除了整体上“最新教科书”系列的开先河意义之外，具体一些学科教科书也具有非凡价值。比如《最新中学教科书·中国历史》（1905，初版，第一册，夏曾佑著），它的最大价值在于打破了中国古代传统史学以帝王将相的家谱或王朝的系年为体系的做法，参照东西洋史学体系，最早把我国历史分为上古、中古、近古三个阶段，而且最早采用了章节体体裁。该书力摒传统史学的弊端，强调略古详今：“考古原以证今，方今中外交通，尤贵洞知彼己，以储有用之才，是编特略古详今，凡有关现今大势者，益注意采入，藉资法戒。”③ 遗憾的是该书只完成了3册，成为夭折的教科书。1933年，商务印书馆重新出版该书并更名为《中国古代史》（1955，三联书店重新刊印）。鲁迅称该书“简明”“还好”。有学者甚至认为，该书个别见解是“战国封建论说的初次猜测”，是“划分古代与近代历史的首次尝试”，“接触到母系向父系氏族社会的转变问题”。④ 有人认为，作为中国第一部新式历史教科书，这部书在当时是最好的，超过了刘师培、柳诒徵、京师大学堂诸教师等人的本子。⑤ 原中国社会科学院副院长李慎之先生在讨论什么书可以成为中国学术经典时曾经评价该书：如以史学而论，中国近代史学

---

① 张静庐辑注：《中国出版史料》（补编），上海：中华书局，1957年，第139页。

② 王建军：《中国近代教科书发展研究》，广州：广东教育出版社，1996年，第111页。

③ 夏曾佑：《最新中学教科书·中国历史》（第一册），光绪三十一年（1905）初版，“编辑大意”。

④ 袁英光：《夏曾佑与〈中国古代史〉研究》，《上海师范大学学报》（自然科学版）1979年第2期。朱维铮：《跋〈夏曾佑致宋恕函〉》，《复旦学报》1980年第1期。

⑤ 李岩洪：《夏曾佑之生平与学术》，https://douban.com/note/85888550/?type=rec，2010年8月17日。

或可推原于夏曾佑的《最新中学教科书·中国历史》，然而夏书亦不过体例稍有新意，内容并不现代。[①] 不管怎样，该书在教科书史上留下了印记。

但该套教科书难度还是偏大，内容偏深，学童学习困难，教师教学困难。鉴于这一情况，商务印书馆当时还有针对性地出版了简易课本一套，包括简易国文、简易修身等。然而，瑕不掩瑜，不论从哪个角度看，“最新教科书”都是整个教科书发展系谱上一座难以超越的里程碑，它开创了教科书编辑出版史上众多的“第一”，为中国新式教育的迅猛发展做出了重要贡献。100 多年后的今天，有出版部门再次完整影印出版了该套教科书，让我们有机会一睹当年它的风采。[②]

二、第一套国定教科书及其命运

1904 年“癸卯学制”颁布后，涉及全国范围的各级各类学校的办学，规模大，层次多，迫切需要设立相应的政府机构来管理这一庞大的学校体系。1905 年清政府学部设立。1906 年 6 月，学部设立编译图书局，主持全国教科书编辑工作。在学部看来，“教科书为教育之利器。现在立宪政体既已确立，所有普通之知识，世界之大势，国民应尽之义务，各项教科书中，皆应发挥宗旨，指陈大义，以资讲授”[③]。作为编撰和审定学堂教科书的专门机构，编译图书局的任务是研究编写“统一国之用”的官定各种教材。很快，学部编译图书局就启动了我国现代由中央组织有计划、有系统地编写学校教科书的大规模实践，这是第一次国定教科书编撰和出版的尝试。

（一）早期国定教科书的构想与尝试

其实，由政府最高管理机构组织编写统编本或国定本教科书的努力早就有过多次。

---

① 李慎之：《什么是中国现代学术经典》，《开放时代》1998 年第 5 期。

② 石鸥、吴小鸥编著：《百年中国教科书图说（1897—1949）》，长沙：湖南教育出版社，2009 年，第 57 页。

③ 陈学恂主编：《中国近代教育史教学参考资料》（上册），北京：人民教育出版社，1987 年，第 766 页。

1896年，孙家鼐在奏请开办京师大学堂的奏折中就明确提出，为解决教科书的问题，应在上海等地开设编译局，编写教科书，但此事未果。1898年6月，在京师大学堂筹办时，总理衙门奏拟的《京师大学堂章程》第五节中就明确提出“开设编译局……局中集中中西通才，专司纂译”。1901年，清政府宣布“新政”，张百熙再次奏办京师大学堂，重申设立编译局，实施统编教科书，“故学堂又以编辑课本为第一要事。现在各处学堂，皆急待国家编定，方有教法。上海南洋公学，江、鄂新设学堂，即自编课本以教生徒，亦不得已之举也。臣维国家所以变法求才，端在一道德而同风俗，诚恐人自为学，家自为教，不特无以收风气开通之效，且转以生学术凌杂之虞”①。他建议慎选学问淹通、心术纯正之才，从事编辑，假以岁月，俾得成书；书成之后，再请颁发各省学堂应用。政务处采纳后上奏请“教科各书，前经管学大臣张百熙奏明编译中西各书，用为学堂课本，请敕下该大臣迅速编译颁行各省，俾有遵依”②。1902年1月，光绪帝决定将同文馆归并入京师大学堂，由大学堂负责编写中小学教科书。1902年10月，京师大学堂成立了编书处和译书处。这是张百熙为改变教科书编写发行无序状况而进行的初步尝试，也是中国现代第一个官方组织的教科书编纂机构。

1902年《京师大学堂编书处章程》20条颁行，对编纂宗旨、分纂各员、各科课本的编选等作了规定。计划各门课本都出两个版本，一为最简之本，为蒙学及寻常小学堂之用；一为较详之本，为高等小学及中学之用。至于高等及专门学堂用书，依日本高等学校办法，由教习口授学生笔记，不编教科书。③

由于当时学制还没有颁布，全国学堂课程的门类众多，所需教材种类繁多、数量巨大。从编写人员的素质上说，不论是其知识结构，还是其对新教育的认识程度，都不具备条件在短时间内迅速编撰出全国统一的教科书。所以最初实施的是教科书的选定制，即由主管部门审定推荐若干教科书供各地学校选择使用。

---

① 舒新城编：《中国近代教育史资料》（上册），北京：人民教育出版社，1961年，第213～214页。

② 《光绪要政》（卷28），王建军编：《中国近代教科书发展研究》，广州：广东教育出版社，1996年，第161页。

③ 张静庐辑注：《中国近代出版史料》（初编），第207页。

1903 年编书处颁布了《暂定各学堂应用书目》，将学堂课程分为 16 门，各门之下，列有教材若干种，供学堂采用。这 16 门课程为修身、伦理、字课、作文、经学、词章、中外史学、中外舆地、算学、名学、理财、博物、物理、化学、地质、矿产，共列举了 91 本教学用书供选用。[①] 但在这本书目中，连一本由编书处自己编写的教科书都没有。1904 年，京师大学堂编书处关闭。

这一时期由于全国统一的学制尚未颁布，科举取士制度尚未废除，这些最重要的基本条件的不具备，决定了京师大学堂编书处不可能完成政府组织的有计划、有系统地编写统一的、国定的现代学校教科书的历史重任。

（二）第一套国定教科书的面世与结局

1907 年春季，中国第一册由国家主管部门编写的所谓官编或国定教科书《初等小学堂五年完全科国文教科书》出版，随后学部编译图书局又推出《初等小学修身教科书》第一册。这是国家最高主管部门组织编撰的统一的现代教科书的开端。到秋季，又出版了第二册。至 1909 年，初等小学各科课本已全部颁行。1910 年，高等小学教科书全部颁行，主要有修身、国文、图画、珠算、体操、

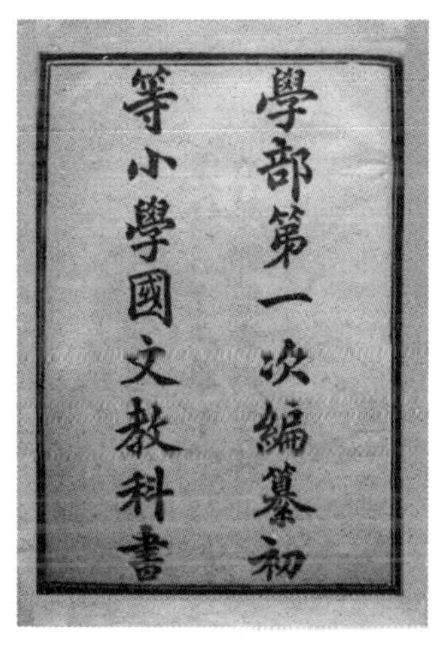

<图 1－10
《初等小学国文教科书》
(1907,学部编译图书局编)

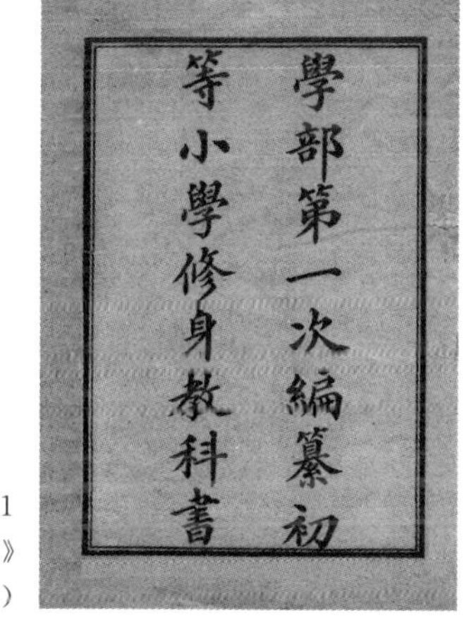

>图 1－11
《初等小学修身教科书》
(1909,学部编译图书局编)

---

① 张静庐辑注:《中国近代出版史料》(初编)，第 229 页。

算术、地理等。每册课本都编有教授法，教授法规定每课体例为“要旨、教材、教法、备考”四项。

这套教科书在内容上，强调以忠孝为本，以中国经史之学为基。

1906年3月，学部公布“忠君、尊孔、尚公、尚武、尚实”五项教育宗旨，其精神仍然是“中学为体，西学为用”。清学部在《奏请宣示教育宗旨折》中要求：“令编书各员，守定宗旨，迅即编纂中小学堂教科书。进呈之后，一方颁发，各省所编教科书，亦必认定宗旨，呈由部臣核定，然后许其通行。”教科书“要在明忠孝之义，扬勤俭之风，启发尚公之美德，激励爱国之精神，而于军国民教育尤为本书所注重”[①]。这样，学部编译图书局的教科书强调以忠孝为本就不足为奇了。如《初等小学国文教科书》第二册第一课为《万寿节》：“六月二十八日，为皇上万寿节，家家门前悬龙旗，挂彩帛，同祝万寿节”，课文配有悬挂龙旗同庆万寿节的插图。《初等小学堂五年完全科国文教科书》第二册第一课为《孔子》，第四册第一课是《国旗歌》（附彩图），其内容为：“张龙旗，乘长风，龙旗所指，自南自北，莫不率从。昆仑之西，东海东，锦绣江山一气中，中有云气随飞龙，泱泱乎大风。”教科书反复宣扬清政府的丰功伟绩，以《初等小学堂五年完全科国文教科书》第七册为例，全书共五十课，第一课《大清龙兴》，第九、十课为《康熙朝征准格尔》，第十七课为《雍正朝征青海》，第二十一课为《乾隆朝平定准部》，第二十二课为《乾隆朝平定回部》，第二十八、二十九课为《嘉庆朝平定教匪》，第四十四、四十五课为《道光朝重定回部》。[②] 看起来几乎就是历史课本了。《高等小学国文教科书》第一册第十五课是《忠君爱国》：“国也者，我之所庇也；君也者，治其国者也。君之政令行于国，一国之人皆尽心竭力以奉其事，则国以治以富以强；一国之人皆怀利挟诈以事其上，则国以不治以贫以弱。儒者之言曰，忠君爱国，未有不忠于君，而可为爱国者也。”[③]

---

① 学部编撰：《初等小学国文教科书》（第一册），宣统二年（1910）十二月出版，宣统三年（1911）六月重印，“凡例”。

② 学部编译图书局编撰：《初等小学堂五年完全科国文教科书》（第七册），宣统元年（1909）印刷。

③ 学部编译图书局编撰：《高等小学国文教科书》（第一册），宣统三年（1911）正月印刷出版。

同时，大量的中国经史知识被选入，仅初小国文第四册中就有《吴伐荆》《周文王》《周武王》《周公》《管仲》《管仲治齐》《晋文公》《弦高》《子产》《秦西巴》《越王勾践》《商鞅》《扁鹊》《赵奢》《愚公移山》《韩非》等课文，所占比例较大。

为了解决新学与旧学的矛盾，在编撰教科书的主导思想上，学部试图调和中西，折中新旧，“既思保存我数千年立国之精神，又期吻合近世教育国民之主义”[①]。平心而论，这套教科书更多地关注民族文化传承，对西方新的知识选取不是很多。如《初等小学修身教科书》第一册各课是：《学堂》《敬师》《容体》《恪守时刻》《勤学》《讲堂与体操场》《游戏》《父母》《孝顺》《兄弟》《家庭之乐》《交友》《戒争论》《戒讳过》《戒恶言》《礼貌》《戒搅扰人》《卫生》《好儿童》。[②] 可见课文以儒家伦理道德为准则，对西方的自由民主思想很少提及。

这套教科书重点不只是在教什么上，还开始关注怎样教的问题。在教学上，目标明确，教学手段多样，教法不做强制规定，有一定的弹性，同时注意了学科间的衔接，对儿童心理把握较好。如“修身”一科，目的在于养成儿童的良好习性，所以在《初等小学修身教科书》第一册中，非常明确地提出“本册各课之标目，但使儿童心知其意而止，此时儿童识字尚少，慎勿强使记诵”。教学中，注重多种教学辅助手段的使用，有挂图、标本、试验等，如《初等小学修身教科书》第一册强调“本册尚需备有通用之挂图（如第九课之燕），及极简易之标本（如十一课之花、十四课之木偶人、十五课之皮球、二十课之画纸）”。[③]

这套教科书编写体例多模仿其他教科书，特别是模仿“最新教科书”。当时的编译图书局并没有明确的编书体例，而且编书各成员也没有编辑新式教科书的经验，所以，基本上还是沿用了当时在民间已经开始流行的商务印书馆等的教科书编写体例。学部教科书比较突出的不足，是容量明显过大且难度亦大，与日常生活联系不够紧密。以初小国文为例，第一、二、三、四册均为 100 课；第四

① 《本部奏章》，《学部官报》第 113 期，李桂林、戚名琇、钱曼倩编：《中国近代教育史资料汇编·普通教育》，上海：上海教育出版社，1995 年，第 53 页。

②③ 学部编译图书局编撰：《初等小学修身教科书》（第一册），宣统元年（1909）十一月出版，“凡例”。

册，72 页，每课大约有 60 个汉字。而当时商务印书馆编撰出版的《最新初等小学国文教科书》第四册只有 60 课，48 页，每课大约有 50 个汉字。即便如此，商务印书馆的教科书也偏难偏多。学部的《高等小学国文教科书》选取了大量的古代经史内容，更增添了教学中的枯燥和难度。如第三册共 40 课，其中就有《华封人》（出自《庄子》）、《周公摄政》（出自《史记》）、《司马光》《跋刘元城言行录》（朱子）、《邹忌为齐相》（出自《新序》）、《老斲轮》（出自《庄子》）、《记卖油翁事》（欧阳修）、《书吴道子画后》（苏轼）、《论开矿》《论实业》《原宪》（出自《庄子》）、《晋诸将让功》（出自《左传·成公二年》）、《双燕》（杜甫）、《非非堂记》（欧阳修）、《养鱼记》（欧阳修）、《六书》（出自《说文解字》）、《鲁多儒士》（出自《庄子》）、《无息》（出自《荀子》）、《监门女》（出自《韩诗外传》）、《无衣》（出自《诗经》）、《乡长》（出自《国语》）、《郧文季节》（孔子）、《卞庄子》（出自《韩诗外传》）、《治蒲三善》（出自《孔子家语》）、《容貌》（荀子）、《说四熊》（柳宗元）、《广爱莲说》（苏武）、《节米》（出自《国朝陆世仪》）等内容较深的课文，虽然有相应的教授书辅助，但相对于儿童心理发展水平而言，难度较大；且大量内容选自古代典籍，与儿童现实生活联系不是十分密切，给实际教学带来了困难。

整体上该套教科书在科学启蒙、基础文明启蒙上是做出了一定贡献的，但在现代伦理启蒙、民主政治启蒙上则鲜有作为，明显趋于守旧。

特别值得一提的是，学部编撰的教科书，在每册最后都附有《学部允准翻印初等小学教科书教授书章程》，准许各地对其进行翻印，此举有利于教育的推广与普及，“本部为教育普及起见，此项图书凡官局及本国各书坊能遵守本部所定章程者，均准其随时翻印”。“凡翻印此项书籍者，于书末一页必须注明学部图书局编纂及翻印处、发行处之名称地址及翻印之年月、各册之价值，而价值一项应按册定价，分售其数目，应照本部所定者，一律能酌减者尤善。”①

学部编撰的教科书，统一署名为“学部编译图书局”。根据《第一次中国教

① 学部编译图书局编撰：《初等小学国文教科书》，宣统二年（1910）十月印刷，宣统二年十一月出版，教育图书局印书处翻印。

育年鉴》（戊编教育杂录）和第一、二次学部编译图书局备览的记载，编译图书局的编译人员至少有74人，有的是翰林、榜眼、探花身份，拥有进士身份的人占了半数以上，不少有留学背景，王国维也参与了该套教科书的编撰。如：

袁嘉谷（第一任局长）、杨兆麟（探花，留学日本，第二任局长）、戴展诚（进士，留学日本，第三任局长）、王仁俊（进士，副局长）、黎湛枝（进士，副局长）、王国维、刘大绅、毛邦伟、陈文哲、陈宝泉、高步瀛、丁宝书、虞铭新、董瑞椿、邵章、樊炳清、蒋黼、陈棍、邵恒浚、熊崇志、颜惠庆等。

严复也是当时教科书的重要编撰者和校对、审阅、修订者，这从他的日记中可以有所了解。比如：

1909年12月3日：看图书公司所编国文教科书，纰缪百出。

12月17日：到部，见严、宝两侍郎，言《国民必读》事。

12月21日：严、宝两侍郎以《国民必读》相托。

12月31日：在家改《国民必读》，闷损已极。

1910年1月5日：《国民必读》第二集上卷完。

1月13日：到馆，改《国民必读》第四卷。

2月3日：了《物理》五篇。

2月5日：缴《国民必读》卷，到部。[①]

作为知识文化传承与传播的载体，教科书必然会受到统治阶级的关注。为了控制教科书，维护统治阶级的意识形态，学部编译图书局不得不“聚二十三省之人才”“几经讨论，几经弃取”。但心中终归是不踏实，因而“执笔之余，动多牵掣，苦心绌力，勉勉皇皇。然则是书之成，安敢自信而共信”。[②] 此话乃由衷之言，也可见处于新旧交替时代知识分子的彷徨与困惑。

学部编译图书局教科书的面世，一定程度上缓解了当时教科书市场的无序状态，多少控制了各学堂教科书使用的混乱局面，为当时我国中小学教育的发展提

① 王栻主编，《严复集》（第五卷），北京：中华书局，1986年，第1400～1505页。

② 袁嘉谷：《卧雪堂文集》（卷八），王建军：《中国近代教科书发展研究》，广州：广东教育出版社，1996年，第78页。

供了最基本的保障。但在编撰教科书的主导思想上，学部试图调和中西，折中新旧，“臣部从事编纂之初已奉先朝立宪明谕，当经再三审度，既思保存我数千年立国之精神，又期吻合近世教育国民之主义”①。然而这又谈何容易。

1906年，严复在《东方杂志》第3卷第6期发表了《论小学教科书亟宜审定》一文，指出学部颁定教科书的种种缺陷，认为除学部教科书外，应再取各相关诸种教科书而审定之。审定标准不必要求太高，听用者自择，采取自然淘汰的办法。未经审定的教科书则不准其销售。严复在文中既大力批评当时教科书的混乱状况，又反对由学部颁布国定教科书，而是改编定为审定（很有意思的是，在严复看来，解决教科书混乱的不足，竟然不能用国定统一教科书的办法，而是用教科书审定这个办法。这是非常有见地的认识）。

张世杓在《论教科书与教育进化之关系》一文中，分析了国定教科书的弊端：

> 教科书之国定，其不足以助教育进化若是。且究而论之，不惟无补于进化也，又将有退化之兆焉。国定教科书，常有二大弊生于其间：（一）乏改进之机会。我国教育初兴，经验不广，惟待热心研究之士，随时改进，以冀完全。私家著述以自由贸易之故，竞争弥激，进步弥速。若国定则编者之利害关系既浅，而又凭借官力以流通各地。竞争既绝，改进之机亦寡。（二）专己独断。凡天下之所谓真善美者，必经多数人之自由研究。此攻彼击，而真理乃出。集思所以广益，古人不我欺也。若以少数人之意见，欲施之于二十二行省而悉当，其能免于专己独断之弊乎?②

认为清学部的国文教科书“教材多不合儿童心理；词句多不合理；间有局于一隅之处，不合普及之意；图画恶劣，图与文间有不符之处；数字与算术不相联络；时令节气不相应；抄袭近出各书，有碍私家编著”等，明确指责其抄袭其他教

---

① 《本部奏章》，《学部官报》第113期，转引自李桂林、戚名琇、钱曼倩编：《中国近代教育史资料汇编·普通教育》，第53页。

② 张世杓：《论教科书与教育进化之关系》，《教育杂志》1910年第5期。

科书。[①]

学部教科书之所以问题多多，可能与当时普遍的腐败官僚体系以及传统学人的认识局限性密切相关。

吾官场办事，毫无心肝，毫无条理，学部编书局非无人才，然在外间或可编出适用之书，在部决无其事，一则应酬甚繁，安能全力办公？堂官又不知甘苦，平日任其稽延，一旦期迫，尽力催促，但求不误宪政之筹备。何为教育，何为教科书，皆非彼所注意也。二则局员分编辑、校勘二种，编辑者尚有明教育之人，校勘者大概词林中人，不知教育为何物，持笔乱改，每有原稿尚佳，一经校勘，反不适用者矣。校勘之后，尚需呈堂，堂官较校勘者，辈分愈老，顽固愈甚，一经动笔更不知与教育原理如何背谬。然以堂官之威严，何人敢与对抗？彼所改者，无论如何皆必颁行。科学为彼辈所不解，不敢轻易下笔，故笑柄尚鲜。修身、国文、历史、地理彼辈自命高明，最喜改窜，故笑柄最多。[②]

学界的严厉批评，加之利益所在，牵涉各家民间书局，所以，国定教科书发行伊始即遭社会舆论的广泛抨击与抵制，以致晚清政府以部编教科书作为国定本推行全国中小学堂的设想迟迟未能实现，远没有占领全国市场。但直至覆亡，清廷始终未放弃中小学教科书国定化的努力。

---

① 陆费逵：《论学部编纂之教科书》，《南方报》1907 年 5 月 14 日、22 日。顾黄初主编：《中国现代语文教育百年事典》，上海：上海教育出版社，2001 年，第 17～18 页。

② 江梦梅：《前清学部编书之状况》，《中华教育界》第 3 卷第 1 期，1914 年。

第二章　民国初期教科书的发展

辛亥革命推翻了2000多年封建专制的君主制度，这在中国历史上是一件翻天覆地的大事。民国第一任教育总长蔡元培主持制定的全新教育宗旨于1912年公布，随即新学制颁布。1912年的《普通教育暂行办法》明确指出，清朝颁行的教科书一律禁用。全新的教育宗旨、学制系统及课程标准引发了民国初期的教科书革命，自此，适应新政体新学制、力图博采世界最新主义、期以养成共和国民之人格的教科书不断迅速推出。

第一节 民初教育改革与“壬子—癸丑学制”的颁布

“教育事业，当随时事为转移。专制国之教育，与共和国迥乎不同，故未有政体革命而教育不革命者。”① 在中国社会由君主专制政体向民主共和政体转变的历史进程中，教育同样经历着革故鼎新的过程，宗旨、制度、课程等无一不变。

一、民初教育改革

1912 年 1 月，孙中山在南京组成中华民国临时政府，就任临时大总统，旋即任命蔡元培为首任教育总长，改学部为教育部。在此后短短 6 个月的任期内，蔡元培高瞻远瞩、大刀阔斧地采取了诸多改革措施，为民国教育发展奠定了基础。

（一）发布教育改革令

教育部成立之初，当蔡元培和他的同事们在南京碑亭巷借来的三间仄隘简陋的办公室里规划民国教育发展蓝图时，他们所面临的任务是繁重而艰巨的。战事未竟，时局动荡，各地学校大都停办，且不知所措，如何尽快改革旧制，维持教学工作正常展开，使全国教育实施有章可循，就成了民国教育部的当务之急。

1912 年 1 月 19 日，南京临时政府教育部颁发《普通教育暂行办法》（以下简称《暂行办法》），指出：“民国既立，清政府之学制有必须改革者，各省都督府

① 蔡元培：《临时教育会议日记》，朱有瓛主编：《中国近代学制史料》（第三辑上册），上海：华东师范大学出版社，1990 年，第 6 页。

或省议会鉴于学校之急当恢复，发临时学校令，以便推行……惟是省自为令，不免互有异同，将使全国统一之教育界俄焉分裂，至为可虑。”[①] 该暂行办法共14条，除强调各地小学、中学、师范学校应尽快限期开学外，可归纳为以下几点：①学堂名称一律改为学校；②初等小学允许男女同校；③小学读经科一律废止，注重手工科，三年及以上加设珠算；④各种教科书务合乎共和民国教育宗旨，清学部颁行的教科书一律禁用；⑤高等小学以上，体操课应注重兵式操；⑥中学废止文、实分科；⑦中学及初级师范学校修业年限均由五年改为四年；⑧废止毕业生奖励出身。同时规定，初等小学算术科自第三学年始应兼课珠算。[②]《暂行办法》宣告了清末不合共和宗旨的制度、方针的终结，集中反映了资产阶级革命民主派的教育诉求：小学废止读经科，是对封建社会以尊孔读经为核心内容进行的根本改革，具有标志性意义；禁用清学部所颁布的教科书，要求各种教科书务合于民主共和精神，保证了教育为民主共和政治服务的方向；初小可以男女同校，摒弃了封建教育男女不平等的陋习，确立了男女平等和公民平等受教育的原则。总之，这些举措充满了反对专制主义和提倡平等共和的新精神，体现出了强烈的时代号召力。

同时，教育部还颁发了《普通教育暂行课程标准》，共11条，进一步具体规定了初小、高小、中等学校及师范学校的教学科目和每周教学时数及各级学校的暂行课程表。其所定课程，“务养成独立、自尊、自由、平等、勤俭、武勇、绵密、活泼之国民，以发达我国势，而执二十世纪之牛耳”[③]。“初等小学校之学科目，为修身、国文、算术、游戏、体操。视地方情形，得加设图画、手工、唱歌之一科目或数科目。女子加课裁缝。高等小学校之学科目，为修身、国文、算术、中华历史、地理、博物、理化、图画、手工、体操（兼游戏）。女子加课裁缝。视地方情形，得加设唱歌、外国语、农工、商业之一科目或数科目。中学校之学科目，为修身、国文、外国语、历史、地理、数学、博物、理化、图画、手

① 南京临时政府教育部：《普通教育暂行办法》，《临时政府公报》1912年第4期。

② 田正平：《中国教育通史·中华民国卷》（上），北京：北京师范大学，2013年，第33页。

③ 陆费逵：《敬告民国教育总长》，《教育杂志》1912年第10期。

工、体操、法制、经济。女子加课裁缝、家政。”[①]《普通教育暂行课程标准》是中国课程史上第一个正式使用“课程标准”名称的文本形态，《普通教育暂行办法》的相关原则，成为以后“壬子—癸丑学制”关于中小学课程设置的蓝本。《普通教育暂行课程标准》使中小学教科书编者、审者均有所依据。至此，课程标准主导教科书发展的现代教科书制度得以起步。以“课程标准”命名的这一纲领性文件一直使用到20世纪50年代初，才被苏联教学论话语体系“教学大纲”取代。

《普通教育暂行办法》和《普通教育暂行课程标准》是民国初年实施教育改革的指导性文件，对在政体变更时期保障普通教育的顺利过渡和稳定发展起到了重要作用。受战争影响而停课或关闭的学校得以迅速恢复，大批新学校纷纷建立。据统计，1912年，全国学校数达87 272所，学生数达2 933 387人，与1909年相比，学堂增加近28 000所，在校人数增加近130万人。[②] 更为重要的是，这两份文件所体现的反封建的民主精神，以及“注重于公民之道德”的精神等，事实上成为民国教育的基本原则而得以巩固下来，为民国教育、为制定新学制打下了基础。

（二）确立教育宗旨

《普通教育暂行办法》和《普通教育暂行课程标准》的颁发使民初教育大局初定，但是，无论是对于一个新政权的稳定及巩固而言，还是就教育这样一项复杂、周期性长的社会事业而言，仅有临时、暂行或过渡色彩的甚至很刚性的办法或规定，应该说是远远不够的。因此，作为教育总长的蔡元培在制定《普通教育暂行办法》和《普通教育暂行课程标准》的同时，也在殚精竭虑拟订教育宗旨，制定新学制，为根本改革做准备。

教育宗旨是国家意志在教育领域的反映，体现着统治阶级的根本利益。旧的

---

① 朱有瓛主编：《中国近代学制史料》（第三辑上册），第3页。

② 田正平：《蔡元培与民初教育改革》，《高等教育研究》2011年第7期。

王朝被推翻，清政府所制定的“忠君、尊孔、尚公、尚武、尚实”的教育宗旨显然有悖于新生的民主政权，提出和颁布新的教育指导方针是关系到民国教育发展方向的全局性大事。

1912 年 2 月 10 日，蔡元培在《教育杂志》第 3 卷第 11 期发表著名的《对于新教育之意见》一文，同年 4 月，又改题为《对于教育方针之意见》，在《东方杂志》第 8 卷第 10 号上刊登。文章标题首次使用“教育方针”的概念，提出专制时代的教育与共和时代的教育的最大不同，在于前者“教育家循政府之方针以标准教育，常为纯粹之隶属政治者”；而后者“教育家得立于人民之地位以定标准，乃得有超轶政治之教育”。他批评清末教育宗旨中的“忠君”“尊孔”两项，“忠君与共和政体不合，尊孔与信仰自由相违”[①]，主张民国教育应以军国民教育、实利主义教育、公民道德教育、世界观教育、美感教育“五育”并举为方针，并对上述“五育”的内涵作了详尽的说明。蔡元培关于民国教育宗旨的意见，在教育界甚至社会各界引起较强烈的反响。许多教育界、文化界人士纷纷著文与总长呼应、商榷、质疑，引发了一场关于教育价值取向问题的热烈讨论。陆费逵不仅“敬告民国教育总长”，请“速宣布教育方针”，而且还针对蔡元培《对于新教育之意见》做出积极回应，建言：“今日教育方针，亟采实利主义，以为对症下药。”[②] 庄俞也在《教育杂志》上发表了《论教育方针》一文，呼吁“以实利教育方针为主，以军国民及道德为从”[③]。蔡元培的“五育说”以其卓尔不群的理论权威和思想力量凸显于当时乃至于其后十数年，无可替代而又历史性地成为民国前期教育宗旨的强音，[④] 并在全国临时教育会议上获得肯定并修改通过。

1912 年 7 月 10 日至 8 月 10 日，南京临时政府教育部在北京召开全国临时教育会议，邀集全国教育界有识之士 50 余人与会，此为中华民国成立后第一次中央教育会议。7 月 10 日，蔡元培主持了临时教育会议，他在《开会词》中说：

---

① 高平叔编：《蔡元培全集》（第二卷），杭州：浙江教育出版社，1997 年，第 9 页。

② 陆费逵：《民国教育方针当采实利主义》，《中华教育界》1912 年第 2 期。

③ 庄俞：《论教育方针》，《教育杂志》1912 年第 1 期。

④ 杨天平：《中国教育方针研究百年》，《浙江师范大学学报》（社会科学版）2013 年第 1 期。

“君主时代之教育方针，不从受教育者本体上着想，用一个人主义或一部分人主义，利用一种方法，驱使受教育者迁就他之主义。民国教育方针，应从受教育者本体上着想，有如何能力，方能尽如何责任；受如何教育，始能具如何能力。”①会议的主要内容之一，即研究确定政府的教育宗旨。经与会代表议决，最后决定仍沿袭清末“教育宗旨”旧称，中华民国新的教育宗旨为：“注重道德教育，以实利教育、军国民教育辅之，更以美感教育完成其道德。”② 8 月 10 日，临时教育会议“行闭会式”，虽说蔡元培此时已经辞职，但随之由范源濂为总长的中华民国教育部，即对这一新的宗旨完全采纳，并于当年 9 月 2 日以教育部第二号令予以公布。

应该说，这个新的教育宗旨，除对世界观教育一项弃而未用外，基本上采纳了蔡元培的意见，大体上代表了他的教育主张。新的教育宗旨要求，德、智、体、美四育并重，而以道德教育为中心。蔡元培亦虚心接受大家的意见，后来在谈及教育方针时，一般不再提世界观教育，而只称“德育、智育、体育、美育四项”，并解释说，“所谓健全人格，内分四育，即体育、智育、德育、美育”，“这四育是一样重要，不可放松一项的”，应“平均发展”。③ 新的教育宗旨以公民道德教育为中心，具有鲜明的反对封建主义、发展资本主义的时代特征。

二、教育改革的集中体现——“壬子—癸丑学制”

民初教育宗旨的改变势必牵动学制的改革，因为“学校教育的目标，在于为国家培养健全的国民和各项建设人才。若要达成此项任务，必须有健全的学校制度。学校制度健全与否和人才兴衰、国运隆替，具有密切的关系”④。如果说教育宗旨是国家对教育事业总的初步的设定，那么，学制系统则是对具体学校系统

① 朱有瓛主编：《中国近代学制史料》（第三辑上册），第 7 页。
② 陈学恂主编：《中国近代教育史教学参考资料》（中册），北京：人民教育出版社，1987 年，第 178 页。
③ 高平叔编：《蔡元培教育文选》，北京：人民教育出版社，1980 年，第 16 页。
④ 孙邦正：《中国学制问题》，台北：台湾商务印书馆，1973 年，第 4 页。

和制度的详细规定。

民国的建立，原清末学部施行的“癸卯学制”也必然面临更替的命运。1912年7月10日举行的中央临时教育会议，对学校系统、学校校令及规程、社会教育、教育行政等九十多项提案进行了讨论。[①] 1912年9月3日，教育部公布了反映新教育宗旨的第一个《学校系统令》，因1912年为农历壬子年，史称“壬子学制”。同年9月至次年8月，教育部又陆续颁布了各级学校令，包括《小学校令》《中学校令》《师范教育令》《专门学校令》《大学令》《实业学校令》以及各种学校规程，建立了以初等教育、中等教育、高等教育为经，以普通教育、实业教育、师范教育为纬的完整的现代教育体系，并具体规定了各种教育、各阶段教育的内容及目的，进一步对壬子学制做了补充和丰富，为新式现代教育的发展提供了基本的模式与构想。最后综合为一个统一的学制系统，1913年为农历癸丑年，故该学制被称为“壬子—癸丑学制”。

（一）“壬子—癸丑学制”构建了现代教育体系

“壬子—癸丑学制”从横向上将整个国家教育分为三大体系：普通教育、师范教育与实业教育。从纵向上则分为三等五段：

在普通教育中，其中初等教育分为初级小学和高级小学，初小4年，为义务教育，毕业后得入高等小学校或乙种实业学校。高小3年，毕业后得入中学校、师范学校或甲种实业学校。中等教育一段一级，4年或者5年毕业。毕业后得入大学或专门学校或高等师范学校。高等教育分预科和本科，大学本科3年或4年毕业，预科3年。专门学校本科3年或4年毕业，预科1年。高等师范学校本科3年毕业，预科1年。

高等教育修业年限为6年或7年。另外，初小之下设蒙养园，大学之上设大学院。初等小学校及高等小学校设补习科，为毕业生欲升入他校者补修学科兼为职业上之预备，均2年毕业。整个学制系统总学年为17--18年。[②]

---

① 李华兴：《民国教育史》，上海：上海教育出版社，1997年，第99页。

② 朱有瓛主编：《中国近代学制史料》（第三辑上册），第26～27页。

"壬子—癸丑学制"明确规定了各个教育阶段的教育年限和教育类别，对小学、中学、大学等各个教育阶段及基础教育、高等教育、职业教育、师范教育等教育类别有了清晰的划分，对民国初期学校的体系做出了比较完整的设计，并且具有一定的科学性和规范性。"壬子—癸丑学制"实行10年之久，其间虽小学制度于1915年进行了一次改革，大学制度于1917年进行了一次修订，但无本质上的变化。作为我国第一个具有资产阶级民主性质的学制，它反映了近现代民主共和政体的基本性质。

在该学制系统中，女子教育包括在内而非单立系统，小学阶段男女同校，中学可另设女子学校，师范科亦然。

（二）"壬子—癸丑学制"规定并细化了课程标准

为了配合学校系统，教育部确立了课程标准，对各级各类学校的教育宗旨、课程设置、教学科目、授课时数等方面做了相应规定。

《小学校令》（1912年9月）和《小学校教则及课程表》（1912年11月）提出，"小学校教育以留意儿童身心之发育，培养国民道德之基础，并授以生活所必需之知识技能为宗旨"，规定："初等小学校之教科目，为修身、国文、算术、手工、图画、唱歌、体操，女子加课缝纫。遇不得已，可暂缺手工、图画、唱歌之一科目或数科目。高等小学校之教科目，为修身、国文、算术、本国历史、地理、理科、手工、图画、唱歌、体操，男子加课农业，女子加课缝纫。视地方情形，农业可以从缺，或改为商业，并可加设英语。遇不得已，手工、唱歌亦暂缺。"[①] 对各门课程的教学目标、教学内容、教学原则等亦做要求，以小学国文课程为例：

1. "国文要旨，在使儿童学习普通语言文字，养成发表思想之能力，兼以启发其智德。"

2. 国文内容分为读法、作法、书法、语法四项。对每学年的授课内容亦作

---

① 课程教材研究所编：《20世纪中国中小学课程标准·教学大纲汇编：课程（教学）计划卷》，北京：人民教育出版社，2001年，第59页。

具体规定：第一学年，发音，简单文字之读法、书法及日用文章之读法、书法、作法、语法；第二学年，简单文字之读法、书法及日用文章之读法、书法、作法、语法；第三学年，简单文字及日用文章之读法、书法、作法、语法；第四学年，简单文字及日用文章之读法、书法、作法、语法。高等小学国文课所授内容三学年都为日用文字及普通文章之读法、书法、作法。

3. 对国文教学提出了一系列要求和注意事项：（1）初等小学校首宜正其发音，使知简单文字，渐授以日用文章，并使练习语言。（2）高等小学校，首宜依前项教授，渐及普通文之读法、书法、作法，并使练习语言。凡语言文字，在教授他科目的亦宜注意练习。（3）读本文章，宜取平易切用可为模范者，其材料就修身、历史、地理、理科及其他生活必需事项择其富有趣味者用之。（4）女子所用读本宜加入家事要项。（5）国文读法，宜就读本及其他科目已授事项，或儿童日常闻见与处世所必需者，令记述之，其行文务求简易明了。（6）教授国文，务求意义明了，并使默写短句短文，或就成句改作，伴读法、书法、作法联络一致，以资熟习。（7）书法所用字体，为楷书及行书。遇见书写文字，务使端正，不宜潦草。

4. 国文每周教学时数占总时数的比重有所减少。初等小学每周教学总课时分别为第一学年22课时，第二学年26课时，第三学年28课时和第四学年28课时，其中国文科分别为10课时、12课时、14课时和14课时，各占总课时的45.5％、46.2％、50％和50％。高等小学每周教学总课时三学年均为30课时，其中国文科分别为10课时、8课时和8课时，占总课时的33.3％、26.7％和26.7％。①

1912年9月教育部公布《中学校令》，12月公布《中学校令实施规则》，1913年3月公布《中学校课程标准》，提出“中学校以完成普通教育、造成健全国民为宗旨”，规定：“中学校之学科目为修身、国文、外国语、历史、地理、数学、博物、物理、化学、法制经济、图画、手工、乐歌、体操。女子中学加课家事、园

① 课程教材研究所编：《20世纪中国中小学课程标准·教学大纲汇编：课程（教学）计划卷》，第63～67页。

艺、缝纫（园艺可缺），外国语以英语为主，但遇地方特别情形，得任择法、德、俄语一种。”[①] 同样对各门课程的教学目标、内容、授课时数等做了相应规定。

“课程标准”这一概念在“壬子—癸丑学制”中被充分诠释，这也标志着它在教育课程改革中从此有了自己的地位。此后，课程标准一词沿用了约 40 年，直到 20 世纪 50 年代被“教学大纲”取代。

“壬子—癸丑学制”是民国的第一部学制，较全面地反映了资产阶级对教育的要求，体现了剔除封建性的革命精神和民主意识，强调男女平等，注重实用技能培养，较充分地反映了资产阶级的教育要求。各学校课程中增加了自然科学类、职业类、法制类和经济类等新课程，改变了癸卯学制以尊孔读经为纲的课程结构，有利于培养社会各行业急需的新型人才。“壬子—癸丑学制”成为民国初期的中心学制，到 1922 年新的学制出台前，虽有局部调整，但其整体结构框架基本保持未变。

不可否认，随着学制的实施，“壬子—癸丑学制”也暴露出很多弊端，比如对国情估计过高，偏重于升学而没有考虑就业等，但它作为我国历史上第一个资产阶级学制仍具有极大的进步意义。在告别帝制时代旧学制与迎接壬戌学制的这段时期，它的实施为学制发展积累了丰富的经验，起到了很好的过渡作用。

民初的教育改革创建了“四育并举”的教育宗旨，规定了教育的性质和发展方向，确立了“壬子—癸丑学制”，构建出完整的教育体系，予以教育发展制度上的保障。课程标准则让学校的课程和教学有了规则，更让教科书的编写有了依据，至此，适应民国教育革新要求的教科书迅速登场。1912 年 5 月教育部颁布《审定教科书暂行章程》；9 月修订公布的《审定教科图书规程》共 14 条，规定凡教科书可任人编辑，但必须经教育部审定，各地才能选用。各书局在教育部令“将旧存教科图书暂行修改应用”的方针下，一方面删除教科书中与清王朝有关的内容，以应急需；另一方面则根据课程标准着手编辑符合“共和”“民主”精神的教科书。

---

① 课程教材研究所编：《20 世纪中国中小学课程标准·教学大纲汇编：课程（教学）计划卷》，第 69 页。

第二节　“共和政体”教科书的风行

民国建立，伴随着新的教育宗旨和学制系统的颁布，符合教育宗旨、适应新学制要求的新教科书也成为国民学校的现实需要。而对晚清时期的教科书，新政权已经不能容忍其存在了。1912 年 1 月 19 日颁发的《普通教育暂行办法》明令：

凡各种教科书，务合乎共和民国宗旨。清学部颁布之教科书，一律禁用。

凡民间通行之教科书，其中如有尊崇满清朝廷及旧时官制、军制等课，并避讳抬头字样，应由各该省书局自行修改，呈送样本于本部及本省民政司、教育总会存查。如学校教员遇有教科书中不合共和宗旨者，可随时删改，亦可指出呈请民政司或教育部通知该书局指正。[①]

共和国教育培养的是共和国国民，那么教科书作为直接的知识传播载体和意识形态工具也必然指向这一教育目的。因此，那些不符合共和政体、有违民国精神的内容将会被排斥在课程与教科书之外。1913 年，孔社向教育部提出申请，恢复中小学读经课，教育部做出如下回复，表示拒绝：

四书五经所包含至广，既非专言道德之书，亦非若教科书之自成系统，其属于政治哲理及古历史文学风俗者，尤非儿童所能领悟。[②]

按以上说法，学校不读经是因为四书五经难懂、太泛、不适合儿童，实际上，更重要的原因恐怕还是四书五经与共和政体、民主自由的精神相违背。这也是原本作为中国传统教育主体课程的读经科被废除的原因。

① 朱有瓛主编：《中国近代学制史料》（第三辑上册），第 2 页。
② 孔社：《记事・学事一束》，《教育杂志》1913 年第 7 期。

当教育部宣布所有清朝的教科书禁止使用时，已经是 1912 年 1 月 19 日了，离开学的日子可以说屈指可数。学校需要教材，学生需要教材，燃眉之急必须解决。同年 2 月 19 日，上海书业商会呈文教育部《关于请将旧存教科书修正应用》获得批准。教育部指出：“现距开学期迫近，为应急需，各书局已修改之教科书，如重印不及，则准许先印校勘记，随书附送或备各处索取，以免延误开学。”①总之，教科书编写出版者们须得重新考虑、修正他们的作品，以适应政体、教育宗旨和学制的新变化新需要。而对关注教科书市场这一巨大蛋糕的书商来说，这意味着市场将重新洗牌，而机会再一次无例外地留给了那些具有超前眼光和胆识的人。

一、抢占先机的“中华教科书”

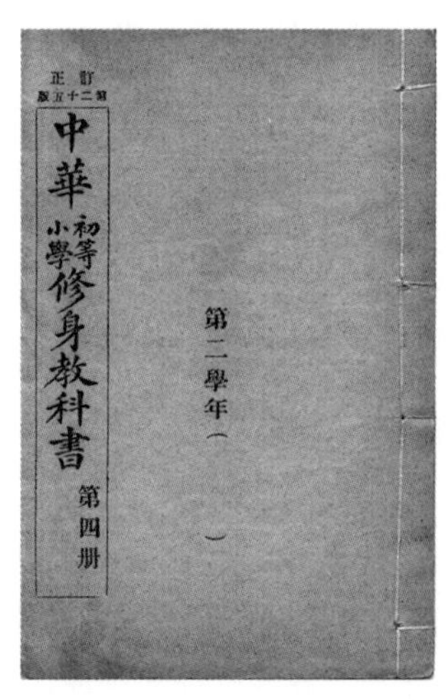

<图 2-1
《中华初等小学修身教科书》(第四册,1912,陈懋功、汪涛编,中华书局)

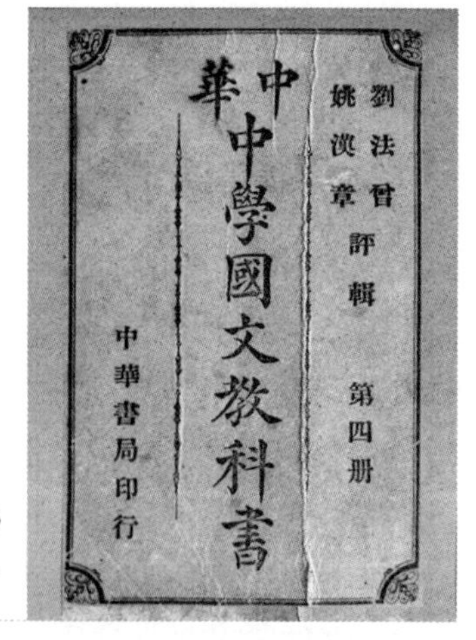

>图 2-2
《中华中学国文教科书》(第四册,1912,刘法曾、姚汉章评辑,中华书局)

1912 年元旦，中华民国宣布成立，陆费逵也宣告中华书局同一天成立，并声称陆续出版涵盖小学和中学、师范学校各年级各科课本的“中华教科书”一套。整套书从 1912 年正月开始出版。这是中华民国第一套系统而完整的教科书。

① 《教育杂志》第 3 卷第 11 期，1912 年，陈学恂主编：《中国近代教育大事记》，上海：上海教育出版社，1981 年，第 22 页。

陆费逵是中国近代著名教育家、出版家。1906 年入上海文明书局，同时兼任文明小学校长和书业学徒补习所教务长。1908 年秋进入商务印书馆，先后任国文部编辑、出版部长兼《教育杂志》主编。1911 年，他推断革命必定会成功，清朝的统治必被推翻，共和民国即将诞生，教育制度也必将随之发生巨大的变化，教科书市场将发生翻天覆地的改变。然而当时的商务印书馆举棋不定，陆费逵劝说张元济无果。于是，他暗中策划成立中华书局，约集戴克敦、陈寅、沈颐等在家秘密编辑合乎共和政体的新教科书，预作准备。1912 年中华民国一成立，他在上海创立的中华书局也告成立，并立即出版“中华教科书”系列，他自己成为书局多套教科书的主力编撰者。这套“中华教科书”于 1912 年 2 月，也就是在学校春季开学之前陆续出版，到 1913 年全部出齐。根据 1913 年 5 月《中华初等小学国文教科书》第四册广告页信息，当时中华书局已经出版有小学教科书 18 种 74 册，小学教授书 10 种 47 册。[①]“中华中学教科书”包括修身、国文、英文、英文会话、历史、地理、算术、代数、几何、三角、物理、矿物、化学、动物、植物、生理、经济、法制、兵式体操等 21 种。[②]

陆费逵向来是营销高手，“中华教科书”一面世，他便开始启动宣传攻势，提出“教科书革命”和“完全华商自办”的口号。要知道，当时主导教科书市场的是他的老东家——商务印书馆，“完全华商自办”戳的也是商务印书馆有日资参股的“软肋”，很有针对性和煽动性。1912 年 2 月，《中华书局宣言书》在著名的《申报》上刊登：

立国根本在乎教育，教育根本，实在教科书。教育不革命，国基终无由巩固；教科书不革命，教育目的终不能达也。往者，异族当国，政体专制，束缚抑压，不遗余力，教科图书钤制弥甚。自由真理、共和大义莫由灌输，即国家界说亦不得明，最近史实亦忌直书。哀我未来之国民究有何辜，而受此精神上之惨虐

① 华鸿年、何振武编：《中华初等小学国文教科书》（第四册），上海：中华书局，1913 年第 24 版，封三。

② 刘法曾、姚汉章编：《中华中学国文教科书》（第二册），上海：中华书局，1913 年，封二广告。

也。同人默察时局，眷怀宗国，隐痛在心，莫敢轻发。幸逢武汉起义，各省响应，知人心思汉，吾道不孤。民国成立，即在目前。非有适宜之教科书，则革命最后之胜利仍不可得。爰集同志，从事编辑。半载以来，稍有成就。小学用书，业已蒇事，中学、师范正在进行。从此民约之说，弥漫昌明；自由之花，裔皇灿烂。俾禹域日进文明，华族获保其幸福，是则同人所馨香祷祝者也。兹将本局宗旨四大纲列左：一、养成中华共和国国民。二、并采人道主义、政治主义、军国民主义。三、注重实际教育。四、融合国粹欧化。[①]

《中华书局宣言书》一方面强调教育和教科书的重要性，一方面将中华书局与民主共和国的建立相联系，极力突出书局宗旨与民主共和精神的一致和认同，为“中华教科书”的市场开拓制造了良好的氛围。

有人认为，相比于清末商务印书馆的“最新教科书”系列，“中华教科书”系列“其体例和编写方法，则并无多少新颖之处。而且编写出版仓促，很有点粗糙之嫌”[②]。但“中华教科书”中对民主共和的倡导不遗余力。“中华教科书”系列基本适应新教育要求，内容合乎共和体制，吻合教育宗旨，倡导新思想，如在国文教科书中宣扬南京临时政府的成立，提倡爱国旗、爱中华，称临时大总统孙文“为共和奔走二十余年，是中国第一伟人”。无论从形式还是知识内容上，“中华教科书”都在一定程度上适应了民主共和政体和教育目的的需要。

“中华教科书”系列的编撰者众多，除了陆费逵、沈颐等创办者外，还有不少当时的知识精英。据 1912 年 1 月 13 日《申报》刊登的中华书局的教科书广告“本公司不惜巨资延聘富于学识确有经验之教育专家编辑初等小学各教科书”透露，他们中有光绪二十三年（1897）南洋公学首届师范生，如陈懋功和侯鸿鉴，也有留学日本、1907 年在上海创办中国近代体育史上第一所培养体操专门人才的学校并任校长的徐傅霖，1911 年在上海创办万竹小学并任校长的李廷翰等，

① 陆费逵：《中华书局宣言书》，《申报》1912 年 2 月 23 日。

② 王建军：《中国近代教科书发展研究》，广州：广东教育出版社，1996 年，第 206 页。

还有戴克敦[①]、姚汉章[②]、何维朴[③]、葛绥成[④]、缪文功[⑤]、张相[⑥]、顾树森、黄际遇等。这些人多是当时青年才俊，后来大多成就显赫。如顾树森后来先后担任过南京特别市教育局局长、国民政府教育部普通教育司司长、国民教育司司长，并兼任中央大学教授；而黄际遇曾经留学日本，先后任中山大学教授，北京师范大学教授，武昌高等师范学校数理系主任、教务长，中州大学教务长，河南大学校长等职，还曾一度任河南省教育厅厅长。

这些教科书的编撰者们，当时并非显赫一时的大人物，但他们都具有深厚的中国文化功底，其中多有留学背景，对中国教育积弊感受很深，对民主共和自由的向往强烈，他们以“养成中华共和国优美高尚之国民”为目的，投身于新教育、新教科书的建设之中。

在内容上，“中华教科书”积极适应新的形势，强调按照“养成共和国民”的培养目标来组织材料。早在中华书局成立之初，陆费逵就提出“民国行共和政体，须养成共和国民”的出版理念，认为教育“务养成独立、自尊、自由、平等、勤俭、武勇、绵密、活泼之国民”。在“中华教科书”的出版广告中特别宣称：“吾国民幸已脱专制之扼，一跃而进入共和，政体既殊，国民教育之方针亦必随之而改革。……以能养成完全之共和国国民，能养成最适于今日生存竞争世

---

① 戴克敦（1872—1925），字懋哉，浙江杭州人。前清秀才。曾任杭州求是书院教习。1911 年底，与陆费逵共同创立中华书局，历任书局董事、事务所所长。1916 年，任编辑长。

② 姚汉章（生卒年不详），字作霖，浙江杭州人。姚蓬子的父亲，姚文元的祖父。清末举人。历任杭州府中学堂监督，安定中学、农业学堂校长等。任中华书局教科书部的中学部主任。

③ 何维朴（1842—1922），字诗孙，湖南道州（今道县）人。何绍基之孙。清末任江苏候补知府、上海浚浦局总办。辛亥革命后寓上海，以书画自给。

④ 葛绥成（1897—1978），浙江东阳人。曾任震旦大学、大夏大学、暨南大学地理系教授，发起成立中华地学会，主编《地学季刊》。新中国成立后，创建中华地理教育研究会，任中华书局地理部主任、上海地图出版社总编辑等职。

⑤ 缪文功（1871—1944），江苏南通人。1904 年留学日本宏文学院师范科，专攻教育学、教学法。学成回国后，曾先后任通州民立师范学校修身、国文教员，如皋师范学校国文、教育学教员，江苏省立第七中学校长等职。

⑥ 张相（1877—1945），浙江杭州人。清末民初任杭州安定学堂、府中中学、宗文学堂讲习。沈雁冰、金兆梓、郑午昌、朱文叔、徐志摩、吕伯攸等都是他的学生。曾任中华书局教科图书部部长、编辑所副所长，是 1936 年版《辞海》主编者之一。

界之国民为宗旨。”[①] 在教科书的编纂过程中，“中华教科书”始终遵循这一理念为选材主旨。

在此之前，中小学教科书的市场以商务印书馆占主导。但是，辛亥革命的成功，新教育宗旨的确定，对清朝教科书的禁令，使得此前商务印书馆出版的教科书来不及修改而不得不退出教科书市场。一时间，教科书市场对于商务印书馆简直成为空白。正是在这种情况下，“中华教科书”横空出世，它力图破除原来旧教材的封建性，积极迎合社会变革的需要，贯穿了陆费逵思考多年的教科书革命的新思想和新方法，符合共和政体的需要，吻合教育宗旨，适应新学制需求，最关键的是推出及时——春季开学在即，大量新学堂千百万学童面临教科书缺档的风险。这千载难逢的机会，被中华书局抓住了。所以，“中华教科书”一出版即大获成功，迅速流行，成为教科书市场的宠儿，几乎独占了 1912 年春季开学的全部教科书市场，并一再重印。如《中华初等小学修身教科书》（第六册），1912 年 2 月初版，10 月就是第 29 版了，1913 年 6 月，则达到第 40 版；《中华初等小学国文教科书》（第二册），1912 年 1 月初版，9 月就是第 41 版了；《中华初等小学国文教科书》（第四册），1912 年正月初版，第二年 6 月就是第 62 版了。需求之猛烈，势不可当。第一天还只有五银圆收入的中华书局，到第二天，销售额就骤增到一百银圆。第三天，中华书局接到了批发业务，高达六百银圆。此后销量节节攀升，开学日近，那些原本持观望态度的校长们也最终下定决心，放弃了对商务版教科书的期待，改用中华版教科书。陆费逵和他的同事们开始还在为没有订户发愁，之后则开始为订户太多而担忧，他们不得不增设印刷所，添加印刷机，即便如此，白天教科书上架，不到晚上就已经卖完。“架上恒无隔宿之书，各省函电交促，未有以应。”“开业之初，各省函电纷驰，门前顾客坐索，供不应求。”[②] 教科书还远销西南云贵、西北陕甘诸省及南洋、美洲各埠，为华人子弟争相购读，暂时独占了市场。中华书局后来居上，为其成为民国教科书的出版大

---

① 华鸿年、何振武编：《中华初等小学国文教科书》（第四册），第 24 版，第 1 页。

② 陆费逵：《中华书局二十年之回顾》，《中华书局图书月刊》1931 年第 1 期。

户奠定了良好的基础，也为其在整个出版界的突起和繁荣打下了经济基础。

“中华教科书”从1912年初开始出版，而新的教育方针是在这以后逐渐确立和明晰的，各类教育改革政策与措施也在这以后陆续出台，因而该套教科书对新要求的切合度还存在一定的差距。特别是几个月后新学制颁布，改春季始业为秋季始业，每学年三学期制，这是中华书局始料未及的，因为“中华教科书”是适应春季始业的。于是他们迅速决定再组织出一套“新制中华教科书”，所谓“新制”，是指新学制，此书是适应民国第一个新学制的教科书。

“新制中华教科书”由范源濂组织编写，作者主要还是“中华教科书”的原作者。该套教科书于1912年底即陆续出版发行，编撰出版速度非常之快。范源濂先后担任过民国教育部次长、总长，后与中华书局建立的密切关系，恰如商务印书馆与蔡元培建立的密切关系一样。在范源濂的组织下，“新制中华教科书”“比较全面贯彻了南京临时政府的教育宗旨和新教育方针，刻意从新教育这个角度去体现教科书的时代特色，而不是标举几个政治口号”①。教科书力求全面体现民国教育宗旨，这鲜明地反映在国文教科书的编撰原则中：

甲、遵守教育部所定教育宗旨，注重道德教育，以实利教育、军国民教育辅之，更以美感教育完成其道德。

乙、阐发共和及自由平等之真义，以端儿童之趋向。

丙、提倡国粹以启发国民之爱国心。

丁、兼采欧化以灌输国民之世界知识。

戊、注重国民常识以立国民参政之基础。

己、表彰汉满蒙回藏之特色，以示五族平等。

庚、所选材料关于时令者悉按阳历编次，以引起儿童直观之感觉。

辛、各科彼此联络，期收教授统一之功，并养成其正确思想之能力，启发其智德。

壬、每学年分编三册，并照学期之长短分配课数，无过多过少之弊。

---

① 王建军：《中国近代教科书发展研究》，第206页。

癸、教授书按课说明，解释详备。[①]

"新制中华教科书"内容注重国民知识、世界知识和国耻教育。"举凡关于法律、政治、经济、军事国防等要义，俱一一述其概要，以养成国民之常识""凡丧师辱国割地赔款之事，撮要胪举，以励卧薪尝胆之志，振雪耻图强之心"。[②]"新制中华教科书"围绕教育宗旨，注意加强国民意识的培养、教育内容的均衡和教学方法的科学，这也意味着"新制中华教科书"不再只突出政治口号，而更加理性和科学地编制教科书。如果说"中华教科书"帮助中华书局抢占了市场先机，那么"新制中华教科书"则帮助中华书局建立起了良好的市场信誉。教育部评价该书"极合儿童心理，选词造句均甚妥适，字体图画亦工整"[③]。《神州日报》认为"是书长处具载编辑大意中，洵能名副其实。以记者眼光观之，更有数长为是书所独具者：（一）选字精当。吾国字数几及十万，初小国文以应用文为主。兹编于应用各字分别缓急，先后列入，略无遗漏，颇合斯旨。（二）文体皆以应用为主。应用各体无一不备文字，简要明白。（三）国民知识完备。细绎全书要旨在令自知所处之地位，能适应于今后之时势。（四）多采寓言童话。颇合儿童心理，易增讲授时儿童之兴趣"[④]。

"新制中华教科书"为线装，字大，插图丰富。书一出版便取得良好的反响，多次修订再版，很受欢迎。如《新制中华初等小学国文教科书》第一册，1912年11月初版发行，1920年3月是132版发行；《新制中华初等小学修身教科书》第一册，1912年12月初版发行，1913年4月就是20版发行。

二、后来居上的"共和国教科书"

当中华民国临时政府下令禁用清学部颁行的教科书时，正值寒假，当时是春

① 中华书局：《新制中华初等小学国文教科书》，《中华教育界》第2卷第9期，1913年，"编辑旨趣"。
② 华鸿年、何振武编：《新制中华初等小学国文教科书》（第一册），上海：中华书局，1912年，"编辑大意"。
③ 史礼绶编：《新制中华高等小学地理教科书》（第一册），上海：中华书局，1913年，第7版，封面内页。
④ 《中华教育界》第2卷第9期，1913年。

<图 2-3
《共和国教科书·新国文》（第八册，1912，庄俞、沈颐编，商务印书馆）

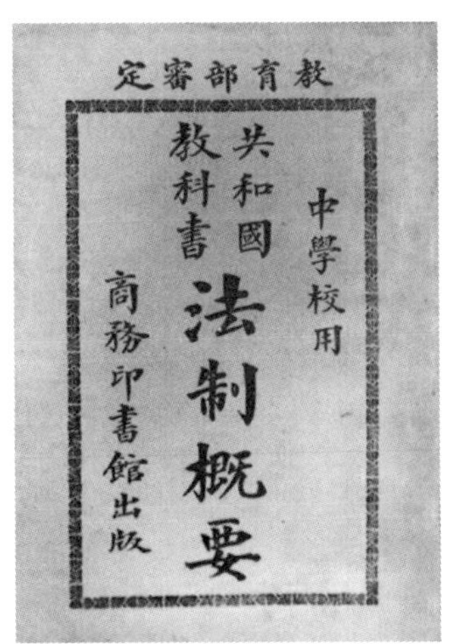

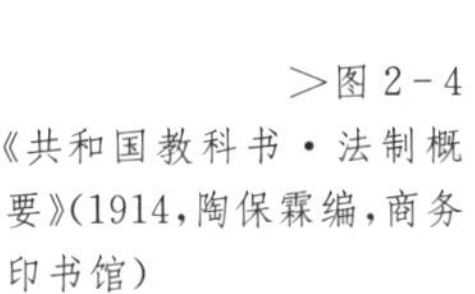
>图 2-4
《共和国教科书·法制概要》（1914，陶保霖编，商务印书馆）

季始业，新学期即将开学，中华书局的横空出世，让商务印书馆不知所措，输了头筹。然而，商务印书馆在编写和出版教科书上毕竟更富有经验，并且拥有雄厚的人力、财力和物力，自然不会轻易放弃自己的命脉——教科书市场。于是，商务印书馆的一系列行动开始了。首先，“即将旧有各书遵照教育部通令大加改订。凡与满清有关系者，悉数删除；并于封面上特加订正为‘中华民国’字样，先行出版，以应今年各学校开学之用”①。同时，商务印书馆也开始集中力量编辑与民国教育方针相适应的新教科书，以适应新形势的需要。

这套新教科书，就是商务印书馆不久后重点推出的“共和国教科书”系列。此书一出，立即展开了与中华书局已经面世且基本占领了已开学的学校市场的“中华教科书”的竞争。商务印书馆延聘了一批优秀的编撰人员，其中或是具有新思想的知识分子，并有着中小学教学实践经验，如张元济、蒋维乔、庄俞、包公毅、寿孝天、杜亚泉等；或是海外留学归国人员，如留学日本的高凤谦、郑贞文、周昌寿等，留学欧美的邝富灼、王兼善等。其中，“共和国教科书”之《新国文》编撰团队中有一批特殊人员——江苏省立第一师范附小的 15 名教员。此举开了成建制的与一线教学人员合作编写教科书的先例。

“共和国教科书”于 1912 年 4 月开始陆续出版发行（仅比“中华教科书”晚

① 陈学恂主编：《中国近代教育史教学参考资料》（中册），北京：人民教育出版社，1987 年，第 423 页。

3 个月，但学校已经开学，晚了的这 3 个月具有非常实质的意义）。这是民国建立后商务印书馆的第一套教科书。

为了把晚 3 个月面世这一不利扭转为优势，商务印书馆力图从根本上理解共和政体下的教育实质，争取教科书从形式和内容两方面有所突破，更好地适应新时代教育需求，以挽回民国初期教科书市场的不利局面。为此，商务印书馆的知识精英们刊发《编辑共和国小学教科书的缘起》一文，向全社会阐述了该套教科书的十四条编辑原则，实际上也是宣传了自己产品的优势，一定程度上起了广告作用。

（1）注重自由、平等之精神，守法合群之德义，以养成共和国民之人格。

（2）注重表彰中华固有之国粹特色，以启发国民之爱国心。

（3）注重国体政体及一切政法常识，以普及参政之能力。

（4）注重汉满蒙回藏五族平等主义，以巩固统一民国之基础。

（5）注重博爱主义，推及待外人爱生物等事，以扩充国民之德量。

（6）注重体育及军事上之知识，以发挥尚武之精神。

（7）注重国民生活上之知识技能，以养成独立自营之能力。

（8）联络各科教材，以期获得教授上之统一。

（9）各科教材俱先选择分配，再行编辑成书，知识完全，详略得宜。

（10）各科均按照学生程度，循序渐进，绝无躐等之弊。

（11）关于时令之材料，依阳历编次。

（12）各书均编有详备之教授法，以期活用。

（13）书中附图及五彩画，使与文字相引证，并以引起学生兴趣而启发其审美之观念。

（14）初等科兼收女子材料，以便男女同校之用。①

这些编撰原则，除了极个别的以外，置于今日之教科书编写，仍然具有极重要的参考价值，有些甚至可以上升到指导思想的高度。正是基于这样的追求，经

① 张元济、杜亚泉等：《编辑共和国小学教科书的缘起》，《教育杂志》第 4 卷第 1 期，1912 年。

过不到半年时间的奋战，商务印书馆按新课程标准及学制要求陆续出版了全套“共和国教科书”。据《共和国教科书·新国文（春季始业）》第七册和《实用国文教科书》（国民学校用）第七册广告，至少在1916年4月前，商务印书馆已出版适用于初等小学（国民学校）用的教科书及教授书有20种140册。[①] 又据《共和国教科书·新修身（春季始业）》第八册广告，到1915年4月，商务印书馆出版适用于高等小学的教科书及教授书有25种118册；适用于中学的教科书有23种，中学教员用书9种。[②] 据《新撰世界史》广告，到1925年7月，商务印书馆出版中等教育适用“共和国教科书”及参考书共计36种53册。[③]

由于当时许多举措具有过渡意义（比如新学制规定秋季始业，但不少学校一时又难以放弃旧学制春季始业的做法。为了不影响学生，教育部暂时允许其存在，不必立刻更改，因此便出现了春、秋季始业并行的状况），为适应实际需要，商务印书馆的“共和国教科书”系列之小学教科书部分，分甲、乙、丙三种，甲种为秋季始业，乙种为春季始业，丙种为春秋季始业通用书。

“共和国教科书”的主要作者有庄俞、沈颐、高凤谦、张元济、樊炳清[④]、傅运森[⑤]、秦同培、谭廉、周昌寿、王季烈、寿孝天[⑥]等。有些作者同时参与中

---

① 庄俞、沈颐编：《共和国教科书·新国文（春季始业）》（初等小学第七册），北京：北京教育图书社，1913年第122版，封底内页。

② 沈颐、戴克敦编：《共和国教科书·新修身（春季始业）》（初等小学第八册），上海：商务印书馆，1915年第153版，封底内页。

③ 周传儒编：《新撰世界史》。上海：商务印书馆，1927年，封三。

④ 樊炳清（1877—1929），绍兴人。清末民初教科书的重要编译人员。1898年，他和王国维等在罗振玉创办的东文学社随日本教师藤田丰八学习日语、英语。早期担任《农学报》《教育世界》等杂志的翻译和编辑工作，翻译了《东洋史要》《西洋史要》《普通动物学》《近世博物教科书》以及《中学植物教科书》等教科书。1902年到南洋公学译书院担任翻译。1903年，翻译了《伦理学教科书》。后去苏州师范任职，在该校担任编译工作。1912年，应商务印书馆的邀请，进入商务印书馆编译所参加新教科书的编写工作。同年和张元济、高梦旦一起担任《共和国教科书新国文》（初等小学用）的编撰审定工作，又编写了《共和国教科书·新国文》（高等小学用）六册，是多种“共和国教科书”（农业、商业、理科、修身要义等）的作者。

⑤ 傅运森（1872—1953），湖南宁乡人。1909年8月进入商务印书馆编译所国文部任编辑。1914年调到编译所词典部任职，参加《新字典》和《辞源》的编纂工作，为《辞源》的出版做出了贡献。是“共和国教科书”和多种教科书的主要作者。

⑥ 寿孝天（1868—1941），绍兴人。幼年在三味书屋读书，考中秀才后，在三味书屋北侧的小书房以教书为业。1903年与徐锡麟、杜亚泉等人创办越郡公学，是绍兴最早的新式学堂之一。他独立或和杜亚泉等人合编了多种小学数学课本，是“共和国教科书”中小学数学等科的主要作者。

华书局和商务印书馆两个机构的教科书编撰，比如沈颐。上述编写者大多是学贯中西、视域开阔的学者。如王季烈，江苏苏州人。清光绪甲辰（1904）进士，历任京师译学馆监督，学部专门司司长，1911 年兼任资政院钦选议员。“共和国教科书”之化学、物理等科都是由他编写的。这些人以深沉的历史感和高瞻远瞩的自觉意识，将自己对历史、对世界、对人生的总体理解和把握熔铸在一本本小小的教科书中，而那些小小的“共和国教科书”则静静地展示着他们生命的寄托、人生的慰藉。正是这些卓尔不群的知识分子“会通以求超胜”，以激情与灵感，为中国教育带来了代表新文明、新时代的新教材。

“共和国教科书”内容涵盖广泛，传统经典和现代政治、科技常识都囊括其中。整体而言，初等小学阶段以丰富而广阔的生活内容为主，各类知识综合穿插排列，适应培养新时代学生的需要。同时，在低年级还大量选编有《孝亲》《爱弟》《慈幼》《诚实童子》《陪客》《投报》《亲恩》《有恒》《俭训》《节用》《积贮》《自立》《独立自尊》《少年》《以德报怨》《忍耐》等体现传统美德的课文，特别值得肯定的是突出了现代政治文明的内容，平等、自由、权利、义务的思想不断见之于课文，为后来的新文化运动、五四运动奠定了一定的舆论基础和思想基础。如《共和国教科书·新国文》初小第七册有《共和国》一课：

共和国者，以人民为国家主体。一切政务，人民自行处理之。故亦谓之民主国。

虽然，一国之人数至多，欲人人与闻政事，为事势所不能。于是有选举之法。选举者，由多数人选举少数人，使之代理政务也。

共和国以总统组织政府，以议员组织国会。总统、议员，由人民公举，其职权、任期皆有限制，故无专擅之弊。

现代社会的进步，就是人与人之间从不平等走向平等的过程，是平等逐渐实现的过程。恰如《平等》一课所追求的：

自古专制国，恒设特别阶级，或以种族，或以门第，或以宗教，而享特别之权利。甚者以他级人民为奴隶，生杀予夺，惟意所欲。不平孰甚焉。

共和国无阶级之分，人人平等，受治于同一之法律。不论何人，权利义务，无不从同。虽以大总统之地位，犹必谨守法律，不能恃势以凌人。一旦罢职，即与齐民无异。此所以无不平之患也。[①]

现实生活中，每个人能力不同，所处的环境不同，但就人的价值而言，人与人之间应是平等的，在法律面前应是平等的。

“自由”更是作为共和国民之人格基础而被强调：

吾有身体，无故而被拘束。吾有财产，无故而被侵夺。吾有言论、著作，无故而被干涉。推之居处、营业、交际、信仰，事事皆受限制，而不得行其意，则生人之幸福，其所存几希。甚矣，不自由之难堪也。

共和国之法律，凡属个人之自由，不特他人不得侵犯，即国家亦不得侵犯。其尊重自由也如是。[②]

个人自由，他人不得侵犯，国家也不得侵犯。

重要的是，教科书到了高年级还力求为儿童提供一种全面、可行、积极、上进、能体现社会发展要求的现代人的精神标准，选编有《博爱》《人之职分》《尊重人类》《待外国人之道》《营业之道德》《慈善事业》《华盛顿》《红十字会》《南丁格尔》等课文以扩充国民之精神涵养，宣称“世界之上，同为人类，皆宜相爱”[③]。“共和国教科书”以自己的微薄之力，力求开创一个使个体生命得以伸展、丰富与升华的新境界。

“共和国教科书”系列在历史上第一次出现了独立命名的公民教科书——《共和国教科书·公民须知》（1917），在全国仍然设置“修身”课程、使用“修身”教科书的大背景下，该公民教科书的出现是格外引人注目的，体现了对时代潮流的敏感和把握（从学制和教育部的统一要求来看，“公民”取代“修身”是1922年学制之后的事情）。从此“公民”逐渐成为课程和教科书系统的重要组成部分，公民教育也渐渐成为系统的科目。从“修身”到“公民”的演变，从臣民到公民的变化，意味着我国教育的一大进步。[④]

---

① 庄俞、沈颐编：《共和国教科书·新国文·平等》（初小第七册），上海：商务印书馆，1912年。

② 庄俞、沈颐编：《共和国教科书·新国文·自由》（初小第七册）。

③ 庄俞、沈颐编：《共和国教科书·新国文·博爱》（初小第八册）。

④ 石鸥、刘华燕：《何谓名正，如何言顺——百年中国中小学政治教科书名称的演变》，《河北师范大学学报》（教育科学版）2014年第6期。

“共和国教科书”明显出现了比较多的西方科技与物质文明内容，如《苏彝士运河》《巴拿马运河》《汽机》《汽船》《汽车》《电报》《电话》《日报》等课文。《汽机》一课写道：“英人瓦特，少时，见壶中水沸，壶盖自开，怪而求其故，始知沸水化汽，其力甚大，逐因其理，创制汽机。其制有锅炉、有汽筒、有机轮。……汽力愈大，轮船愈速，今日工厂、舟、车，均利用之。”[①]

正因为具有上述种种优势，所以，此套教材甫一出版，迅速扭转了商务印书馆的被动局面，并创造了一个又一个的纪录。据说该书出版后十年间，销量达七八千万册之多。[②] 这套教科书是笔者目前所见中国历史上，也许包括外国历史上，短短30年内印刷出版次数最多的教科书，光是在版权页上看到的不完整信息就已经非常惊人了。比如《共和国教科书・新国文》第二册，1912年6月初版，1913年2月第46版，1922年2月第1 931版，1926年7月达第2 358版，而且当时还出现过大量形形色色的手抄本、翻刻本、盗版书。这一数字足以证明此书的成功。

“中华教科书”和“共和国教科书”系列是民国建立后出版的教科书中的典型代表，无论从编写所依据的精神主旨，还是从形式和内容上看，上述教材都力求适应民主共和政体。政体的变更带动着教材内容的深刻变革，一些现代伦理、政治理念开始大范围地进入教科书，成为新一代国民的精神食粮，这些理念，如民主、共和、自由、法制、权利和义务等，都在潜移默化地影响着广大的读者，并启示他们认识到自己是独立自主的个体，是有着权利和义务的共和国公民。

自“中华教科书”和“共和国教科书”后，民国教科书市场蓬勃发展，旧的版本从形式、内容上不断更新、完善，新的“共和政体”教科书也如雨后春笋，不断涌现。在各种新思想的引领下和市场利益的驱使下，编者和出版机构越来越多，队伍越来越壮大，成就了民国初年蓬勃而又多样化的教科书发展局面，在历史上为一时之盛况。

---

① 庄俞、沈颐编：《共和国教科书・新国文・汽机》（国民学校，第六册），上海：商务印书馆，1914年。

② 《上海出版志》编纂委员会编：《上海出版志》，上海：上海社会科学出版社，2000年，第488页。

第三节　以“实用主义”为代表的新思潮教科书

清末民初的中国，正值封建教育向资本主义教育发展的转折时期，也是中西文化教育冲撞与融合之际，为探索中国教育的出路，培养适应社会所需要的人才，代表新兴政治力量的资产阶级及其爱国知识分子，在宣传、介绍外国的教育制度、教育模式和教学方法的同时，提出了改革传统教育、发展“新教育”的种种主张，逐渐形成了一些在教育界产生不同程度影响的教育思潮，如军国民教育思潮、国民教育思潮、实利主义教育思潮、实用主义教育思潮等。其中，实利主义教育思潮、实用主义教育思潮是民国初年较为盛行的两种相互联系的教育思潮，对当时的中小学教育产生了较大的影响，也直接影响了教科书的编纂与发行。

一、以实用主义、自学辅导主义为代表的新教育思潮

近代以来，受西方列强入侵的刺激，一批知识精英对中国传统文化进行了深刻的反思和批判，在批判本土文化的同时，他们把眼光投向域外，对西方文化的吸收、学习渐渐深入。这批知识精英放眼西方科技与教育发展的潮流，充分认识到教育的重要性与紧迫性，对于欧美最新的“民主”教育思想极为推崇，大力引进全新的教育思潮，国外的多种教学模式被引入中国，在全国各地兴起一股教学改革的热潮。为了解决国民普及教育实践中出现的问题，以自学辅导主义为代表的新教学方法席卷全国，成为时尚。尤其是实用主义思潮的兴起，它是新教育思潮的典型。以实用主义为精髓的教育改革风行一时。

同时，自19世纪末，西方自然科学研究中普遍采用的是实验的方法，尤其

当实验法逐渐进入了心理学研究领域，教学实验的开展便找到了坚实的理论基础。作为西方先进理论与中国教育实际相结合的桥梁，教学实验在清末民初也日益为教育界革新派人士所注重，他们大力倡导“改造吾国教育，必先注重教育的实验”①，“科学的实验是我们改进教育之唯一利器”②。教学实验的引入和开展，促使中国教育界在教学方法和教学组织形式上进行了积极的探索，教育观念特别是儿童观、教学观也随之发生深刻的变革。以自学辅导主义为代表的新教学方法席卷全国，成为时尚。为了顺应这股潮流，教科书出版界也开始了新动作，推动着中国传统教育向现代教育转变，对教育实践的走向产生了深刻的影响。

（一）实用主义教育思潮的发展

教育史学界往往将民初的实利主义思潮和实用主义思潮两者合并，统一称之为“早期实用主义教育思潮”，其思想成分或立论方式是中国式的实用主义教育范式，以有别于1919年五四运动以后美国现代教育大师杜威来华讲演及美国教育哲学流派传播在中国掀起的实用主义教育思潮，后者主要是欧美现代教育运动的理论成果，一般称为“杜威的实用主义教育思潮”，属于以欧美教育哲学为资源构建的范畴体系。③

实利教育思想发轫于光绪三十二年（1906），盛倡于1912年，至1915年犹有余波。④ 清末的教育宗旨，即“忠君、尊孔、尚公、尚武、尚实”中的“尚实”，可看作实利主义教育思潮的发端。学部在《奏请宣示教育宗旨折》中阐释“尚实”条云：“所谓尚实者何也？夫学所以可贵者，惟其能见诸实用也。……方今环球各国，实利竞尚，尤以求实业为要政，必人人有可农可工可商之才，斯下益民生，上裨国计，此尤富强之要图，而教育中最有实益者也。”⑤ 但真正对教

① 钟鲁斋：《实验教育与吾国教育之改造》，《中华教育界》第21卷第7期，1934年。

② 曹刍千：《关于实验学校之商榷》，《中华教育界》第22卷第3期，1934年。

③ 吴洪成、许晓明：《民初早期实用主义教育思潮述论》，《河北大学学报》（哲学社会科学版）2015年第2期。

④ 舒新城编：《近代中国教育思想史》，福州：福建教育出版社，2007年，第107页。

⑤ 严修：《奏请宣示教育宗旨折》，陈学恂主编：《中国近代教育史教学参考资料》（上册），第568页。

育实践发生影响是在民初，资产阶级民主制度建立之后，资本主义经济发展的要求，使实利主义教育思潮具备了广泛而深厚的社会基础。其时主张实利主义之最得力者为陆费逵，以商务印书馆发刊之《教育杂志》为阵地，历陈采用实利主义为教育宗旨之理由："且夫教育宗旨，以养成'人'为第一义，而人之能为人否，实以能否自立为断。所谓自立者无他，有生活之智识，谋生之技能，而能自食其力，不仰给于人是也。欲达此目的，非采实利主义为方针不可。"① 实利主义教育由陆费逵提出，又赖蔡元培之力，成为 1912 年教育部公布之教育宗旨的内容之一。蔡元培把实利主义教育当作富国的手段，论实利教育方针之理由为："今之世界，所恃以竞争者，不仅在武力，而尤在财力。且武力之半，亦由财力而孳乱。于是有第二之隶属政治者，曰实利主义之教育，以人民生计为普通教育之中坚。其主张最力者，至以普通学术，悉寓于树艺、烹饪、裁缝及金、木、土工之中。此其说创于美洲，而近亦盛行于欧陆。我国地宝不发，实业界之组织尚幼稚，人民失业者至多，而国甚贫。实利主义之教育，固亦当务之急者也。"②

蔡元培因为"人民失业至多，而国甚贫"，所以把实利主义定在教育宗旨里面。蔡元培、陆费逵等人是从发展资本主义经济、提高社会生产力、振兴实业的角度提倡实利主义教育的。1913 年，黄炎培则更进一步，依据教育与学生日常生活及生产需要之间的联系，教育与一般民众之实用知识、实用技术之间的联系，提出实用主义教育。辛亥革命后，虽号称民国，改建共和，但由于传统的积习很深，人们一般还保留着旧的教育观念，犹视学校为士大夫阶层的养习所。社会在一天天演进，学校却未脱离旧日习气，"所有教授、管理、训练，只是态度的、身分的、文雅的、虚夸的，无一事切于实际生活"③。

1913 年，黄炎培在《教育杂志》第 5 期第 7 号发表了《学校教育采用实用主义之商榷》一文，紧接着又发表了《小学校实用主义表解》等文，在全国各地以"实用教育"为主题到处宣传他的主张，批判当时旧教育脱离实际、脱离生产的

---

① 陆费逵：《民国教育方针当采实利主义》，《教育杂志》第 3 卷第 11 期，1912 年。

② 舒新城编：《近代中国教育思想史》，第 105 页。

③ 陈青之：《中国教育史》（下），长沙：岳麓书社，2010 年，第 636 页。

弊病，首倡教育与学生生活、学校与社会实际相联系的实用主义，并具体提出小学各科的教学应与儿童的日常生活紧密联系；不强调学科本身的系统性，重在具体运用；要因科制宜地采用不同的教学方法；重视实物教学；等等。

黄炎培提出教育应帮助人形成“自立之能力”，能够适应社会。他在《学校教育采用实用主义之商榷》一文中对德育、体育、智育做了基于实用主义的解说：“所谓德育者宜归于实践；所谓体育者求便于运用；而所谓智育，其初步一遵小学校令之规定，授以生活所必需之普通知识技能而已。”① 而反观当时的传统教育：

近见师范教育有一种危机，请研究之。某师范某科三年毕业，问其课程，则修身讲伦理学；国文读极高深之古文；教育科心理学一大本，讲述时黑板上列举外国人名无数，叙沿革极详；教育理论仅《总论》一篇已印有二十页之讲义；博物则用中学校教科书之最详密者；理化大讲方程式；算术外又学代数，滔滔论因子分解法二三周。而调查其成绩，则伦理学名词难记；心理学观念、概念不能区别，“意志”二字不能解释；教育理论但知外国人名……②

学生的这些知识和经验与以后的社会生活联系不大，也不会帮助学生形成“自立之能力”，因此，黄炎培呼吁学校采取实用主义，使教育内容贴近学生生活和社会实际，使知识真正有用。按照黄炎培的口号，即“打破平面的教育，而为立体的教育”“渐改文字的教育而为实物的教育”。③

黄炎培批判了往昔的教育与实际生活相隔绝，学生受了那种教育不但多不能增进生活的能力，或竟失掉了生活的能力。他认为，实用主义教育旨在补救这种弊端，而使受教育者真正获得生活上必备的知识与技能。如“地理，多用图画，少用文字。图画必令自习兼与手工联络，制为图版（如京津间所售知方图等），上绘山脉河流道路都邑区域，注明各种名称及物产。时就运动场划为各种地形，令之熟悉。理科，其材料以人生普通生活所接触所需要为断，时利用事物到吾眼前之机会而教授之，绝不取顺序的。教授务示实物，遇不得已时，济以模型标

①②③ 黄炎培：《学校教育采用实用主义之商榷》，《教育杂志》第5卷第7期，1913年。

本。必令实验，切戒专用文字，凭空讲授。尤多行校外教授修学旅行”①。

他认为，实用主义教育旨在补救教育弊端，而使受教育者真正获得生活上必备的知识与技能。其后，黄炎培又由实用主义教育思想进而倡导职业教育。黄炎培所倡导的实用主义教育，在教育界引起了强烈的反响，在民国初年逐渐发展成为一种教育思潮。江苏、上海各小学反应热烈，行动积极，而安徽、江西、直隶等省份的教育工作者，也以“一见倾心，莫不以实用主义为其谈话之资料。盖此四字即于一般教育者之脑海深矣”②。可见当时的实用主义教育思想之影响广泛。黄炎培所提倡的“实用主义”并非西方教育哲学意义上的“实用主义”，在黄的观点中，实用主义主张课程的知识内容应该联系学生生活实际，帮助学生养成社会生存的能力。这样的观点虽直白、浅显，但在当时却有振聋发聩的效果，实用主义教育思想“于民国二三年之间，蔚然为一种思潮，流行全国”③。

几年后，黄炎培回顾说：“‘实用主义’今俨然成为吾国教育上一名词矣。方斯主义之提出于教育界以相商榷也，在民国二年八月。一时为文表示对于斯主义之意见者，弗可数，日报月志，转相刊载，咸有论列。”④

在民间的实用主义教育思潮方兴未艾之时，1915 年 2 月，袁世凯以大总统名义颁布《特定教育纲要》，申明教育宗旨，注重道德、实利、尚武、实用。“现时教育最大之缺点有四：一不重道德，二不重实利，三无尚武精神，四不切实用。教育部前颁教育宗旨，注重道德、实利、军国民、美感各教育，惟未标明实用主义。且部令虽颁，国内并未奉行，教育迄今无一定趋向。是宜重加规定，以道德教育为经，以实利教育、尚武教育为纬；以道德、实利、尚武教育为体，以实用主义为用（实用教育，以各学校注重理、化、博物等实科之实验为始；尚武教育，以自初等小学注重体育卫生，加以军队束伍进退之法为始）。特下命令，

---

① 黄炎培：《学校教育采用实用主义之商榷》。

②④ 黄炎培：《实用主义产生之第一年》，《教育杂志》第 7 卷第 1 期，1915 年。

③ 舒新城编：《近代中国教育思想史》，上海：中华书局，1929 年，第 148 页。

颁布宗旨。"[①] 这样，实用主义教育得以从下到上广为传播，尤其是在国家层面得到强调，更使相应的教科书名正言顺地大量推出："由是编辑教育书或教科书者，大书特书'实用主义'于简端，或衍之为广告者，一时如同声之相应。虽书之内容，未获尽睹，要其唤起海内注意，非无效也。"[②] 由此可见当时实用主义等新思潮对教科书编写的影响。

（二）自学辅导主义

19 世纪末 20 世纪初，中国的教育理论界取道日本，睁眼看世界，在日本教育出版界占主导地位的赫尔巴特学派的教育理论著作，成为清末蹒跚学步的新式课堂教学模仿的主要对象。赫尔巴特的形式阶段教授论的最大长处，是强调科学知识的系统性和内在的逻辑联系，注重讲解，有着很强的程序性、实用性和可操作性，在一定程度上适应了中国在从传统的封建教育向近代资本主义教育转型时期的需要。据黄炎培 1914 年进行的为时 8 个月、历经 7 个省市的调查，其所得的结论是"学校训练难言点，教授大都用注入式"[③]。这种情况引起了教育界有识之士的不满。于是在全国各地的小学中，开始兴起一股教学改革的热潮，国外的多种教学模式被介绍给广大教师，并在许多学校中进行实验。"在各种教学方法中，其价值之为人们注意，没有过于自学辅导者。"[④]

自学辅导主义又称"自学辅导法"，其实验展开的背景一方面是针对当时盛行的五步教授法进行纠偏补弊，另一方面则是受当时欧美自动主义、儿童中心主义思想的影响。自学辅导主义在中国找到了它的生存土壤，很快在中小学教育界流行起来，并在教学实践中产生了影响深远。我国对于自学辅导主义的介绍和研究始于 1913 年，大力倡导者首推俞子夷。1914 年前后，自学辅导主义开始在我国小学教育界展开了实验。自学辅导主义，"实即辅导其自学自习"的意思。它

---

① 袁世凯大总统：《特定教育纲要》，《教育公报》1915 年第 2 期。
② 黄炎培：《实用主义产生之第一年》，《教育杂志》第 7 卷第 1 期，1915 年。
③ 黄炎培：《黄炎培考察教育日记》，上海：商务印书馆，1915 年，第 158 页。
④ 龚启昌：《中学普通教学法》，上海：商务印书馆，1946 年，第 269 页。

的出发点有两个方面：一是防止在教学过程中由教师包办一切，旨在发展儿童的积极性与自主性；二是在学生自学的同时，教师要加以必要的辅导，以减少学生暗中摸索的困难和浪费。其具体办法是让学生自己先学习教材，遇到困难的地方，再由教师加以辅导。这种方法一般用于小学三年级以上。①

与传统教学法相比，自学辅导主义的长处在于能以儿童为主体，可以养成儿童自学的习惯。如时人所评价，它的特质在于：（1）反教师本位而为学生本位；（2）反教授本位而为学习本位；（3）反机械的记忆暗诵而为理解的实验和运用；（4）排斥强制的注入，而唤起儿童自学的动机；（5）反个性的压迫而主张自发的活动；（6）反旧日无意识的模行，而注重创造的制作。② 它的出现，从更广泛的意义上看，是对传统教学只重视教师的讲授、忽略学生主动学习痼疾的一种批判和改革。自学辅导主义在当时的教学实践中广为应用，许多学校提倡在教师指导下的学生自学，然后“讲述大意，务使透彻理解，扼要处则记录于笔记本上”。这些探索和实验未必完美，但它对传统的教育模式起到了冲击的作用。

二、实用主义思潮的教科书

任何理论与思潮，只有进入教科书，才有可能真正得以实施，否则就只是口号而已。民国教育学家们在这方面逐渐有了比较清晰的认识，也有过很好的实践。

在实用主义教育思潮的影响下，教科书出版界异常敏感地开始了新动作，体现实用主义教育思潮的教科书纷纷问世。这其中，商务印书馆和中华书局各占半壁江山。

当时的教科书，既有“大书特书‘实用主义’于简端”者，如商务印书馆1915年推出的“实用教科书”系列、科学编译部1913年出版的“实用主义教科书”等，也不乏未在标题显现，而编写宗旨紧紧围绕实用主义的教科书，如中华书局1916年推出的“新式教科书”系列、商务印书馆的“民国新教科书”（以重

① 吴研因、吴增芥编：《小学教学法》，上海：中华书局，1933年第五版，第133页。
② 李晓农、辛曾辉编：《乡村小学教学法》，上海：黎明书局，1936年，第26～27页。

视实验为特色）等。这些教科书中都务求呈现实用知识，介绍和应用新式教学方法，成为近代教科书历史上的一大特色。下面主要以具有代表性的商务印书馆“实用教科书”和中华书局“新式教科书”为案例进行分析。

（一）商务印书馆的“实用教科书”

<图 2－5
《实用国文教科书》（第六册，1915，北京教育图书社编，商务印书馆）

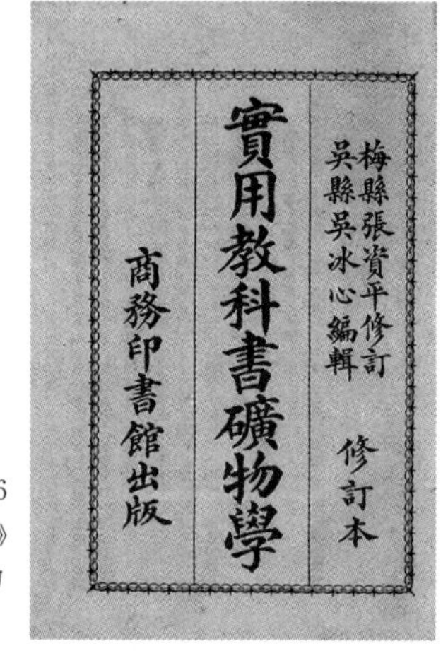

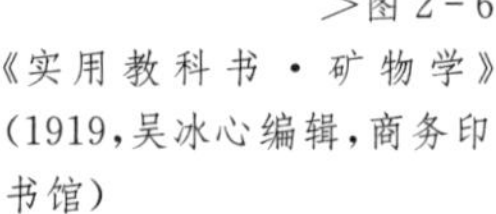

>图 2－6
《实用教科书・矿物学》（1919，吴冰心编辑，商务印书馆）

在实用主义教育思潮影响下，商务印书馆从 1915 年下半年开始推出“实用教科书”系列，小学教科书的编撰者为“北京教育图书社”。其校订者主要有陈宝泉①、谭廉、邓庆澜②、郑朝熙、杨游、王凤岐、骆师曾、董瑞椿等。

到 1915 年 12 月，商务印书馆已出版春季始业用小学“实用教科书”9 种及“实用教授书”9 种，共计 120 册。包括初小、高小两段，初小实用修身、国文、算术各 8 册，高小实用修身、国文、算术、历史、地理、理科各 6 册，同时配套

① 陈宝泉（1874—1937），天津人。曾入京师同文馆算学就读。后留学日本。1904 年回国，服务教育，主编《直隶教育杂志》、编著《国民必读》等白话图书杂志，在民间非常流行，成为新文化运动之先声。1905 年任直隶学务公所图书课副课长，后随严修到清廷学部任职，历任主事、郎中、师范科员外郎，主持组织图书局和编纂教科书的工作。1910 年，擢升为学部实业司司长。1912 年到 1920 年，任北京高等师范学校（即北京师范大学的前身）校长。参与实用教科书的编撰的时候，他正在北京高等师范学校校长任内上。

② 邓庆澜（1880—1960），天津人。日本东京弘文书院师范科毕业。一生从事教育管理。曾任天津县立师范讲习所所长、天津特别市教育局局长、河北省教育厅教育设计委员会委员、天津市立师范学校校长等职。1949 年 10 月任天津市第一图书馆馆长。清末民国时期编撰了不少教科书。

相应的教授书。紧接着又编撰“中学实用教科书”系列，包括实用国文、历史、地理、生理卫生学、物理学、矿物学等。《实用教科书·矿物学》初版由吴冰心编撰，后由以作家著称的张资平[①]修订再版。吴冰心还编撰了《实用生理卫生学》等多种教科书。陈榥编撰了《实用物理教科书》，是早期教科书的多产作者。

“实用教科书”对自己做了“实用主义”的定位：

教育之道与时势为转移，教科书为教育之主要品，尤当视教育之趋势按时编辑。现今教育方趋重实用主义，本馆有鉴于此，特尊新颁教育纲要和教育宗旨，编成小学实用教科书多种同时出版，为近今最新最良之本。[②]

现今教育之趋势，应提倡实用，已为教育家所公认。固必有适宜之教科书方足以达此目的。本馆有鉴于此，特延聘诸名宿编撰国民学校高等小学实用教科书外，复着手编撰中学实用教科书。全套以期先后一贯，供中学校之采用。[③]

（一）各书无论形式材料，皆以合乎实际应用为主。（二）各书材料之多寡，悉准部定时间分配，无过不及之弊。（三）各科学说，均采自东西洋之最新者，并参合我国情势，悉心编纂，非旧日出版之书所能比拟，至于印刷鲜明、装订精美、插图丰富、定价低廉，犹其余事。现修身、国文、本国史、本国地理陆续出版，余已付印，不日全出。[④]

该套教科书标榜采用实用主义的编写原则，在内容上确实注重选取与儿童生活经验贴近的事物，在呈现形式上注重直观形象，简洁有趣。像《实用修身教科书》就安排诸如“迎客送客之礼容、摺衣之法”“封信、拆信之法，刷帽刷鞋之法”等内容。《实用国文教科书》也讲究实用性，主张去除空虚无用文字的学习，其编辑大意说明：“本书为儿童习得实用，故后数册于义词上各体略备，而入世

---

① 张资平（1893—1959），广东梅县人。毕业于东京帝国大学理学院地质系，曾被聘为武昌师范大学教授，出任过民族主义文学刊物《国民文学》主编。一生创作了数量极多的恋爱小说。

② 赵传壁、秦同培编：《普通教科书新手工》（国民学校用），上海：商务印书馆，1915年，封三。

③ 北京教育图书社编：《高等小学实用修身教科书》（第六册），上海：商务印书馆，1916年第12版，封三。

④ 北京教育图书社编：《高等小学实用历史教科书》（第三册），上海：商务印书馆，1915年，封三。

应用之件，如书函、账单、日记、票据、章程、广告等，种种格式，尤为多其示例，期与实用之旨相合。”在这种情况下，一些应用文以及与如常生活、生产相关的内容就自然成为教科书教授的重点，如《实用国文教科书》就安排了《银行》《储蓄》《契约（附借券式）》《国债》《公司（附公司股票）》等以商业活动为主的实用性内容。因为是国文教科书，所以这些内容多以附录的形式安排在课文最后。

比如高小《实用国文教科书》第一册的附录是：《托人购书启》《日记》《商会选举票》；第二册的附录是：《谢友人馈鱼启》《合同议据》《出卖市房杜绝契》《笔店仿单》《招生广告》；第三册的附录是：《邀友人郊游书》《煤矿公司招股启》《志谢良医广告》；第四册的附录是：《定货成单》《公司股票》《公司息单》《公司代借对照表》（旧名红账）；第五册的附录是：《银行存款单》《银行支票》《汇款单》《汇票》；第六册的附录是：《毕业时别同学赠言》《组织国民学校请县立案禀》《海关税单》《统捐局捐单》。教科书既突出了为学生的实用而编撰的出发点，又没有完全置国文之性质而不顾。

即便插图和字体，也精心设计，关注实用，如《实用国文教科书》“插图但求其能助儿童想起实物，故首二册插图犹多，以后渐减。盖国文图画，虽能劝儿童摩绘之心，于审美稍有关系，而揆之读书本旨，不如多用挂图教授之为得也。本书字体，概用楷体，至应用书条等式，间参行体，然必清晰明确，使儿童不致误识”①。

当时教育部对这套教科书的评价是比较高的。教育部对《实用修身教科书》（高等小学校）的审定批文是：“教科书选材精当，文字明显，课后附以格言，尤切实用，应准作为高等小学教科用书。”② 教育部对《实用国文教科书》（国民学校）的批文是：“查是书选择材料以及序次文字均注重实用方面，与标名相符，

---

① 北京教育图书社编：《实用国文教科书》（国民学校，第一册），上海：商务印书馆，1922 年第 90 版，“编辑大意”。

② 北京教育图书社编：《实用修身教科书》（高等小学校，第一册），封三。

可供国民学校之用。”①

“实用教科书”是顺应实用主义及自学辅导主义编撰的教科书，突出了实用性，课本为解决实际问题安排了不少新生活的内容。教科书强调从社会生活和学生生活实际出发，沟通教育与生活、学校与社会的联系，强调学生主动、创造的学习和实际能力的培养，要求课程内容和教学组织形式均须适应生产和生活发展的需要。这些都是该套教材的突出优点。

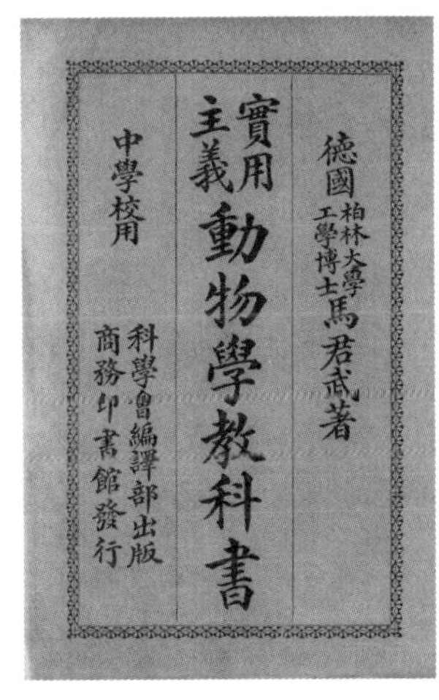

<图 2-7
《实用主义动物学教科书》（1916，马君武著，科学会编译部）

除了商务印书馆的“实用教科书”系列外，1916 年，商务印书馆还和上海科学会编译部共同编撰出版了中学用的“实用主义教科书”系列，集中在理科，马君武博士是其主要作者。

（二）中华书局的“新式教科书”

鉴于“近人盛倡实用主义、自学辅导主义”，1915 年 12 月，中华书局开始出版体现实用主义等新教育思潮的“新式教科书”系列，该套教科书属于大全套，涵盖了民国初期中小学各学科。包括国民学校和高等小学校用的新式国文、修身、算术、毛笔画，高等小学校用的历史、地理、理科、英文、商业、农业、

① 北京教育图书社编：《实用国文教科书》（国民学校，第三册），上海：商务印书馆，1924 年第 80 版，封三。

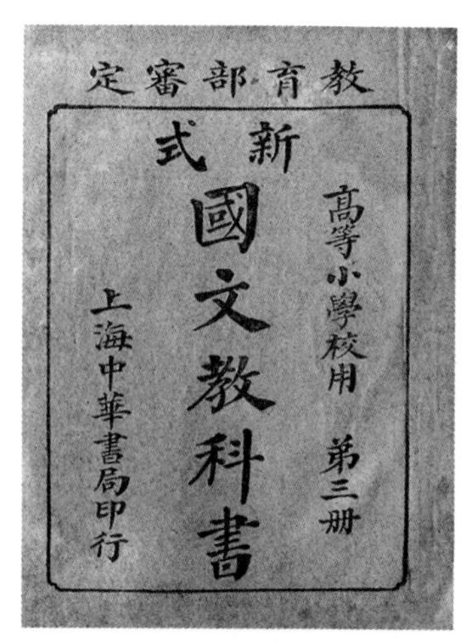

>图 2-8
《新式国文教科书》(第三册，1915，吕思勉编，中华书局)

手工，以及国民学校的珠算等。同时配套相应的教授书。

“新式教科书”系列的作者群包括陆费逵、范源濂、沈恩孚、沈颐、李步青、戴克敦、刘宝慈、方浏生、杨喆、倪文奎、吴家煦、蓝田屿、丁锡华等。吕思勉亦进入新式教科书编写队伍并成为主力编撰者，他先后编写了新式地理、国文、历史等教科书。

该套教科书的宗旨是适应“实用主义、自学辅导主义。……务贯彻国民教育之真正目的”，力求“授以切于实用之文字，养成发表思想之能力；修炼语言；辅导智慧”。[①] 该套教科书之各科教授书特别突出“皆采最新之方式”这一原则：“自动主义，今世教育界公认为最进步之教育方法。本书各科教授书，注意此点。特聘现在师范小学教员或现任小学教员担任编辑。所创各例，皆根据最近研究所得，于初学年采练习主义，期以培植儿童自力研究之基础。于高学年采自学辅导主义，期以养成儿童自力研究之习惯。”[②] 值得注意的是，在这套出版于 1915 年的《新式国文教科书》每册的最后，都附有四课白话课文，标为“附课”，以此有别于前面的浅显文言文课文。如高小第一册附有这样的一篇白话课文：“那一

① 中华书局：《中华书局新式小学教科书出版预告》，《中华教育界》第 4 卷第 10 期，1915 年。
② 中华书局：《新式教科书编纂总案》，《中华教育界》第 5 卷第 1 期，1916 年。

位给衣裳你穿？那一位给饭你吃？那一位很疼爱你？你仔细想，不是你的父亲吗？”① 这一举措，虽然难说彻底，须知这是发生于1915年新文化运动刚刚拉开序幕之际，应该说确实有引领潮流的作用。教育部的审定意见是这样写的：“查该书最新颖处，在每册后各附四课，其附课系用官话演呈，间有与本册各课相对者。将来学校添设国语，此可为其先导，开通风气，于教育前途殊有裨益。至各册所用文句，其次序大致均与口语相同。令教员易于讲授，儿童易于领悟。在最近教科书中洵推善本。”② 教育部的评价非常准确，对于该套教材使用白话文的大胆尝试，教育部也明确予以鼓励，认为它“开通风气，于教育前途殊有裨益”③。

《新式修身教科书》拒绝片面说教，强调躬身实践：“修炼品性，使知自重自动自治之道；使知己身所处之地位及应尽之责任；策励进取之志气；指导实践。”④ 不但修身、国文等文科性质的科目表现出鲜明的实用主义特点，算术和理科等科目体现的实用主义倾向也十分明显。地理（包括历史）教科书都是以国民教育为本位，始终围绕培养共和国国民来展开。算术教科书力求培养学生“熟悉日常之计算，增长日常生活必须之智慧，精确其思虑，练成极敏善悟之才”⑤。理科教科书注重日常生产生活所必需的知识，注重工业科学常识的学习。农业教科书对农业生产有详尽描述，一些实际有用的农业生产知识也多有介绍，“稻之收获、米之调制及贮藏、转种及歇种、地力、施肥及肥料、治地、选种、播种、苗圃、麦、麦之播种、麦病之预防、麦田操作及施肥、母本之选择、种子之买

---

① 吕思勉编：《新式国文教科书》（高等小学校，第一册），上海：中华书局，1922年第51版，第1页。

② 广告，《中华教育界》第5卷第1期，1916年。

③ 陆费逵：《中华书局五年概况》，宋原放编：《中国出版史料：近代部分》（第三册），武汉：湖北教育出版社，2004年，第171页。

④ 方浏生编：《新式修身教科书》（高等小学校，第一册），上海：中华书局，1922年第48版，第1页。

⑤ 倪文奎编：《新式算术教科书》（高等小学校，第一册），上海：中华书局，1922年第27版，第1页。

卖、种子之交换、豆类之栽培"[①] 等，都成为课本的知识内容，这些知识直接服务于农业，期望学生学习完即可应用于农业生产。商业教科书也紧紧围绕商业的实用知识来展开，"第一册叙述商业之意义、种类及必要机关与商店之内容。第二册叙述商品暨买卖业之必要知识。第三册叙述中外货币、中外权度、印花、商业尺牍、票据及记载法等，与夫银行、交易所业务之大概。第四册叙述保险、转运、捐税、堆栈、铁路、电报、邮务、商业道德、商事法规及进出口贸易等，举凡商业上必要知识，均已粗具，而每册之材料亦各有结束"[②]。实际上，小学即设农业、商业等课，本身就体现了实用主义教育的基本原则。这种按照社会产业分类而进行教科书分科的做法体现的就是实利教育和实用主义教育思想。为个人谋实用的生活技能，为社会培养各行业人才，为国家培养共和国国民，实用主义教科书的目标和内容都显得非常明确。

著名历史学家邓广铭对这套教科书在他接受现代启蒙教育中的印象深刻，"我是在五四运动之后的一年，从乡村到县城中进入高等小学的。这所小学中师资的质量并不甚好，但所用课本则全部都是中华书局编印的'新式中华教科书'。这些教科书使我的耳目一新，扩展了我的视野，也开拓了我的思路。例如，这时我才知道世上的伟大人物并不只是尧舜三王、周公、孔子、孟子、朱熹等人，而英国的物理学家牛顿、生物学家达尔文，以及发现美洲新大陆的哥伦布、美国的首任总统华盛顿等人，也同样是一些伟大人物"[③]。

值得一提的是，在民国时期教科书出版的历史上，这套教科书的出版引发了一场影响颇大的中日外交风波。

"新式教科书"发行后不久的1916年12月，日本驻福建领事齐藤良卫将教

---

① 丁锡华编：《新式农业教科书》（高等小学校，第一册），上海：中华书局，1922年第29版，第1页。

② 盛在珦编：《新式商业教科书》（高等小学校，第一册），上海：中华书局，1923年第32版，第23页。

③ 邓广铭：《为了"立国根本"——写在中华书局百年之际》，《光明日报》2012年3月21日。

科书上的某些内容，报告其驻华大使，由驻华大使向中华民国外交部提出交涉，[①] 说什么“中华书局印行新式小学校教科书中”，有“排日的记载”。还把这些课文抄录备案，不无夸张地说，“此种煽动对日恶感之教科书，不特有碍邦交，且恐将来国交上发生有害之结果，应请设法禁止发卖”[②]，等等。引起纷争而被日方列出的课文，集中体现在“新式教科书”的国文科和修身科中，有《日本》《国耻》和《明国耻》等课文。如：

日本，岛国也。自明治维新以来，国势骤盛。陷我琉球，割我台湾，租我旅大，吞并朝鲜，殖民于奉天吉林，扩张航业商务于我国各地。胶州湾，我重要之军港也，昔租于德，日本乘欧战而夺之，旋复向我国强索权利。我国以力弱未可与战，乃隐忍承认之。夫日本以弹丸之国，朝野上下，并力经营，日以我国为的，伺隙而动，盖利我之弱耳。我国之人，苟能自强，则国耻有时而雪，国威有时而张，愿国人毋自馁也。[③]

吾国对外交涉，清代失败最甚。……日本取琉球，并朝鲜，上国主权，委弃尽矣。[④]

……他若最近之中日新约，日本以哀的美敦书（ultimatum 的音译，即“最后通牒”——引者）迫我承认，尤为可耻之甚者。我国民而尚具天良乎，于此而不用吾耻，复恶乎用吾耻。[⑤]

一曰让地。……台湾澎湖，让与日本。……夫国之耻，即吾民之耻也，人人知耻，誓图自强，庶犹有雪耻之日。不然，将永受外人之侮辱也。[⑥]

上述所列内容主要反映了几点：讲述了日本对外扩张，涉及其侵略亚洲包

---

① 砂山幸雄：《“中国排日教科书”批判源流》，并木赖寿、大里浩秋、砂山幸雄：《近代中国·教科书与日本》（日文版），东京：研文出版（山本书店出版部），2010 年，第 331～364 页。

② 中华书局编辑所：《新式教科书与日本》，《中华教育界》第 8 卷第 1 期，1919 年。

③ 吕思勉编：《新式国文教科书·日本》（国民学校，第八册），上海：中华书局，1917 年。

④ 吕思勉编：《新式国文教科书·国耻（一）》（国民学校，第八册），上海：中华书局，1917 年。

⑤ 中华书局编辑所：《新式教科书与日本》，《中华教育界》第 8 卷第 1 期，1919 年。查原书，应是《新式修身教科书》（高等小学校，第六册，第十五课），中华书局出版，民国五年（1916）二月印刷，民国十年（1921）六月第 33 版。此处徐冰认为出自《新式国文教科书》，有误。见《日语学习与研究》2006 年第 4 期。

⑥ 吕思勉编：《新式国文教科书》（高等小学校用，第八册，第十四课），上海：中华书局，1917 年。

括中国、掠夺中国利权的大致过程；对中国失去对朝鲜的保护权而耿耿于怀；大国心态的表露，强调日本区区小岛、弹丸之地的现实。其根源是中国日益弱势而引发的屈辱感。[①] 编者之用意，在于告诫学生勿忘国耻，奋发自强，以挽回利权。整体上看，“新式教科书”所反映的基本上是历史事实，并无明显的夸大之辞。

然而，正式外交交涉不是小事。中华民国外交部立即致函教育部，要求查实。教育部遂要求中华书局进行查核，并将结果上报教育部。[②]

根据教育部的要求，中华书局进行了自查，并把结果报告给教育部。在回复教育部的呈文中，中华书局明确阐述了自己的立场：“本局所编新式教科书，悉遵部章以提倡国民爱国心为主旨，揭示国耻俾资激励，亦提倡之一端。世界各国教育国民，其教科材料，虽不尽同，而宗旨则一，盖此不过为自策自励之计，并非煽动恶感。”[③]首先说明自己出版的《新式教科书》符合教育部提倡国民爱国的宗旨，同时也申明会遵照教育部公函的要求，以后编纂教科书时，在行文修辞上多加斟酌。[④]这桩中日教科书纷争以中方的明确态度、中华书局既坚持大原则又适当修改教科书文辞而告结束。

在近代特殊社会环境下，救国必先爱国，爱国必先明国耻。针对当时日本指责中国教科书“民族思想太浓了”，认为是“仇日教育”，要求“修改小学教科书”的无理要求，著名学者吴研因指出：“说现在的教科书是‘仇日’，也是一种诬罔。一个民族有一个民族的独立精神跟光荣历史，我们要独立，我们亦是抵抗侵略，并不想侵略人家，我们只是根据历史事实立言，并非虚构叫嚣，如果世界

---

① 在20世纪初期，中日两国关系比较正常，大批学生留日之时，对日本的描述要客观一些。比如商务印书馆的《最新高等小学东洋历史教科书》(1902) 是这样描述日本的：“日本在亚细亚之东，合众海岛而成国。人民属西伯利亚族，喜任侠，好清洁。王室一姓，相传至今。”“日本历世重神，尚武侠，其文化多自外入，大抵唐宋盛时，多效法于我中国，时则汉学渐兴，及欧美诸国强盛，又事事趋西洋。于是兰学复起，由其善于变化，故学业之进步甚速。”(第22课) 这些课文中少有“区区岛国”之类的大国霸气的说法。

②③④ 中华书局编辑所：《新式教科书与日本》，《中华教育界》第8卷第1期，1919年，“特别记载”，第15～16页。

上的公理还没有完全毁灭的话，谁可说我们不应如此呢。”[1] 就是日本学者也认为，所谓“排日教科书”出现的直接原因是由日本的行为引起的。[2] 从这个意义上理解，中华书局以事实为依据，不屈服于日本方面的压力，维护和张扬民族自尊心的努力是值得大加肯定的。

无论是“实用教科书”还是“新式教科书”，都特别强调教科书实用主义的编写原则，注意突出教科书紧跟时代变化，体现最新教育思想的特点。这也反映当时社会一种求新、求变的社会心态。各地学校也颇欢迎这些教科书，如“实用教科书”，初版后多次再版，使用多年。我们曾经看到1924年还在使用的实用教科书，也看到过第90版的实用国文教科书。作为大变革时代的产物，这些教科书在革故鼎新的重要历史时期，大胆改革，开风气之先，为现代教科书发展和教育发展做出了积极贡献。

第四节　国语运动与白话教科书

1915年9月，以《青年杂志》（次年改名《新青年》）的创办为标志，激进民主主义者发动了一场提倡民主，反对专制；提倡科学，反对迷信；提倡新道德，反对旧礼教；提倡新文学，反对旧文学；提倡白话文，反对文言文的新文化

① 吴研因：《清末以来我国小学教科书概观》，宋原放主编：《中国出版史料》（现代部分第1卷上册），济南：山东教育出版社，2001年，第514页。

② 砂山幸雄：《“中国排日教科书”批判源流》，并木赖寿、大里浩秋、砂山幸雄：《近代中国·教科书与日本》（日文版），第331～364页。

运动。新文化运动在对中国传统思想与文化的全面反思中，从目的、内容、方法等方面对中国教育现状做了深刻批判，力图以包含人权、自由、平等等民主思想和重视科学技术、崇尚自然、讲究实用等的新教育观，取代迷信权威、窒息思想、压抑个性、脱离实际、忽略身心的旧教育。其中重要的具体举措是推进国语运动。

一、国语运动的开展

“国语”这个名称据说是清末被委任为京师大学堂总教习的桐城派古文名家吴汝纶提出的。1902 年他去日本考察学政，其间极大地受到日本人重视国语统一、加强国家认同思想的影响。日本贵族院议员伊泽修二氏对吴汝纶说：“宁弃它科而增国语。前世纪人犹不知国语之为重。知其为重者，犹今世纪之新发明，为其足以助全体之凝结，增长爱国心也。……此皆语言之不统一之国，一则由不统一以致统一，其强盛有如德国。一则本不统一而不知改为统一，其紊乱有如奥匈，合国成绩攸兮，似足为贵邦前车之鉴矣。”[①] 他深受感动，回国后写信给管学大臣张百熙，主张在学校推行以“京话”（北京话）为标准的国语。1902 年颁布的《钦定小学堂章程》中规定作文首先从“口语”联句开始。1904 年的学制中更明确要求，初等小学堂的中国文字课“其要义在使识日用常见之字，解日用浅近之文理，以为听讲能领悟，读书能自解之助；并当使之以俗语叙事，及日用简短书信，以开他日自己作文之先路”[②]。当时国语教育的呼声已愈来愈高，从中央到地方无不如此，大有“山雨欲来风满楼”之势。

学术界对“国语运动”的界定，一般采用黎锦熙 1935 年《国语运动史纲》的说法。这部评述国语运动的权威性著作，对国语运动的历史追溯是从晚清的音标文字运动开始的，共分为四个时期：“切音运动”时期、“简字运动”时期、

---

① 吴汝纶：《吴汝纶全集》（三），施培毅、徐寿凯校，合肥：黄山书社，2002 年，第 797 页。

② 张之洞等：《奏定初等小学堂章程》，朱有瓛主编：《中国近代学制史料》（第二辑上册），上海：华东师范大学出版社，1987 年，第 178 页。

“注音字母与新文学联合运动”时期和“国语罗马字与注音符号推进运动”时期，到著书的1934年这一运动仍在延续。[①] 此项运动的目的，当初只在求达“言文一致”，后来变做“国语统一”，最后则变成语言文字的革命，它与教育普及有着最大的关系。[②]

国语运动可以分为两个阶段：“前一阶段的运动是分散的个别的，以多种文字方案的创制为中心，主要代表人物有卢戆章、王照、劳乃宣等”“后一个阶段的运动是集中的连续的有组织的，包括注音字母的拟定、国音字典的公布、语文教学的改制等一系列语文改革实践，主要代表人物有钱玄同、黎锦熙、赵元任等”。[③]

国语就是普通话的前身。为何要提倡国语统一？这是因为中国地域广阔，造成地区间语言差异颇大，不利于文化、信息的沟通和传播。如果说提倡“国语统一”为的是改变地区间语言千差万别、交流不畅的局面，那么提倡“言文一致”就是为了克服由于书面语与口语的差异所造成的学习与理解的障碍。

但语言统一并不容易。蔡元培道出了语言统一的难处：“中国语言各处不同，若限定以一地方语言为标准，则必遭各地方之反对，故必有至公平之办法。国语既统一，乃可定音标。”[④] 所以，蔡元培认为国语统一，先从统一汉字的读音做起。遂发起成立并召开“读音统一会”。1913年“读音统一会”开会，议定了汉字的国定读音（即“国音”）和拼切国音的字母“注音字母”（也叫“国音字母”）。但是议定以后，政府却迟迟不予公布。黎锦熙批评说：“民元二间，比清末倒退了一步：清末朝野已提倡国语统一，而民元设会，只敢定名为‘国音统一’。”[⑤] 经过袁世凯复辟事件，“教育部里有几个人们，深有感于这样的民智实在太赶不上这样的国体了，于是想凭借最高教育行政机关的权力，在教育上谋几项重要的改革，想来想去，大家觉得最紧迫而又最普遍的根本问题，还是文字问

---

①③ 吴晓峰：《国语运动与文学革命》，北京：中央编译出版社，2008年，第31、32页。

② 陈青之：《中国教育史》（下），长沙：岳麓书社，2010年，第663页。

④ 转引自王建军：《论近代白话文教科书的产生》，《华东师范大学学报》（教育科学版）1996年第2期。

⑤ 黎锦熙：《国语运动史纲》，北京：商务印书馆，2011年，第159页。

题，便相约各人做文章，来极力鼓吹文字的改革，主张‘言文一致’‘国语统一’……结果各省来信赞成的共二百余起，于是每省数人代表发起组织这个国语研究会，十月成立，暂采委员制”①。国语研究会发起人多是学界和政界的重要人物，如蔡元培、张一麐、袁希涛、吴敬恒、黎锦熙、梁启超等。② 1917年，国语研究会召开第一次大会，举蔡元培为正会长、张一麐为副会长，又拟定《国语研究调查之进行计划书》。③主张“言文一致”和“国语统一”，并试图促使最高教育行政机关采取断然措施下令国文科改国语科。

其时，虽有很多人支持改国文为国语，做了许多文章从事鼓吹，但这些知识精英并没有真正改变对白话文功用的认知，在他们的思想中仍旧有精英、平民之分。新文化派精英胡适等人遂将白话的功能定为全体“国民”所用，打破精英、平民的区隔，旨在促使白话文被社会认可。④ 1917年1月，胡适在《新青年》发表了他著名的《文学改良刍议》一文，宣扬改造文学和语言，“与其用三千年前之死字，不如用二十世纪之活字”⑤，极力主张用白话文取代文言文。随后陈独秀作《文学革命论》加以声援，⑥白话文学被冠以中国文学“正宗”之地位，废文言、倡白话也因此而成为“文学革命”的重要内容。国语运动和文学革命因为观念上的契合，注定了它们的相伴而行。

在国语研究会的积极宣传和倡导下，1917年10月，第三届全国教育会联合会通过了《请定国语标准并推行注音字母以期语言统一案》，这一决议案声明：“我国读音不能统一，凡事每生障碍，欲谋教育普及，亟宜采取与文相近之语言，编制一种标准语，以蕲国语之改良，且助文化之进步。考之东西各国，其小学校不称国文科，而称国语科者，盖有由也。……拟请大部速定国语标准，并设法将注音字母推行各省区以为将来小学国文科改国语科之预备。”⑦ 该“统一案”还

①③ 黎锦熙：《国语运动史纲》，第133～134页。

② 《中华民国国语研究会征求会员书》，《新青年》第3卷第1号，1917年。

④ 崔明海：《近代文言教育边缘化的开端：白话文如何进入国民学校》，《学术探索》2010年第2期。

⑤ 胡适：《文学改良刍议》，《新青年》第2卷第5号，1917年。

⑥ 陈独秀：《文学革命论》，《新青年》第2卷第6号，1917年。

⑦ 黎锦熙：《国语学讲义》，上海：商务印书馆，1919年，第86页。

对国音、国语做了界定，“所谓国音，即注音字母规定之音。所谓国语，即从前所谓官话，近今所谓普通话”①。

1918年北洋政府教育部召开“全国高等师范校长会议”，决定在全国高等师范附设“国语讲习科”，专教注音字母及国语，并于1918年11月23日公布了注音字母。注音字母是用特定的表达声韵的符号，来给汉字注音，它是借鉴日语假名的方式创造的。

比公布注音字母更困难的事情是改学校国文科为国语科。1914、1915年间，“教育部设处编纂国定小学教科书，主编者熊崇煦、陈润霖、李步青和黎锦熙等，每主张国文宜改为国语，闻者但微笑。后来只把第一册勉强用些言文接近的句子，第二册将‘的’‘么’‘这’‘那’等字附在课后，以与课文中‘之’‘乎’‘彼’‘此’对照，但终于被删去”②。但是教育、教科书在白话文的改革和推进中的重要性，又让文化精英们必须为之努力，正如钱玄同所言，“改良小学国文教科书，是为当务之急。改古文为今语，一方面固然靠着若干新文学家制作许多‘国语文学’，一方面也要靠小学校改用‘国语教科书’。要是小学校学生人人都会说国语，那么国语普及，绝非难事”③。张一麐在《中华教育界》发表《我之国语教育观》，也极为看重国语教科书的作用，认为“若是将来做成一种教科书，推广到全国，那么我国一千个人中的九百九十三个不识字的半聋、半瞎、半呆等同胞，仿佛添了一种利器，叫他把天生的五官本能完全发达，那不是一种最大的慈善事业么”④。

1919年4月，教育部为筹备国语统一事宜，召集第一次国语筹备会。在此次大会中，北京大学的朱希祖、马裕藻、钱玄同、周作人、刘复、胡适六位教授提出《国语统一进行方法》的议案，其中关于小学教科书方面做了这样的说明：“统一国语既然要从小学校入手，就应当把小学校所用的各种课本看作传布国语

① 黎锦熙：《国语学讲义》，第86页。
② 黎锦熙：《国语运动史纲》，北京：商务印书馆，2011年，第160页。
③ 钱玄同：《关于新文学的三件要事》，《新青年》1919年第6期。
④ 张一麐：《我之国语教育观》，《中华教育界》第8卷第3期，1919年。

的大本营；其中国文一项，尤为重要。如今打算把《国文读本》改作《国语读本》。国民学校全用国语，不杂文言；高等小学酌加文言，仍以国语为主体。《国语》一科以外，别种科目的课本，也该一致改用国语编辑。”①

1919年10月，第五次全国教育会联合会在国语运动推行最力的山西召开，议决《推行国语以期言文一致案》。议决案中对国文教科书的意见与上述相同，另有推行国语的具体办法，如师范学校增加国语科、设立国语传习所以便在假期培训小学校教员等：“一、全国师范学校一律添授国语科，并依据国音字典，教授注音字母。二、各县劝学所及教育会利用寒暑假时间，设立国语传习所，招集本境小学校教员，一律传习国语，并依据国音字典，补习注音字母。三、各省检定小学教员办法，应加入通习国语及注音字母一项。四、国民小学国文教科书，应即改用国语，高等小学国文教科书，应言文互用。五、各省、区教育会应设国语研究会。六、提倡编辑国语辞典、国语文法、国语会话等书。”②

经过这一系列的前期准备工作，在全国范围内推行国语的条件基本成熟。1920年1月12日，北洋政府教育部明令改“国文”为“国语”，并通令全国各国民学校先将一、二年级的“国文”改为语体文（即白话文），同年4月，又通令全国各地，从1922年以后，凡国民小学各种教科书一律改为白话文。这样，文言文教科书就逐渐被淘汰了。

除了“国语统一”和规定用白话文编写教科书，与之几乎同步进行的还有新式标点的应用。在中国古代的典籍中，并没有现代的标点符号，以致“现在的报纸和书籍，无论什么样的文章都是密圈圈到底，不但不讲文法的区别，连鉴赏的意思都没有了”③。因此胡适、钱玄同、陈独秀、刘复、朱希祖、马裕藻、周作人等教授在国语统一筹备会上要求政府颁布通用的新式标点。其实早在1916年，胡适就在《科学》杂志上发表《论句读及文字符号》一文，阐述他对文字符号的一些思考，成为新式标点的奠基之作。胡适在国语统一筹备会之后对方案做了修

① 刘复、胡适等：《国语统一进行方法》，《教育公报》1919年第6期。

② 十一号《专件》，《教育杂志》1919年第11期。

③ 胡适：《胡适文存》（第一集），北京：首都经济贸易大学出版社，2013年，第78页。

改，统称原先所列的文字符号为“新式标点符号”。1920 年 2 月 2 日，北洋政府发布第 53 号训令，即《通令采用新式标点符号文》，批准了六位教授联名提出的《请颁行新式标点符号方案》，这标志着我国第一套法定标点符号的诞生。

从表面上看，白话文只是一种语言形式，它与教育内容的新旧无必然的关系。但白话文在清末民初的意义不仅仅只是一种语言形式，更重要的是一种话语系统的历史性转换进而引发思维方式改变的媒介。人们对白话文抱有直接和明确的期待，希望借助白话文的平民性和大众性，以形成国民文化之普及，塑造国民全新的世界观、价值观，也就是说白话文已成为传播新文化新思想的有效载体，而最佳的运用这一载体的工具可能就是教科书了。

二、白话教科书及其意义

白话文的使用，使得现代教科书以摧枯拉朽之势得以普及。没有海量教科书，任胡适等知识分子如何呼号呐喊，白话文的普及都可能是非常缓慢的。同理，没有白话文，现代教科书就不可能那么通俗易懂迅速大规模普及。尽管今天普遍认为白话文的倡导是新文化运动中的重要内容，但事实上早在 19 世纪末 20 世纪初，在国语运动之前，就有人倡导白话文教科书，就有了用简单的文言文和粗浅的白话文编撰教科书的尝试，最突出的是广东的陈子褒、上海的彪蒙书室等，他们很早就尝试白话文教科书的编写了。

教育家陈子褒，名荣衮，是广东新会人。早在民国成立前就认识到白话文更适合儿童的学习，并致力于编写各种通俗易懂的教科书。[①] 他认为，我国传统蒙学教科书非常不适合儿童启蒙，“有明以来，以八股取士。于是垂髫之子，入学就传，即讽读深奥文字。……衮心焉非之久矣”，他“恍然于中国教育既失其本，复遗其末。非全行改革，无以激发国民之志气，濬瀹国民之智慧。且读书十年，毫无级数。汩没性灵，虚度日晷，莫此为甚”。[②] 在陈子褒看来，传统的蒙学教

---

① 石鸥、廖巍：《通俗为贵——陈子褒课本研究》，《湖南师范大学教育科学学报》2013 年第 5 期。

② 陈子褒：《教育学会缘起》，《陈子褒先生教育遗议》，桂林：广西师范大学出版社，2012 年，第 5 页。

材是当时中国发展落后的根源。1899 年他曾谈到自己在日本看到的现象：路边的车夫、旅馆的女仆都在看报，而广东省城一店之中仅数人识字，不是因为国人愚笨，而是因为日本报纸多用浅说，中国报纸多用文言。当时尽管我国已经出现了一批新的教科书，但多数仍用文言文编写，对学童来说尚嫌艰深。陈子褒有鉴于此，极力主张并编撰、教学白话蒙学教材。① 他认为教科书是教育成败最为关键的因素，“衮以为学堂不难，难在于今日兴学之教习。不难于聘教习，难于教科新书。苟无教科新书，虽聘请通人主持讲席，然课程忙迫，未能兼顾，往往明知旧法无补，而隐忍为之者，亦势之所必至也”②，“种人才莫要于开学堂，开学堂莫要于兴蒙学，兴蒙学莫要于编教科书及开师范学堂”③。陈子褒一生研编了大量白话通俗教科书，集中在 19 世纪末 20 世纪初，其数量之大，非常惊人，据初步统计，到民国初期，他编写的《小学国文教科书》等各种教科书近 40 种。他可能是近代个人独立编撰教科书最多的人之一，可谓“教材编写第一人”。④

1903 年创办于杭州、1905 年前后迁至上海的彪蒙书室在清末更是出版了多种白话文教科书，在当时影响很大。⑤ 如《绘图中国白话史》《绘图外国白话史》《绘图蒙学识字实在易》《中国地理实在易》《外国地理实在易》《杭州乡土历史教科书》等，种类之多，在当时无出其右者。其中各种初级蒙学语文用书构成系列，包括识字课本、造句课本和作文课本等，在晚清教育界白话教育运动中有突出的影响。据不完全统计，到民国成立前，彪蒙书室出版的各种以白话编写的小学教科书不少于 75 种。⑥ 为什么要重点做白话教科书呢？主持人在 1903 年启动时是这样表示的：“做这种书的人，因为我中国识字的人很少，便想一个容易识字的方法，要使我中国的男男女女大大小小，无一个人不识字，无一个人不知道字的用处，这是做书人的主义。”⑦ 明确说明了白话之于教育、之于启蒙的意义。

---

① 邱捷、颜远志：《陈子褒的教育思想》，中山大学编辑委员会编：《中外文化交流与澳门语言文化国际研讨会论文集》，澳门：澳门理工学院，2004 年，第 74 页。

②③ 区朗若等编校：《陈子褒先生教育遗议》，第 5～6、37 页。

④ 石鸥：《教材编写第一人——广东陈子褒的教科书》，《课程教材研究》2016 年第 7 期。

⑤ 石鸥：《百年中国教科书忆》，北京：知识产权出版社，2015 年，第 175 页。

⑥ 彪蒙编译所编辑：《绘图蒙学论说实在易》，上海：彪蒙书室，1909 年第 5 版，广告页。

⑦ 施崇恩编：《绘图蒙学识字实在易》，上海：彪蒙书室，1903 年，“凡例”。

遗憾的是，该书室成也白话文，败也白话文。本来是教育界叫好的书，在统治者眼里就完全不一样了。白话于平民有利，清政府则认为利用白话传播经书，是南辕北辙，办不到的事情，简直就是在传播维新思想。宣统元年（1909）4 月 16 日，清学部咨照各省督抚，查禁了彪蒙书室编撰的所有教科书，唯有《绘图蒙学卫生实在易》这一理科性质的书除外，[①] 造成了轰动一时的一桩禁书案。据说，彪蒙书室经此打击，一蹶不振，不久就停业了。

民间国语或白话教科书的尝试随着国语运动而不断出现。1915 年左右，俞子夷在江苏苏州省立第一师范附属小学试行语体文教学，并编写了配套的白话文课本。

全面彻底贯彻新文化运动宗旨，率先实现全校使用白话文教科书的当为北京的孔德学校。1917 年，蔡元培、李石曾和北大教授沈尹默、马幼渔、马叔平等在北京创办了一所新型学校——孔德学校。1918 年，沈尹默、马幼渔、钱玄同、陈大齐等以“新教育研究会”的名义编出了孔德小学一年级学生用的国语课本。课本的内容有短语、儿歌、故事等，每个字都有注音，还配有插图，插图是徐悲鸿画的。据说，1919 年后，孔德学校小学各年级国语课本都由钱玄同、陈大齐等编写。

最早系统而覆盖面广的国语教科书当属商务印书馆、中华书局编纂的教科书。

（一）商务印书馆的白话教科书

商务印书馆一直有一种支持文化更新、追求文明启蒙、推动文字和语言改革的传统。早在新文化运动之前，甚至在民国成立之前，就有过国语统一的努力和白话教科书的编撰尝试。一方面，书面语言文言文不能满足大多数人交流需要；另一方面，方言又阻碍了人们用口头语言进行交流。商务印书馆有感于此，于 1907 年 8 月出版了《国语教科书》一套 4 册，这是中国第一套以“国语”命名的中

---

① 《学部咨照各督抚严禁各学堂用彪蒙书室各教科书》，《学部官报》第 91 期，1909 年 5 月 11 日，第 1 页。

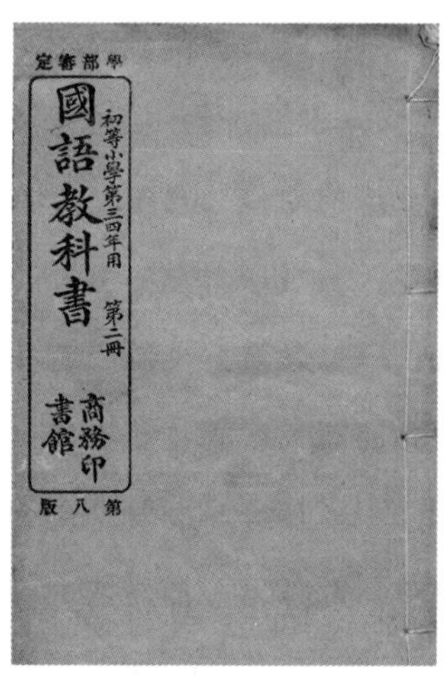

<图 2-9
《国语教科书》(第二册，1907，黄展云、林万里、王永炘编，商务印书馆)

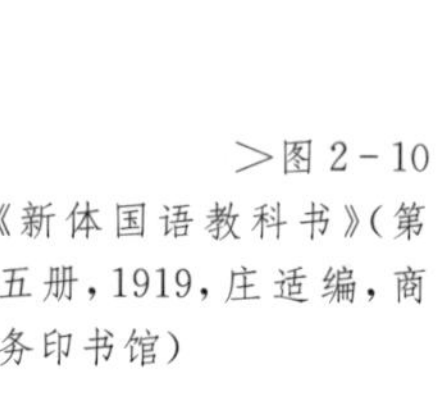
>图 2-10
《新体国语教科书》(第五册，1919，庄适编，商务印书馆)

小学教科书。以前我国的教科书一直叫“国文”教科书。这套教科书出版后经清学部审定通过。民国后，这套教科书仍然被修订使用，笔者见到《订正最新国语教科书》第一册（1907 初版、1920 第 20 版)、《订正最新国语教科书》第四册（1907 初版、1917 第 10 版)，可见这套教科书在民国成立后订正使用至 20 世纪 20 年代。

《国语教科书》的编撰者是留日的福建人黄展云[①]、林万里[②]、王永炘。其中，关于王永炘，尚未查到相关的生平资料。黄展云与林万里则在中国近现代史上非常有名，他们是表兄弟关系，都有着留学日本的经历，都直接参与过新式学堂的创办并任课，都创办过报纸，同为激进的革命人士，与孙中山、蔡元培等人的关系十分密切。

黄展云、林万里等在对现代国家的感受及向往中，痛彻地意识到了自身语言文化传统中的某种匮乏。一方面，书面语言文言文不能满足大多数人交流的需要；另一方面，方言又阻碍了人们用口头语言进行交流。他们编写这套教科书的

① 黄展云（1875—1938），字鲁贻，福建人。1899 年与堂兄黄翼云在福州创办启蒙学堂，1906 年秋留学日本。在东京结识孙中山并加入同盟会。1908 年，黄展云返回福州，主持益闻阅报社，即当时中国同盟会福建分会的机关工作，并在法政学堂任“修身”课教师。1911 年 12 月，出任福建都督府教育部部长。

② 林万里（1874—1926），又名白水，福建人。1898 年应林启之邀，赴杭参与创办求是书院、养正书塾、东城讲舍、蚕学馆 4 所新式学堂，任求是书院总教习。1901 年 6 月任《杭州白话报》主笔。1902 年 1 月与表兄弟黄翼云、黄展云等创办福州蒙学堂。后到上海与蔡元培等创立“中国教育会”“爱国女学社”和“爱国学社”，出版《学生世界》杂志。1903 年 12 月自办《中国白话报》，此报以宣传民主主义革命为宗旨，抨击清朝政府的专制政治。以“白话道人”为笔名发表文章。

目的非常明确：

（1）言语统一，为人群社会成立之要素，东西学者，论之甚详。吾国不止南北异音，即一省之中，各府州县方言，亦不齐一。按之国家学社会学之公例，大相剌谬，以此立国，实为危殆。本书之著，即欲以统一言语为统一国家之基。

（2）言语统一，为政治革新之先导，日本维新以前，一国之中，方言各异，至同国之人，觌面不通情款，于是意见各执，商榷政论，辄生龃龉。明治以来，颁布学制，注意国语教授，言语始归一致。而人心趋同，亦遂不歧。吾国政治革新，正在著手，欲求风俗齐一，泯省界之见，行政机关，臻于灵活，皆须注意于此。本书之著，即欲以统一言语为革新政治之助。

（3）有人类而后言语生，言语者，所以代表人类之思想也。然言语复杂，而国家有分裂之患。故立国者，必须以国语，统一其国家，而同时又须注意语法，使之求工，即所谓理论修辞是也。本书之著，以国语为统一国家之基，又特注意于之为国语科，盖因三者有相互之关系。而读方一门，编纂之法，又含二种，即文言与白话相间是也。今吾国读方，只有国文而缺白话，其为国语科莫大之缺点，可想而知。本书之著，每学期分为三十四课，每星期教授二课，庶足以补是科之不及。

（4）本书既准初等小学后二年之程度，其每课字数，大约一倍于国文，因既注重于联络各科，而所用之字，除语助之外，亦多各科已有之熟字。[①]

作者将统一言语置于统一国家之基础的地位，足见其紧迫和重要。该套教科书以“国语”号称，所以在语言运用上，朴实无华，通俗表达。全书以长者口吻娓娓道来，礼仪常识，应有皆有，展现了长者对晚辈、成年社会对未成年人的谆谆教诲。如第一册第一课《问安》写道：“你们小孩子每天早上，要早早起来，走到父亲母亲跟前，说请父亲安，请母亲安。若是有祖父母的，每天早上，也要走到祖父祖母跟前，说声请安……”[②] 课文中多用直接陈述的句式行文，叙述儿

① 黄展云、林万里、王永炘编：《国语教科书》（第一册），上海：商务印书馆，1910年第7版，“编辑大意”。

② 黄展云、林万里、王永炘编：《国语教科书》（第一册），第1页。

童身边所见各事。如第一册第五课《野外游散》写道："……货物少，而且零星卖的，叫做铺子。摆在路上的，叫做摊。堆积货物的地方，叫做仓。做这种事业的人，统叫做商人。再走过几条街，忽见一座很大的屋。先生说，这叫做衙门，凡是朝廷派来的官，管我们地方上的事情，他们住的都叫做衙门。衙门之外，还有局所，也是做官的办事的地方。"①

胡适曾经高度评价 1920 年第一次以政令的形式废除文言体教材，他说："这个命令是几十年第一件大事，它的影响和结果，我们现在很难预先计算。但我们可以说，这一道命令，把中国教育的革新，至少提前了 20 年。"② 胡适强调的是政府以法令的形式废除文言体教材的深远意义。其实，在民间，早在此前十多年，已经有白话文教科书冲在前面了。在推崇读经讲经、盛行国文教科书时，黄展云、林万里等编撰的《国语教科书》所蕴含的别开生面的原创力和果敢精神，成为最早的白话文教科书。

商务印书馆凭借与蔡元培、胡适等人的良好关系以及对新文化运动的肯定与支持态度，使得自己在国语和白话文教科书市场上抢得先机，将国语运动的成果率先以教科书的形式凝结在语文教学中。商务印书馆在 1919 年 8 月出版了《新体国语教科书》8 册一套，这是我国最早的系统的白话教科书之一。该书由庄适编撰，黎锦熙、王璞③校订，后两位恰是国语运动中的重要人物。此时，形势已经变了，新时代正在到来，语文教科书由"国文"改为"国语"已经势如破竹，不可阻挡了。《新体国语教科书》在编写体例方面是很有代表性的，它不仅把生字单独列出并注音，而且数课之后有练习，练习的内容既有针对课文内容的，又有语言训练的。虽然没有形成单元的形式，但是已经具有了雏形。课文的材料组

---

① 黄展云、林万里、王永炘编：《（订正）最新国语教科书》（初等小学第一册），上海：商务印书馆，1917 年第 10 版，第 6 页。

② 胡适：《国语讲习所同学录・序》，白吉庵等编：《胡适教育论著选》，北京：人民教育出版社，1994 年，第 122 页。

③ 王璞（1875—1929），字蕴山，河北宛平（今属北京）人。历任北京师范大学、国立北平女子大学及女子师范学院讲师。曾参与注音字母研究，任北京注音总所所长。现代汉语语音教学研究的第一代学者中的代表人物，著有《注音字母发音图说》《国音京音对照表》《王璞德国音师范》《国音检字》等。

织非常口语化，如“‘好久不见了，你近来身体好吗？’‘谢谢你，很好。’”①。《新体国语教科书》经教育部审定，国民学校用，教育部的审定有两次，可以看出当时对新生的国语教科书审定的慎重。第一次审定批词云：“是书专为国民学校练习国语而设，用意可嘉……唯事属创始，究竟是否适宜，须俟各地方试验之后，方可确有把握，应准暂时审定，作为国民学校练习国语试用之书，仰该馆征求各处对于是书之意见，随时参酌修改。”第一次审定只是通过为“暂时”使用的教科书。第二次审定对于该书的褒扬则显得坚定而没有顾虑了，并正式审定通过，批语称此书为“国语教科书之首先出版之作，椎轮大辂，实开国语教科之先声”②。《新体国语教科书》面世后很受欢迎，到两年后的 1921 年 7 月，已经有 148 版的教科书出现了。

（二）中华书局的白话教科书

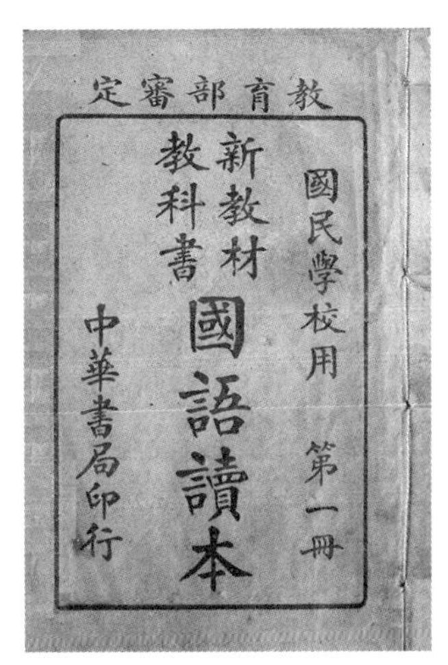

<图 2-11
《新教材教科书·国语读本》（第一册，1920，黎均荃、陆衣言编，中华书局）

1920 年 3 月开始，紧随商务印书馆之后，中华书局也出版了适应国语改革要求的国民学校用《新教材教科书·国语读本》8 册（及配套的《新教材教科

① 庄适编：《新体国语教科书》（国民学校用，第二册），上海：商务印书馆，1920 年第 53 版，第 8 页。
② 庄适编：《新体国语教科书》（国民学校用，第一册），上海：商务印书馆，1921 年第 28 版，封二。

书·国语读本说明书》8册)，改用白话文编辑，字形由简单起，生字全部注音，第一册“分为两段，前段专教注音字母，后段教初步的语言和识字”[①]。先学习注音字母，再学习生字，这一科学合理的语文学习方法在今天仍被采用。该书使用了句号、冒号、点号（即逗号）、问号、惊叹号和引号6种新式标点符号。课文基本上分上下两栏，上多为图，下多为文。整套书经教育部审定出版发行。“新教材教科书”的封面均为红色印刷。可能因为当时能够完全把握国语精髓、使用真正的白话文编辑教科书的作者不是很多，所以中华书局这次也聘请了商务印书馆教科书的作者来编写这套国语教科书，他们是我国国语运动的先驱者，主要有王璞、黎锦熙、陆衣言等，还有黎锦熙的弟弟黎锦晖[②]。

《新体国语教科书》和《新教材教科书·国语读本》是两套最早适应国语运动的语文教科书，但是只编写了语文（国语）一科，没有涉及其他科目，而把国语、国音和新式标点符号等白话文元素应用于所有科目的教科书、全面推动白话运动的努力当属几乎同时启动的商务印书馆的“新法教科书”和中华书局的“新教育教科书”。

1920年初商务印书馆的《新法国语教科书》6册开始出版，这是“新法教科书”系列中的一种。该套教科书包括初小（国民学校）和高小之所有学科的教科书，含初小的新法修身、国语、国文、算术各8册，高等小学的新法修身、国

① 黎均荃、陆衣言编:《新教材教科书·国语读本》(国民学校用，第一册)，上海：中华书局，1920年，“编辑大意”。

② 黎锦晖（1891—1967），字均荃，湖南湘潭人，“黎氏八骏”之一。儿童歌舞音乐作家，中国近代歌舞之父，中国流行音乐的奠基人。1910年前在家乡读小学、中学，曾广泛接触民间音乐，学习民族乐器，受到民族传统音乐文化的熏陶。1912年长沙高等师范毕业后，在北京和长沙，任职员、编辑、音乐教员等。1916年参加北京大学音乐团活动，曾任《平民周报》的主编，这期间，他编写了两种歌曲集：一是《平民音乐新编》，以器乐曲为主；一是《民间采风录》，以声乐曲为主。1920年至1927年在上海主编《小朋友》周刊，创办中华歌舞专科学校。1928年组织“中华歌舞剧团”赴南洋演出。抗战时赴重庆，1929年组织“明月歌舞团”，并到全国各地巡回演出。1931年，明月歌舞团并入联华影业公司。1940年任中国电影制片厂编导委员。1949年后，长期在电影制片厂工作。黎锦晖青年时代醉心于新音乐运动，主张新音乐与新文学运动携手共进。基于这种认识，他创作了大量儿童歌剧、歌舞及歌曲。这些作品，不仅在大陆风靡一时，而且波及香港及南洋各地。他的儿童作品大多以保护儿童创造才能、反对封建教育为主题，文字通俗易懂，音乐语言简练、生动、明快。如《麻雀与小孩》《葡萄仙子》等。继儿童歌舞之后，黎锦晖转入了流行音乐的创作。《毛毛雨》《妹妹我爱你》是他早期的流行音乐作品代表，标志着中国流行歌曲的诞生。

语、国文、算术、历史、地理、理科各6册，新法商业、农业各4册，新法英语3册等。另有配套的教授书出版。该套教科书在编撰出版过程中，恰遇教育部学制改革，小学分前期小学和后期小学，科目也发生了一些变化。改修身科为公民科，修身教科书在后期教科书中消逝，代之以《新法公民教科书》（2册），改《新法国文教科书》为《新法国语教科书》（4册），增加了《新法卫生教科书》（2册）以及《新法自然研究教科书》（2册）等。“新法教科书”拥有一个高水平的编撰队伍，其中有：吴研因、顾颉刚、钱基博、吕思勉、田广生、吴俊升、刘大绅、唐钺、朱经农等。编者标榜该套教科书是“切合本国教育新趋势而编辑的。全书用新方法、新标点，采纳新教材，除国文一种偏重文体外，其余通用语体编纂，精神面目焕然一新，曾经教育部审定，洵为初期小学最良好的教科书”[①]。由于该套教科书编写体例新颖，“本书文字，全依教育部最近的通令，不用文体，纯用语体”[②]，又使用了新的标点符号，且首次出现了“单元”的编排，所以教科书从形式到内容都便于教学。教育部审定批词给予了较高的肯定，如“体例完善，诚为近日最新之本”“应准予审定作为国民学校用修身教科书及教授书”[③]，“这部书形式实质两方面都还分配得宜，可以作为高等小学校国语教科用书”[④]，等等。

在国语、注音字母运动的推动下，根据教育部的要求，中华书局于1921年开始陆续推出“新教育教科书”。国民学校用者，全用语体文编写；高小用者，语体、文言互用。“语体文，注重语法和生字的次序。字的笔画：第一、二课最多三画；第三课到第六课，最多八画；第七课到第十六课，最多十二画；从第十

① 庄适、吴研因、沈圻编：《新学制国语教科书》（初等小学，第二册），上海：商务印书馆，1913年第15版，封三。

② 骆师曾编：《新法算术教科书（笔算）》（国民学校用，第四册），上海：商务印书馆，1922年第80版，版权页。

③ 刘宪、费焯编：《新法修身教科书》（国民学校用，第三册），上海：商务印书馆，1922年第80版，版权页。

④ 刘大绅、戴杰、于人骏、王国元、吴俊升、范祥善、吕思勉、缪俨、田广生等编撰：《新法国语教科书》（高等小学用，第一册），上海：商务印书馆，民国九年（1920）七月初版，1922年第45版，版权页。

七课至末课，最多十八画。生字的数目，第一课到第十课，最多四个；第十一课到第十五课，最多五个；第十六课到第二十课，最多六个；第二十一课以后，最多七个。每课的分量，最多不过五句；课文自四个字起，到二十个字左右。语法都是用最简单的，看他的深浅，依着次序进步……”[①]

该套教科书的编撰群体有：陆费逵、张相、戴克敦、朱文叔、沈恩孚、李廷翰、陆衣言、黎锦晖、潘文安等。当时，沈恩孚已经是同济大学的校长了(1917—1923)。而新加入的一个叫朱文叔[②]的年轻人，后来成为我国教科书建设事业的重要人物。

除了几大出版社的白话教科书以外，当时在国语、白话文教科书建设上，最为积极者当属山西省，它出版了民国第一套省一级政府主持编撰的白话文教科书。

三、山西省《通俗国文教科书》

清末民初，在倡导白话文的同时，一股与白话文宗旨密切相关的旨在推进大众教育的通俗教育思潮也在中国兴起。通俗教育以灌输常识、启蒙思想、增广民众见闻、普及国民教育为宗旨。1912 年，由吴敬恒、马君武、袁希涛、黄炎培、伍达等组织的“中华通俗教育会”在上海成立，并创刊《通俗教育研究录》。

众所周知，20 世纪二三十年代，当时在全国经济相对落后、文化相对封闭的山西省，却走在全国推行义务教育的前列。

阎锡山从 1911 年辛亥革命后出任山西都督，直到 1949 年退到台湾，统治山西长达 38 年之久。而这段时期，全国大部分地区政权更迭频繁，战乱不断，山西是少数几个较为稳定的省份之一，而且在一定程度上改变了贫穷、落后的状

① 胡舜华、陆费逵、杨敬勤、戴克敦、陆衣言、张相、黎均荃、刘传厚编撰：《新教育教科书·国语读本》(国民学校春季始业用，第一册)，上海：中华书局，1921 年，“编辑大意”。

② 朱文叔（1895—1966），早期入杭州省立第一师范学校，与丰子恺、杨贤江同学。毕业后赴日本深造。学成归国，执教于杭州师范。1921 年进上海中华书局，任中小学教科书编辑。1949 年去北京，先后任教科书编审委员会委员、出版总署编审局编审、人民教育出版社副总编辑。

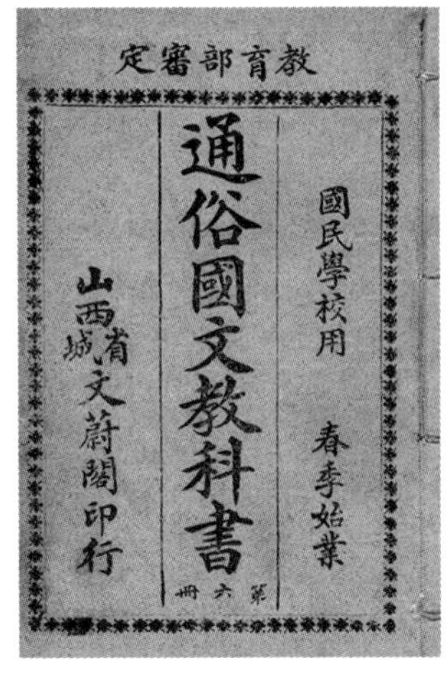

<图 2-12
《通俗国文教科书》（第六册，1920，山西国民教科审编委员会编，山西省城文蔚阁印行）

况，包括普及教育在内的各种措施都取得了一定的实效。

阎锡山在山西提出和实施了与众不同的教育体系，共四部分：国民教育、人才教育、职业教育和社会教育。“国民教育，以普及为主”“人才教育，以供给适应时代之行政自治及社会事业之用为主”“职业教育，以发展国民经济为主”“社会教育，以改良风俗、开通知识为主”。[①] 在阎锡山的教育体系中，他最为关注的是各种教育的基础——国民教育，[②] 对国民教育的重视又以实用为主。他主张4年国民教育应注重实用性，学生能够掌握写信、记账的本领，具备看报纸、看告示、读刑律的能力。而国民教育的推广，必须有文字的跟进，于是白话文和通俗教育的必要性和优越性就突显出来。阎锡山为了扩大新政的影响面，率先在全国采用白话文告示的形式来宣传其治晋方略，这就要求广大民众必须能够看懂白话文告示。所以白话文教育势在必行。他确定的义务教育基本目标是“能阅通俗报，能看白话告示，能写信，能升学”[③]。为了达到这些具体教育目标，阎锡山要求编写白话文课本，要求国民学校必须选用白话文编写的课本。这样，一方面

① 阎伯川先生纪念会编：《民国阎伯川先生锡山年谱长编初稿》（一），台北：台湾商务印书馆，1988年，第260～265页。

② 申国昌：《守本与开新：阎锡山与山西教育》，济南：山东教育出版社，2008年，第100～101页。

③ 太原绥靖公署主任办公处编印：《阎伯川先生言论辑要》（第二册），太原：晋新出版社，1937年，第14页。

可使小学生节约大量学习语言文字的时间，另一方面也有利于达到他所规定的教育目标。

为推进全省教育，阎锡山和山西地方做了不少努力。1915 年 10 月 10 日，山西省承担了第五届全国教育会联合会的举办工作，此次会议的一项议决案即是《推行国语以期言文一致案》，议决案规定：“一、全国师范学校一律添授国语科。并依据国音字典，教授注音字母。二、各县劝学所及教育会利用寒暑假时间，设立国语传习所，招集本境小学校教员，一律传习国语，并依据国音字典，补习注音字母。三、各省检定小学教员办法，应加入通习国语及注音字母一项。四、国民小学国文教科书，应即改用国语，高等小学国文教科书，应言文互用。五、各省区教育会应设国语研究会。六、提倡编辑国语辞典、国语文法、国语会话等书。”[①] 会后，山西省政府率先在全省大张旗鼓倡导白话和国语，这在全国是最早的省份。

1918 年《山西省施行义务教育规程》颁布。同年颁行了《实行义务教育程序》，规定全省从颁布之日起开始筹备实行义务教育。义务教育的推进与国语和白话文的提倡关系极大。1918 年，在推广国民教育和白话教育的过程中，山西省成立国语统一研究会，发刊注音国语报纸，以通俗白话成文，任人免费取阅。又由教育厅定制识字牌，分钉各商号。并规定凡店伙计均负有为一般人民讲解之义务。又于冲要街衢设立识字大牌，分最要字 800 个，次要字 400 个，附以注音字母，以供不识字的人学习。

1918 年 5 月，山西省教育厅设立注音字母传习所，聘教员教授各机关。1919 年 7 月，订印整齐的六七百万本注音字母书，由军用车辆分送各县，以做推广之用。小学儿童入学率逐渐达到了全国先进水平。1922 年 6 月，胡适在《努力周报》发表的文章中说：“现在有许多人爱批评阎锡山，但是阎锡山确有不可及的地方。他治山西，是有计划的。例如他决心要办普及的义务教育……江苏、浙江还办不到的事，阎锡山在那贫陋的山西居然先做到了！”[②] 陶行知在

---

① 十一号《专件》，《教育杂志》1919 年第 11 期。

② 胡适：《这一周》，季羡林编：《胡适全集》（第二卷），合肥：安徽教育出版社，2003 年，第 331 页。

1925 年也到山西调查并给予了很高评价："我们不能不佩服山西人民对于义务教育之忠实努力，自从民国七年开始试办，到了现在山西省一百学龄儿童中已有70 多人在国民小学里做学生了。山西之下的第二个省份只有 20%多。可见，真正实行义务教育的，算来只有山西一省。"① "山西是中国义务教育策源地。"② 正因为山西的榜样作用，其他一些省份如江苏、山东、浙江等省相继仿效山西制定了义务教育实施办法。教育部于 1920 年 4 月颁发的《分期筹办义务教育年限》也明确提道："兹特由部参照山西省所定推行义务教育办法，订定分期筹办义务教育年限，以八年为全国一律普及之期。"③

为了更好地发展国民教育，达到国民教育的目的，阎锡山认为选定课本与培养师资是两件基础性工作。他认为："尚有两层须筹备者：一为师资，二为课本。"关于师资，1919 年阎锡山创办了省立国民师范学校，目的在于为山西培养大批的具有现代教育素质的教育人才，以便在全省各地开展大规模的现代教育。

关于课本，阎锡山认为"目下流行于社会上之课本最多，此等课本多不适用。何以不适用？以其皆用文言，不用白话，过于深奥，儿童不易领会，此于教育固大有关系也"。阎锡山举例说，如"吃饭"，儿童所习知也，在课本则谓之"食"；"喝水"，儿童所习知也，在课本则谓之"饮"。诸如此类甚多。所以，如果继续使用文言文教科书，要想使得学生在短短几年时间里学有所成，"戛戛难矣"。"国民教育欲求实效，须改良课本，另编白话题材，最为适宜。"④ 阎锡山为了达到这些具体教育目标，他组织人力，编撰系列白话文教科书——《通俗国文教科书》。

（一）《通俗国文教科书》的出版

为了贯彻阎锡山国民教育的有关思想，山西省教育厅成立国民教科审编委员

---

① 华中师范大学教育科学研究所编：《陶行知全集》（第一卷），长沙：湖南教育出版社，1984 年，第583～584 页。

② 陶行知：《陶行知全集》（第二卷），成都：四川教育出版社，1991 年，第 245 页。

③ 李桂林等编：《中国近代教育史资料汇编·普通教育》，上海：上海教育出版社，1995 年，第 496 页。

④ 太原绥靖公署主任办公处编印：《阎伯川先生言论辑要》（第二册），第 14～15 页。

会，以白话文编撰适合山西省实际的教科书，有国文、注音字母等，其中最重要的是白话文教科书《通俗国文教科书》，该书一套8册，经北洋政府教育部审定通过，于1919—1920年间出版发行。曾在民国初期任过教育总长的张一麐1919年就提道："山西的阎省长已经颁出一种参用注音字母的通俗国文教科书。"① 第三册的版权页是民国九年（1920）二月初版。据此，第一册很有可能是1919年底出版。

该套《通俗国文教科书》的作者一般署名为山西国民教科审编委员会编，没有具体人名。据说，主要编撰者有张弘舸②和赵理臣等人。关于后者，我们查不到任何资料。

这套《通俗国文教科书》从形式上看采用白话文编写，有标点符号并且生字加注了注音字母，而且插图丰富，插图内容与课文内容结合较好；从内容上看比较注重一些实用知识的介绍和科学知识的传播等。

《通俗国文教科书》别具一格的地方是，每一本教科书在封二和封三或封底都有类似于格言的一段文字，多为阎锡山的语录，如第五册的封二是："教育是慈善的不是营业的，所以教育家应当在人群中随处做的，不是只在讲堂内学校中做的。"③

（二）《通俗国文教科书》的特征

该套教科书单册35课左右，双册45课左右，适应春季始业与农村生产实际需要。

---

① 张一麐：《我之国语教育观》，陈学恂主编：《中国近代教育史教学参考资料》（中册），北京：人民教育出版社，1987年，第436～437页。

② 张弘舸（1869—1950），原名张毅仕，山西沁水人，晚清优贡生。早年参加辛亥革命，民国元年（1912）筹建泽州府立中学并任学监。次年调任高平县知事，后又任潞安实业中学教务主任和山西省第四师范学校教员。五四运动前夕，他在太原山西农业专门学校任教。1923年，在山西省教育厅任职，后又兼任光华女子中学教务主任。他积极提倡白话文，和赵理臣等人编撰的小学《通俗国文教科书》发行全省。他主张国语拉丁化，推行注音字母，提倡实业教育。

③ 山西国民教科审编委员会编：《通俗国文教科书》（国民学校，第五册），太原：晋新书社，1921年第4版，封二。

1. 传承与创新结合

《通俗国文教科书》在内容选择上，注重传承我国优秀的传统文化，同时及时引进现代文明知识。

在传统优秀文化的传承上，首先，《通俗国文教科书》注重我国历史上著名人物的介绍，让学生通过他们了解我国悠久的历史文化。从整体上看，八册教科书比较系统地由历史人物勾勒出我国整个历史，例如黄帝、尧、舜、禹、孔子、秦始皇、项羽、勾践、刘邦、张骞、班超、唐太宗、岳飞、成吉思汗、郑和等一系列的历史名人和故事都选入教科书中。如第六册课文共45篇，而关于历史人物的文章就有10篇，分别是《越王勾践》《秦始皇》《项羽》《汉高祖》《张骞》《马援》《巴律西》《班超》《关羽》《诸葛亮》，占到整个课文的22.2%。作为小学生学习的内容，每一位历史人物的介绍都比较简短，通俗易懂，并且每位历史人物都配有一幅肖像画。

其次，《通俗国文教科书》注重培养学生对祖国地理的初步认知。山西地理、山西工业、山西林业，以及四川、广东、北京、东三省旅行，西南边省、蒙古、新疆、青海、西藏等本国地理内容在各册课文中不时呈现。

我国传统的孝敬、勤俭、节约、劳动等美德也在课文中得到较好的体现，通过这类课文，培养学生懂得做人的道理。

在传统文化的传承中，课文比较注重学生爱国主义情操的培养。比如课文通过国耻教育，培养学生爱国爱乡的情感。诸如：《我的国》《国庆日》《国歌》《爱国歌》《山西起义纪念日》《鸦片战争》等课文占有相当分量。课本中有时候出现有名有姓的两个学生，一个叫华新民，一个叫李晋生，编者心中追求的培养目标是中华新国民，是生于山西的好学生。第八册更是直接设计两课，专门讲国耻。学者高树帜后来回忆了儿时上学的情况：

《通俗国文教科书》上有一课课文是："哎哟！甲午的那一年……我国丧了许多兵，又割了许多地，赔了很多款给日本，真是莫大的耻辱啊！……"老师讲这一课时，语调沉重，拳头紧握，怒形于色。他说："我国有四万万同胞，竟然不争气，一盘散沙不团结，所以被比自己人口少得多的日本人欺负……"他又勉励我们说："只有大家好好念书，立志发奋图强，我们才能不受窝囊气。"①

在那样一个内忧外患的年代，教科书中反映出来的当时中国社会的现实，对唤起学生的民族情感、激发学生的爱国热情起到了积极作用，这种影响甚至伴随学生一生。

《通俗国文教科书》不但关注传统文化传承，更关注现代文明的引进与创新。比如，课文注意介绍现代社会的基本构成，让学生和民众了解现代社会结构，如《我们的乡村》《村社》《村长》《县》《县长》《省》《共和国》《契约》《法律》等。到高年级尤其突出，比如第八册就大量出现现代国家和社会制度的内容。如第一课《共和国》，第二课《共和专制（一）》，第三课《共和专制（二）》，第六课《法律》，第七课《守法律》，第八课《自由》，第九课《尊重他人》，第十二课《契约》，第二十课《宗教》，第二十一课《爱群》等。

课本吸收了内地和早期多种教科书的优点，所选择或沿用的一些课文，有的是不断在各种教科书中被强化为经典的内容。如《说谎的孩子》（一直到新中国成立后还在课文中出现，20 世纪 50 年代出生的一代人都不会忘记那句"狼来了，狼来了"的呼声）《华盛顿砍樱桃树》《愚公移山》《司马光砸缸》等故事。

当然，编撰者还不忘抓住机会宣传阎锡山在山西提出的一些治晋思想与口号，甚至在第一册的扉页就印有"山西督军兼省长阎训令"，训令提道："本兼省长近日考察城乡国民学校，深信其小学生之精神中确具有无限量之富强文明之种子，特非有良好政治与良好教育不能发育耳。此后责成各国民学校职教员务以传真传热之教授方法，启发其人生固有之本能，使之由发芽而长成，由开花而结果，以免吾国民陷枯槁悲惨之境遇。是所厚望焉。此令。"② 比较典型的做法是在每一本教科书的封二和封三或封底都有类似于格言的一段文字。这都是阎锡山所倡导的甚至说过的，如"教育是慈善的不是营业的，所以教育家应当在人群中

① 高树帜：《回忆小学一年级感受到的人生立足点》，政协襄汾县委员会文史资料研究委员会编：《襄汾文史资料》（第十辑），1999 年，第 215～216 页。作者原文如此，但查《通俗国文教科书》，《国耻》不在第一册，而在第八册，且文字与作者的回忆略有出入。

② 山西国民教科审编委员会编：《通俗国文教科书》（第一册），太原：山西晋新书社印刷，1928 年第 20 版，扉页。

随处做的，不是只在讲堂内学校中做的”“人能有所发明，才算是真本领”“尚武为国民必要之精神”“心是万物的主宰，心一坏，不会有一样好的”“求人格当从自立做起”等。还有《村社自治》等课文。各册教科书渗透了阎锡山提出的所谓“四要”“三怕”“三害”“三事”。“四要”是指“民德四要”：信、实、进取、爱群；“三怕”指“人民三怕”：上帝、法律、舆论；“三害”指“民生三害”：鸦片、赌博、缠足；“三事”指“生利三事”：造林、种棉、牧畜。《通俗国文教科书》第二册第五十课是最后一课，因为马上放假过年了，内容与此有关：

一年三百六十五日，一日一日都过去了。家家，户户，过新年，贴对子。上边写的是：人民三怕，上帝、法律、舆论，民德四要，信、实、进取、爱群。下边写的是：民生三害，鸦片、赌博、缠足，生利三事，造林、种棉、牧畜。

2. 密切结合农村生产生活实际

这套教科书注重从与小学生密切相关的学校生活、家庭生活、农村生活中选择题材，突出国民教育的实用性，也注重传播必要的文明知识。

农村生产和家庭生活所占比重在各册课本中几乎处于前几位的地位，至少从数量上看如此。比如第一册 50 课，关于农村生产生活的有 20 课，家庭生活的有 17 课，学校生活的 8 课，其他 5 课。涉及生产知识的课文在各册都不少，比如：《牛羊》《山羊》《绵羊》《公鸡》《母鸡》《升斗尺秤》《器具》《采茶》《耕种》《收割》《造屋》《匠人》《我们的乡村》《村社》《蚕》《晒衣服》《雷》《瓜》《浇园》《棉花》《做买卖》《捕鱼》《农业》《山西农业》《开垦》《簿记》《储蓄》《森林》《山西林业》《矿物》《山西矿业》《畜牧》《租税》等。涉及生活常识、介绍家庭生活的课文在各册中也不少，如《家庭成员》《各种称谓》《洒扫》《孝顺》《我的家》《管理家事》《做饭》《家信》等，这些课文通过简单故事的叙述，意在引导小学生养成良好的习惯、掌握实用的本领、懂得做人的道理。

教科书中还编写了大量引导学生认识周边乡土自然环境以及具备必要的知识的课文，具体如《日出》《野外》《小山》《溪》《蜘蛛》《蟋蟀》等课文。《通俗国文教科书》在内容上较好地反映了山西地方实际，比如关于戒毒、戒赌、戒烟的课文，说明这“三害”在山西还是比较严重的。

《通俗国文教科书》的历史意义集中体现在开了省级主持编撰且省内通用的白话文教科书的先河。

国语统一、白话文以及新式标点的推广，极大地改变了教科书这一重要文本的面貌。“的呢了吗”取代了“之乎者也”，这种用新的、通俗的文字语言和符号编写的教科书，将极大地降低儿童对世界认知的门槛，也将极大地加速教育普及的速度，较快地提升国人整体的科学文化素质。

第三章　新学制与教科书发展新格局

1912年“壬子学制”颁布后，虽然经过民国初期的改造，但是在实施过程中依然存在许多问题，比如小学教育阶段过长（7年），中学教育阶段太短（4年），学制体系单一，缺乏灵活性。学制虽然规定初等小学为义务教育，但却没有具体的保证措施，使普及义务教育难以实现，课程设置也不能适应社会发展需要，这确实是民初学制所存在的现实问题。同时，民族资本主义的发展和新文化运动的兴起，使中国教育界出现了全新的局面，原有的学制体系越来越不适应新的形势，改革势在必行。由此，学制改革及其相应的课程和教科书改革也在这一时期异常活跃起来，形成了教科书出版的繁荣景象。

第一节　新学制的确立与课程标准的颁行

1922年学制的颁布和新的课程标准的制定，为教科书的改编、新撰，以及教科书市场的繁荣提供了新的基础。

一、影响深远的“壬戌学制”

民国初年制定的“壬子—癸丑学制”，是参照日本明治维新后的学制拟定的，其中初等小学校4年，高等小学校3年，中学校4～5年，全部教育年限为17～18年。该学制实施后，逐渐暴露出其“水土不服”之处。一是学年配置不当。小学7年时间太长，中学仅4年或5年太短，毕业后须经预科补习3年方可升入大学；不入大学者，因没受职业预备训练，很难就业，成了“高等游民”。因此，学年配置不太符合中国的国情，当时对它的批评也较多。二是课程设置的科学性、系统性存在一些问题，各级学校课程不仅有重复、繁杂之处，而且有些课程不符合实际，导致一些课程无师资，不便在全国推广，形同虚设。这些问题在实践中日益尖锐，特别是第一次世界大战后，欧美各资本主义国家开始新一轮教育改革，提出了“平民教育”的口号，实用主义及职业教育思潮在留学归国人员和海外学者的传播下，启发并影响了中国教育界，各地学校对学制逐渐不满，学制改革呼声四起。

1916年前后，留美学生纷纷回国。1917年国内就有人提出学习美国的学制。自1918年开始，杜威（John Dewey）、罗素（Bertrand A. W. Russell）、孟禄（Paul Monroe）、泰戈尔（Rabindranath Tagore）等一批著名学者先后访问中国。特别是五四运动前夕，20世纪美国影响最大的实用主义哲学大师、著名教育家、哥伦比亚大学教授杜威应邀访华，自1919年4月30日到1921年7月11日，杜威在中国住了2年又2个月零12天，足迹遍及14个省市，发表大小演讲200多次。著名美国教育家孟禄是哥伦比亚大学师范学院教育部主任，1921年继杜威之后受邀来到中国。为了迎接他的到来，京、津两地教育界专门成立了一个“实地教育调查社”，全程跟随他考察调查。1921年9月5日至1922年1月7日，孟禄前后在中国待了4个月零2天，演讲66次，历经9省27个城市及许多乡村。陶行知全程陪同并担任翻译。

在地球的另一端，20世纪20年代的世界教育研究重镇——美国哥伦比亚大学师范学院，许多中国留学生正在这里学习。他们所修课程有教育哲学、教育史、教育行政、教育统计、乡村教育、家事教育、师范教育、教育心理学等，几乎囊括了现代教育科学的所有分支。特别值得一提的是，当时的哥伦比亚大学有“中国教育研究会”，每周一次讨论中国教育问题。[①] 著名汉学家史景迁在他的《追录现代中国》一书中说：“那时的中国处于一个之前和至今都没有再出现的时代——一个全世界的知识分子都纷至沓来的时代。”[②] 众多大师的中国之行以及经过西方文化教育洗礼的一批批年轻学子的纷纷归国，构成一道绮丽而独特的历史风景，对中国人的思想、社会和生活带来了深刻而明显的影响。

这些美国专家的访华以及留学生的归国，加速了把美国的教育制度、实用主义教育思想、儿童中心主义的教育观点，以及一些新的心理学理论、心理测验方法、课程教学理论等介绍到中国的进程。以此为契机，中国教育由单纯模仿日本逐渐转向全面学习美国。

1919年全国教育会联合会第五届年会开始讨论修改学制系统，1920年年会再次进行讨论，并将有关学制改革的各种意见汇编成册，印发各省区教育会研究讨论，要求各省区教育会组织教育界人士组成学制研究会，酝酿制定具体的教育改革方案。1921年美国教育家孟禄来华讲学时，也参与了学制改革问题的调研和讨论。同年，全国教育会联合会第七届年会在广州召开，以学制为主要议题，

① 王丽：《追寻失落的中国传统教育》，北京，教育科学出版社，2010年，第155页。

② ［美］史景迁：《追寻现代中国：1600—1912年的中国历史》，黄纯艳译，上海：上海远东出版社，2005年，第4页。

广东、浙江等10个省均提出了各自的学制改革案，最后决议以广东的提案为基础，征求全国意见。1922年9月，北洋政府召开全国学制会议，对提案稍作修改后，提交全国教育会联合会第八届年会再征求意见。在此基础上制定了《学制改革案》，于1922年11月1日以大总统的名义公布实施，史称“壬戌学制”，又称“新学制”。

新学制以下列七条标准为依据：发挥平民教育精神；注意个性之发展；力图教育普及；注重生活教育；多留伸缩余地，以适应地方情形与需要；顾及国民经济力；兼顾旧制，使改革易于着手。[①] 并在学校系统总说明中提出：学制分期大致以儿童身心发达时期为依据，采取纵横活动主义，教育以儿童为中心，顾及学生个性及智能，高等、中等教育之编课采用选科制，初等教育之升级采用弹性制。[②]

由于该学制参照了美国的六三三分段法，故又称“六三三”制。从纵向看，规定初等教育6年（初级小学4年，高级小学2年）；中等教育6年（初级和高级中学各3年，师范学校6年）；高等教育3～6年（大学4～6年，专门学校3年以上）。从横向看，与中学校平行的有师范学校和职业学校。学制还定有四项附则：为使青年个性易于发展，得采选科制；为适应特殊之智能，对于天才者之教育应特别注重，其修业年限得变通之；对于精神上或身体上有缺陷者，应施以特殊教育；对于年长失学者，应施相当之补习教育。[③]

从1922年正式颁布到新中国成立，“壬戌学制”是中国近代教育史上实施时间最长、影响最大的一个学制。它的制定与颁布，堪称中国教育早期现代化进程中的标志性事件；它的贯彻与实施，又反过来积极地推进了中国教育的现代化，奠定了我国20世纪二三十年代教育质量稳步提高的重要基础，并且成为此后修订课程标准的基本参考蓝本。

---

① 课程教材研究所编：《20世纪中国中小学课程标准·教学大纲汇编：课程（教学）计划卷》，北京：人民教育出版社，1999年，第105页。

②③ 璩鑫圭、唐良炎编：《中国近代教育史资料汇编·学制演变》，上海：上海教育出版社，1991年，第861～862、978～979页。

“壬戌学制”的制定是“适应时势之需求而来的”①，既反映了民族工业发展下社会对于人才的新要求，也是新文化运动在教育领域的重要成果。诚如陶行知所言，是“颇有独到之处”② 的。李石岑在《教育杂志》第 14 卷号外《学制课程研究号》上撰文《新学制草案评议》，指出新学制草案有四大优点：一是“根据儿童身心发达时期为各段教育的划分”；二是“初等教育之升级采用弹性制”；三是“高等及中等教育采用选科制”；四是“能兼顾升学与职业预备”。③ 新学制草案和最终颁布的“壬戌学制”出入并不大，此四点对于“壬戌学制”优点的评价是中肯的。美国教育家孟禄也认为新学制草案确实有长处，主要体现在：活动程度较高；课程种类多，又有渐进之便；中学修业年限延长；课程分组，学生自由选择，能激励学习积极性；注重发展学生个性等方面。④ “壬戌学制”在修订过程中，中等教育段的分歧最大，讨论最激烈，最终也改革最大、最成功。余家菊指出：“此次中学新制，实于学生个性，学校经济，职业准备，升学的基本知识，各方面大概都顾虑到了。”⑤

“壬戌学制”规定初中实施普通教育，高中除设普通科外，还设农、工、商、师范、家事等科。这样的设置，确是兼顾到升学和就业两方面。采用选科制，是“壬戌学制”的另一个重要特色。舒新城在《对于新学制草案评议》一文中，曾指出：“中等教育采选科制与设校分科取纵横活动主义，是本案之优秀特点。”⑥ 胡适亦说，“教育以儿童为中心，学制系统宜顾及其个性及智能，故于高等及中等教育之编课，采用选科制”，是新学制草案的“一个大长处”。⑦ “壬戌学制”“六三三”的分段形式，符合我国学龄儿童的身心发展，所以在我国得以长期沿用。在高中开设职业科，“中等教育得用选修科”，都是颇具远见的、值得重视的

① 陶行知：《陶行知教育文选》，北京：教育科学出版社，1981 年，第 18 页。
② 陶行知：《我们对新学制草案应持之态度》，《新教育》第 4 卷第 2 期，1922 年。
③ 李石岑：《新学制草案评议》，《教育杂志》1922 年第 14 卷号外《学制课程研究号》。
④ 孟禄：《论中国新学制草案》，《新教育》第 4 卷第 2 期，1922 年。
⑤ 余家菊：《评教育联合会之学制改造案》，《中华教育界》第 11 卷第 7 期，1922 年。
⑥ 舒新城：《对于新学制草案评议》，《教育杂志》1922 年第 14 卷号外《学制课程研究号》。
⑦ 胡适：《对于新学制的感想》，《新教育》第 4 卷第 2 期，1922 年。

教育经验。

“壬戌学制”颁布后，各地办学热情高涨，诸多学校都积极对新学制进行探索和实践。通过延聘名师、创新教学理念、改进教学方法、探索民主治校、激发学生学习兴趣，努力构建新型的学校教育体系，构筑了多样化、生机蓬勃的教育格局，为中国20世纪20年代至40年代的中小学教育奠定了良好的基础。

二、《中小学课程标准纲要》的颁行

新学制公布之后，《教育杂志》组织全国著名学者对“学制”“课程”进行讨论。随后，全国教育会联合会组织了“新学制课程标准起草委员会”，负责拟定中小学各科课程标准，着手进行课程改革，并于1923年6月确定并颁布了《中小学课程标准纲要》，对小学、初中、高中的课程设置作了规定。①

小学课程分为国语、算术、卫生、公民、历史、地理（前4年卫生、公民、历史、地理合并为社会）、自然园艺、工用艺术、形象艺术、音乐、体育等十一目。

初级中学课程分为社会科（公民、历史、地理）、言文科（国语、外国语）、算学科、自然科、艺术科（图画、手工、音乐）、体育科（生理、卫生、体育）六学科。必修的课程有：公民、历史、地理、国语、外国语、算学、自然、图画、手工、音乐、体育。从初中开始实行学分制，中学一律采用选课制。

高级中学实行分科制，分普通、农、工、商、师范、家事等科。公共必修课包括：国语、外国语、人生哲学、社会问题、文化史、科学概论、体育，这是不管哪一科都要修的课目。分科专修课反映不同的科目特色。第一组科目为特设国文、心理学初步、论理学初步、自然科或数学一种；第二组科目为三角、高中几何、高中代数、解析几何大意，以及物理、化学、生物选习两种。纯选修课反映各人不同的兴趣爱好。

---

① 全国教育会联合会新学制课程标准起草委员会编：《中小学课程标准纲要》，上海：商务印书馆，1925年，第127页。

该学制的课程标准起草委员会，由袁希涛、金曾澄、胡适、黄炎培、经亨颐等组成，并委托知名专家牵头负责“拟定新学制课程标准纲要”，部分学科人员分工如下：

小学：《国语》吴研因；《算术》俞子夷；《公民》杨贤江；《历史》朱经农、丁晓先；《地理》黄孟姒、王伯祥；《社会》丁晓先；《形象艺术》宗亮寰；《音乐》刘质平；《体育》王小峰。

初级中学：《公民》周鲠生；《历史》常乃德；《地理》王伯祥；《国语》叶绍钧；《外国语》胡宪生；《算学》胡明复；《自然》胡刚复；《图画》刘海粟、何元、俞寄凡、刘质平；《手工》刘海粟、何元、俞寄凡、刘质平；《音乐》刘海粟、何元、俞寄凡、刘质平；《体育》麦克乐。

高级中学：公共必修科《国语》胡适；《外国语》朱复；《人生哲学》黄炎培；《社会问题》孟宪承；《文化史》徐则陵；《科学概论》任鸿隽；《体育》麦克乐。普通科第一组必修的《特设国文》胡适；《心理学初步》廖世承；《论理学初步》胡适。普通科第二组必修的《三角》汪桂荣；《高中几何》何鲁；《高中代数》汪桂荣；《解析几何大意》倪若水；《物理学》薛天游；《化学》任鸿隽；《生物学》秉志。①

总的来看，1922 年学制和《中小学课程标准纲要》比较彻底地摆脱了旧的精英教育的束缚，表现了教育重心的下移，更重视基础的、民众的教育，在培养各个层次的人才、适应社会和个人需要方面是比较和谐的。学制比较简明，又留有充分的灵活性。课程设置系统、全面，内容比较重视实用，甚至还用选课制来促进不同学生的个性发展，因此，这个课程标准纲要与学制除了后来在某些方面有所改动外，它的总体框架一直延续下来。

1922 年学制和《中小学课程标准纲要》标志着中国近代以来的学制与课程体系建设的基本完成。由此，中国的学制和课程发生了重大的转变，实现了从借鉴日本到取法欧美，特别是学习美国的重大转型。

---

① 全国教育会联合会新学制课程标准起草委员会编：《中小学课程标准纲要》，第 3～5 页。

第二节 “新学制教科书”的竞相出现

1922年新学制改革在中国教育史上具有里程碑的意义，伴随着新学制课程改革，各家出版机构编撰出版的“新学制教科书”呈现出在较高平台上的多样化发展态势，其中，具有代表性的为商务印书馆、中华书局、世界书局三大书局的教科书。而教科书多样化发展的总趋势又是系统、稳定而规范的局面的逐渐形成。

一、蔚为大观的商务版“新学制教科书”

商务印书馆对教育部和民间教育改革一向非常敏感，多在第一时间推出适应新变革的教科书。这与商务印书馆的社会背景有关。商务印书馆与蔡元培、吴稚晖、朱经农等人关系非常密切，各种高端信息往往最快获得，这就使得其教科书多处于抢占先机的地位。

（一）“新学制教科书”

1922年11月新学制颁布，是年底，商务印书馆的“新学制教科书”即陆续推出，几乎没有时差。当时课程标准纲要还没有颁布。可见，在学制的研制和课程标准纲要的研制过程中，教科书编撰就已经在悄然进行了。

“新学制教科书”是商务印书馆依据新学制要求迅速编写出版的一套蔚为壮观、影响深远的教科书，高水平的编撰团队、品种齐全的教科书体系、以儿童为中心的设计理念、国际化的内容取材、综合化的编写体例是这套教科书的最大特点。

在百年中国教育史上，这是迄今唯一汇聚如此众多社会精英与学界名流共同编写的一套规模宏大的教科书，是一套让一批青年才俊大显身手的教科书，是一套新思想新观点层出不穷的教科书。商务印书馆“新学制教科书”的编撰队伍中有陶孟和、胡适、冯友兰、任鸿隽、陈衡哲、竺可桢、周鲠生、周越然、傅运森、凌昌焕、计志中、顾颉刚、叶绍钧、周予同、吕思勉、郑贞文、萧友梅、易韦斋、周玲荪、朱经农、高梦旦、丁晓先、吴研因、杜亚泉、骆师曾、王云五、张其昀、庄适、陈铎、沈圻、段育华、范祥善、李泽彰、熊翥高、王欣渠、何元、陈捷、程瀚章、顾寿白、万国鼎、魏屏三、何明斋、宗亮寰、王振瑄、汪奠基、陆志韦、张慰慈、瞿世英、郭任远、吴遁生、郑次川、江恒源、胡宪生、王钟麒、何鲁、段子燮、赵修乾、王华隆、张资平、洪式闾、鲍鉴清、俞物恒、杜若城、王守成、刘秉麟、何明斋等，这是一支有 90 余人的庞大而高水平的作者、编撰与校订队伍。他们中有的已经是或未来即将成为非常著名的学者和某一领域的专家；有的成为日后著名的教育部特聘教授；有的以后是中央研究院的首批院士等。而且绝大多数都有留学海外的学术背景。

事实上，因为新学制的选科制度，特别是中学段，导致很多选修课程是比较新的，这对教科书的编撰是一大挑战，于是聚集全国大批优秀学者就成了应有之义，不如此，不足以编撰出高水平的中学教科书，尤其是选科教科书。

商务印书馆“新学制教科书”从 1922 年底开始陆续问世，大部分初版于 1923—1925 年间。这些新学制教科书反映了当时学科发展的新成就新类型，在中小学开创的新学科课程知识体系（如社会学、人生哲学、心理学、论理学、公民等），在更长远的时间内产生了重大的影响，具有很高的课程认识价值。这套教科书数量庞大且品种齐全，特别是一些高中选修课及其教科书，在当时都处于领先水平。由此可以联想到，在这种课程体系和教科书体系的教育下，人才辈出的局面是不难出现的。截至 1925 年 2 月，出版初级小学教科书 9 种 72 册，[①] 其中初小《国语》由吴研因编撰，《社会》由常道直编撰。到 1926 年 7 月，出版高

---

① 《新学制国语教科书》（初级小学，第三册），1923 年。根据封二等书页记载整理而成。

级小学教科书16种60册，[①] 其中《国语》由吴研因编撰，《英语》由周越然编撰，《公民》由李泽彰编撰。初级中学教科书有16种51册，其中《国语》由吴研因、周予同、顾颉刚、叶绍钧等编撰，《公民》由周鲠生编撰，《算学》由段育华编撰，《地理》王钟麒，《人生地理》张其昀，《乐理》萧友梅，《实用自然科学》郑贞文、周昌寿、高铦等编撰。到1928年，出版高级中学教科书26种33册，[②] 其中《国文读本》由江恒源编撰，《本国史》由吕思勉编撰，《西洋史》由陈衡哲编撰，《本国地理》由张其昀编撰，《代数学》何鲁编撰，《解析几何学》段子燮编撰，《近人白话文选》由吴遁生编撰，《词选》由胡适编撰，《政治概论》张慰慈，《社会学概论》瞿世英译述，《社会科学概论》郭任远，《社会问题》陶孟和，《心理学》陆志韦，《人生哲学》冯友兰，《地质矿物学》张资平，《天文学》王华隆。这些人，这些书，成就了民国教科书的一个难以逾越的高峰。

全套"新学制教科书"注重以儿童为中心编撰，关注人性，低年级教科书编入大量游戏教学内容。如《新学制算术教科书》(小学校初级用)"前几册都用有趣的图画，插入游戏故事，从直观引起数量的基本观念，从欣赏引起儿童的习算动机，使儿童于不知不觉中，得着算学的智识，在同类的教科书中，可算是别开生面"[③]，"时时插入游戏、故事、寓言的图画或文字，以引起习算的兴趣"[④]。翻开著名教育学家常道直[⑤]等人编写的《新学制社会教科书》(小学校初级用)第一册第一课，带给我们的可以说是深深的感动，只见教科书的左边是一张母亲怀抱幼儿在看儿童画报的彩绘图，下面有两个大字"妈妈"，右边则是4张小图，分别是母亲给坐在椅子上的孩子穿衣、喂水，在桌边游戏，守在床边睡觉的场

---

① 《新学制国语教科书》(高级小学，第三册)，1924年。根据封二等书上记载整理而成。

② 《新学制高级中学教科书·本国史》，1924年。根据书上记载整理而成。

③ 范祥善编：《新学制常识教科书》(小学校初级用，第二册)，上海：商务印书馆，1923年。

④ 骆师曾编：《新学制算术教科书》(小学校初级用，第一册)，上海：商务印书馆，1923年，"编辑大意"。

⑤ 常道直(1897—1975)，又名常导之，江苏省江宁县人，中国近现代教育家。1920年毕业于金陵大学。1922年毕业于北京高等师范大学教育研究科，为中国首届教育学科研究生之一。1925年考取公费留美，入哥伦比亚大学深造。1926年获教育学硕士学位，成为世界著名哲学家、教育家杜威的得意门生。后又去英国、德国研究教育。回国后曾任中央大学等校教育学教授、教务长、教育系主任等职。1930年参加并创建了中国教育学会，任首届理事会理事。抗战前夕，杜威来华讲学，常道直担任翻译。新中国成立后任华东师范大学教育系教授。

景。“母亲是儿童的第一任启蒙老师”，“母爱”的主题全部直观呈现出来了。

“新学制教科书”充分考虑了教与学的基本过程，且具有较强的科学性，突出学生的地位。每门学科教科书从第一册开始，“儿童”二字被极大地突出。如果说清末民初教科书从“天”到“人”具有革命的意义，那么从一般意义的“人”再到大写的“儿童”，则突出了教育科学的价值。一如《新学制常识教科书》（小学校初级用）所言：“这本书是以教育学者、心理学者、实地教育者和富有编辑经验者之协作，用科学的方法编辑而成；其体例新颖，为向来未曾有。”[①] 教科书内容兼顾文学和语言两方面，材料多可表演，句法也极合儿童语言的自然次序。

全套教科书首次出现的在课文前或课文后设置问题、主题学习、主题设计等，都是基于儿童的学习特点，从问题出发来引起儿童的兴趣，培养其探究能力的。如《新学制公民教科书》（小学校高级用）第三册第十六课《好政府》，课文后的“习问”为：“1. 什么叫做好政府？2. 好政府要那三种原动力？3. 那一种原动力最要紧？4. 人民要想有好政府，应当怎样去做？”[②]《新学制自然教科书》“在课文、插图外，前面有观察、实验、考察、考证、实习等项，后面有提纲、联络、比较等项，末有复习一项”[③]。各类各册教科书都比较充分地落实了培养儿童的科学探究精神，并较好地体现了启发诱导、量力性、直观性、及时巩固等教学原则。

全套教科书开始突破传统分科编排内容，积极践行综合编排。如初小常识教科书包括了卫生、公民、地理、历史、自然、园艺等项。高小社会教科书“包括公民、卫生、历史、人生地理四项，和旧制修身科大不相同。教授书详载教学方法和程序，并插入种种极有兴味的故事和工作，意味格外深长”[①]。地理教科书“采用混合编制，打破中外地理的界域，使学生注意人类全体的生活，容易得到

①① 范祥善编.《新学制常识教科书》（小学校初级用，第二册），上海：商务印书馆，1923 年。
② 李泽彰编：《新学制公民教科书》（小学校高级用，第三册），上海：商务印书馆，1924 年，第 40 页。
③ 凌昌焕编：《新学制自然教科书》（小学校初级用，第七册），上海：商务印书馆，1924 年，“编辑大意”。

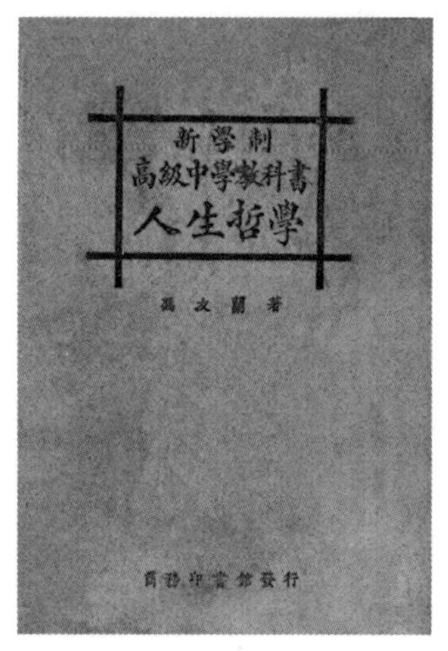

<图 3-1
《新学制高级中学教科书·人生哲学》(1926，冯友兰著，商务印书馆)

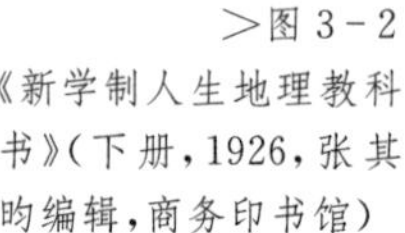
>图 3-2
《新学制人生地理教科书》(下册，1926，张其昀编辑，商务印书馆)

统整的地理观念”[①]。由著名地理学家张其昀[②]编著的《新学制人生地理教科书》打破自然地理、人文地理、中国地理和外国地理的界限，“地理学之宗旨，在于研究地理与人生之关系；使吾人对于世界各地之风土人情，皆能解释其因果，说明其系统，且能根据已知推考未知”[③]。全书分 12 章，人文地理部分 7 章，分别是“地位与人生之关系”“地形与人生之关系”“水利与人生之关系”“土壤、矿产与人生之关系”“气候与人生之关系”“生物与人生之关系”“人类相互间的关系”。这种用人地关系解释地理事象的教材，比较旧方志式地罗列地理事物和现象、堆砌资料的教科书，有积极的、进步的意义，并能引起学生的学习兴趣。历史教科书共计九编，包括人类生活状况、人类信仰、人群组织、人类思想、人群的斗争和连合等专题，前有“历史以前的状况”，后有“中华民国”两个独立篇章。由于它体裁新鲜，以综合性主题阐释人类历史，不同于简单的帝王史、朝代

① 《新学制初级中学教科书用书地理科样本》，上海：商务印书馆，1925 年。

② 张其昀（1900—1985），地理学家、历史学家，浙江鄞县人。1923 年毕业于南京高等师范学校。1927 年起在国立中央大学地理学系任教，为中国人文地理学的开山大师。1936 年受聘为浙江大学史地系教授兼主任、史地研究所所长，后又兼任文学院院长。1941 年当选为首批教育部部聘教授。曾任中国地理学会总干事。1943 年受美国国务院之邀聘在哈佛大学研究讲学。1949 年到台湾，在台湾创办了“中国新闻出版公司”“中华文化出版事业委员会”，发起创办《学术季刊》等多种学术期刊以及“中国历史学会”等组织。对台湾地区的文化教育事业贡献很大。

③ 张其昀编：《新学制人生地理教科书》（初级中学用，上册），上海：商务印书馆，1925 年，“编辑大意”。

更替史、农民起义史，更易使学生认识历史，思考历史问题，因此该书1923年2月初版，1923年9月第4版，到1929年已印到第102版了。

“新学制教科书”的取材相当前沿和国际化，目之所及，无不体现出开阔的国际视野和较高的学术水准。如冯友兰编著的《新学制高级中学教科书·人生哲学》第三章是“理想国——柏拉图”、第四章是“虚无派——叔本华”、第七章是“进步派——笛卡尔、培根、飞喜推”、第九章是“亚里士多德”、第十一章是“海格尔”等。第十二章内容有“实用主义的观点与新实在论的观点、宇宙及人在其中之地位、人生之真相及人生之目的、欲与好、天道与人道、中和及通、人性与道德制度及风俗习惯”，第十三章“一个新人生论”内容有“文学、美术、宗教及宗教经验、意志自由问题、幸福、人生术、死及不死”。①

《新学制美术教科书》首次将西方美术教育中有关透视学、解剖学、色彩学、素描、图案画以及形式美的法则和构图理论引入，这与清末至民国初期供学生临摹用的画帖，已有了本质上的区别。

“新学制教科书”的国际化取材，激发了现代性思想与精神在中国的启蒙。在麦克乐与沈重威合著的《新学制体育教材》中，麦克乐倡导自然体育，强调以儿童为中心，试图通过体育运动培养学生的民主精神、平等意识。基于这种思想，麦克乐认为体育教育中只有球类等团体项目和游戏才能培养人的民主、博爱、平等的思想。因此，他在教学和编著的教材中都极力宣扬球类为先的观念。《新学制公民教科书》（小学校高级用）第三册有《省议会》《国会》《选举权》《选举票和选举手续》《代表制度的精神》《人民的资格》《人民的权利》《人民的义务》《我国的领土》《我国的主权》《大总统》《国务员》《法院》《审计院》《政党》《好政府》等课文。②

① 冯友兰编著：《新学制高级中学教科书·人生哲学》，上海：商务印书馆，1926年。

② 李泽彰编：《新学制公民教科书》（第三册），上海：商务印书馆，1924年。

由陶孟和[1]编写的《新学制高级中学教科书·社会问题》十四章分别列有"何为社会""社会问题的性质""社会问题发生的要素""生物的状况的变化""人口的质的问题——优生政策""心理的状况""经济的状况""新经济状况的影响""历史的要素""贫穷的意义""贫穷的原因""贫穷的经济的原因""其他社会的原因""对于贫穷发现后的救济""社会改良的计划",[2] 开篇不久就出现了法国卢梭的《民约论》，而且大篇幅分析了贫穷等社会问题。

"新学制教科书"是依照当时的课程纲要编撰的，集教育理论与实践工作者的智慧于一体，除了封面等个别因素，[3] 这套教科书从内容到形式都比较出色，具有强烈的现代意义。该教科书出版后反映很好，数十次再版，部分书一直修订、使用到20世纪30年代初。修订的教科书后多由大学院于1928年审定通过并出版发行，修正版出版时封面发生了极为重要的变化，由素面到彩色封面，且出现了人物图案，显然是一大进步，儿童自然会更加喜欢。

值得思考的是，学界普遍认为，教科书一般反映的应是比较公认的内容，有争议的内容要慎重进入教科书，这也是教科书编撰的一条准则，但在商务印书馆"新学制教科书"中，我们明显地感受到学者自己的思想观点在教科书中的大胆

① 陶孟和（1887—1960），出生于天津，祖籍浙江绍兴。1906年毕业于南开学校第一届师范班，1906—1909年在东京高等师范学校学习历史和地理。1909年赴英国伦敦大学，专攻社会学，1913年获经济学博士学位。同年归国后任北京高等师范学校教授。1914—1927年任北京大学教授、系主任、文学院院长、教务长等职。协助蔡元培革新北大。1912年，与梁宇皋编写了《中国乡村与城镇生活》，这是我国社会学研究最早的著作之一。1926年，陶孟和任社会调查部负责人，1929年，社会调查部改为社会调查所，并于1934年并入中央研究院社会科学研究所，陶孟和任所长。1935年，任中央研究院评议会的评议员。1948年当选为中央研究院院士。1949年10月19日，陶孟和被任命为中国科学院副院长。他负责社会、历史、考古和语言4个研究所，还兼任社会研究所的所长。在建院之初，兼任联络局局长。中国科学院于1950年成立图书管理处，1951年改为图书馆，陶孟和兼任馆长。1955年中国科学院撤销编译局，成立中国科学院编译出版委员会，科学出版社、院图书馆以及后来成立的科学情报研究所都归属该委员会领导，由陶孟和担任主任委员。

② 陶孟和编：《新学制高级中学教科书·社会问题》，上海：商务印书馆，1926年。

③ 整体上说，民国早期的教科书封面设计都朴实有余，活泼不足，不是能够引起儿童兴趣的设计，比如第一套民国教科书"中华教科书"，以及"新法教科书""新学制教科书"等。商务印书馆这套"新学制教科书"封面设计一改民国初年"共和国教科书"豪放粗大醒目的标题风格，明显带有大机器印制的现代化审美趣旨，表现为标题字体缩小，置于边框内竖排于封面中间，虽然清爽并略带高雅气质，但对学龄儿童而言，可能醒目的标题更容易引起他们的注意。

融入，从而使得其编撰的教科书有着鲜明的个性色彩。如冯友兰的《新学制高级中学教科书·人生哲学》就是著作。又如陈衡哲[①]编《新学制高级中学教科书·西洋史》，采用文化史的、综合的宏观视野来考察历史活动，可以清晰地感受到其深受当时西方新史学理论的熏陶，并以此作为“标鹄”指导编纂活动。同时，这本教科书叙述的女政治家、女英雄、女学者、女诗人等女性人物之多、涉及的阶层之广，大概是同时代历史教科书中绝无仅有的。胡适在评价该书时说，“陈衡哲女士的《西洋史》是一部带有创作的野心的著作。在史料的方面，她不能不倚赖西洋史家的供给。但在叙述与解释的方面，她确然做了一番精心结构的工夫。这部书可以说是中国治西史的学者给中国读者精心著述的第一部西洋史。在这一方面说，此书也是一部开山的作品”。胡适还指出，“陈女士本是喜欢文艺的，所以她作历史叙述的文字也很有文学的意味。叙述夹议论的文字，在白话文里还不多见。陈女士在这一方面的努力很可以给我们开一个新方向”[②]。“这样综合的，有断制的叙述，可以见作者的见解与天才。历史要这样做，方才有趣味，方才有精彩。西洋史要这样做方才不算是仅仅抄书，方才可以在记叙与判断的方面自己有所贡献。”“叙述西洋近世史，最容易挑动民族的情感。陈女士是倾向国际主义与世界和平的人，所以她能充分赏识国家主义的贡献，同时又能平心静气地指出国际和平是人类自救的唯一道路。”“此书是一部很用气力的著述。它的长处在于用公平的眼光，用自己的语言，重新叙述西洋的史实。作者的努力至少可以使我们知道西洋史的研究里尽可以容我们充分运用历史的想象力与文学的天才来做创作的贡献。”[③]胡适对该教科书的评价，确实提出了一个方向性的问题：如何著作史学？如何编撰史学教科书？教科书可不可以成为学术著作？教科书应不应该表达学术观点？至今仍然具有启人深思的价值。在胡适看来，该高中教科书就是一部史学著作，至少是一部充分表述了作者学术观点的教科书。

---

① 陈衡哲（1890—1976），笔名莎菲（Sophia H. Z. Chen），祖籍湖南衡山。1914 年考取清华留美学额后赴美，先后在美国沙瓦女子大学、芝加哥大学学习西洋史、西洋文学，分别获学士、硕士学位。1920 年被聘为北京大学教授，讲授西洋史。1920 年 0 月与任鸿隽结婚。1949 年后任上海市政协委员。她是我国新文化运动中最早的女学者、作家、诗人，也是我国第一位女教授，有“一代才女”之称。

②③ 胡适：《介绍几部新出的史学书（续）》，《现代评论》1926 年第 92 期。

（二）适应分科教学的“现代初中教科书”

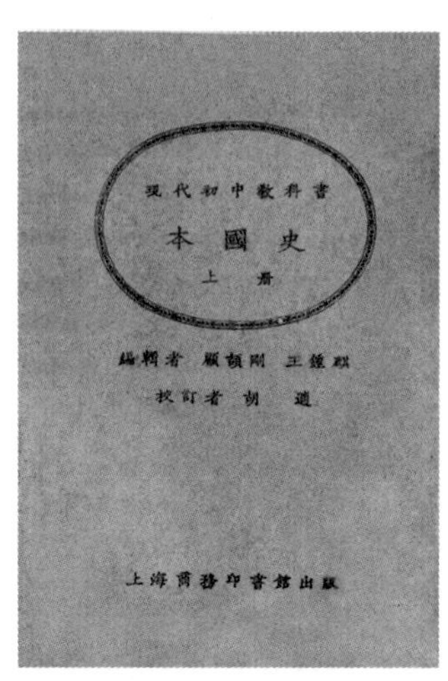

＞图 3-3
《现代初中教科书·本国史》（上册，1923，顾颉刚、王钟麒编辑，商务印书馆）

几乎在编写出版“新学制教科书”的同时，商务印书馆还启动编撰出版了一些适应新学制的其他类型的教科书，比较有代表性的有“现代初中教科书”“新撰教科书”等。

1922 年新学制课程标准起草委员会拟定的初中课程纲要，有一显著改进，即初中课程采用混合法讲授，如算学以代数、几何为主，算术、三角为辅，合一炉而冶。但因师资难得，不少学校对混合法讲授持有异议，不得不继续分科讲授。为此商务印书馆又于 1923 年出版了一套适应分科教学的“现代初中教科书”。

这套教科书按照新学制编辑，适合初中分科之用。教科书编撰者将新学制改革中关注生活常识、提升学习兴趣等精神较好融入各科中，并注重实践、实用之引导，同时对学科研究的目的也十分强调，培养学生自己解决问题的能力。

这套教科书以“现代”命名，各科特色鲜明，如《现代初中教科书·算术》“纯用白话讲解，并加新式标点，使读者没有文字的困难，饶有学算的兴趣”①。《现代初中教科书·本国地理》则“主文为讲演体，章节的长短，概视内容而定，并不划齐字数。有必需特别说明处，另辑附文，分附在每节之后”②。

① 严济慈编辑：《现代初中教科书·算术》，北京：商务印书馆，1929 年，第 1 页。
② 王钟麒编纂：《现代初中教科书·本国地理》（上册），上海：商务印书馆，1923 年，第 12 页。

该套教科书于1923年陆续初版。据1925年商务印书馆出版的《新学制课程标准纲要》广告，当时已经出版的“现代初中教科书”有国文、公民、本国史、世界史、本国地理、世界地理、矿物学、动物学、植物学、生理卫生、物理学、化学、算术、代数学、几何、三角术、英语、英文法、水彩画19种34册。

“现代初中教科书”的编撰者有严济慈、顾颉刚、庄适、傅运森、杜其堡、杜就田、凌昌焕、顾寿白、周宣德、刘正经、郑贞文、王钟麒、周越然、林翥青、杨长济、胡明复、姜立夫、余介石、陈伯琴、朱经农、任鸿隽、王岫庐、段育华、胡敦复等。

其中顾颉刚编撰的《现代初中教科书·本国史》既为他后来赢得极大声誉的学术思想播下了种子，也给他带来了极大的麻烦，引发了近代教科书发展史上的一次大风波。

顾颉刚在编著这本教科书时，对三皇五帝提出了怀疑，认为都是神话传说，不能算是真正的历史。他“建立了一个假设：古史是层累地造成的，发生的次序和排列的系统恰是一个反背”①。这一疑古、辨古的“层累”的学术观点的提出并逐步成熟，为顾颉刚赢得了巨大的名声。这种大胆新奇的观点成为重要卖点，所以教科书一出来，就大受欢迎，一再翻印，发行量猛增，四五年间发行160万册（上册1923年初版，1927年就已第55版了）。顾颉刚的学术地位至此可谓一鹤冲天，成了史学界一颗最闪亮的新星。② 但这本教科书很快也为他惹来了大麻烦。山东教育家王鸿一③提交了专案弹劾此书，认为它“非圣无法”，要求查禁。另一位山东教育家、人称“丛圣人”的丛涟珠也对该教科书提出了强烈的否定意

① 顾颉刚：《古史辨》（第一册），上海，古籍出版社，1982年，“自序”。

② 汪修荣：《国学大师顾颉刚其人其事》，《人物杂志》2005年第5期。

③ 王鸿一（1874—1930），名朝俊，山东郓城人。1900年考入山东省城高等学堂，旋即被选留学日本。在日本时加入孙中山的同盟会。1903年毕业回国办学。辛亥革命后，任山东提学使，山东议会副议长，兼省立第一中学校长，同时任省长公署顾问。1921年，北大教授梁漱溟来山东济南讲演东西文化和哲学，王鸿一对其甚为钦佩，结为好友，与其商榷昌明中国文化措施，认为厉行村治为最有效的方法。他提出的“村本政治”思想影响了梁漱溟研究乡村建设，并由此引导了全国性的“乡村建设运动”，对当时的中国产生了重大的影响。他同梁漱溟在曹州办起了重华书院，办学经费全靠王鸿一筹措。又在北平办《中华日报》《村治月刊》，在百泉设村治学院。1930年春，国民政府任王鸿一为内政代次长。1930年7月病故于北京。

见，认为“书中不承尧舜禹为实事，足以败坏中国人道德”①。《顾颉刚日记》记载了此事：1929 年 3 月 1 日，“伯祥告我，谓上月国民政府根据山东曹州府人丛涟珠呈文，禁止《现代初中本国史》发行，且拟罚商务印书馆一百万元或一百五十万元。商务大怖，急请吴稚晖先生去函争之，乃仅禁止发行而已。……其请禁理由，为书中不承尧舜禹为实事，足以败坏中国人道德云云”②。

更为强势的责难来自国民党理论家戴季陶。他是最重要最有影响力的重量级反对派。戴季陶直接给教育部写信，认为顾颉刚的历史教科书竟然怀疑禹有无其人，实在是太过荒唐，容易误导学生，不应作为中学课本，应予以坚决取缔。当时的国务会议上还有人提议应对这样的书予以重罚，并建议罚款 160 万元（因为该书卖了 160 万册）。在 20 世纪 20 年代，这可是天价罚款。商务老板听到这个消息后“大怖”，连忙直奔南京，找国民党元老吴稚晖斡旋，最后终于化险为夷。③ 钱没有罚，但书还是被禁了。国民政府第十七次国务会议决定由教育部查禁该教科书。

当时，梁漱溟、胡适等都卷入了这一事件。因为提出查禁该教科书的两位山东教育家和梁漱溟关系密切，而顾颉刚又与胡适关系密切。1929 年 9 月 15 日顾颉刚在日记中写道：“得梁漱溟先生来书，知教科书之被禁系王鸿一之主意，陈亚三（北大同学）为之执笔，与他及莘田无关。”这里，梁漱溟似乎是在给自己也给罗常培澄清“误会”，把责任推给了王鸿一和陈亚三（陈亚三，山东人，中学时是王鸿一的学生，北大读书时是梁漱溟的学生。毕业后受王鸿一邀请，随梁漱溟来山东菏泽创办了重华书院，后任院长。1930 年在山东邹平县随梁漱溟办乡村建设研究院。莘田即罗常培，时任中山大学教授，著名语言学家）。胡适卷入这一事件是因为胡适推荐了顾颉刚编撰该教科书，胡适还是该教科书的校订者。所以顾颉刚认为，“彼辈宗旨在于打倒我及胡适之先生二人，以我为编辑，胡为校订者也”④。甚至胡适也多少意识到，对顾颉刚的否定背后有对他本人的

---

①②④ 顾颉刚：《顾颉刚日记》（第二卷），台北：联经出版公司，2007 年，第 257 页。

③ 汪修荣：《国学大师顾颉刚其人其事》，《人物杂志》2005 年第 5 期。

不满的表达。胡适在1929年的日记中粘贴了这么一篇讽刺南京国民政府的小杂文，题目是《近事杂评》。[①] 其中写道："戴季陶这一天神色仓皇，一手握着这几本教科书，一手抵在桌上，在会议席上大放厥词"，认定这本历史教科书"是一种惑世诬民的邪说，足以动摇国本"。[②] 胡适日记中的这张剪报，文章的小标题是"一件比蒋桂战争还要重要的事"。当时为湖南问题，蒋桂双方闹得紧张万分，而把禁止顾颉刚教科书看作比蒋桂战争还严重的事，可见该教科书在当时引起的爆炸性效应。

当时站在胡适一边支持顾颉刚的论点，认为学术上的开明观点应该得到尊重的学者还是大有人在的。前述杂文，冷嘲热讽，就是直接挺顾颉刚的。史学家张荫麟也曾替顾氏"喊冤"。他希望政府应该尊重专家的"开明意见"。他说："好几年前有一位很适宜于编历史课本的人，编了一部至少在当时比较算是高明的历史课本，但因为其中有些意见和一位未曾读过多少历史，也不肯运用神经系统的达官不合，那部书便在出版界突然绝迹了，而且替他出版的书店也几乎受累。这样的情形是很足以使有志于编纂历史课本的人灰心的。"[③] 这些人认为，教科书和其他任何文本一样，也应该坚持并表现真理。教科书讲的内容必须是真实的证实的。

站在反对者一边，对顾颉刚历史教科书中怀疑甚至否定"三皇五帝"的做法提出批评的人也不少。在戴季陶一面，认为"中国所以能团结为一体，全由于人民共信自己为出于一个祖先"，所以"民族问题是一个大问题，学者们随意讨论是许可的，至于书店出版教科书，大量发行，那就是犯罪"。这里提出了一个冲突问题：学术争鸣与教科书编写需不需要有所区分？虽然南京国民政府对教科书案的处置，特别是对商务印书馆的处置确实过于激烈，但是戴季陶的意见也尚有其清醒理智之一面。[④] 至少他认为，无论如何大的问题，学者们是可以进行学术

① 阿斗：《近事杂评（一十一）》，《醒狮周报》1928年第198期。

② 曹伯言整理：《胡适日记全编》（5），合肥，安徽教育出版社，2001年，第380—386页。

③ 素痴：《关于"历史学家的当前责任"》，《大公报》1934年9月28日。

④ 张京华：《古史辨派与中国现代学术走向》，厦门：厦门大学出版社，2009年，第42～45页。

讨论的。他没有禁止学术讨论的思想。只是在弹劾者、批评者眼里，“不承尧舜禹为实事”，足以“解散全国人民团结为一体的要求”。“现在在中学历史教材，显然有歧误的观念，足以遗毒青年的……选取学术内容为教科材料，原属文化继承和传播的必要的手段，但学术上的一切发见新说，不尽能，也不必要尽入国民教育的范畴。”① 该学者的观点很明白，学术归学术，学术不应该和教科书内容相混淆，学术上可以坚持的观点不一定适合在教科书中讲述。南京国民政府的意图是，在民族问题上的观点和立场，中小学历史教科书与学术著作应该有区别。尤其是当时中日关系迅速恶化，日本对中国的侵略持续升级，“济南惨案”又爆发不久，东北张作霖也在不久前被炸死，人们反日情绪高涨，此时特别需要所谓的民族精神、国家观念，而顾颉刚的教科书观点显然于此不利。

（三）适应文言教学的“新撰教科书”

>图 3-4
《新撰国文教科书》（第二册，1925，胡怀琛、庄适编，商务印书馆）

随着新文化运动的推进，如前所述，1920 年教育部要求小学教材改文言文为白话文，全国闻风响应。新学制当然也是要求白话文，即语体文，但实施起来并不是那么一帆风顺的，语言文字的变革是异常艰难的。“学制革新以后，小学课本，改用语体，然各地学校，仍多采用文言教本。”商务印书馆有鉴于此，特

① 张圣瑜：《中学历史教学的职能和转化》，《江苏教育》第 4 卷第 3 期，1935 年。

请富有编辑及教授经验者，根据新学制小学课程纲要，用浅近文言编撰“新撰教科书”一套，以备仍然使用文言文的学校采用。①

该套教科书在内容上，文字活泼，注重激发学生兴趣，强调培养学生情操。在初小《新撰国文教科书》中，诗歌及故事甚多，力图能引起儿童对于文学之兴味，“虽取材于社会科、自然科以及历史、地理等科，然皆融化于文学之中，与割裂他科教材而入国文科者不同。描写天然景物者亦甚多，能引导儿童赏识自然界之美”②。初中公民教科书一共有七章，突出现代伦理道德，内容分别是“总论”“个人道德”“家庭道德”“职业道德”“社会道德”“国家道德”“国际道德”；第一章“总论”有三节，即“公民道德之意义”“公民道德之修养”“公民道德与实践”。③

该套教科书注重情感和想象力的培养，关注研究能力的发展，养成学生关爱自然的博爱精神。如《新撰世界史教科书》（初级中学）“有如下之目的：研究人类生活状况之变迁，以培养学生适应环境、制御天然的能力。启发人类的同情心，以养成学生的博爱、互助的精神。追溯事物的原委，使学生了解现代各项问题的真相。随时以研究历史的方法，指导学生，以养成学生读史的兴趣和习惯”④。

在教育部极力提倡国语教学的政策环境和气氛中，重新编制文言课本，这说明了当时的社会存在着对文言课本的需求。对这种情况的产生，有如下一些原因。第一，从语体教科书的编制质量方面来看，文言课本有优势。例如就一、二年级的识字数量来说，文言教科书多于语体教科书。识字是初小的重要任务之一，尤其是传统语文教学的集中识字还在人们心里占据着一定分量的时候，很多家长送孩子上学就是为了多识几个字。近代新教育以来，本来新编制的国文课本就已经少于原来蒙馆教学的识字量，而国语课本比国文课本还少。经过一段时间的教学实践，人们认识到学生的识字量太少，这就促使一些人重新拿起文言教科书。梁启超对这个问题的态度应该是比较有代表性的：“近时教科书之深浅，种

---

①② 胡怀琛、庄适编：《新撰国文教科书》（小学校初级，第八册），上海：商务印书馆，1925年，封面内页广告、版权页。

③ 高扬、陶汇曾编：《新撰公民教科书·道德》（初级中学，第一册），上海：商务印书馆，1925年。

④ 周传儒编：《新撰世界史教科书》（初级中学，上册），上海：商务印书馆，1925年，“编辑大意”。

类之选择，课程之分配，仅是为中材以下之标准；稍聪颖者则虽倍之不为多，此在编者教者或不欲过儿童之脑力，然失之过宽，亦实有不宜之处。”① 对文言教科书的评价尚且如此，那么人们对比其更浅显的白话课本的评价自然更会是有过之而无不及。第二，从当时人们的心理方面来看，大多数人还是倾向于文言。儿童学文言的观念在人们的心里根深蒂固，再加上在当时的生活和工作中常常离不开文言，例如家信、对联、记账、公函等都用文言的形式。学生读了几年语体（白话）教科书走出校门之后什么都写不了，所学非所用。另外，当时倡导白话文还只局限在一定的范围之内，对广大下层人民的影响是极其有限的。大多数人勒紧裤带送孩子读书，就是希望多识几个字，学些即学即用或显得高深的东西。第三，从当时社会上层来说，文言和白话的斗争还处于拉锯战状态，并且又与政治紧密相关，忽左忽右情况的产生也是必然的。因此，上述原因会直接影响出版业，作用于学校。作为把市场反应当作关键要素的各个书局，当然时刻紧跟社会的需要，只要出版物有一定的市场需求，就有可能出现，因此，文言教科书的继续编制和出版也就是自然而然的事情了。但是，文言语文教科书毕竟是与时代潮流背道而驰的，随着教育的快速发展，几年后新课程标准颁布，小学文言教科书的编制就基本上销声匿迹了。

“新撰教科书”于1924年起开始出版，商务印书馆之所以称此套课本为“新撰”，无论是想有别于原来的那些文言课本，还是想强调这是根据刚刚颁布的新学制而编制，总之，特意标上的“新撰”二字是想表明这套教科书与众不同。据《新撰国文教科书》（小学校初级）第八册广告，到1926年10月，商务印书馆出版高小适用新撰国文、公民、历史、地理、算术、自然教科书6种24册。据《新撰世界史教科书》（初级中学）的广告，到1925年7月，商务印书馆出版新撰公民、本国史、世界史、本国地理、外国地理、化学、物理学、动物学、植物学、矿物学、生理卫生学教科书（初级中学）11种16册。②

---

① 梁启超：《中国教育之前途与教育家之自觉》，转引自舒新城编：《中国近代教育史资料》（下册），北京：人民教育出版社，1981年。

② 周传儒：《世界史》，上海：商务印书馆，1925年，广告。

二、不甘示弱的中华版与世界版“新学制教科书”

当时的教科书市场，商务印书馆一家独大，但其他一些书局也不甘示弱，迅速成长起来，成为商务印书馆的重要对手，其中中华书局和世界书局尤为突出，几乎和商务印书馆三分天下教科书。

（一）中华书局的“新学制教科书”

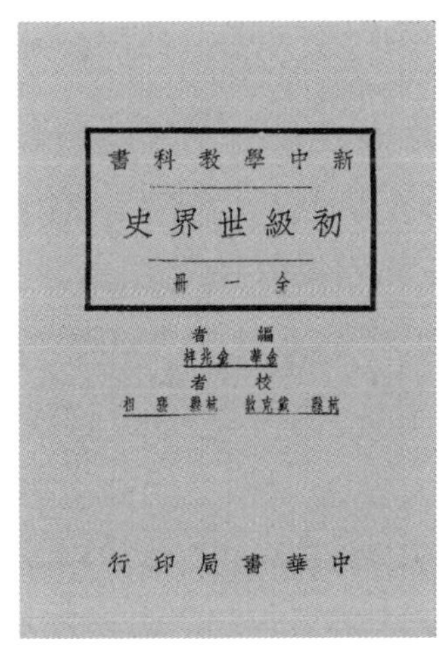

<图 3－5
《新中学教科书·初级世界史》（全一册，1924，金兆梓编，中华书局）

与商务印书馆几乎同时，中华书局根据 1922 年新学制，不甘示弱地迅速推出适应新学制需求的教科书系列“新小（中）学教科书”。该套教科书于 1923 年 1 月陆续出版发行，包括《国语》（初级 8 册）、《公民》（初级 8 册）等初级小学用教科书 4 种 32 册，教授书 4 种 32 册；高级小学用教科书 7 种 28 册，教授书 6 种 24 册。[①] 到 1923 年 12 月，出版中学教科书（含师范）23 种 34 册，还有 4 种尚在印刷中。[②] 包括《国学必读》2 册、《初级古文读本》3 册、《公民》3 册、《物理学》1 册、《生理卫生学》1 册、《矿物学》1 册、《动物学》1 册、《植物学》

① 《新学制适用新小学教科书常识课本和教授书样本》，上海：中华书局，1923 年。
② 宋崇义编：《新中学教科书·矿物学》（全一册），上海：中华书局，1923 年，封底插页。

1册、《初级混合理科》6册、《初级世界史》1册、《初级本国史》2册、《本国地理》2册、《经济学大意》1册等。

这套教科书在适应新学制的同时，受实用主义教育思想的影响较大，注重教学内容的实用性、科学性和引领性。如知名教育学家舒新城编写的《新中学教科书·公民》(1923)，内容涉及人与社会的主要问题。该书按专题编写，如“经济生活篇”，就有“生产”“交易”“分配”“消费”等章；而“社会问题篇”，则有“教育和卫生”“农工问题”“妇女问题”“救济事业”等章。《新小学教科书·公民》第五册的内容为“家用的分配”“邮政储金”“用钱要记账”“活泼的精神”“蔬菜比肉好”“卫生”“美国的儿童驱蝇队”“改过”“不要说谎”“俭省”“帮助亲族”“何必抢夺”“度量”“待人厚道”。[①]

教科书设计充分考虑教师的教和学生的学，教学安排有弹性，注重激发学生的兴趣及培养学生的实际操作能力。这在教师水平参差不齐的年代，尤为重要。如《新中学教科书·算术》“自第一编至第三编，尤为注重自习，教员可斟酌学生程度，择要指示，以省时间”[②]。《新中学教科书·植物学》“每举一例，必连举数例，以便教者可以随时随地，采集植物，而达直观教授之目的”[③]。《新中学教科书·矿物学》“于形态上有比较的观察，于性质上证分明的实验，更于变化上著化学原理，足增进讲授趣旨，并唤起学者之研究兴味”[④]。《新中学教科书·本国历史》“特色有五：一、浅显明白，可与小学衔接。二、注重与文化及生活上有关系之材料，一洗从前帝王家谱及相斫书之弊。三、分量较少，易于授完。四、附彩色沿革图，极便检查。五、用新式标点”[⑤]。教科书做到了既有理论指导，又有实践要求，便于教师使用和学生操作。

中华书局的这套适应新学制的“新小（中）学教科书”编排新颖，课前设有问题、观察等项，课文后还附有说明。如《花草树木》一课，内容为“庭院里铺种花草，不但可以点缀风景，并且可以使人精神愉快。如薄荷、除虫菊等，更可

---

① 董文编：《新小学教科书·公民》(第五册)，上海：中华书局，1924年，封底插页。

② 吴在渊、胡敦复编：《新中学教科书·算术》，上海：中华书局，1922年，“编辑大意”。

③④⑤ 宋崇义编：《新中学教科书·植物学》，上海：中华书局，1923年，“编辑大意”、封底插页、封二。

以充作药用。空地上多种树木，利益更多：可以抵御风沙，清洁空气，防止水旱，巩固堤防。木材可作建筑制器之用，有的还生果实，可供人吃”。课文前的问题为：“（1）庭院里种花草有什么益处？（2）空地上种树木有什么益处？”①

为了编撰好这套教科书，中华书局汇集了一批学者名家以及富有经验的教育工作者，如陆费逵、黎锦熙、钱基博、王宠惠、戴克敦、沈颐、金兆梓②、张相、舒新城、朱文叔、何炳松、黎锦晖、吴在渊、胡敦复③、胡明复、陆衣言、邓庆澜、陈映璜等60余人。如“新小学教科书”之《国语读本》由黎锦熙、黎锦晖等编辑，《国文读本》由俞复、戴克敦编辑，《公民课本》由朱文叔、董文等编写，《历史课本》由金兆梓编写；“新中学教科书”之《初级世界史》和《初级本国史》由金兆梓编写，《经济学大意》由欧阳溥存编写、何炳松等改编，《动物学》《植物学》《生理卫生学》由宋崇义等编写，《算术》《几何》由吴在渊、胡敦复编写，《国学必读》由钱基博编写。

同样，为了适应高级小学实行新学制后相当多学校仍然使用文言教学的需要，中华书局于1924年起在这套“新小（中）学教科书”体系中，又增加编写了部分文言文教科书——“文体教科书”，主要是高级小学阶段的教科书，包括文体历史、公民、理科等，它们与白话体的教科书大致相同，课文完全对应，只是“全书叙述，概用文体”。

---

① 徐迥千、杨干青、陆衣言、戴克敦、陆费逵等编：《新小学教科书·常识》（第八册），上海：中华书局，1924年。

② 金兆梓（1889—1975），浙江金华人。20岁毕业于金华府中学堂，23岁毕业于京师大学堂预科。25岁肄业于天津北洋大学矿冶系。后在浙江省立第七中学执教、任校长。31岁在北京高等师范学校任教。后入中华书局，编辑中小学、普通师范及南洋中小学的课本。1949年后被选为苏州市人民代表，苏州市副市长。1958年回上海，被中华书局复聘为中华书局上海编辑所主任。后被选为上海市政协委员、上海市文史馆馆长。

③ 胡敦复（1886—1978），江苏无锡人。1897年入上海南洋公学外院学习，后被选拔进入中院，毕业后被录取在特班学习，蔡元培是他的班主任。1900年赴日本留学，致力于数学及自然科学的研究，后加入同盟会，辛亥革命后出任北京女子师范学校等多所学校的校长。1907年赴美，同行者有宋庆龄等15人。在康奈尔大学毕业，获理学学士学位。1911年1月，清政府批准成立清华学堂，胡敦复被任命为清华学堂第一任教务长。1911年初夏成立“立达学社”，胡敦复当选为立达学社社长。后到上海，在复旦公学担任教务长，一面筹建“大同”（曾任大同大学校长），一面主持复旦教务。1925年，北洋政府教育部任命胡敦复为国立东南大学校长（未到任）。是年8月，又被任命为国立北京女子师范大学校长。1935年7月，中国数学会成立，当选为中国数学会董事会主席。

（二）世界书局的“新学制教科书”

＞图 3-6
《新学制教科书·国文读本》（1924，杨喆、范祥善编，世界书局）

世界书局由沈知方创办。沈知方也曾经是商务印书馆员工。1912 年随陆费逵一起离开商务，创办中华书局，沈氏在中华书局出任副经理。与陆费逵如出一辙，沈知方后又脱离中华书局，以世界书局的名义出书。1917 年世界书局成立后，以咄咄逼人之势，展开了与商务印书馆和中华书局的全面竞争，特别是在教科书市场的竞争。1922 年新学制颁布后，对世界书局是一个绝好的机会，因为所有学校都要使用新学制教科书，而商务印书馆和中华书局等老牌书局也得重新编撰教科书。世界书局的教科书机器启动了，并迅速高速运转起来。世界书局虽然是教科书出版的后起之秀，但沈知方及其他主要成员都是商务或中华的资深员工，对教科书编撰非常了解甚至颇有研究，所以他们一出手，就让商务和中华大皱眉头，加之他们的营销手段灵活，世界书局的教科书来势很猛。

1923 年前后，世界书局首先启动了“新学制教科书”的编撰出版，部分教科书在第二年即初版面世。世界书局教科书的编撰队伍主要有魏冰心、朱翊新、范祥善、姜长麟、戴渭清、谢季超、何恭甫、朱建侯、盛志良、吕云彪、董文、潘文安、李法章、杨逸群、胡仁源、秦同培、印鸾章、张肇熊、汪蓉第等，这些人中，有些是中华书局的资深编辑或重要编写人员。另一点值得注意的是，世界书局的作者队伍中有些是来自教育群体，它提出“教育大家贡献编辑方法，全国小学教师供给教材”，所以，以学校的名义提供材料者在世界书局版的新学制教科书中体现出来了。比如《高级公民课本》（第四册）的版权页就署名“编辑者：潘文安、戴渭清”，“教材供给者：中华职业学校”。而《初级国文读本》的编辑者是杨喆、范祥善，教材供给者为世界书局小学部同人。《初级国语读本》就更有意思了，编辑者是魏冰心、朱翊新、范祥善，教材供给者是全国各小学校教员、江苏二女师范附小同人、世界书局小学部同人。“全国各小学校教员”有点过了，“江苏二女师范附小同人”则应该属实。

据世界书局自己的统计，到 1925 年 4 月，共出版“新学制初等小学教科书”4 种 32 册，“教学法”4 种 32 册。[①] 包括：《初级国语读本》和“教学法”各 8 册、《初级国文读本》和“教学法”各 8 册、《初级常识课本》和“教学法”各 8 册、《初级算术课本》和“教学法”各 8 册。到 1925 年 3 月，共出版“新学制小学高级教科书”9 种 34 册，且每册都配有教学法专供教员讲授之用。[②] 包括《高级国文读本》《高级国语读本》《高级公民课本》《高级历史课本》《高级地理课本》《高级算术课本》《高级自然课本》《高级卫生课本》各 4 册，《高级英语读本》2 册。

世界书局对这套“新学制教科书”进行了精心设计，做了大量调查准备工作，一定程度上确保了教科书的质量。新学制小学课程要求，卫生、公民、历史、地理四科，在初级小学四学年里应合并教学，称社会科，园艺应附入自然，称自然科。世界书局在到底是把社会、自然分编两部适用，还是合编一部适用的问题上，广泛征求了全国教育界的意见，征求结果，以主张合编的占多数，所以世界书局的新学制教科书就合编一部，称“常识”。[③] 常识教科书的内容包括卫生、公民、历史、地理、自然、园艺等项。针对课程纲要要求，作为一家教科书编撰机构，既依据课程纲要，又超越课程纲要，可以说是非常大胆的创新。

---

① 江敖唐、朱翊新编：《高级卫生课本》（第二册），上海：世界书局，1925 年，版权页。

② 魏冰心编：《高级国文读本》（第四册），上海：世界书局，1925 年，版权页广告。

③ 董文编：《初级常识课本》（第一册），上海：世界书局，1924 年，“编辑大意”。

世界书局的“新学制教科书”特别强调探究、实践、问题引导，其理念之先进，举措之科学在当时确有引领风气的作用。如《高级自然课本》“衣服的原料”单元有“一、怎样的叫做棉织物；二、怎样的叫做麻织物；三、怎样的叫做丝织物；四、怎样的叫做毛织物”。第一课前面“讨论问题”列的是：“棉织物的原料是什么？草棉的性质是怎样的？棉织物有哪几种，怎样制造？穿棉布衣为什么能够御寒？”① 又如《高级公民课本》中《社会上的职业》一课的问题为：“社会上的职业，有多少种类？职业为什么要一面分工，一面合作？职业有没有阶级？”②

难能可贵的是，这套教科书比较关注学生情感、态度等非智力因素的养成，注重联系学生生活实际，强调综合实践性质的活动，妥善处理人与自然的关系等，表现出比较先进的教育理念。如《高级公民课本》中《如何利用假期》一课后面的“实践”作业是：“助父母处理家政，实行调查本地状况，实行通俗演讲，实行组织卫生队，实行设立贫民读书处。”③《高级自然课本》追求“启发对于自然物和自然现象的基本知识，使：1. 明了自然与人生有美术的、经济的、社会的、卫生的各种关系。2. 有欣赏自然、研究自然和爱好田野生活的兴趣。3. 有利用自然和种植、畜养的知能。……取材以儿童生活做根据，约有 5 个要点：1. 是适合儿童现在和将来的需要兴趣的。2. 是儿童日常生活最密切的事物，并且足以做一种事物的代表的。3. 是各种材料可以互相联络，互生关系，成一种有机的组织的。4. 是适合儿童心理并且很容易理解的。5. 是和时令不违背的”。④在《初级国语读本》中，选取的材料有“文学”和“语言”两种，“文学材料，重在能扩充想象，开发思想和陶冶优美情感，养成读书兴味。语言材料，首重日常应用的动作语，次重绘画、演讲等。……低年级供给儿童想象生活的材料，高年级供给儿童现实生活的材料，内容又多可以表演的，以助儿童兴趣，并使他的

---

①④ 姜文洪、范广涛编：《高级自然课本》（第一册），上海：世界书局，1925 年，“编辑大意”，第 1 页。

②③ 潘文安、戴渭清编：《高级公民课本》（第二册），上海：世界书局，1925 年，第 36 页。

观念确实”[①]。

世界书局的“新学制教科书”材料排列很活泼，利于儿童学习。如《初级国语读本》“往往把童话、游戏动作等，也编成韵文，韵文占百分之七十，可说从来所未有”[②]。第一册第一课为《来唱，来唱，来唱歌》，同时配有彩图。[③]国语教科书的生字排列，力求匀称，低学年平均每课五六个字，高学年平均每课七八个字，绝无过多或过少的弊病。字句注重有变化的间歇反复；务使儿童多得到复习的机会，句法组织，也力求和言语自然次序吻合。[④]常识教科书前四册的排列，逐课蝉联而下，教学时容易联络。后四册的排列，把一个单元的教材，列在一起，教学时容易有系统。[⑤]

这套教科书课文内容都采入了寓言、笑话、自然故事、生活故事、传说、历史故事和儿歌民歌，适应儿童心理；教科书插图活泼而有变化，低年级各册，插入彩色图；趣味性比较强，受到了师生欢迎。教育部关于《初级算术课本及教学法》的审定词具有代表性：“该书以小儿习见之物，或喜闻之动物编入课中，便其计算又益以启发算术观念之童话，使向视为畏途之习算一化而为深有趣味之陶冶，殊堪，嘉尚。”[⑥]教育部对历史课本的审定词也很说明该套教科书的水平：“是书取材赅备，文辞条达，所插画像及地图既便于参证，而每课又设研究判断，诸问题尤足兴起学生寻绎之趣味。”[⑦]“这套书的编制最新颖，教材最活泼，程度深浅恰于新学制初级小学教科书相衔接”，被称为“新学制高级小学教科书中的第一善本”。[⑧]所以，该教科书一出版，就受到欢迎，不断再版。比如《初级国文读本》第七册，1924 年 6 月初版，1925 年 5 月就是第 31 版了；第八册也是 1924 年 6 月初版，1925 年 5 月就是第 37 版了，而第一册此时已经到了第 39 版。

世界书局能攻入教科书市场，除了当时开放的市场环境外，凭借的是更加特

---

①②③④　魏冰心、朱翊新、范祥善编：《初级国语读本》（第一册），上海：世界书局，1924 年，“编辑大意”、第 1 页、封面内页。

⑤　董文编：《初级常识课本》（第一册），“编辑大意”。

⑥　戴渭清、谢季超、何恭甫、朱建侯、盛志良编：《初级算术课本》，上海：世界书局，1924 年，封二。

⑦　杨喆、朱翊新编：《高级历史课本》（第四册），上海：世界书局，1925 年，封三。

⑧　魏冰心编：《高级国文读本》（第四册），版权页。

色化的教科书出版与发行。一方面具有敏锐的商业化嗅觉，以便宜之价格争夺教科书市场；另一方面为区别于商务印书馆与中华书局，世界书局突出教科书的全国适应性和针对性，它出的教科书，不仅有乡村用、中小城市用、大都市用，以适应不同地区，而且对过去教科书的弊病有针对性地加以改进，确实在一定程度上比其他书局更能满足教科书使用者的需要。商业化与特色化的出版路径，使世界书局一跃成为一家知名的中小学教科书出版机构，成为民国时期紧随商务印书馆和中华书局之后的第三大书局。陆费逵于 1932 年在《六十年来中国之出版业印刷业》一文中以数据说明教科书界形成了三分天下的局面："全国所用教科书，商务供给十六，中华供给十三，近年世界书局教科书亦占一部分。"正是由于世界书局投入教科书出版，使一个垄断市场出现了分割，出现了竞争，最关键的是使教科书更加向多样化发展，促成了教科书的繁荣。

第三节　多样化教科书格局的基本形成

由于学制与课程改革、教育发展不均衡的现实状况，教科书审定制以及市场利润的驱动等多种因素影响，商务印书馆、中华书局、世界书局以及其他一些书局，甚至一些学校，都加入教科书编撰的大军之中，使得 20 世纪 20 年代出版的新学制教科书不仅数量巨大、品种繁多，而且各具特色，基本形成了教科书多样化的发展格局，在中国的教科书发展史上打造了一个教科书的高地。

一、教科书多样化格局初具规模

1922年“壬戌学制”出台，采用了影响深远的“六三三”学制。1923年6月全国教育会联合会刊布了新学制课程标准。1924年1月，教育部布告并通令征集中小学校各科课程标准，统限于当年3月前送部，以便召集专家，组织课程标准审定会，分别核定勉日颁行。[①] 此后，教育部指令各书局根据新学制及课程标准的要求重新编写中小学教科书送审。正是学制的创新和新课程标准的制定，要求重新编写教科书，给教科书出版机构提供了商机，从而促进了教科书出版业的再度繁荣和多样化发展。到20世纪20年代末，无论是教科书的品种还是数量都急剧膨胀，形成了20世纪前20余年教科书出版一片繁荣的景象。

依清末中国第一个现代学制和课程标准要求编写的教科书，在民国前几乎完全被商务印书馆所垄断。民国成立初期，中华书局横空出世，直接挑战商务印书馆的独霸地位。1923年中华书局出版了32种144册教科书。1923年商务印书馆更是出版了107种247册教科书，1924年又出版了99种127册教科书。两家书局的出版量此时都达到历史上的高峰。

但由于民国时期特别是初期，大多实行教科书审定制，鼓励民营出版机构加入教科书的出版竞争中，因而形成了以编审制为中心的、开放的教科书出版管理体制。教科书不同于一般出版物，特点在于它必须随时跟着政局变动，要随着学制与课程标准内容的改革不断修编。这是一个机遇，新的竞争对手就可以此为契机，杀入这一领域，获得竞争空间。因此，自世界书局1924年编辑出版教科书始，在一定程度上打破了教科书出版市场由两大书局垄断的局面，最终形成了民国教科书出版的多样化和学校选择的自由化特征。[②] 此段时期的教科书出版不仅数量多，品种还很齐全，如1922年遵照《新学制课程大纲》编写出版的“新学制教科书”，包括初小、高小、初中、高中、师范、职业等各级学校、各种学科

---

① 郑鹤声：《三十年来中央政府对于编审教科图书之检讨》，《教育杂志》第25卷第7期，1935年。

② 杨禾丰：《北京政府时期教科书制度与出版》，《兰州学刊》2006年第6期。

的教科书，其编制方法分成甲种教材取混合编制法、乙种教材取分科编制法，还有文言教科书、白话教科书、普通教科书、实验教科书等。

教科书多样化发展也受市场利润的驱动。民国初期，社会民众的知识水平一般偏低，一般出版物不可能在社会民众中广泛传播，而仅能在少量的知识阶层普及，所以，一般出版物的发行量很少，利润相对微薄。而教科书出版发行的数量巨大以及利润的丰厚，更有商务印书馆与中华书局以教科书出版赖以发展的成功案例，因此教科书市场成为众多民营出版企业竞相争抢的一块新蛋糕。中华书局总经理陆费逵曾精确描绘教科书在出版界的地位："教科书是书业中最大的业务，不出教科书，就算不得是大书局。教科书印行数量的高低，往往影响到本公司股票市价的涨跌。"① 此外，以留学生为主体的社会知识精英群体的责任担当，一线教师的参与和教学的积极实践，报纸杂志的大力宣传，出版发行的法律法规的逐步建立等，为多方参与的教科书多样化发展提供了有效社会支持系统。而且，宽松有序的教科书审定制度为多样化的教科书的出版引进了一个充满活力的竞争与保护机制，保障了民营出版业迅速崛起。20 年代教科书的多样化发展为 20 世纪中国教育早期现代化提供了强大的助推力，为民国人才培养做出了应有贡献。

二、建立了最重要的教科书制度——教科书审定制

民国初期的教科书建设，整体上是良性而科学的。最显著的表现是把重点放在制度建设上，能够理性地对待国定本教科书，从而使之成为示范性或判例性的典范，为后来的教科书使用创设了榜样。当教科书大量涌现之时，完全放任自流并不是理想状况，清学部首开教科书审定之风，民初教育部并没有让这一教科书事业中最重要的制度断裂，而是不断完善。清末民国的教科书审定制度，可圈可点之处颇多。最重要的是，尽管晚清学部自己编撰了国定本教科书，但在听取多方意见后，并没有一意孤行地以政治与权势强行让自己的课本进入课堂，更没有

① 庞学栋：《解放前教科书出版的竞争及其影响》，《出版发行研究》2003 年第 1 期。

以行政命令的形式否定民间教科书的存在空间。中央学部没有赋予自己费尽苦心组织编写的国定本教科书以使用的特权，而是依市场法则，高度赋权给地方、学校、校长和老师，把教科书选择权交给他们，质量优先——这一做法开了限定国定本教科书的权力空间的先河，明确了国定本不是垄断本的思路，保障了教科书的多样化局面，具有非常重要的意义。这一优良传统被民国教育部继承下来，它对整个民国教科书制度都有重大影响与约束，有限的几次国定本教科书的出版发行也是在这一权力限定中展开的。袁世凯时代、蒋介石时代的国定本教科书几乎都是如此结局。进入全面抗战后，尽管这一非常时期确实需要统一教材，中央教育行政部门组织编撰的教科书，也并没有（或有所顾忌）指定某一家出版机构（包括中央自己的官方出版机构）来出版印刷，而是由多家出版机构共同完成。既然都是企业，都以市场法则运行，那么国家编撰的教科书就没有理由交由其中哪一家出版社来出版，而是让一批有实力的出版社都参与对国定本教科书的出版印刷。鼓励和保护了所有合法民间出版机构在教科书建设上的积极性和基本利益，为调动更多的民间智慧和社会资源投入教育、投入教科书建设做出了贡献。可以这么说，在这以后，再没有哪一个时期，有这么多的知识分子参与教科书建设，有这么多的出版人进入教科书领域。

三、形成了近代教科书建设的高潮

民国早期的教科书发展，恰遇各种学说、理论思潮风起云涌之际，社会思潮与教科书的发展激荡辉映，如雨后春笋般出现的教科书形成了早期现代教科书发展的高潮——数量上、种类上都创造了中国教科书之最，质量上也达到了中国教科书发展的高地。学堂教科书、书坊教科书，单品教科书、系列教科书，民间教科书、国定教科书，乡土教科书、女子教科书、复式教科书、单级教科书，还有蔡元培、章士钊、刘师培、马君武、冯友兰、胡适等一批著名人士个人编著的教科书，以及学校自编教科书等，如满天繁星，异彩纷呈，满足了不同学校不同师生的发展需求。

1922年新学制颁行后，教科书几乎都使用白话文。同时，教科书也几乎都开始横排印刷。白话文的使用，使得现代教科书以摧枯拉朽之势得以普及。没有海量教科书，任胡适等知识分子如何呼号呐喊，白话文的普及都可能是非常缓慢的。同理，没有白话文，现代教科书就不可能那么通俗易懂迅速大规模普及。虽然新学制下几套重要教科书都是线装和现代装的结合，但是，线装明显只有微弱的份额了。教科书采用白话文与横排印刷推进了整个出版业的现代化进展和教育的大众化。从这个时期开始，教科书装帧逐步走向现代装帧，线装书退出。

这是中国历史上教科书最为丰富多样的一个时代。没有哪一个时期有这么多的社会资源参与中小学教科书建设，没有哪一个时期有这么多知识精英关注中小学生那小小的课本，多特色、多种类、多形式的教科书如潮水般涌来，占领了大大小小的课堂，被千百万学童捧在手中，由此掀起了思想启蒙的高峰。学术相对自由、思想相对开放、兼容并包的大环境，令繁星般的单品教科书与闪烁着智慧之光的大型成套教科书双轨并存，令民间教科书与国定教科书并行不悖，单品教科书各显特色，大型系列教科书气势恢宏。以“共和国教科书”为例，它是民国元年（1912）根据中华民国新政体的要求由商务印书馆迅速推出的，据不完全统计，该大型教科书系列包括初小教科书及教授书20种140册，高小25种118册，中学36种53册。同时，为了既适应新学制秋季始业的规定，又照顾老学校一时难以放弃旧学制春季始业的做法，部分“共和国教科书”又分编为春季用和秋季用两种。仅中学教科书中，历史就有本国史、东亚各国史、西洋史等，地理则有本国地理、外国地理、自然地理、人文地理等，还有植物学、矿物学、动物学、生理学、物理、化学、经济大要、法制概要、普通体操、兵式教练等。又如民国于1912年建立，中华书局同时成立，到1913年初，中华书局就已编撰出版中华系列教科书满足民国学校的需要，其中小学教科书18种74册，小学教授书10种47册，中学教科书21种。普通的民间出版机构，短时间适应新要求而编撰出涵盖了中小学、文理各科的这么多教科书，几乎难以想象。

尽管有人会批评，在这段岁月里，教科书编撰者的专业门槛比较低，稍有专业知识和学术训练的人，都能轻易进入。许多教科书编撰者既是知识分子，也是政治行动者；既有中西兼通的硕学鸿儒，也有才出甚至未出校门的黄毛青年。编写的教科书质量参差不齐，一些教科书非常粗糙，不成系统，缺乏规范，甚至错误多多，等等。虽然从一定程度上说这也是事实，但对教科书这一新兴的学术领域而言，不完全是坏事。相关教科书大量涌现，有鱼目混珠的一面，但更有激烈竞争、大浪淘沙的一面，使得这一领域保有必要的动力与活力。正是这种众声喧哗的局面，这种混杂但生机蓬勃的时代，才得以冲破僵化的旧教育的束缚，才得以突破传统教学用书固有格局的羁绊，才能适应社会急速发展的节奏，吸引更多富有理想和批判精神的知识分子进入教科书领域。

这是中国教科书史上一个十分罕见的年代，各种新式教科书应时而生，在百年中国教育史上留下了浓墨重彩的一笔。此后，中国教科书的发展基本定型，而这黄金年代也成为中国近现代历史上延续时间最长和发展最自由的教科书建设时期。

第四节　蔡元培与中国现代教科书发展

在清末民初加入编辑教书行列的传统士人和新式知识分子中，蔡元培是一位特别值得关注的人物。众所周知，早年的蔡元培是科场上的得意之人，他先后中秀才、举人，光绪十八年（1892），时年 25 岁的蔡元培经殿试中进士，被点为翰林院庶吉士，两年后，即 1894 年得授翰林院编修。时值中日甲午战争，清军败北，割地赔款，让朝野上下倍感蒙羞。在此前后，蔡元培逐渐接触西学，对维新派持有同情之心，他逐渐认清大清政府的腐朽不堪，毅然辞官投身于教育和启蒙事业。

1912年1月，中华民国成立，蔡元培出任第一任教育总长。从辞官到出任教育总长，蔡元培已经度过了14年的艰难岁月。这14年中，丰富的教育实践经历，赴欧留学的深造，再加上对国家和教育事业经久不衰的热情，蔡元培实现了两大转变：一是由传统士人向资产阶级民主革命志士的转变；二是由私塾先生向具有现代教育理念的新型知识分子的转变。[①] 这种转变，使得蔡元培得以在教育总长任上以及在后来的教育生涯中发挥重要的历史性影响。就任教育总长不久，蔡即发表《对于教育方针之意见》一文，提出了军国民教育、实利教育、公民道德教育、世界观教育、美育的“五育并举”的教育宗旨；改学堂为学校，废止中小学读经课，允许初小男女同校，并要求新颁教材务必符合民主共和宗旨等。可以说，无论在教育思想，还是民国初年的教育政策制定上，蔡元培都发挥了巨大的作用和影响力。1916年3月，蔡元培与吴玉章、李石曾等组织华法教育会，致力于推动我国贫寒青年以半工半读的形式赴法国留学，开辟了留学教育的新局面。1916年12月，蔡元培出任北京大学校长，对北大进行全面的改革，将原来腐化堕落、官僚习气严重的北大，逐渐打造成一所以学术研究为本，循思想自由原则，取兼容并包主义的大学。他摒弃门户偏见，中学西学，兼容并蓄，聘请了陈独秀、李大钊、胡适、马寅初、梁漱溟、钱玄同、刘半农、李四光、任鸿隽等“积学热心”的学者来校任教。他采用选课制和学分制，并招收女学生，允许男女同校。一系列的改革措施，使得北京大学成为学术氛围浓厚的高等学府，成为全国高校改革的标杆，成为新文化运动和五四运动的发源地。

也许正是由于蔡元培在这些重大历史关头和重大历史事件中的突出作用和深远影响，让世人难以忘怀，所以，他在教材编写这些相对而言不那么轰轰烈烈的事业中所做的贡献往往难以引起学界的特别关注。其实，在思想启蒙的大潮中，在中西文化的激烈碰撞中，蔡元培很早就充分认识到教科书在培养一代新国民和

---

① 田正平等：《辛亥革命和中国近代教育》，杭州：浙江大学出版社，2009年，第17页。

提升整个民族素质中的重大意义，很早就致力于这一事关启迪民族精神的事业，他主持制定了全新的资产阶级教育制度，包括教科书审定制度，全面废除了清政府学部编写的教科书，组织审定了大量适应民国需要的教科书，力求构建符合共和新时代的中国现代教科书体系，并身体力行，亲自参与教科书的编审，为这一事业做出了不可磨灭的贡献。

一、推动了我国第一套现代意义的教科书的面世

中日甲午战争的惨败、丧权辱国的《马关条约》的签订曾使蔡元培这个年轻的翰林“痛哭流涕长太息”，[①] 于是他潜心于研究西方各国的政治、经济、文化教育，以寻求救国之道。他认为“康党所以失败，由于不先培养革新之人才，而欲以少数人弋取政权，排斥顽旧，不能不情见势绌”[②]。1898 年秋，蔡元培抛弃了世俗所称羡的功名前程，南下从事教育，开始施展他教育救国的远大抱负。

蔡元培返乡后曾先后任绍兴中西学堂监督、剡山书院院长等，在不断的教育实践中，蔡元培非常关注新式教科书的编写。他认为：“清之季世，师欧美各国及日本之制，废科举，立学校，始有教科书之名，为教习者，以授课之暇编纂之，限于日力，不能邃密。书肆诎于资而亟于利，以廉值购稿而印之，慰情胜无而已。”[③] 这种状况非常不利于新教育的发展。1900—1901 年间，蔡元培撰写《学堂教科论》一书。1902 年 4 月，他与蒋智由等人在上海发起成立中国教育会并任会长，明确表示“我国今日学界最缺乏者为教科书，教育会发兴之始，即欲以此自任”[④]。

特别值得一提的是，我国第一套现代意义的教科书就是在蔡元培的倡导、指导和直接参与下面世的。这就是 1904 年商务印书馆出版的“最新教科书”。

---

① 蔡元培：《孑民自述》，南京：江苏人民出版社，1999 年，第 18 页。

② 蔡元培、陈独秀：《蔡元培自述　实庵自传》，上海：中华书局，2015 年，第 48 页。

③ 蔡元培：《商务印书馆总经理夏君传》，《商务印书馆九十年》，北京：商务印书馆，1987 年，第 1 页。

④ 《中国教育会为爱国学社募捐经费致海外侨胞书》，冯自由：《革命逸史初集》，北京：中华书局，1981 年，第 117 页。

对该套教科书，蔡元培不但积极策划，并亲自参与编撰。当时的蔡元培正兼任商务印书馆编译所所长，他提出，废科举、兴学校是大势所趋，编辑新式教科书实为急需，建议商务印书馆由编译转为自编新式教科书。商务印书馆即“依蔡之计划，决议改变方针，从事编辑教科书。此商务印书馆编辑教科书之发端也”①。如前所述，1904年商务印书馆成功推出了我国第一套现代意义的教科书“最新教科书”，该套教科书“开中国学校用书之新纪录”②。它最大的特点：

一是内容上打破了我国传统的以三纲五常为经、以修齐治平为纬的伦理观念，而是从自由、平等、博爱的基点出发，力求体现新时代的特色。二是全面配套教授法，方便和指导教师教学。“最新教科书”是我国最早系统地在学生用书的同时编撰匹配的教师参考书——教授法的一套教科书。三是教科书之间注意横向配合和纵向衔接。

蔡元培不但规划了该套教科书的编撰出版，还亲自参与了其中的《最新初等小学修身教科书》10册、《最新高等小学修身教科书》8册等的编撰与校阅、审订。

二、亲自参与编撰教科书

1907年12月，蔡元培亲自编写的《中学修身教科书》（署名山阴蔡振）出版，共5册。这是蔡元培编撰现代教科书的标志性作品。“本书悉本我国古圣贤道德之原理，旁及东西伦理学大家之学说，斟酌取舍，以求适合于今日之社会立说。”③《中学修身教科书》不但采用了最新的“章节”体例编排，蔡元培还注意在书中糅进了西方一些进步的思想伦理观念，力求为中国的中学生提供一种全面、可行、积极、上进，能体现时代和社会发展要求的修身标准。这套教科书前

① 蒋维乔：《编辑小学教科书之回忆（1897—1905）》，《商务印书馆九十年》，第57页。

② 庄俞：《清季兴学与最新教科书》，陈学恂主编：《中国近代教育史教学参考资料》（上册），北京：人民教育出版社，1986年，第656页。

③ 蔡振编撰：《中学修身教科书》（第一册），1907年，“例言”。

四册讲述实践伦理学专题，即“修己、家族、社会、国家”，第五册讲述理论伦理学，有“良心论、理想论、本务论、德论”等章节，全书开创性地构建了现代伦理学知识体系。同时，他还提出了一系列新观念，表达了希望学生能够时刻以国家和社会的发展为己任的思想。如以体育卫生为本的修身观，本无差等的权利观，非一人之国家观，无高下之职业观等，主张以自由、平等、博爱的原则统率人际关系等，这些观点出现在清朝统治尚未结束时的教科书中，是难能可贵的。①

有意思的是，该套 5 册教科书没有署名“蔡元培”，而是署名“山阴蔡振”（汪家熔先生认为前 3 册署名“商务印书馆编译所”，后 2 册署名“山阴蔡振”。其实有误）。之所以化名为“山阴蔡振”，据说与另一种教科书有关。②

1911 年辛亥革命爆发，蔡元培在受命回国前修订完成《中学修身教科书》，改 5 册为上下两篇。书在 1912 年 5 月出版，框架和初版书相比无大变动，然而封面赫然署名“蔡元培”。此时，他已经是中华民国第一任教育总长了。

1909 年 9 月蔡元培翻译并在商务印书馆出版了德国著名伦理学家泡尔生（F. Paulsen）著的《伦理学原理》，此书曾被许多学校用作伦理学教科书。杨昌济在湖南第一师范学校教书时曾以此书作为伦理学教科书。当时在校读书的毛泽

---

① 石鸥等：《蔡元培与中国现代教科书的发展》，《湖南师范大学教育科学学报》2009 年第 2 期。

② 汪家熔先生在《商务印书馆九十年》（第 481～482 页）中提到，因为 1902 年广智书局出版了中岛力造著、麦鼎华译的《中等教育伦理学讲话》，该书有“国家伦理篇”，这和我国当时的政治制度及政治气候是有所违碍的。蔡先生为该书作序。蔡在序文中极力推崇该书，公然鼓励以这种书取代四书五经：“吾愿我国言教育者，亟取而应用之，无徒以《四书》《五经》种种参考书，扰我学子之思想也。”张之洞见后勃然大怒，说“蔡序尤其谬妄”。为减少出版方的麻烦，也减少作者的麻烦，此套教科书才没有署蔡先生真名。汪先生的依据可能是蔡元培口述、黄世晖记、北大新潮社编印的《蔡孑民先生言行录》（1920）。为什么张之洞对蔡元培的序那么愤慨呢？主要是因为蔡元培早期的革命与民主思想及鼓吹暗杀的主张，以及 1903 年发生的著名的“《苏报》案”，蔡元培受到通缉，不得不出逃。清政府对蔡元培的仇恨一直没有化解过，直到清朝垮台，蔡元培出任民国首任教育总长。又有可靠资料，光绪三十四年（1908），文明书局出版的《中等伦理学》申请学部审定。该书由日本的元良勇次郎著，麦鼎华译，蔡元培作序，虽“文笔俱佳”，但学部评定该书“意在调和中西学说，牵合杂糅，于我国教育宗旨不合”，且“书中载有蔡序一篇尤多谬妄”，所以不但审定没有通过，反而被“下令查禁”。然清学部的此次禁书是 1908 年（因《学部官报》六十六期时在光绪三十四年），而蔡元培的《中学修身教科书》出版是在 1907 年，按理出版在前的教科书不会预测到后一年被查禁的厄运，所以因《中等伦理学》之序而导致的化名说不成立。可能还是 1902 年广智书局出版的中岛力造著、麦鼎华译的《中等教育伦理学讲话》被禁导致蔡元培不敢署真名。但《中等伦理学》被查禁是有据可查的，而《中等教育伦理学讲话》被查禁的官方资料没有查到。当然，也有可能的是，两本书就是同一本书。至于为什么要用“振”，据说是蔡元培借用了夫人黄世振之“振”字，所以化名为“蔡振”。这还需要论证。

东，极爱读这本书，曾在这本约 10 万字的书上，写下了约 1.21 万字的批注。毛泽东还根据《伦理学原理》中的某些观点，加以发挥和批判，写了一篇《心之力》的文章，被杨昌济先生大加称赞，给他打了一百分。[①] 此书对毛泽东之影响，由此可见一斑。

>图 3-7
《订正中学修身教科书》（1912，蔡元培编纂，商务印书馆）

据不完全统计，蔡元培署名编撰或校订、审阅、鉴定的教科书有《中学修身教科书》（商务印书馆，1907），《最新修身教科书（初等小学）》（商务印书馆，1904）、《初等小学本国历史》（上海会文学社，1905）、《最新官话识字教科书（初等小学）》（1907）、《新时代国语教科书（小学校初级）》（商务印书馆，1927）、《新时代国语教科书（初级中学）》（商务印书馆，1928）、《基本教科书国语（小学校初级）》（商务印书馆，1931）、《基本教科书国文教本（初级中学）》（商务印书馆，1932）、《初中国文教本》（中华书局，1930）等。每种教科书少则一册，多则十余册。而且，有蔡元培署名的教材还不时被发现，估计上述数据会不断改写。

① 李锐：《毛泽东同志的初期革命活动》，北京：中国青年出版社，1957 年，第 41 页。

三、积极倡导白话文教科书

在白话文倡导与普及之前，书面语基本用文言文书写，文言文语法艰深，语义玄奥，很不利于普通人的学习和掌握，遑论儿童了。所以，民国政府以及谋求教育救国的知识精英，要想实现教育普及的宏愿，非克服语言这一障碍不可。早在任职南京国民政府教育总长时，蔡元培就赞成文学革命，积极支持和倡导白话文，他在 1912 年 7 月召开的全国临时教育会议开幕词中就提出要国语统一，并指出改革教科书文体的必要：“吾国今日欲图教育之普及，必自改良教科书始。欲改良教科书，必自改良今日教科书之文体。”①

1917 年，蔡元培和李石曾等人在北京创办孔德学校。第二年春天，蔡元培召集学校教员召开教育研究会议，讨论教科书的问题。胡适、钱玄同、徐悲鸿、沈尹默等人参加了这次会议，会议最终决定孔德学校教科书用白话文编写。② 于是，1918 年孔德小学用上了第一本白话文国语教科书，该书以“新教育研究会”的名义出版，编者有钱玄同、沈尹默等人，并由著名书画家徐悲鸿亲自为该书配图。该册国语课本开头不教生字，而是先教注音字母，这也是孔德小学教科书的一大创举。据钱玄同在《新青年》第 6 卷第 6 号（1919）的通信中说：“去年蔡孑民先生在北京办了个孔德学校，先把那国民学校第一年级改用国语教授，由我们几个人编了一本《国语读本》第一册；据教的人说比用坊间出版的国文教科书，学生要容易领会得多了。”可见，这本白话文教科书还是收到了良好的效果。根据第一学年结束后反映颇佳的效果，孔德小学又陆续编写了其他各年级的国语课本，编者也没有发生大的变化。他们以商务印书馆出版的课本为蓝本，从中挑选课文，加以审定，并用白话重写，加标点注音，然后油印成活页讲义发给学生用。1920 年 10 月，周作人又向学校建议，让小学生读有文学趣味的白话作品。

① 《发起国语研究会请立案呈》，1919 年 1 月，高平叔编：《蔡元培全集》（第三卷），北京：中华书局，1984 年，第 255 页。

② 蔡元培：《教育研究会讨论修订教科书问题的记录》，高平叔编：《蔡元培全集》（第三卷），第 167 页。

此后孔德学校的小学和中学国文教材就由周作人、钱玄同、沈尹默主持，从新出版的书报杂志中选择内容，有童话、故事、小说、散文、短剧、论述文等。教材是活页讲义，每年都有变更，不断增添新文章（孔德学校不用书局出版的语文教科书，自己编选教材，有近20年的历史，直到1937年七七事变后，孔德学校才用书局出版的课本）。正是在蔡元培的主持和推动下，孔德学校试验性地尝试用白话文编写教科书和使用注音字母，为以后的白话文教科书的推广积累了经验。

白话文教科书在中小学的正式使用，标志着中国教科书发展进入一个新的阶段。如果说科举的废除标志着国家在制度上扫清迈向现代教育的一大障碍，那么文言文的退出和白话文的推广将从观念、语言上更深层次地影响中国教育。从这点看，民国时期白话文教科书的推广和使用具有划时代的历史意义。

四、奠定了民国教科书制度基础

1912年1月，蔡元培任中华民国首任教育总长。上任伊始，蔡元培不仅提出了“五育并举”的教育方针，促进了民主共和教育宗旨的颁布及“壬子—癸丑学制”的形成，而且在指导思想、制度设计、改革策略各层面为中国现代教科书的发展奠定了一个全新的基础。

首先，禁用清学部颁行之教科书，为民国教科书发展铺平道路。南京临时政府教育部成立后，蔡元培面临的棘手问题是如何使各地学校的混乱局面尽快恢复正常，并清除清朝制度的残骸，传播民国共和的思想。有鉴于战争中各地教育省“各自为令，不免互有异同，将使全国统一之教育界，俄焉分裂，至为可虑”的状况，教育部于1912年1月19日下令，明确要求“小学读经科，一律废止”“凡民间通行之教科书，其中如有尊崇满清朝廷，及旧时官制、军制等课，并避讳抬头字样，应由各该书局自行修改，呈送样本于本部及本省民政司、教育总会存查。如学校教员遇有教科书中不合共和宗旨者，可随时删改，亦可指出呈请民政司或教育部通知该书局改正”。“凡各种教科书，务合乎共和民国宗旨，清学部颁行之教科书，一律禁用。”[①] 清政府统治期间教科书的废除，为民国教科书进入学校扫平了障碍。

其次，在禁止的同时，迅速强化建设。建设需要引导操作，引导操作莫过于课程标准。教育部同时颁布《普通教育暂行课程标准》，全力从课程内容上改造封建教育，建立民国教育内容体系，引导课程与教科书建设。课程标准规定了初等小学之科目为“修身、国文、算术、游戏体操，视地方情形，得加设图画、手工、唱歌之一科目或数科目。女子加课裁缝”。高等小学之科目为“修身、国文、算术、中华历史、地理、博物、理化、图画、手工、体操（兼游戏）”[②]。同时规定，“小学手工科，应加注重”“高等小学以上体操科，应注重兵式”“初等小学算术科，自第三学年起，兼课珠算”。[③] 从此，课程标准开始主导教科书发展，并一直贯穿整个民国时期。

当时建设的重点是教科书制度的构建。蔡元培任教育总长后很快就成立了编纂、审查二处，主要职责是：撰述教育方面必要之书，编辑本国教育法令，编译外国教育法令，审查教科书及用品。同时，颁布《审定教科书暂行章程》，并通饬各书局将出版各种教科书，送部审查。[④]《审定教科书暂行章程》规定：

1. 审定教科图书，在本部各学校令未颁发时，得依据本部普通教育暂行办法通令编纂。

2. 图书发行人，应于图书出版前，将印本或稿本呈请教育部审定。[⑤]

机构的设置与《审定教科书暂行章程》的颁布，表明在蔡元培的影响下，民国教育部正努力建设教科书审定制度。为了维护审定教科书的权威性，教育部又通告各书局：“凡有经本部审定之图书，须照审定教科书暂行规则第九条办理，非照本部签示修改刊印者，不得称为审定本，不得自登本部审定之广告。”[⑥]

①② 转引自朱有瓛主编：《中国近代学制史料》（第三辑上册），第 2、3、4 页。

③ 教育部：《普通教育暂行办法》（第 4 号），《临时政府公报》，1912 年。

④ 教育部：《教育部通饬各书局教科图书审查》，《教育杂志》第 4 卷第 4 期，1912 年。

⑤ 教育部：《审定教科书暂行章程》，《教育杂志》第 4 卷第 4 期，1912 年。

⑥ 国家图书馆：《（民国）教育部文牍政令汇编》（第一册），北京：全国图书馆文献微缩复制中心，2004 年，第 55～56 页。

紧接着，教育部在北京召开全国临时教育会议，正式决定中小学教科书实行审定制。会议讨论并通过了《教科书审定办法案》《各省图书审查会规程案》。1912年9月13日，教育部对《审定教科书暂行章程》进行了修正，颁布了《审定教科用图书规程》，其基本要点如下：

1. 初等小学校、高等小学校、中学校、师范学校教科用图书，任人自行编辑，惟须呈请教育部审定。

2. 编辑教科用图书，应依据小学校令、中学校令、师范教育令。

3. 教科用图书，为初等小学校、高等小学校，编辑者得以教员用、学生用二种，呈请审定。为中学校、师范学校，编辑者专以学生用一种，呈请审定。

……

9. 凡图书已经审定后，若变更其内容，发行人须于六个月内重呈审定，逾期即失审查效力。①

1927年11月，中华民国大学院议决修正通过《教科图书审查条例》并呈请国民政府核准通过。②《教科图书审查条例》的基本要点如下：

1. 中小学所采用之教科图书，非经中华民国大学院审定者，不得采用或发行。

2. 小学校及中等学校现在所采用之教科图书，如大学院认为不适当时，得通令各省区教育行政机关转饬所属各学校不得采用，并得禁止其发行。小学校及中等学校现在所采用之教科图书，如大学院认为其有不适当之处，得签示要点，酌定期限，饬令发行人或编辑人遵照修改，逾期不修正呈核时，得依前项办法处理之。

……

14. 图书审定后，如经过两年时期，经大学院认为不合时宜者，得取消其审定效力，但须在每学年开学期之三个月前行之。

---

① 璩鑫圭、唐良炎编：《中国近代教育史资料汇编·学制演变》，上海：上海教育出版社，2007年，第476～477页。

② 大学院：《大学院教育行政处处务会议录》，《大学院公报》第1年第2期，1928年。

15. 凡未经审定或依前列各条已失审定效力之图书，书面上不得载有大学院审定字样。违犯前项之规定，或对于禁行发行人之命令故不遵守者，科以法律上相当之处罚。[①]

正是在蔡元培等人的不懈努力下，我国中小学教科书逐步走上了规范化制度化的审定制的轨道，构建了一套比较完整的教科书审定制度，为教科书多样化提供了制度基础，适应了民国区域发展极不平衡、师生水平参差不齐的局面，为民国人才培养创造了良好的课程与教材支持机制。

除了积极参与中小学教科书的编写出版及其变革，蔡元培还是我国最早的大学教科书本土化的倡导者。

纵观蔡元培的一生，从早期执教于中国新式教科书的发轫重镇南洋公学以及澄衷学堂，到拟定商务印书馆出版现代教科书的基本方针，直接推动了中国第一套现代意义教科书的产生；从出任国民政府教育总长，积极制定教育方针与制度，引发民初民主共和教科书的繁荣，到积极推动国语运动，使白话教科书最终取代文言文教科书，并推动大学教科书的发展等，中国现代教科书发展史上的许多关键事件都和蔡元培的倾力投入分不开。

小课本，大启蒙，蔡元培站在国家和民族命运的高度，清晰地意识到教科书对新一代人的影响，并义无反顾投身于实践中，他以强烈的历史感和高瞻远瞩的自觉意识，在中西文化交流大潮中审时度势，极大地推动了现代教科书发展的历史进程。

---

① 大学院：《教科图书审查条例》，《大学院公报》第1年第1期，1928年。

第四章　三民主义教育与教科书的模式化

清末到民国前期，知识界、教育界具有一定的自主权，历届政府并没有过多也无暇过多地干涉学术的发展，加上各种思潮纷至沓来，由此形成了近代教育历史上教科书受各种新思潮、新主义影响，发展最开放、最活跃的时期之一。然而这种宽松的氛围并没有延续很久，1924 年孙中山采取新的三大政策后，在苏联顾问的指导下，加强了国民党对各领域的控制。在思想领域，期望构建以“三民主义”为核心的主流意识形态。特别是 1927 年蒋介石南京政府成立后，进一步强化国民党意识形态的主导地位，大力实行“党化”，编写党义教科书，通过教科书阐释党义，维系国民党的正统地位，极力消除各种“异端思想”的传播。于是，各有特点与风格的教科书迅速消失，教科书种类大幅度减少，教科书的丰富性越来越弱。教科书形制日益统整，日益模式化，部分教科书逐渐板起了正规的、严肃的面孔，自此近代教科书发展失去了独立自由的局面，被全面纳入国家权力的控制范围。教科书的发展告别黄金时期走入了相对平稳时期，这也是意识形态控制逐渐严格的时期。到 20 世纪 40 年代，这个转变完全实现，再也看不到教科书发展那略带一些野性、新鲜劲、创新气势的局面了。教科书黄金时代彻底结束。

第一节　从党化教育到三民主义教育

南京国民政府建立之前，思想界空前活跃，各种思潮、运动、主义风起云涌。然而随着孙中山改组国民党，转向苏联学习以党治国的组织方法和理论，一种官方意识形态开始以合法、正统的姿态出现，以达到凌驾其他主义思想之上的目的。

一、党化教育的强势确立：进课程进教材

1922 年 9 月，孙中山开始重新改组国民党。

1923 年 11 月 25 日，孙中山在对国民党党员的演讲中提出，革命“其所以久而不能成功者，则以组织未备，训练未周之故”，并指出“吾等欲革命成功，要学俄国的组织和训练，方能有成功的希望”。① 1924 年 1 月，孙中山在广州主持召开中国国民党第一次全国代表大会，把旧三民主义发展为新三民主义，确立了“联俄、联共、扶助农工”的三大政策，并指出自此国民党的一切举措将以党纲为准，以国民党党义为建设中华民国的最高准则。在苏联顾问的指导下，国民党加强了在各个领域的控制，正式提出了“以党建国”“以党治国”的政治理念。在思想教育领域，实施党化教育，期望构建以“三民主义”为核心的主流意识形态。

孙中山对“以党治国”解释道：“所谓以党治国，并不是要党员都做官……是要本党的主义实行，全国人都遵守本党的主义，中国然后才可以治。简而言

① 中国人民大学中国革命史教研室编：《第一次国内革命战争时期的统一战线》，北京：高等教育出版社，1957 年，第 17～24 页。

之……是用本党的主义治国。”[①]

在新政治举措的引领下，孙中山领导并加强了对国民党及其党义的宣传力度，按照孙中山的说法，“党的改进以宣传为重，宣传的结果，便是要招揽很多好人为党做事”[②]。“教本党以外的人都明白本党的主义，欢迎本党的主义，然后本党施行主义便无阻力，便无反抗。”[③]孙中山号召每个国民党党员担负起奋斗和宣传的使命，他说：“凡属党员，皆负有一种责任，人人皆为党而奋斗，人人皆为党的主义而宣传。一个党员，努力为党主义宣传，能感化一千几百人。此一千几百人，亦努力为党主义宣传，再能感化数十万人或数百万人。如此推去，吾党主义自能普通于全中国人民。此种奋斗，可谓之‘以主义征服’。”[④]从 1924 年 1 月 27 日到 8 月 24 日，孙中山在广东高等师范学校礼堂专门宣讲三民主义，共讲了 16 次。

为了扩大宣传，国民党在广州专门制订了宣传大纲，口头上利用演讲，同时发行报纸、杂志，散发广告，创作小说，通过各种形式进行宣传。宣传的内容包括三民主义、五权宪法、国民党宣言及政治纲领等。

为了扩大宣传，国民党要求党化教育进课程进教材。1925 年 10 月，国民党党籍校长会召开全体大会并做出决议：“本党以党建国，各校直接政府之指挥，即间接受之指挥，各校课程应加入孙文主义一科，阐明党义。……本党出版物，为宣传利器，各校内之各级党部，宜多备数种，以广宣传。”[⑤]

1926 年 2 月，广州特别市党部青年部为了贯彻“以党义训育青年”的方针，并鉴于全市学校，自春季入学开始，要增设三民主义课程，特发布通告，招考党义教员。[⑥]

1926 年，广东国民革命政府成立教育行政委员会，提出“党化教育”的口

---

①③④ 广东省社会科学院历史研究所等合编：《孙中山全集》（第八卷），北京：中华书局，1986 年，第 282、284、432 页。

② “中国国民党中央委员会中央党史史料编纂委员会”编辑：《国父全集》（第三册），台北：“中央文物供应社”，1973 年，第 236 页。

⑤ 《党籍校长会开全体大会》，《广州民国日报》1925 年 10 月 31 日，第 11 版。

⑥ 熊秋良：《从政治动员的角度看国民党改组后的“党化教育”》，《江苏社会科学》2004 年第 4 期。

号。1926年5月，广东省第六次教育大会召开，会议通过了《党化教育决议案》，规定：学校增设政治训育部，施行政治训育，使学生有明确的政治观念，全省中上学校全由中国国民党党部介绍训育人员；组织中国国民党童子军；举行总理纪念周与政治报告；规定三民主义为必修课，每周时数至少要占50分钟，高级小学以上学校加授政治教育、社会科学及三民主义，每星期共需150分钟以上；并提出请教育行政委员会即行审查各校现行教科书，有悖于中国国民党的党义及政策者，应令抽出，不准讲授，此后新编教科书，应以中国国民党的党义和政策为中心。①

1927年5月，蒋介石正式发出实行“党化教育”的号召。此后，“党化教育”开始向全国推行。

1927年8月，国民政府教育行政委员会制定的《国民政府教育方针草案》指出：“所谓党化教育就是在国民党指导下，把教育变成革命化和民众化，换句话说，我们的教育方针要建立在国民党的根本政策上。国民党的根本政策是三民主义、建国方略、建国大纲和历次全国代表大会的宣言和决议案。”②

1928年2月，国民政府大学院公布《小学课程暂行条例》，增设三民主义和党童子军等科，三民主义和公民科目并行授课。该年8月公布的《小学课程暂行标准》，将“三民主义”改为“党义”，自民国成立即确立的公民课程被取消。

1928年10月，国民党中央通过的《党治教育实施方案》规定：教育宗旨应根据国民党的“主义”确定；与国民党党义有关的各种教育职务（如全国及各省教育行政长官，国立、省立党校校长，及各校训育主任、党义教师等），应由具备相当资格的国民党忠实党员担任；各级党部要遵照中央的规定，对各该地教育行政机关实施党治教育的情况进行指导和监督，同时，还要调查统计各该地在党治教育实施方面的成绩，以资考核；各级教育行政机关既有执行党治教育的责

---

① 《全省教育大会通过党化教育决议案》，《广州民国日报》1926年5月10日。

② 韦悫拟：《国民政府教育方针草案》，舒新城编：《近代中国教育史料补编》，上海：中华书局，1927年，第8～9页。

任，又有指导和监督其下属机关和学校实施的责任等。[①]

为了宣传"党义"、推行党化教育，国民党中央又制定了《各级学校党义教师检定委员会组织条例》《检定各级学校党义教师条例》，从组织上规范党义教师任教资格。

1928年8月，大学院颁布的《各级学校增加党义课程暂行通则》规定：各级学校除在各种课程内融会党义精神外，须一律按本通则之规定增加党义课程；小学校注重使儿童对于党义得具体观念，中等学校注重使学生对于党义得正确认识；各级学校党义课程之教授时间，每周至少两小时；各种党义课程之教本须由中央训练部会同全国最高教育行政机关编审颁行之。[②]

1930年3月，又通过《实施三民主义乡村教育案》，要求加紧训练乡村师资，大力开办乡村学校，以把国民党党义推行到全国乡村。[③]

1931年9月，国民党第三届中央执行委员会第17次常务会议通过了《三民主义教育实施原则》，初等教育的目标，是"使儿童整个的身心融育于三民主义之教育中"；中等教育则规定，"确定青年三民主义之信仰，并切实陶冶其忠孝仁爱信义和平之国民道德"。[④]

自此，国民政府的"党化教育"布局基本完成，各级学校教育已完全置于国民党的强势控制之下。党化教育的思想逐渐成为南京国民政府成立后的官方教育方针。

广东国民革命政府正式提出的"党化教育"举措，涉及范围全面而具体，是当时国民党宣传体系的重要组成部分。在《党化教育决议案》中，国民革命政府不仅明确平民化和革命化的教育宗旨，而且增加政治训育部和增设三民主义为必修课，以及对相关课程的课时都做了详细规定。尤其值得注意的是其对教科书的

---

① 上海法学编译社编：《中华民国国民政府法令大全七·教育》，上海：会文堂新记书局，1931年，第231页。

②③ 中国第二历史档案馆编：《中华民国史档案资料汇编·第五辑第一编教育》，南京：江苏古籍出版社，1994年，第1022～1024页。

④ 教育部编：《师范教育法令汇编》，上海：商务印书馆，1926年，第8页。

关注和严格把控，课本必须符合国民党党义，以国民党的各项政策为编写依据。

二、党化教育的退出和三民主义教育的出场

党化教育的强制性实施，引来了种种批评声。国民党内部也表达了对党化教育的担忧。批评主要集中在两方面：一是认为党化教育压制思想自由；二是认为党化教育概念不清晰，不便实行。

担心党化教育压制思想自由的主要代表人物有胡适、任鸿隽等。胡适认为党化教育会破坏思想自由的氛围，呼吁“取消统一思想和党化教育”①。任鸿隽曾做过北大教授、教育部司长，是著名的科学教育的倡导者。党化教育实施后，任鸿隽发表《党化教育是可能的吗?》一文，引起了很大的反响。任鸿隽认为党化教育是不可能的，理由主要有两方面。一是从两者的目的看，“教育的目的与党的目的完全不同。大概说来，教育的目的，在一个全人的发展，党的目的，则在信徒的造成。教育是以人为本位的，党是以组织为本位的。在党的场合，设如人与组织的利益有冲突的时候，自然要牺牲人的利益以顾全组织的利益”。任鸿隽批评国民政府教育部，认为他们不关心如何发展教育，改良教育，而“小学的党义教科书，却非有不可。教科书与党义有不合的地方，非严密审查不可。老实说来，教八九岁的小孩们，去念那些什么‘帝国主义’‘不平等条约’‘关税自主’的教科文字，不但不能得他们的理解，简直于小孩们心灵的发展有重大的妨害”②。在任鸿隽看来，这就是党化教育必然会带来的后果。

第二，任鸿隽以反证法来证明“党化教育是不可能的”，“设使党的主义或主张，可借教育以宣传，也不失为党化教育的一个大理由。关于这一层，我的答案是：在特殊的情形下，是可能的；在普遍的情形下，是不可能的。但是党化教育的目的，当然在普遍而非特殊，所以我们的答案还是一个不可能。我们所谓特殊的情形，譬如现今的党务学校、中央政治学校之类。以这样特别组织的学校来宣

① 赵慧峰：《简述人权运动时期的胡适思想》，《民国档案》1996 年第 2 期。
② 任鸿隽：《党化教育是可能的吗?》，《独立评论》1932 年第 3 期。

传党义，自然是可能的。不幸我们现在要党化的学校，不是这样的一类，而是全国一般的由小中以至大学程度的学校。在这些学校里面去宣传党义，便立刻有许多问题发生。我们曾经听见中小学校的党义教课，怎样的学生不感兴趣；大学校的党义教员，怎样的被学生轰了又轰，赶了又赶。这不见得是因为教员的不济，而是因为党义这一门功课，实在不为学生所欢迎。党义不为学生所欢迎，也不是党义之过，而是凡挟贵得势的主义，所必得的结果”[①]。任鸿隽从教育与政党目的的不合以及历史上“凡挟贵得势的主义”都会走向衰落，以此论证他的观点，即“党化教育是不可能的”。

到底什么是“党化教育”？有的人认为“党化教育”就是教育要革命化、人格化、民众化、社会化、科学化；有的人认为“党化教育”就是使中国的教育国民党化；还有的人认为“党化教育”实际乃训政之别名；等等。[②]

归根结底，“党化教育”难以服众：其一，本身概念含义笼统，容易产生分歧，这样执行起来就会出现混乱；其二，党化教育让民国大批抱有民主进步思想的人士不舒服，他们担心这民主共和的政体以及自由活跃的思想氛围会让步给一个政党的政治目的。须知教育领域一直是这些人耕耘、捍卫的领地，教育独立、教育现代化也是他们一直追求的目标，而国民党想控制教育，让这些民主自由人士不得不起戒心。

认为党化教育概念不清晰的代表人物有国民党元老吴稚晖。吴稚晖认为“党化教育”含义模糊，容易被误解和被利用，他主张把“党化教育”改为“三民主义教育”。[③]

最终“党化教育”没能维持太久，在种种批评和质疑声中，1928 年 5 月中华民国大学院第一次全国教育会议决议，“‘党化’二字，内容既不确定，出处亦不明了，总理著作，大会决议，均无此名……名不正则言不顺……”，因此停止使用“党化教育”，而改作“三民主义教育”。大会通过了《三民主义教育宗旨说

① 任鸿隽：《党化教育是可能的吗?》，《独立评论》1932 年第 3 期。
② 舒新城编：《近代中国教育思想史》，上海：中华书局，1928 年，第 380 页。
③ 吴稚晖文，《民生报》1928 年 2 月 23 日。

明书》，解释道：“三民主义教育就是以实现三民主义为目的的教育，就是各级行政机关的设备和各种教学的科目，都是以实现三民主义为目的的教育。”①

可见，“党化教育”虽然被改作“三民主义教育”，但“党化教育”的实质没变，“党化教育的进行，仍是目前的一个事实”②，这个事实就是国民党借用政治权力过分干预教育，以达到统一思想和控制教育的目的。

第二节　三民主义教育宗旨下的教科书发展

在党化教育和三民主义教育的强势推行下，课程、教科书都不得不紧密跟进，事实上，如果不跟进，就会被逐出学校，逐出教科书市场。特别是1927年南京国民政府成立后，为了维护国民党的“一党专制”正统地位，国民党在中小学大力实施党化教育，控制与利用教科书作为党化教育的有力工具。主要有以下三大举措：

一、设置并实施相关课程

1928年10月，国民党中央通过《党治教育实施方案》，在这一方案中，国民党作为一个执政党进一步加强了对教育的控制，该方案再次强调教育宗旨应以国民党的“主义”为根据确立；教育制度应该根据“建国大纲”制定；国民党党

① 沈云龙编：《近代中国史料丛刊续编》（第43辑），台北：台湾文海出版社，1966年，第29页。

② 任鸿隽：《党化教育是可能的吗？》，《独立评论》1932年第3期。

义有关的各种职务（如全国及省级教育行政长官），应该由具备相当资历的国民党忠实党员担任。同时，该方案还要求各级教育行政机关加强对党治教育的监督和考核。

1928年秋，《各级学校增加党义课程暂行通则》由大学院颁布，其明确规定："第一条：为使本党主义普及全国并促进青年正确认识起见，各级学校除在各种课程内融会党义精神外，须一律按本通则之规定增加党义课程。""第八条：各级学校党义课程之教授时间，每周至少两小时。""第十条：各种党义课程之教本须由中央训练部会同全国最高教育行政机关编审颁行之。"①

课程设置了，执行得如何呢？考试可以检验。1928年6月1日，中华民国大学院通告将于6月16日举行全国公、私立专门以上学校三民主义考试。

就这样，随着国民党对教育干预和控制的加强，三民主义教育逐渐发展成官方正式的教育方针体系。1929年3月，国民党第三次全国代表大会确定教育方针的制定"必须以造成三民主义的文化为中心"②，会议通过的《确定教育宗旨及其实施方针案》规定："中华民国之教育，根据三民主义，以充实人民生活，扶植社会生存，发展国计民生，延续民族生命为目的；务期民族独立，民权普遍，民生发展，以促进世界大同。"③并对各级各类学校的实施提出了具体要求：

"1. 各级学校之三民主义教育，应与全体课程及课外作业相贯连，以史地教科阐明民族之真谛，以集团生活训练民权主义之运用，以各种生产劳动的实习培养实行民生主义之基础，务使智识道德融会贯通于三民主义之下，以收笃信力行之效。2. 普通教育，须根据'总理遗教'，以陶融儿童及青年'忠孝仁义信义和平'之国民道德。3. 中等学校及大学专门学校，须受相当之军事训练，以锻炼强健之精神、养成规律之习惯为主要任务。"④为此，对各级各类学校贯彻实施三民主义教育从课程设置上做出了规定。在专门的三民主义教育课程中，小学设置

① 台湾师范大学学术研究委员会编：《明日的公民——教育的回顾与展望》，台北：台北幼师文化事业公司，1983年，第38页。

②③④ 教育部编：《第一次中国教育年鉴・甲编教育总述》，上海：开明书店，1934年，第10、10、8页。

三民主义、党童子军课程，中学开设党义、军事训练科目（其中，“党义”自1932年后改为“公民”或“公民训练”），高等学校也设三民主义或党义为必修课程。1931年5月12日，《中华民国训政时期约法》获得通过，“三民主义”正式被确立为中华民国教育的根本原则，三民主义教育宗旨最终得以以法律的形式被确立下来。

种种对教育干预和控制的加强都说明三民主义教育与党化教育并无本质的不同，这以后，民国教育的政治色彩显著增强。

二、严厉审定教科书

为落实党化教育，最重要的手段之一是控制教科书，确保教科书为党义宣传服务。南京国民政府成立后即着手建立严格的教科书审查制度。南京国民政府规定，各种教科书必须经严格审查后才可采用；所有审查工作由国民党中央统一负责；审查的基本标准为：所有教材必须符合国民党党义。①

早在1927年8月，国民政府教育行政委员会在实施党化教育草案中就规定：“要把学校的课程重新改组，使与党义不违背又与教育学和科学相符合，并能发扬党义和党的政策”，并要求“赶促审查和编著教科用图书，使与党义及教育宗旨适合”。另外，委员会还通过了《组织教科书审查会章程》，饬令各书店限期将小学用新学制国文、国语、公民、社会、常识、历史、地理各教科书呈会听候审核。②

1927年10月，中华民国大学院宣告成立，取代教育行政委员会，并于12月公布了《教科图书审查条例》，言明中小学教科书“非经中华民国大学院审定者，不得发行或采用”，教科书“以不背党的主义、党纲及精神，并适合教育目的、

① 《教育部训令第754号：凡教科图书概归本部审查令仰遵照》，《广西教育公报》第3卷第10号，第3页。《审查教科图书共同标准》，1929年1月22日教育部订定，中国第二历史档案馆编：《中华民国史档案资料汇编·第五辑第一编教育》，第92页。

② 李兴华主编：《民国教育史》，上海：上海教育出版社，1997年，第489页。

学科程度及教科体裁者，为合格”。[①] 1928 年 4 月，国民党中央训练部先后两次致函各大小书店，要求各店把所出版的有关党义书籍，各检一份送部审核，并规定所有书籍须经审查后方可发行。[②]

1928 年 10 月，大学院废止，教育部恢复，并于 1929 年 1 月 28 日颁布《教科图书审查规程》《审查教科图书共同标准》，进一步加强和细化了对教科书的审查，特别强调教科书必须“适合党义，适合国情，适合时代性”[③]，强调“以三民主义为教科书的中心思想”。除了编写专门的党义教科书，“凡足以羽翼三民主义的作品，皆定为学生的课外参考书。除党义课程外，凡学校各项功课皆须与党义相联络，组织成一整个系统的党化课程”[④]。

有关各种党义课程的教科书，必须由中央训练部会同全国最高教育行政机关编审颁行。[⑤] 为防止各校教员在其所编讲义中加入“反动内容”，1929 年 5 月，教育部又训令各省对各级学校教员自编的文学和社会科学讲义严加审查。[⑥] 1930 年 6 月，国民党中央颁布《中央训练部审查党义教科用书暂行办法》，审查范围为各级学校党义教科书；审查标准规定以“总理全部遗教为最高原则，以国民党历次全国代表大会宣言决议案及第三届历次中央全体会议宣言及决议案为依归”；审查手续分两步：先由教育部初审，然后送中央训练部终审；因大学教材更新较快，所以特别强调，大学及专门学校的党义教科用书可随时审查，不限日期。[⑦]

根据南京国民政府和国民党中央的相关规定，各省也相继制定了实施细则。如河北省规定，全省各级学校，于每学期开学后一月内，应将各种党义课本或讲义大纲，送由各该地党部汇转省训练部审核，“其有曲解、误解国民党主义、政

① 大学院：《教科图书审查条例》，《大学院公报》第 1 年第 1 期。

②⑦ 中国第二历史档案馆编：《中华民国史档案资料汇编·第五辑第一编教育》，第 1110～1122、1112～1114 页。

③ 教育部编：《第一次中国教育年鉴·乙编》，上海：开明书店，1934 年，第 98～99 页。

④ 陈青之：《中国教育史》，北京：中国社会科学出版社，1930 年，第 792～793 页。

⑤⑥ 《河北省立大名师范学校档案》，河北省档案馆藏，全宗号 645，目录号 1，卷号 35，第 19～20、60～64 页。

策及其他迹近反动理论者，得令其停授”[①]。南京市对党义书籍的检查也非常严格。1931年，南京市党部和教育局联合对全市《新时代初中三民主义教科书》等27种党义书籍进行了一次大规模的检查。共检查书籍125起，其中受到撕毁、没收等“处分”的27起；“暂卖待修正”26起；“暂准发行”或“暂准代销”共7起；“售完后不再代售”4起，“已停售”2起。[②] 50%的书籍被封杀或限制，审查之严厉可见一斑。广州市更是早在1926年12月就封杀了世界书局的《三民主义教科书》，理由有：图书用五色旗，不用党旗，殊属荒谬；三民主义之定义未有解释，其精义更多遗漏；词旨隐约，有譬无喻，令读者不能明了主义之精要；言民族主义而不提起民族奋斗之精神，有仰人怜护救助之意，未免颓丧国民革命之品格。通令各校不得采用该读本、各书局书店停止发卖该读本，该项教科书被从严禁止。[③]

国民党的这一做法说明其很看重教科书的价值。教科书是一种确立权威、实施规训的机制，往往与秩序、认同、归属感、共同体、国家相联系，有塑造经典偶像的功能。同时教科书也是一种排斥机制，即它排斥异己，排斥不符合主流意识形态的东西。尤其教科书是读者最多、读者最年轻、最容易受影响、影响又最深远的文本。所以，抓住教科书，就等于抓住了影响年轻人甚至影响广大民众的最重要的工具。

三、以党化教育为宗旨的教科书

面对这一“戒严”般制约，各大书局不得不迅速推出以“党化教育”为宗旨的教科书，包括三民主义教科书和党义教科书两大类。

---

① 《全省党义教育实施计划大纲》，1929年10月，《河北省立大名师范学校档案》，河北省档案馆藏，全宗号645，目录号1，卷号35，第39～45页。

② 《国民党南京市党部检查市区学校与书店有关三民主义教科用书经过的文件》，1931年11月，中国第二历史档案馆编：《中华民国史档案资料汇编·第五辑第一编教育》，第1119～1123页。

③ 《令教育局、公安局准教育行政委员会函：请禁止各书坊发售三民主义教科书由（令第1083号）》，十五年（1926）十二月十四日，《广州市市政公报》1927年第252期。

（一）三民主义教科书

＜图 4－1
《新时代国语教科书》（第七册，1927，胡贞惠编，商务印书馆）

＞图 4－2
《新时代三民主义教科书》（第四册，1928，李杨编，商务印书馆）

1. “新时代教科书”

1927 年商务印书馆陆续出版“新时代教科书”，包括《新时代三民主义教科书》等，教科书“完全根据三民主义的教育宗旨编纂而成”[①]。蔡元培、朱经农、王云五、吴稚晖、竺可桢、胡适、何炳松、周昌寿等参与了这套教科书的编撰工作，同时又有一批耀眼的人物进入教科书编校队伍。如：《新时代三民主义教科书》（初级中学）即由著名学者、社会活动家胡愈之编著，《新时代高级中学教科书化学》教科书由郑贞文编写，竺可桢参与了《新时代高级中学教科书天文学》的编撰。

截至 1927 年 8 月，商务印书馆共出版“新时代”初级小学用教科书 9 种 72 册，教授书 8 种 60 册。[②] 其中包括三民主义教科书 8 册、党义教科书 8 册、国语教科书 8 册、社会教科书 8 册、常识教科书 8 册、算术教科书 8 册、自然教科书 8 册等。截至 1927 年 6 月，共出版“新时代”高小用教科书和教授书分别各 4 种各 16 册。[③] 初级中学部分包括三民主义教科书 3 册、综合编制三民主义教科书 3

① 丁尧章等编：《新时代教科书样本》（小学校用），上海：商务印书馆，1929 年。
② 王强编：《新时代常识教科书》（初小第二册），上海：商务印书馆，1929 年，封二。
③ 王强编：《新时代常识教科书》（初小第四册），上海：商务印书馆，1929 年，封二。

册、国语教科书6册、本国史教科书2册、世界史教科书2册、本国地理教科书2册、世界地理教科书2册等。

“新时代教科书”依据三民主义的教育宗旨编写而成，在内容上，提倡党义及三民主义，政治色彩显著加强。高级小学用《新时代三民主义教科书》明确说明：“根据孙中山先生所著之《三民主义》，兼参考孙先生手定之《建国大纲》《建国方略》及其重要演说，又国民党之宣言及重要议决案，编为教科书形式。”① 编者认为，《新时代三民主义教科书》初小共8册，“适合儿童教育之范围内尽量提倡党义”②，对初小可谓全部覆盖。以初小第八册为例，其目次可以反映国民党政治思想在课本中的统治地位：

三民主义的发明者（一）、三民主义的发明者（二）、中国国民党的历史（一）、中国国民党的历史（二）、中国国民党的历史（三）、中国国民党的政纲、取消不平等条约、确定自治单位、实行普通选举、厘定考试制度、确定人民的自由权、改革军制、严定税额、改良农村组织、扶助劳工、男女平等、普及教育、解决土地问题、兴办国有实业、建国的三个时期。③

而高级小学用《新时代三民主义教科书》则分册专门介绍三民主义：高小第一册专讲民族主义，第二册专讲民权主义，第三册专讲民生主义，第四册则讲孙中山事略、国民党党史以及国民党对外政策、建国大纲、建国方略大概。

教科书政治性的加强并未妨碍“新时代教科书”在教育学、实用性等方面的探索，“新时代教科书”延续了民国以来课本追求实用性和生活化的走向。以《新时代自然教科书》（高小）为例，“所取材料，应以对于人生直接或间接有关的自然物和自然现象为中心，也就以一切关于衣食住行的知识为中心。全书材料，依自然的顺序，平均分配，且在各自册中，各自成一个自然的系统”④。课

① 李杨编：《新时代三民主义教科书》（高小第一册），上海：商务印书馆，1929年，封二。
② 丁尧章编：《新时代社会教科书》（初小第一册），上海：商务印书馆，1927年。
③ 朱子辰编：《新时代三民主义教科书》（初小第八册），上海：商务印书馆，1929年第355版，封二。
④ 杜若城编：《新时代自然教科书》（高小第一册），上海：商务印书馆，1931年。

文的编排多循序渐进，富有层次性，且课本中对教学进度提供建议，教师可以根据实际情况改变教学进度。如《新时代三民主义教科书》（初小）：“本书分为八册，每册二十课，若从初小第一年起分四年教授，每星期授一课；若从初小第三年起分两年教授，则每星期授二课，余类推。”① 同时，教科书强调学生的动手参与能力，如《新时代自然教科书》（高小）的目标：“一方面在使儿童由观察实验和探究，得到利用自然的智能和了解自然的常识；一方面在引起儿童研究自然的兴趣和欣赏自然的美感；至于养成儿童爱护自然的习惯，还是本书最后的目标。”②

“新时代教科书”的封面设计一开始比较朴素，图案设计简单，色彩单一，后来的版本出现了较大的变化，色彩图案开始丰富多彩起来，而且图案设计多以儿童读书的场景为主，生动有趣。1932 年 1 月 29 日，商务印书馆遭受日本飞机轰炸，“总务处、印刷所、编译所、书栈房均被炸毁，附设之涵芬楼、东方图书馆、尚公小学亦遭殃及，尽付焚如，三十五载之经营隳于一旦”③。不过在社会各界的声援和支持下，商务印书馆很快恢复元气，并在恢复后首先生产教科书，满足学校需求。在恢复后出版的“新时代教科书”的封面是商务印书馆被炸后残垣断壁的图案，版权页上都特别标明“国难后第一版”的字样，颇显悲壮豪迈，充分显示了当时以商务印书馆为代表的民族资本工商界的民族志气。

“新时代教科书”因为及时满足了国民政府实施三民主义教育宗旨的要求，又加上商务印书馆多年的教科书编写经验，因此出版后很快获得审查通过，并获得了良好的反响，成为商务印书馆比较受欢迎的产品之一。资料显示，《新时代三民主义教科书》（初小）第三册 1929 年 12 月已是第 640 版，第五册到 1931 年 6 月已经是第 660 版。

---

① 丁先章等编：《新时代教科书样本》（小学校用）。
② 杜若城编：《新时代自然教科书》（高小第一册），上海：商务印书馆，1931 年。
③ 杜若城编：《新时代自然教科书》（高小第一册），上海：商务印书馆，1932 年，国难后第 1 版，版权页。

2. “新中华教科书”

∧图 4-3
《新中华教科书·音乐课本》（第一册，1928，朱酥典、姜丹书编，中华书局）

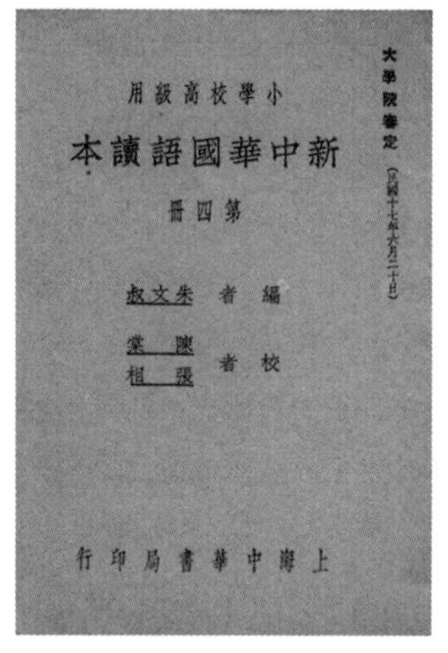

∧图 4-4
《新中华国语读本》（第四册，1927，朱文叔编，中华书局）

1927 年，中华书局的“新中华教科书”系列也开始出版。初小四年多为 8 册，科目包括三民主义、公民、党义、国语、算术、常识、社会、自然、工用艺术、形象艺术、音乐等。高小两年多为 4 册，科目主要有国语、算术、三民主义、地理、历史、自然、卫生、农业、园艺、工用艺术、形象艺术、音乐、英语等，各科陆续出版，种类达 41 种。初高中种类达 55 种，其中三民主义一科就包含初中三民主义（6 册）和初中（语体）三民主义（4 册）。“新中华教科书”开始时以“新国民图书社”的名义出版发行，由文明、中华、启新三家书局经售。这套教科书的编撰审校队伍也是新老结合，除了中华书局的资深编作者外（如初小国语由黎锦晖、王祖廉、黎明编写，吴稚晖负责校订；高小国语的编写者主要是朱文叔，陈棠、张相负责校阅；初小音乐则由丰子恺在浙江省立第一师范学校的同学、同为李叔同弟子的朱酥典编写，姜丹书校阅；初小社会的编写者是蒋镜芙，何鲁审校），新加入了几个重量级的国民党元老文人，如叶楚伧、陈立夫等。三民主义课本由国民党中宣部审定，其中小学三民主义都由国民党宣传部部长、重要笔杆子叶楚伧[①]亲自校阅，初中三民主义教科书则由国民党另一位重要人物陈立夫亲自校阅。两大国民党元老亲自参与中小学教科书的编撰，这在历史上是极为少见的。这一方面说明中华书局对适应新教育宗旨要求的重视，另一方面也说明政府当局对教科书编写干预和控制的加强。

“新中华教科书”也和“新时代教科书”一样，非常注重适应三民主义的教育宗旨的要求。如初中《新中华三民主义课本》“分四编编制：（1）总论，（2）民族主义，（3）民权主义，（4）民生主义”，四编分为四册，作专门讲授。“所取材料，都用孙中山先生原著《三民主义》作根据，或者节录他的文字，或者阐发他的义理；总期条理清楚，理论正确，并用简明的语体文来叙述，使读者容易得到真正的了解。”[②]

“新中华教科书”除了三民主义等课本相对生硬的政治意识形态外，其他学科的教科书继承了中华书局教科书的传统风格，内容比较务实，注重生活实际，采用了一些日常易见的事物。在编排上，“新中华教科书”特别采用了一种他们称之为“旅行体”的编排形式，“采用旅行体，就是从家庭，渐次扩充到田野、河海、天空等的自然界。使儿童随时随地，对于自然生活、自然现象、自然利用，有欣赏和研究的兴趣。他书排列材料，往往割分两截：自然界的生活、现象在前；利用自然物和自然力在后。本书融会贯通，把各项材料，平均分配于各册，就是每册都有自然界的生活、现象和利用，无偏枯干燥的弊”[③]。具体以

---

① 叶楚伧（1887—1946），江苏吴县人。苏州高等学堂毕业。著名的南社诗人。1908年主《中华新报》笔政。1909年春入同盟会。1912年与柳亚子等在上海创办《太平洋报》，任总编辑。1916年与邵力子创办《民国日报》，任总编辑。1923年任国民党中央宣传部部长。1924年在国民党一大上被选为中央执行委员，会后任国民党上海执行部秘书处常务委员兼青年妇女部部长。北伐战争时任国民党中央党部和国民政府联席会议秘书长，上海临时政治分会委员等职。1927年7月在南京任国民党中央工人部代理部长。1928年后，历任国民党中央宣传部部长、中央执行委员、国民政府委员、江苏省政府委员兼建设厅厅长、江苏省政协主席、国民党中央政治会议秘书长、中央宣传委员会主任委员、立法院副院长、国民党第四届中央执行委员会常委兼秘书长等要职。抗战期间，历任国民党中央党史史料编纂委员会委员、中央政治委员会法制专门委员会副主任委员、国民大会选举筹备会委员、中国文艺社社长、国民党中央出版事业管理委员会主任委员、国民党中央执行委员会常务委员等职。抗战胜利后，任国民党中央特派苏浙皖三省、京沪两市宣慰使。

② 郑昶编：《新中华三民主义课本》（初中用，第一册），上海：新国民图书社，1930年。

③ 杨卿鸿编：《新中华自然课本》（小学校高级用，第一册），上海：新国民图书社，1930年，“编辑大意”。

《新中华自然课本》(高小)第一册内容为例,该册分为“庭院动物的观察”“庭院植物的观察”“家用什物的观察”和“学校用具的观察”四部分;第一部分又分为四课,分别是《有社会组织的昆虫》《蚊和蝇多么讨厌》《蜘蛛和蜈蚣》《燕和雀》。①

“新中华教科书”不仅关注日常生活,更为重要的是教科书对学生的观察和探究能力培养的重视。“旅行体”并非走马观花式的旅行,而是需要俯下身来切实地观察和研究。编写者希望通过编排上的特殊安排有助于教师的教和学生的学,这是一种颇为有益的探索。

整体上“新中华教科书”立意高远,目标明确,理念先进,注重通过丰富的材料,培养学生的观察和探究的能力。《新中华自然课本》(高小)就是代表,它的目的是:“甲、明了人生在自然界中的位置,和对自然的责任。乙、养成儿童能利用自然界万事万物的基础。丙、明了人生和自然,有美术的、经济的、社会的、卫生的各种关系。丁、养成儿童随时随地,对于自然生活、自然现象、自然利用,有欣赏和研究的兴趣。”②

3. “新主义教科书”

国民政府决定实行党化教育,推行三民主义,这一教育宗旨的重要变化,实际上也为教科书市场的重新洗牌提供了一个契机,各大书商跃跃欲试,极力打造适应新形势的产品,以赢得市场。除了商务和中华两大巨头,成立不久的世界书局也在 1927 年及时推出适应三民主义要求的教科书,并直接命名为“新主义教科书”。

在该套教科书的编写队伍里,有魏冰心、范祥善、吕伯攸、董文、王剑星、殷叔平、朱亮基、姜文洪、江效唐、范广涛等,这些都是教科书的资深编写者。值得注意的是,在编校人员中,也有一些国民党当局的重量级人物,如叶楚伧、于右任等。

“新主义教科书”在宣扬“新主义”上可谓不遗余力,比商务版的“新时代教

①② 杨卿鸿编:《新中华自然课本》(小学校高级用,第一册),上海:新国民图书社,1930 年,“编辑大意”。

∧图4-5
《新主义卫生课本》(第三册,1928,朱翊新、江效唐编,世界书局)

∧图4-6
《新主义小学教科书·初级音乐课本》(第三册,1928,索树白编,世界书局)

科书”和中华版的“中华教科书”更加突出。实际上早在北伐革命尚未成功之前，世界书局就以广州共和书局的名义出版了由戴季虞编写的《三民主义课本》（前期小学，1926，初版），在全国发行。这应该是最早的三民主义教科书之一了。

“新主义教科书”在内容上，强调三民主义教育宗旨，适应党化教育的需要。打开《三民主义课本》（前期小学），前面都印有孙中山遗像、遗嘱，并说明课本“完全根据革命的三民主义编辑，以期适合党化教育之用”，在内容编排上，“前四册用片段的叙述法，除用浅显的文字介绍三民主义的概要外，兼使儿童认识中山先生，及明了中国的国际地位，列强强迫状况；后四册用系统的叙述法，除用忠实的文字说明三民主义的精义外，凡建国方略、建国大纲及中国国民党的政策等等，也都兼收并蓄，使儿童了解中山先生伟大思想”。① 高小课本对三民主义的讲述则更加详尽、系统，“第一册首论三民主义概要，次论民族主义；第二册讲民权主义及民生主义；第三册讲行易知难学说及实业计划；第四册讲民权初步、五权宪法、建国大纲、中国国民党及国民政府等。儿童读完本书四册后，不但可得整个的三民主义的概念，并且对于中山先生的思想，及中国国民党的历

① 魏冰心编：《三民主义课本》（前期小学，第一册），上海：世界书局，1929年。

史，也可了然”[①]。

“新主义教科书”其他科目也极为强调三民主义教育宗旨。如《新主义国语课本》（前期小学）就俨然成为政治的传声筒，很难让人想到这是国语课本。

> 要改造国家，须养成适合于改造国家的人才；要养成适合改造国家的人才，惟教育为最有效力的工具。初等教育，为国民教育的基础；小学国语读本，尤为初等教育中最重要的工具，因为直接和儿童生活有迫切的关系，间接和国民思想有重大的影响。教育的目的，是在促进社会进化；中国国民党是现代中国社会环境中的产物，是适应社会的进化法则而生的产物，且负改造中国的责任。我们相信要养成适合改造中国的人才，惟有以中国国民党的主义做训练的标准。故本书采用中国国民党的党义编辑，以期切合三民主义教育的主张。所以，本书在思想方面，积极地尽力灌输革命思想。在性格方面，积极地尽力培养适合的性格，如平民化、团体化。在感情方面，激励儿童勇敢热烈的情绪。[②]

虽然“新主义教科书”不遗余力地贯彻三民主义的教育宗旨，但这并不妨碍该套书在其他方面所做的有益探索。为了体现尊重儿童的要求，该套书注重联系日常生活实际，注重与儿童的经验相结合，并在课程目标的设定上体现出相当的科学性，如《新主义自然课本》所追求的教育目标就立体而超前，“在启发儿童对于自然物和自然现象的基本知识，总的来说就是：1. 明了自然与人生有美术的、经济的、社会的、卫生的各种关系。2. 培养欣赏自然、研究自然和爱好田野生活的兴趣。3. 培养利用自然和种植蓄养的知能”[③]。

“新主义教科书”多采用活泼的语体文形式，讲究押韵，文体多用儿童易于接受的现代文体，如儿歌、谜语、新体诗、故事诗、民歌、剧本、寓言等。“不敲锣，不打鼓，花园里面学跳舞。草地上，空气足，舞来舞去真舒服。跳舞的朋

①② 魏冰心编：《三民主义课本》（高级小学，第一册），上海：世界书局，1931 年，封二、第 1 页。

③ 姜文洪等编：《新主义自然课本》（后期小学，第二册），上海：世界书局，1930 年，第 52 页。

友呀，你的名字请告诉。好好好，我叫蝴蝶我姓蝴。”（《蝴蝶跳舞》）[①] 像这种活泼生动的语言在其国语课本中并不鲜见。

在三民主义教育宗旨下，教科书的编写不得不反映甚至强化灌输三民主义内容，原本教科书编写和出版相对自由的氛围渐渐被强势意识形态的阴影所笼罩。在国民政府政治的控制和干预下，“一党之主义”成为教科书的基本内容，教科书政治意识形态的味道越来越浓，越来越制约了教科书的创新和发展。同时，在意识形态触角相对不敏感的学科和领域，教科书仍然执着追求着在教育学、心理学和科学上的有益探索，延续着求新求异求实的教育精神。

（二）“党义教科书”

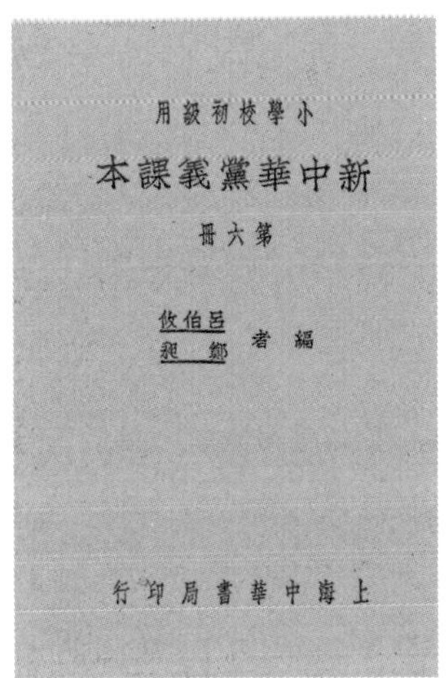

<图 4－7
《新中华党义课本》（第六册，1929，吕伯攸、郑昶编，中华书局）

>图 4－8
《初中党义教本》（第二册，1930，陶百川编著，大东书局）

1928 年 9 月，国民党中央颁布《各级学校增加党义课程暂行通则》，规定了各级学校的党义教学内容。大学讲授内容为建国方略、建国大纲、三民主义、国民党重要宣言、五权宪法之原理及运用；中学为建国方略概要、建国大纲浅释、五权宪法浅释；小学为民权初步、孙文学说浅释、三民主义浅说。每周的授课时

① 魏冰心等编：《新主义国语课本》（前期小学，第二册），上海：世界书局，1932 年。

间为至少2小时。[1]

遵照国民党中央的指示，各地对国民党党义课的设置给予高度重视。河北省规定，全省各级学校必须按中央的规定设立党义课，且列为必修科目。[2] 广西省规定，高中各校设党政训练课，包含党义训练和政治训练，为必修科目。[3]

课程即需要，需要即市场。不论是出于生存还是其他考虑，党化教育的强势和党义课的设置，促使各主要书坊相继出版教科书发展史上的“独特品种”——中小学“党义教科书”。

据不完全统计，这一时期主要的中小学“党义教科书”至少有11种62册，包括：

《新中华党义课本》（小学校初级用）8册，吕伯攸、郑昶编，新国民图书社（中华书局的副牌，下同），1928年。

《新中华党义课本教授书》（小学校初级用）8册，吕伯攸、郑昶编，新国民图书社，1929年。

《新时代党义教科书》（小学校初级用）8册，赵景源编，陈希豪校订，商务印书馆，1929年。

《新时代党义教科书教授书》（小学校初级用）8册，赵景源编，陈希豪校订，商务印书馆，1930年。

《小学校初级用党义教科书·孙中山先生革命史实》2册，宗亮寰编，商务印书馆，1930年。

《初中党义》（初级中学学生用）6册，魏冰心、徐映川编，朱翊新、董文校订，世界书局，1929年。

《初中党义指导书》（初级中学教员及学生用）6册，魏冰心编辑，世界书

[1] 《各级学校增加党义课程暂行条例》，1928年7月，中国第二历史档案馆编：《中华民国史档案资料汇编·第五辑第一编教育》，第1073～1075页。

[2] 《全省党义教育实施计划大纲》，1929年10月，《河北省立大名师范学校档案》，河北省档案馆藏，全宗号645，目录号1，卷号35，第39～45页。

[3] 《高中公共必修学程表》，《广西教育公报》，河北省档案馆藏，第3卷第3号，第132页。

局，1930 年。

《高中党义》（高级中学学生用）3 册，郭伯棠、魏冰心编，范祥善校订，世界书局，1929 年。

《初中党义教本》（初级中学学生用）6 册，陶百川编著，蔡元培校订，大东书局，1930 年。

《党义教授准备书》6 册，徐竹虚编著，大东书局，1932 年。

《党义教本》，金曾澄、何学坚编述，广州知用中学，1929 年。

《党义辑要课本》（初级中学用）3 册，陈景农、陈泮藻编辑，金曾澄校订，广州大学附属中学校，1931 年。

……

中华书局最早于 1928 年开始以新国民图书社的名义编撰出版“党义教科书”。

1929 年开始，世界书局出版了系列中学“党义教科书”，其中《初中党义》6 册，《高中党义》3 册。编撰“党义教科书”的目的就是通过教学造就党治下能知能行的健全公民，教学“以党治下的公民为立足点，以三民主义为中心材料”，达到两个目的，“第一个目的是知，第二个目的是行”。[①] 也就是说，既要灌输智识，又要指导实践。《高中党义》则是根据孙中山遗嘱中之建国方略、建国大纲、三民主义及第一次全国代表大会宣言编辑，“学生读毕全书，不但可以确切认识整个的党义，就是个人在党治下的地位及其所负的责任，也有深刻的了解”[②]。

1930 年，上海大东书局出版了由曾任香港《国民日报》社长及重庆《中央日报》总社社长的陶百川编著、蔡元培校订的《初中党义》6 册。这套书经教育部审查准予发行后更名为《初中党义教本》。

当时，“党义教科书”不仅是各大书局编撰的重点，一些知名中学也加入了编撰行列。如 1929 年 8 月，广州知用中学的《党义教本》由曾任广州大学校长、广东省教育厅厅长的金曾澄等人编述，封面有三任中山大学校长的著名教育学家

① 魏冰心、徐映川编：《新主义教科书·初中党义》（第一册），上海：世界书局，1930 年第 6 版，第 1 页。
② 郭伯棠、魏冰心编：《新主义教科书·高中党义》（第一册），上海：世界书局，1932 年第 8 版。

许崇清题写的书名。1931 年 8 月，广州大学附属中学校出版了由陈景农等编辑、金曾澄校订的中学用《党义辑要课本》（初中与高中各 3 册）。每册书的第一页是孙科的题词："根据事实，宣扬主义，实行党化教育、陶冶活泼青年，是真救国的源泉、树人的大计"，第二页则是邓泽如[①]、谢瀛洲[②]的题词。

"党义教科书"在内容上一般是逐级递升的。小学一般根据孙中山先生之史实、学说、主义及民权初步等编辑而成。教科书将优秀的品质集中表现在青少年孙中山身上，以树立"一个领袖"的偶像。如：

皇帝欺侮百姓，孙中山帮助百姓，一起去反抗他。[③]

孙中山最恨迷信。他十多岁时，在檀香山读书，因为那边的华侨，信佛入迷，他就把佛像毁击，说道：就是有佛，他们这样迷信，恐怕佛也不高兴的。[④]

孙中山最喜欢读书，连打仗的时候，也带着书本。[⑤]

有的"党义教科书"甚至成了专门讲孙中山革命史实的宣传册：

孙中山的家庭、读书要懂意义、不怕海盗、反抗贪官（一）、反抗贪官（二）、奇特的问语、反对缠足和蓄奴、第一次到外洋去、辫子的耻辱、反抗非法检查、回乡以后的宣传工作、毁坏神像被迫离乡、中法战士的愤慨（一）、中法

---

① 邓泽如（1869—1934），广东新会人，国民党元老。1907 年入同盟会，积极为起义筹款。辛亥革命后，在南洋组织讨袁。1918 年任广东矿务局局长。1922 年任国民党广东支部长。次年任大本营建设部部长。1924 年被选为中国国民党第一届中央监察委员。历任国民党西南政务委员会委员、广东治河委员会委员长等职。

② 谢瀛洲（1894—1972），广东从化人。1919 年留学巴黎大学，1924 年获法学博士学位。1924 年春回国，加入国民党，历任大元帅府法制委员、广东大学教授，1925 年任国民党广州特别市党部委员兼青年部部长，1927 年任陆军军官学校政治部总教官、南京中央大学教授、北京大学法学院院长。1928 年兼任国民政府考试院参事。1930 年冬后任司法行政部次长，兼法官训练所所长。1932 年春任广东省政府委员兼教育厅厅长。1934 年夏转任广东省高等法院院长，兼任广东法科学院院长、西南政务委员会委员。1945 年夏复任司法行政部次长。1947 年任"国大"代表、国民大会主席团成员。1948 年任中华民国最高法院院长。1949 年去台湾，曾任司法主管部门负责人，台湾大学、政治大学、东吴大学等校教授。

③ 赵景源编：《新时代党义教科书》（小学校初级用，第二册），上海：商务印书馆，1929 年第 20 版，第 3 页。

④ 吕伯攸、郑昶编：《新中华党义课本》（小学校初级用，第六册），上海：新国民图书社出版，中华书局印刷发行，1931 年第 14 版，第 7 页。

⑤ 吕伯攸、郑昶编：《新中华党义课本》（小学校初级用，第三册），上海：新国民图书社出版，中华书局印刷发行，1931 年第 16 版，第 8 页。

战士的愤慨（二）、愿意把财产给哥哥、便于革命的职业。[①]

随着学生年级的增长，教科书内容从孙中山也扩展到党旗、国旗、国民革命歌等，以及大量的国民党发展的历史、政纲等完全政治性的内容。如《新时代党义教科书》第七册的全部内容是：

中山再任大元帅、改组中国国民党、中国国民党第一次全国代表大会、中国国民党政纲（一）、中国国民党政纲（二）、力争广州关余（一）、力争广州关余（二）、解散广州商团、不平等条约（一）、不平等条约（二）、编练党军（一）、编练党军（二）、解放农工（一）、解放农工（二）、廖仲恺、召集国民会议、离广后行踪、抵京津情形、患病、逝世。[②]

中学教材的内容则包含更多的政治理论，对国民党一党之党义有较为系统和全面的介绍。广州大学附属中学校的《党义辑要课本》（初级中学用）“务使读者先明了总理一生奋斗历史和三民主义精义；其次使知道三民主义的全部具体办法；后次阐明建国的根据和建国大功告成后，中华民族所享幸福的优厚”[③]。《党义辑要课本》第三册分为 6 章，第一章为“孙中山传略”，第二章为“三民主义概说”，第三章为“民族主义”，第四章为“民权主义”，第五章为“民生主义”，第六章阐明建国大纲。[④]

以《新主义教科书·初中党义》第二册为例，这本书的目次如下：

我应该了解三民主义

甲　民族主义

　一　民族和国家

　二　中华民族的现状

　三　恢复民族主义的方法

　四　恢复民族地位的方法

① 宗亮寰编：《小学校用初级党义教科书·孙中山先生革命史实》，上海：商务印书馆，1930 年第 5 版。

② 赵景源编：《新时代党义教科书》（小学校初级用，第七册），上海：商务印书馆，1929 年第 35 版。

③④ 陈景农、陈泮藻编：《党义辑要课本》（初级中学用，第一册），广州：广州大学附属中学，1933 年第 6 版，第 2 页。

五　中华民族未来的使命

乙　民权主义

一　民权的定义和作用

二　民权的由来

三　民权和自由

四　民权和平等

五　权和能

六　政权和治权

丙　民生主义

一　民生问题和民生主义

二　实行民生主义的方法（一）——平均地权

三　实行民生主义的方法（二）——节制资本

四　满足人民的衣食住行

我愿做一个健全的公民

甲　基本训练

一　品性修炼和身体锻炼

二　学术研究和选择

乙　效忠党国

一　认识党义和信仰党义

二　宣传党义和实行党义

《新主义教科书·高中党义》要求"学生读毕全书，不但可以确切认识整个的党义，就是个人在党治下的地位及其所负的责任，也有深刻的了解"。并特别提到对原文注释的重要："多数节录总理原文，绝少参加编者个人意见。其有关理论上须加以阐发者，亦多引党国要人言论，并一一注明出处，以便读者参阅原著。"①

---

① 郭伯棠、魏冰心编：《新主义教科书·高中党义》（高级中学用，第一册），上海：世界书局，1932年订正8版，第1页。

应党化教育而出现的“党义教科书”，积极宣扬“党”的声音和“党”的意志，认为国民党的三民主义，是一个救国救世的主义，不但足以实现中华民族生存的愿望与目的，并且可以解放世界上被压迫的弱小民族，矫正世界上虚伪的民主政治。不可否认，这在全国统一之时，确实起到了一定的意识形态规整的作用，特别是进入抗战时期，以三民主义凝聚人心，具有一定的积极意义。而且教科书在编制与设计上更为科学、成熟和模式化，为民国教育的稳步发展做出了贡献。

但是本质上，“党义教科书”是要对民众进行国民党党义灌输，要求人们认同“一个主义、一个党、一个领袖”，期以利用灌输、强制式的教育来提升执政党的权威，培养忠于“党国”的下一代。结果是教科书越来越趋同，越来越缺乏个性。

因为政治介入和压力，各类“党义教科书”的编写内容都不敢造次，纲目多依照中央训练部颁布的《各级学校增加党义课程暂行通则》《小学党义课程标准草案》等政策文件编写。“党义教科书”只能从以上范围内取材，“无一句无来历，无一句杜撰”，民族主义、民权主义和民生主义成为固定编排模式。如此内容的雷同与僵化，意味着 20 世纪前 20 余年教科书编撰中自由开放的风气已为强烈的意识形态所取代，教科书越来越模式化。

“党义教科书”集中反映了当时统治思想的话语体系，也参与了这种话语体系的再生产。它从内容到形式，从编创手法到话语修辞，都服务于特定的官方思想规训的需要。“党义教科书”，是历史记忆中难以忽视的部分，是那个时代官方思想和意识形态的教育具象。它把意识形态的演绎推向了前所未有的极端。这是一个时代教育、政治、文化内容的标本，具有教科书史的经典意义。①

“党义教科书”从领袖偶像、思想意识、政治体制等各个层面，全面宣传以“国民党”命名的中国式的新国家规则。一样的身份，一样的说教，相同的思想，相同的逻辑，教科书开始用一个腔调欢呼，一个声音说话，一个内容说教。通过

① 石鸥：《民国时期的一次高强度教科书控制》，《湖南师范大学教育科学学报》2014 年第 2 期。

制造并利用这样的教科书，国民党试图达到凝聚大众、规范思想、划一精神与行为的目的。

“党义教科书”在既定的意识形态的规限内讲述既定的意识形态主题，以达到既定的意识形态的目的，成为真正的“阶级斗争的工具”。它承担了使意识形态经典化、合法化的功能，它全面演绎执政党的起源神话、英雄传奇和终极承诺，并以此形塑年轻人的灵魂与行为，旨在证明其执政的合理性、正确性。此时的教科书已经完全不掩饰自己的意识形态倾向了，尽管它最标榜的仍然是传播科学文化知识。

“党义教科书”的这种叙述路线或意识形态限定，使得叙述本身构成了一套颇具特色的“话语系统”，而那些想超越这套话语系统的叙述或另类的叙述往往都变得非法或不被允许。对教科书的严厉审查就是明证。

无论内容如何、形式如何，“党义教科书”都洗不尽它贯彻一党之政治的色彩，而且“党义”这个名称本身就不讨喜，被以政府命令的形式纳入学校课程体系，显得生硬碍眼。加之“党义”不及“公民”的涵盖范围，恰恰暴露了国民党政治上的狭隘，招致了国民党内外的各种严厉批评。所以，1932 年教育部公布的《中小学课程标准》中，重新设立公民科，党义课被正式取消。“党义教科书”也随即完结。在中国百年教科书史上，明确以“党义”命名的教科书前后维持了 4～5 年时间，集中在 3 年左右，可谓“昙花一现”。

“党义教科书”虽然昙花一现，但它的推行和相依托的党化教育的实施，却启动了教科书的独立发展被政治力量强势干预的进程，由此带来的中国教科书发展受意识形态的刚性控制被逐渐固化，并成为传统。

第三节　20世纪30年代的“新课程标准”教科书

为了统一思想和加强对教育的控制，同时也为了解决各地教育参差不齐、步伐混乱的问题，国民政府除了确立三民主义的教育宗旨外，还开始逐步推进各科课程规范化和标准化的工作。

一、新课程标准的制定

1928年，当时的最高教育主管部门——大学院制定了《小学暂行条例》和《中学暂行条例》，对以1922年学制为基础的课程作了一次新的调整，包括将“三民主义”和“党童子军”列入小学教学科目，“音乐”改名为“乐歌”等。1929年8月，教育部颁布《中小学课程暂行标准》，名为“暂行标准”，其实是为了先进行一定时间的探索和试行，条件成熟后再制定正式的标准。《中小学课程暂行标准》将原有的社会、自然两科合并为“常识”，高小原有的公民、卫生、地理、历史四科合并为“社会”，小学课程由此得到简化。“暂行标准”还将小学分为低年级（一、二年级）、中年级（三、四年级）和高年级（五、六年级）三段，并改公民科为党义科，改工用艺术科为工作科，改形象艺术科为美术科。

相较于《中（小）学暂行条例》，《中小学课程暂行标准》对课程做出进一步调整的同时，对课程各项要求也进一步细化。例如，规定：“二、关于体育课的课外活动：每周约两三小时。三、每周集会时间：（甲）周会，每周举行一次，每次至多六十分钟（和纪念周合并）；（乙）朝会，每天举行一次，每次十分钟。”[①] 除此之外，《中小学课程暂行标准》对每一科都安排专门的整理和审查人员，这些人都是各领域的名家，如，国文：孟宪承、胡适；本国史：陈训慈、顾颉刚；本（外）国地理：竺可桢、周光倬、胡焕庸、许寿裳。因为是暂行标准，所以该标准只在有限的时间和区域内试行，加上各地试行的积极性不大，短时间内反映的问题有限，教育部只得推迟各地上报试行结果的时间（由原定的1930年6月前改为1931年6月前）。

1931年，教育部训令各地上报“暂行标准”的试行结果，并组织专家修订。然而正值九一八事变，以及国联教育考察团对高中分科过多等问题多有批评，以致正式课程标准制定的工作暂时搁置。后来教育部成立“中小学课程及设备标准初订委员会”，并主要综合了苏、浙等发达地区的上报结果，于1932年10月，颁布了正式的《中小学课程标准》，人们一般称之为“新课程标准”。

“新课程标准”取消“党义”一科，但要求“将‘党义’教材充分地融化于‘国语’‘社会’‘自然’等各科中”[②]；同时规定，“因为小学课程中未曾特设公民和修身等有关道德训练的科目，所以增加了‘小学公民训练标准’，以为小学训育实施的依据”[③]；划出原社会、自然两科中的卫生教材，增设卫生科，初小可与社会、自然合并为常识科。高中课程方面，取消了1922年学制的普通科文理分组，分科必修、分科选修、纯粹选修等科目都随之取消，只有必修、选修两种科目。“新课程标准”还特别增加了对教科书编写等方面的要求，以进一步规范和控制课程知识内容。其中，对小学国语教科书的要求就达800多字：

（一）依据本党的主义，尽量使教材富有牺牲和互助精神。凡含有自私、自利、攘夺、斗争、消极、退缩、悲观、束缚、封建思想、贵族化、资本主义化等教材，一律避免。关于如下列的意义材料，尤须积极采用。

（1）关于孙中山先生的故事、诗歌：（甲）幼年生活；（乙）学生生活；（丙）革命大事；（丁）生辰和忌辰；（戊）其他。

（2）关于国民革命的故事、诗歌：（甲）国旗和党旗；（乙）各个重要的革命

---

①②③ 陈侠：《近代中国小学课程演变史》，重庆：商务印书馆，1944年，第59、63、63页。

纪念日（如黄花岗之役、武昌起义）；（丙）其他。

（3）关于奋发民族精神的故事、诗歌：（甲）爱国兴国和有关民族革命的事实；（乙）和中华民族的构成及文化有关的；（丙）重要的国耻纪念；（丁）关于帝国主义者侮辱我国和侨胞的；（戊）其他。

（4）关于启发民权思想的故事、诗歌：（甲）破除神权、迷信的；（乙）打破君权的信仰和封建思想、封建残余势力的；（丙）倡导平等、互助、纪律等的；（丁）关于民权运动的；（戊）其他。

（5）关于养成民生观念的故事、诗歌：（甲）劳动和有关工农运动的；（乙）有关造林运动、改良农业、工业运动的；（丙）有关提倡国货的；（丁）有关合作生产、合作消费的；（戊）其他。

（二）依据增长儿童阅读能力的原则，想象性的教材（如寓言、物语等）和现实的材料（如自然故事、生活故事、历史故事等），应调和而平均，凡带有恐怖性的应尽量避免。

（三）根据增长儿童阅读趣味的原则，尽量使教材富有艺术兴趣。其条件如下：

（1）事实连接一贯而不芜杂；

（2）趣味深切隽永而不浅薄；

（3）叙述曲折生动而不枯窘呆板；

（4）措辞真实恳切而不浮泛游移；

（5）描写和事实应“一致的和谐”，而不扞格不相称；

（6）搭配奇特（如“鸟”与“叫”相配搭，便是平凡；“鸟”与“唱歌”和“说话”相配搭，便觉奇特），而使儿童不易直接推知；

（7）结构严密圆满而不疏散奇零。

（四）依据儿童心理，尽量使教材切于儿童生活，其条件如下：

（1）以儿童或儿童切近的人物为教材中的主角；

（2）将抽象的大事，编辑成具体的片段的事实；

（3）读了之后，有工作可做，有事理可想象或研究；

(4) 依时令季节排列，以便随时教学，易于直观；

(5) 文字深浅，恰合儿童程度。

（五）依据运用标准语学习语体文的原则，文字组织等，以标准语为准；诗歌押韵等，以标准音韵为准。①

实事求是地说，这些内容标准及其处理建议还是有一定合理性和科学性的。

1936 年 4 月，教育部又根据“新课程标准”在实施中暴露出的问题，征求各方面意见，颁布了《修正课程标准》。主要变更如下：

（一）小学公民训练条目，已经删改，并且加入新生活规律；实施方法要点，也已大加修改，定得比较具体些。

（二）小学国语，标明加入关于唤起民族意识的教材，选材标准、教学要点，也根据新的实验研究结果，多所修正。

（三）小学常识，完全以乡土为出发点，并加入了有关国防的知识。

（四）小学劳作，完全依儿童生活事项分类，注意食、衣、住、行……的劳动生产。

（五）高小自然注重了关于国防的教材，高小社会更注重了关于唤醒民族意识的教材。②

国民政府通过颁布和施行课程标准等政策和法规，一方面的确为教育质量和教学水平的提高创造了条件；但另一方面，标准化和规范化对多样化教育的发展和创造性的培养带来了过多的限制。当教科书被戴上独尊思想的“金箍”时，编写者就不得不给教科书染上特定的意识形态色彩，不管他们内心是否认同。国民政府通过政治权力对课程内容的目标、范围、深度、授课时间等做出要求，以此规范全国国民学校的课程和教科书的编写，实际也给教育带来了较大的负面影响。

---

① 乐嗣炳：《国语学大纲》，上海：大众书局，1935 年，第 375～379 页。

② 陈侠：《近代中国小学课程演变史》，重庆：商务印书馆，1944 年，第 67 页。

二、新课程标准下的教科书

“新课程标准”的修订和完善，为教科书的编写指明了方向，且具有实际指导意义。它让原本尚未涉足教科书领域的编写者和出版商有章可循，在一个指导框架下搜集选择素材，参考同行产品，按部就班地就可以完成一部中规中矩的教科书；后起的出版社因此不需巨大的人工和版税成本就可以“后发制人”，超越以前富有经验但艰辛付出的同行。尤为重要的是，随着国民党完成对中国的统一，教育事业迎来新一轮发展。1929 年，全国初等教育各类学校约 21.2 万所，在校生 888.2 万人；到 1936 年，学校已达 32 万所，在校生 1 836 万人，分别增长 51%和 107%。[①]面对如此好的机遇，更多的出版机构纷纷按照“新课程标准”的要求推出自己的教科书，加入教科书的竞争行列。1922 年新学制时期教科书编写的“三巨头”：商务印书馆、中华书局和世界书局，形成了“群雄逐鹿”的局面。除了这“三巨头”外，还出现了像开明书店、大东书局、正中书局、北新书局等“新秀”。虽然此时的教科书市场“热闹”了许多，但各大出版商都不敢违背“新课程标准”的标准和要求，中规中矩地在有限的范围内寻求发展和参与竞争。

（一）世界书局的新课程标准教科书

1933 年，按照“新课程标准”要求，世界书局出版了一套涵盖小学所有科目的教科书，即“新课程标准世界教科书”。虽然“新课程标准”规定历史、地理合为社会科，采取综合科目的改革举措，但世界书局仍将社会教科书分为《社会课本·公民编》《社会课本·历史编》和《社会课本·地理编》各 4 册。虽以综合的“社会课本”为名，实际编撰的还是分科教科书。

几乎同时，世界书局又根据 1932 年的“新课程标准”推出了一套新的中学教科书，即“新课程标准世界中学教本”，在 1933 年陆续出版。该套教科书多以

---

① 《第二次中国教育年鉴》，商务印书馆，1948 年，第 1455 页；《第三次中国教育年鉴》，正中书局，1957 年，第 1224、1226、1228 页。

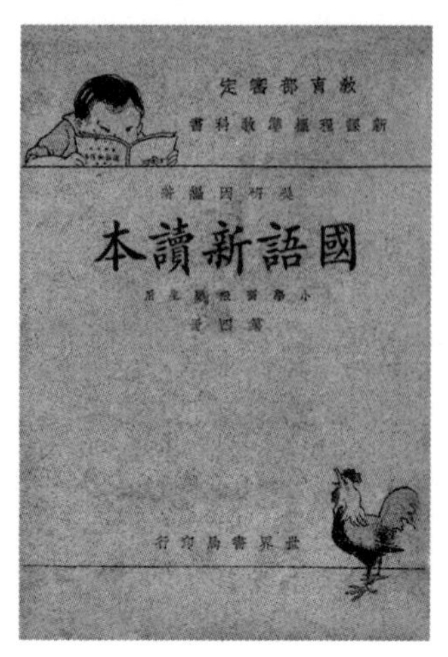

＜图 4－9
《国语新读本》(第四册，1933，吴研因编著，世界书局)

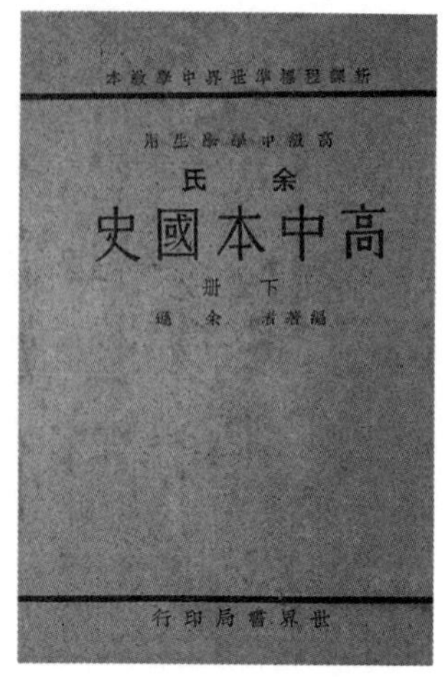

＞图 4－10
《余氏高中本国史》(下册，1933，余逊编著，世界书局)

作者的姓氏冠名于科目之前，成为该套书的一大特色，如各科有《骆氏初中算术》(骆师曾)、《黄氏初中几何》(黄泰)、《徐氏初中公民》(徐逸樵)、《朱氏初中国文》(朱剑芒)、《朱氏初中本国史》(朱翊新)、《马氏初中植物学》(马光斗)、《陈氏初中图画》(陈抱一)、《蒋氏高中新国文》(蒋伯潜)、《李氏高中外国史》(李季谷)、《余氏高中本国史》(余逊)等。很显然，出版商打作者牌，因为这些教科书的作者多为一时俊杰，又有着丰富的教学经验。比如编写《李氏高中外国史》的李季谷①，编写《徐氏初中公民》的徐逸樵②，都曾留学日本；编撰《余氏高中本国史》的余逊，为历史学家、秦汉史专家、北京大学历史系教授，著名文献学家余嘉锡之子。余嘉锡老先生在辅仁大学教“秦汉史”这门课时，讲

① 李季谷(1895—1968)，早年毕业于日本东京高等师范学校历史系，1929 年留学英国剑桥大学研究院。曾任北京大学、北平师范大学、西北联合大学、中山大学、浙江大学教授，四川大学教授、史地系主任等。做过台湾师范学院院长，浙江省教育厅厅长。

② 徐逸樵(1899—1989)，早年曾赴日本东京高等师范留学。1924 年春回国，先后在浙江省立法政专门学校、上海法政大学任教。1937 年后任国民党第二十集团军秘书长，第三十一集团军政治特派员。1940 年创办陕西省立政治学院，任院长。1944 年任国民党中央组织部训练处处长。1946 年奉命赴日本任国民政府驻日代表团顾问。中华人民共和国成立前夕，辞去驻日代表团顾问职务，潜心于日本历史的研究。1978 年回国定居，在回国定居前夕，把自己长期精心保管的“亚东协会”东京分会会址的一大批房产和现金，主动赠送给我驻日大使馆。回国之后，又将在海外收集的宫廷珍品，无偿捐赠给中国历史博物馆、故宫博物院。曾任政协第七届全国委员会常务委员、中日关系史研究会顾问。见中国人民政治协商会议浙江省委员会文史资料研究委员会编：《浙江文史资料选辑第四十八辑 · 浙江近现代人物录》，杭州：浙江人民出版社，1992 年，第 352 页。

稿就是余逊所作，他也毫不避讳，在堂上公开说：“讲稿是小儿余逊所作。”①

世界书局出版的新课程标准教科书以种类繁多著称，相同学段的同一科目常见多个版本，如初中算术目前发现的有《骆氏初中算术》（骆师曾）和《王氏初中算术》（王刚森），初中几何有《黄氏初中几何》（黄泰）和《何氏初中几何》（何时慧）等。还有适应不同区域发展状况的，如《世界第一种国语读本》（朱翊新、魏冰心、苏兆骧等编）多行销于小城市和农村，《世界第二种国语读本》（魏冰心等编）多行销中小城市，而《世界第三种国语新读本》（吴研因等编）多行销于大中城市和海外。另外，《世界第二种国语读本》和《世界第三种国语读本》的初小1～2册分别又有“五彩本”和“普通本”，以适应不同经济条件的使用者。

由此可见，世界书局的新课程标准教科书充分考虑到了教科书多样化的需求，以适应不同地区、不同学校、不同学生的需要，这种站在需求者角度应对中国发展极不平衡的现状的做法是教科书建设的可贵之处，其探索经验具有重要借鉴意义。

（二）商务印书馆的新课程标准教科书

<图 4 - 11
《基本教科书·国语》（第一册，1931，沈百英编，商务印书馆）

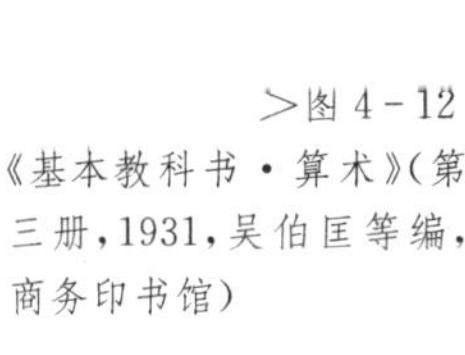

>图 4 - 12
《基本教科书·算术》（第三册，1931，吴伯匡等编，商务印书馆）

---

① 启功：《我与辅仁大学》，《启功口述历史》，北京：北京师范大学出版社，2004 年，第 122 页。

商务印书馆是中国现代教科书事业的积极开拓者，“新课程标准”在试行、完善和修订过程中，商务印书馆也不断推出与课程标准相适应的教科书。

在1929年8月暂行标准颁布、试行和修订之后，商务印书馆根据要求编写了一套“基本教科书”。“基本教科书”包含13种，因为暂行标准试行时间较短，课本目前保存下来的不多。该套书始于1931年7月，其出版过程遭遇了日本发动的“一·二八”事变，商务印书馆在1932年1月29日遭到日本蓄谋已久的轰炸。此次事件使商务印书馆损失惨重，教科书部分书稿被毁，尽管很快恢复了出版，但是不能确定“基本教科书”是否全部重新出版或者当时没来得及出版的是否都完整出版了，也许还有课程标准很快又发生变化的原因，“基本教科书”并没有覆盖所有科目。

我们看到，事变前“基本教科书”的封面多是儿童读书的欢乐场景，出于特别的设计意图，事变后书的封面换成了战争后残垣断壁的惨烈画面，以此警示学生不忘国难。

这套“基本教科书”邀请了一批重量级人物参与教材编写、校订工作，包括蔡元培、吴敬恒、吴研因、杨铨、何炳松、傅东华、陈望道、骆师曾、周颂久、段育华等。如《基本教科书·初中国文》即由傅东华①、陈望道②编撰。

“基本教科书”时代色彩浓厚，既有强烈的三民主义特征，同时也具有突出的爱国主义特性，内容反映了日本帝国主义者入侵、国家动荡不安的现实，号召人民团结起来反帝爱国，增强民族自尊心和自信心，实现民族独立。

---

① 傅东华（1893—1971），浙江金华人。1912年毕业于南洋公学。1932年后先后任复旦大学、上海暨南大学教授。新中国成立后任中华书局《辞海》编辑和编审、中国文字改革委员会研究员等职。

② 陈望道（1891—1977），浙江义乌人。中国著名教育家、修辞学家、语言学家，曾任民盟中央副主席。早年就读于金华中学，曾赴日本东洋大学、早稻田大学、中央大学等校留学，学习文学、哲学、法律，并阅读马克思主义书籍。先后任浙江省立第一师范学校国文教员、复旦大学校长。1950年任华东军政委员会文化教育委员会副主任兼文化部部长。1953年任华东行政委员会委员。1954年任第一届全国人民代表大会代表。1955年3月，任上海市人民委员会委员；同年5月，任中国科学院哲学社会科学学部委员，上海市哲学社会科学联合会主席。并任第二、三、四届全国人民代表大会代表，第四届全国人民代表大会常务委员会委员，第三、四届全国政治协商会议常务委员会委员，上海市政协副主席，民盟中央副主席，民盟上海市主任委员等职。他翻译了中国第一篇《共产党宣言》，担任过旷世巨著《辞海》的总主编。

如《基本教科书·国语》初小第七册（沈百英编，蔡元培、吴研因校订）第三十课《同船》：

海这样大，船这样小，风这样狂，浪这样高。同伴们！不是开玩笑，生死关头已经到，要我们自己去把生路找。①

《基本教科书·国语》高小第三册（戴洪恒编辑，吴敬恒、吴研因校订）第一课《中华！中华!》：

中华！中华！我们民族的老家。中华！中华！生生世世地爱他。

试登昆仑山上望，黄河长江东流下；农田连绵千万亩，稻、麦、茶、桑、豆、棉花。

这是中华！这是中华！

试翻历史从头看：四千余年古文化，绵延不息到现在，常能应时发新芽。

这是中华！这是中华！

中华！中华！我们民族的老家。中华！中华！生生世世地爱他！②

“基本教科书”图文并茂，多采用先进的教学理念，以培养学生学习的兴趣和各项能力。《基本教科书·社会》的八册就有特别的设计，以学生为中心的思想很鲜明：

本书全部共分八册，每册二十课，为便利设计教学起见，每册分为几个研究中心，凡在同一研究中心内的各课，其内容都相互联络。从第三册起，并用各种方法使儿童引起兴趣又有用。趣味的问题、讨论、研究和实验等项，以促进儿童学习的能力。③

《基本教科书·常识》初小第四册在最后一课《暑假到了》之后设了“想”和“做”两项综合作业，以此安排暑假学生的活动：“想：学校为什么要放假？做：1. 计划假期里的工作。2. 记载每天的天气。3. 记载本地的新闻。4. 搜集本地的特产。5. 搜集各种画片。6. 调查本地人的生活。7. 访亲戚和朋友。8. 写信

① 沈百英编，蔡元培、吴研因校订：《基本教科书·国语》（初小第七册），上海：商务印书馆，1931 年。
② 戴洪恒编辑，吴敬恒、吴研因校订：《基本教科书·国语》（高小第三册），上海：商务印书馆，1932 年。
③ 计志中编：《基本教科书·社会》（初小第一册），上海：商务印书馆，1931 年，封二。

给先生和同学。9. 温习学过的功课。10. 帮母亲做事。”[①]

（三）中华书局的新课程标准教科书

1933年，中华书局出版了一套适应1932年“新课程标准”的教科书，此套书以封面“新课程标准适用课本”为标识，并统领各科教科书。其中初小课本封面基本色为绿色，高小的基本色为深蓝色，初中的则为暗红色。

＜图4-13
《小学国语读本》（初级第一册，1933，朱文叔等编，中华书局）

＞图4-14
《小学社会课本》（初级第二册，1933，王志瑞、韦息予编，中华书局）

这套书的编撰者除了老资格的舒新城、朱文叔、黎锦晖、吕伯攸、喻守真、金兆梓、郑昶、姚绍华、陈兼善、华汝成、余介石、徐子豪、吴在渊、韦息予等人外，又加入了一批新人，如凌瑞棠、喻璞、葛绥成、李儒勉、蒋镜芙、钱选青、王志瑞、宋文翰、陈纶等。参与初小和高小《国语读本》编写的凌瑞棠（1900—1990），就是人们熟知的凌叔华，著名作家。她从小拜师学画，绘画的灵气不仅为她打开了艺术的天窗，也深深地影响到她的文学写作风格。朱光潜曾这样评价：“她（凌叔华）的绘画的眼光和手腕影响了她的文学作风……作者所写的就如她所画的一样，轻描淡写，着墨不多，而传出来的意味却隽永。”她曾跟随辜鸿铭学英文，又到天津直隶第一女子师范学校读书。凌叔华是五四时期走上

① 计志中编：《基本教科书·常识》（初小第四册），上海：商务印书馆，1931年，第40页。

文坛的女作家，她的小说写女性，写儿童，以深婉细腻的心理描写见长，被当时的评论家视为闺阁派主要作家。

部分教科书比如国语科教科书还延请了当时上海中学实验小学和苏州中学部分国语教师的参与，这几所学校都是当时极具影响力的优质学校。如苏州中学，前身是江苏师范学堂，王国维等国学名流曾任教于此。苏州中学阵容最强的师资正是以国文教师为核心的国学师资，代表者有沈颖若，首席国文教师，古典诗词文史名家，南社成员；钱穆，功底深厚的国学新秀，来苏州中学任教时，已具备能被胡适等学界顶级名流器重的资质；吴梅，南社成员，国学大师，来苏州中学之前在东吴大学、中央大学等高校任教授，后赴北京大学担任教授；陈去病，南社成员，之前在多所大学担任教授；季崇元，之前在金陵大学担任教授。苏州中学国语教材研究会大致是汪懋祖任校长时成立的一个以“苏中”国文教师为主要群体的学术与教研组织。

该套教科书突出对学生综合能力和探究能力的培养，要求并引导学生在做中学。如《小学国语读本》（初级）第七册第一课《我们的一年计划》：

我们入学三年，知识、能力逐渐进步，已经有许多事情会做了。现当第四学年开始，我们要有一个计划，规定在这一年之内，我们应该自动地做些什么事：甲、每人至少在课外读两本名人传记、两本游记、两本童话、两本儿童科学的书。乙、每人至少学会两种科学实验、一种乐器的演奏法。丙、每人至少每天写二十个小楷字，没有一个写错。丁、每人至少要种一株树。戊、每人至少要做一件自己用的东西。己、每人至少要研究本地的一种农作物，明瞭他从播种到收获的经过情形。庚、每人至少要调查本地市面上的一种商品，明瞭他的产地、运输方法和价格。辛、每人至少要结交一个未入学校的小朋友，把自己认识的字、知道的事情告诉他。壬、个个人会替家中记账，替妈妈写信。癸、大家同去参观本地区公所、本县县政府，并到最近的地方法院，旁听一次。①

从这一课中，我们可以大略知道，当时的学生的书面学习负担是比较轻的，但对

① 朱文叔等：《小学国语读本》（初级，第七册），上海：中华书局，1924年第40版，第1～2页。

参与、动手、探究、服务等实践活动的要求是比较多的。

（四）开明书店的新课程标准教科书

开明书店创立于1926年8月，创办人是章锡琛。在此之前的20多年里，中小学教科书市场基本掌握在商务印书馆、中华书局这两家资深出版商手里，后来世界书局也加入竞争，占领市场部分份额。这些出版社既是市场上的竞争对手，同时又有着千丝万缕的联系，如中华书局的创办人陆费逵、世界书局的创办人沈知方都曾供职于商务印书馆，而开明书店的创办人章锡琛也曾在商务印书馆任《妇女杂志》主编。开明书店的成立，显然也是盯上了教科书这一市场，主办人员显然也有着教科书建设的经验。

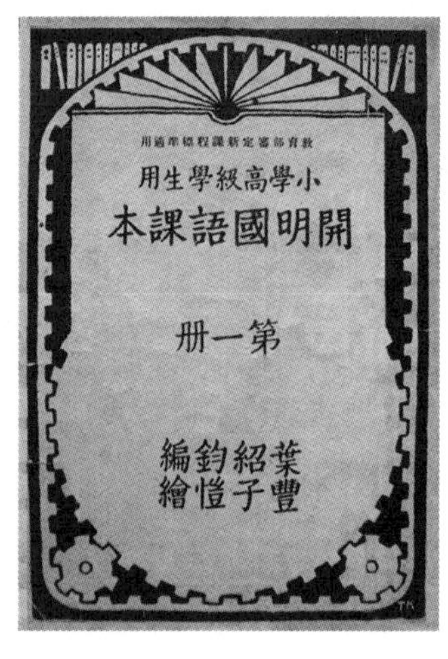

<图4－15
《开明国语课本》(第一册,1934,叶绍钧编,丰子恺绘,开明书店)

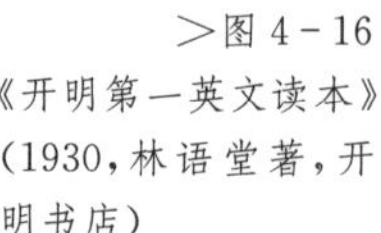
>图4－16
《开明第一英文读本》(1930,林语堂著,开明书店)

开明书店的编者队伍拥有众多名家，如夏丏尊、叶圣陶、顾均正、唐锡光、赵景深、丰子恺、钱君匋、王统照、王伯祥、徐调孚、傅彬然、宋云彬、金仲华、贾祖璋、周予同、郭绍虞、陈乃乾、周振甫、戴运轨等。

开明书店出版的教科书别具特色，因为其产品大都装帧精美，内容、印刷、纸张等方面十分讲究，加上编辑队伍强大，所以开明书店出版的教科书很受读者欢迎。其中有几种教科书影响颇大，像叶圣陶（署名叶绍钧）和丰子恺合作的《开明国语课本》、林语堂编著的《开明英文读本》等，有些在今天还不断被重新出版，并广受好评。

作为后来者的开明书店，必须注重教科书的特色，以此区别于教科书市场上较为普遍的同质化现象，才能够在业已被分割完毕的教科书市场分得一杯羹。所以，它先以国文、算学、英文“三大科”为突破口，有针对性地开发、推介自己的品牌，认为“最重要的教科，首推国文、英文、算学。这三科的教本，出版的虽已不少，但都不免有缺点。故教育界对于善良教本，仍十分需要。本店出版的活页文选，自由美备，用者莫不称便。英文读本及算学教本，编者系有经验的当代专家，更开教本新纪元，足称第一善本”①。开明的三大教本到1930年已经出版了《开明算学教本》（算术2册、代数2册、几何2册、三角1册，周为群等编）、《开明英文读本》（3册，林语堂编著，丰子恺绘图）、《开明活页文选》等。《开明算学教本》的编者有些是一线的教师，“教算学的生涯多则八九年，少的也三五年”，请他们参与编写，并且书本在出版之前，“由编者在立达中学及上海中学试验”。②

根据1932年的“新课程标准”，开明书店开始系统地组织编写和出版各科教科书。其中有叶绍钧编、丰子恺绘的《开明国语课本》，顾均正、贾祖璋合编的高小《开明自然课本》，王伯祥编写的初中《开明国文读本》，戴运轨编著的《开明物理学教本》，还有《开明世界史教本》《初中乐理教本》《开明音乐教本乐理编》等。其中《开明国语课本》更是一套成功之作。该套国语课本包括初小8册和高小4册。儿童化的语言、平实的内容和生动的插图使得该书成为语文课本中的精品。它强调以儿童生活为中心，“取材均以儿童经验过的或能经验到的为范围，以期适应儿童生活”③，强调“做中学”，激发儿童学习兴趣。该套国语课本出版后10余年内印了40多版次，深受师生欢迎。

林语堂编著的《开明英文读本》因结构合理，内容丰富，加上美术家丰子恺绘制的精美插图，出版后大受欢迎，并取代了原本畅销的商务印书馆的《英语模

① 周为群、刘薰宇、章克标编：《开明算学教本·三角》，上海：开明书店，1929年，广告页。

② 周为群、刘薰宇、章克标、仲光然编：《开明算学教本·几何》（初级中学适用），上海：开明书店，1933年，第2页。

③ 叶绍钧：《开明国语课本》（高小第一册），上海：开明书店，1934年，封三。

范读本》。著名教育家蒋梦麟亲自为《开明英文读本》题序，该书后来也多次修订再版。随后，开明书店又根据《修正课程标准》出版了林语堂的《开明第一英文读本》《开明第二英文读本》和《开明第三英文读本》等。林语堂的《开明英文读本》还引出了一场轰动教科书界乃至整个书业的版权大官司。

民国早期，学校使用的英语教科书主要是商务印书馆出版的，其中最受欢迎的当是周越然编写的《英语模范读本》，该英语读本在一段时间里几乎垄断了英语教科书市场。其实，英语教科书这个市场已经被好些出版商家看中，怎奈缺乏这样那样的实力进入这个市场，只能望洋兴叹。1928 年，对于早就垂涎英语教科书市场的开明书店来说，出手的机会终于来了，而且这个机会是大名鼎鼎的林语堂送上门来的，或者说是找上门来的。

当时林语堂正在北京大学任教，很想编一套英语教科书，就托请孙伏园代他与出版商接洽。当时，孙伏园的关系中，最熟的书店主要有两家，一是北新书局，二是开明书店，都是比较进步的书局。北新书局由北大学生李小峰兄弟创办，得到孙伏园的好友鲁迅兄弟等人的积极支持，鲁迅和周作人的不少作品都是该书局出版的。于是，孙伏园先跟北新书局接洽，但未能成功。原因是林语堂要求签约后每月先预支 300 元版税，北新书局认为风险太大，没有答应。北新书局万没有想到，这一拒绝，便与滚滚财源擦身而过。

北新书局这边无戏，孙伏园转而与开明书店联系。那时开明的资本不多，孙伏园也没抱太大希望。但相谈之下，开明书店的老板章锡琛竟毫不犹豫地答应了。开明书店正冥思苦想，力求从英语教科书市场分得一杯羹，林语堂能够出马，胜数多了几分，开明怎么不高兴！林语堂在当时的名气非常大，叶公超曾说过，在 20 世纪的中国，他最佩服两个人的英文水平，一为蒋夫人宋美龄，一为林语堂。可见由林语堂编纂的这套英文教科书，成功的可能性是非常大的。当然，林语堂更是大喜过望。

林语堂全力以赴，不负厚望，很快就编写出了一套初中英语教科书《开明英文读本》(1928，初版，全 3 册)。按照双方的协议，林语堂以 10%的版税获取酬劳。为达到内容与形式的最佳结合，扩大课本的影响，开明书店还特意请丰子恺配画插图增加活力，林语堂特允许从自己的版税中拿出2%给丰子恺作报酬。文优画美，几乎双绝。出版双方对该书的装帧设计可谓尽心尽力。图文并茂成了该教科书后来大受欢迎的又一重要因素。

正是这些精心的策划与努力，再加上作者和绘图者的威望，《开明英文读本》一经出版便一炮打响，没用多长时间，几乎把《英语模范读本》的市场抢占一空。《开明英文读本》持续发行达20多年，林语堂得到的版税总额高达30万元，被称为“版税大王”，[①] 因此过上了优越的生活。开明书店也由不太出名的小小出版机构一跃成为民国书界的巨头之一。

该套英语教科书润泽几代，影响深远，直到现在仍然被人称道。语言学家陈原写道：“我学过《开明英文读本》，也教过这部书——这部书的编者是林语堂。这课本的确给人带来了新鲜的气息。……要问这部课本‘突破’了什么？我想大约有两点：一点是内容多彩，不呆板；另一点是插图美，编排新，注音用宽式国际音标，使人不觉得要哭。”[②] 语言学家、语文教育家吕叔湘也曾经指出：“（20世纪）20年代末30年代初《开明英文读本》和《开明英文文法》的出版曾经在英语教学界引起一些震动。这两部书都是林语堂编写的。”[③] 1930年《开明周刊》曾经刊发了郁达夫评价该书的信：“我觉得是看过及用过的各种教本中最完善的东西。”郁达夫还特别在《中学生》杂志上推荐了该书。

《开明英文读本》的一炮而红，让世界书局老板怦然心动。为了在中学英文教科书这一领域分得一份市场，沈知方很快找到年轻的林汉达[④]，请他迅速编一套英语读本。林汉达当时大学才毕业不久，远不是可以和林语堂相提并论的人。

---

① 于保政：《开明书店与世界书局版权纠纷案》，张建安等编著，《民国名人诉讼案》，北京：群众出版社，2004年，第95～113页。

②③ 李宝忱：《开明与开明英语》，《出版史料》2008年第2期。

④ 林汉达（1900—1972），浙江镇海人。1924年毕业于之江大学，后任宁波四明中学英语教员。1928年起先后任上海世界书局英文编辑、编辑部主任、出版部主任。1937年赴美学习，获硕士学位。回国后任之江大学教授。1941年之江大学内迁，留上海任华东大学教育学院院长。抗战胜利后，回之江大学任教育系主任、教务长。1945年底，与马叙伦等共同成立中国民主促进会。1946年秋到达解放区，任辽北省教育厅厅长。1949年出席中国人民政治协商会议第一届全体会议。新中国成立后，历任燕京大学教授、教务长，教育部社会教育司司长，中央扫盲工作委员会副主任，中国文字改革委员会委员，教育部副部长，第一、二、三届全国人大代表。

今天来看，我们不得不佩服沈知方的伯乐眼力。

年轻的林汉达不负众望，迅速编出了一套《标准英语读本》（3册），该书模仿《开明英文读本》，也找了一位比较有名但又很年轻的画家绘制插图，他就是庞亦鹏[①]。庞亦鹏的插图也令《标准英语读本》增色不少。1930年1月，该套教科书第一册开始推出，即加入与老牌的《英语模范读本》，特别是《开明英文读本》的激烈竞争之中，且颇受读者欢迎（半年后的1930年7月即出第4版了）。

世界书局把林汉达的《标准英语读本》推向市场之时，恰是林语堂的《开明英文读本》销路正佳之日。对开明书店来说，这几乎成了他们的命根子、钱袋子。开明书店对眼下冷不丁冒出抢市场的《标准英语读本》，自然高度警觉。林语堂经过对世界书局《标准英语读本》的仔细审鉴，认为世界书局的《标准英语读本》与《开明英文读本》在内容和形式上有诸多雷同之处，对方有严重抄袭的嫌疑。于是，开明书店首先与世界书局交涉抗议，但没有结果，进而发展到对簿公堂，最后还闹到了南京中央教育部，官司打得沸沸扬扬。

因为调解不成功，开明书店遂在报纸上刊登攻击其抄袭的文章，还打出了一则大幅广告，以《世界书局承认〈标准英语读本〉抄袭〈开明英文读本〉之铁证》作为标题，于1930年8月28日在上海《申报》《新闻报》等各大报纸的醒目位置刊登出来。接着不断有相关内容的文章、广告出现。

世界书局的老板沈知方不甘示弱，他重金聘请上海滩著名女律师郑毓秀[②]。郑毓秀一出场，形势就变了。她反过来以开明书店在上海各大报纸上刊登的广告文章为证据，控告开明书店对世界书局犯有诽谤罪，世界书局一下子由被告变成

---

① 庞亦鹏（1901—1998），浙江南浔人。13岁就读于嘉兴秀州中学，该校为美国教会所办，他的绘画天赋深受美籍校长赏识。1921年毕业后留校任美术教师。20世纪20年代中期移居上海，为大东书局、世界书局、商务印书馆及报章杂志画插图。抗战胜利后自组大鹏广告公司，设计了大量的广告。1979年旅居美国加州，1998年去世。他曾经为林汉达的《东周列国故事新编》绘制插图。

② 郑毓秀（1891—1959），先后留学日本、法国，毕业于巴黎大学。是中国第一位法学女博士。在日本期间参加了孙中山领导的资产阶级革命党同盟会，号称“民国第一女杀手”，曾协助汪精卫刺杀摄政王载沣，组织刺杀袁世凯，成功刺杀良弼。她是第一位参与起草《中华民国民法典草案》的女性，先后出任过上海地方审判厅厅长、江苏地方检察厅厅长、上海临时法院院长等职，后任上海法政学院院长、北京女子师范大学校长、教育部副部长等职。她在民国以能包打胜算官司而闻名上海滩。

了原告。开明书店老板章锡琛也意识到了问题的严重性，于是决定撇开上海，到南京中央政府教育部那里去寻求支持，因为教科书的审定权在教育部。

这事由林语堂来挑大梁。林语堂是蔡元培的亲信和下属，在教育部有足够的人脉关系。他首先把自己的《开明英文读本》与林汉达的《标准英语读本》仔细加以比较，并逐条列出林汉达抄袭、剽窃之处，然后上书教育部，请求给予著作权保护。他上书教育部之时，正当南京中央教育部教科书编审处审查林汉达的《标准英语读本》之日。对此事，于频繁的回忆中，众说纷纭。

一说，教育部里那些实际做审查工作的人，大多认为林汉达的《标准英语读本》确实比林语堂的《开明英文读本》编得好些，甚至有审查者写了一篇称赞《标准英语读本》的文章发表在报纸上。但当时林语堂已有很大名气，又是中央研究院院长蔡元培的亲信，而且教育部部长蒋梦麟还为林语堂的书写过序。所以教育部编审处对林语堂的请求自然不会掉以轻心。为此，时任教育部部长的蒋梦麟频繁召开专门会议，反复讨论处理办法与方案，最终批准了开明书店的请求。据说是蒋梦麟亲发批词，断定《标准英语读本》确有抄袭、冒效《开明英文读本》的地方，不予审定，并禁止发行。①

一说，经过几次辩论，大多数人认定林汉达确有抄袭、剽窃行为。也有少数人认为，都是外国人的作品，你林语堂可以引用，他林汉达也可以引用，要说抄袭，大家都在抄外国人的作品。②

不论是哪一种情况，根据最后的结果，最终是教育部做出了对世界书局《标准英语读本》（3 册）不予审定、禁止继续出版发行的决定。审定词全文为："该书查有抄袭冒效《开明英文读本》之处，应不予审定，并禁止发行。"③ 该决定做出的时间为 1930 年 9 月 9 日。

教育部的审定结果说明，在《开明英文读本》与《标准英语读本》的版权纠

---

① 于保政：《开明书店与世界书局版权纠纷案》，张建安等编著：《民国名人诉讼案》，北京：群众出版社，2001 年，第 95—113 页。

② 吴有定：《20 世纪 30 年代开明书店与世界书局的一次版权纠纷》，《编辑之友》2004 年第 1 期。

③ 《教育部公报》第 2 卷第 40 期，1930 年。

纷中，开明书店在南京、在教育领域这个重要的战场上已经取得了根本性的胜利。

与此同时，在上海方面，形势判若两样。咄咄逼人方是世界书局。世界书局方面紧紧抓住开明书店的诽谤罪不放。法庭最后判决开明书店对世界书局的诽谤罪成立，但予以从轻处罚，让开明书店交出罚金 30 元。对于世界书局《标准英语读本》抄袭开明书店《开明英文读本》的问题，只是在判决书中作为附带问题一笔带过。这样的判决，事实上是和教育部的判定相冲突的，不过教育部判的是抄袭与否，法院判的是诽谤与否，即便有抄袭之嫌，私自发布广告攻击也不可取，反过来说明了司法的独立性。

世界书局方面虽然在法庭上胜了，但事实上的挫败显而易见。最后双方定了城下之盟，握手言和。世界书局交出了《标准英语读本》的纸型给开明书店负责销毁。① 至此，轰动上海滩的这场版权纠纷官司才算结束。

林汉达受此打击，更加发奋上进，他在《标准英语读本》的基础上改编成《英语标准读本》（3 册）出版，通过教育部审定并投入学校使用。这一套书成为中学的重要教科书，新中国成立后，仍数次出版发行。据说林汉达去美国留学就是因为这次官司被人看不起而受气的结果。后来他著有广为人知的《上下五千年》《东周列国故事新编》等书。

开明书店还根据 1936 年教育部印发《修正课程标准》组织出版了一套“修正课程标准适用教科书”，其中有夏丏尊、叶圣陶编写的《初中国文教本》、周予同编写的《初中本国史教本》等。

（五）大东书局的新课程标准教科书

大东书局由吕子泉、王幼堂、沈骏生、王均卿于 1916 年合资创办，起初主要经营印刷业务，既印刷书籍，又承印钞票、邮票、印花税票和证券等。该书局在 20 世纪 30 年代进入教科书编写出版领域。

① 吴有定：《20 世纪 30 年代开明书店与世界书局的一次版权纠纷》，《编辑之友》2004 年第 4 期。

大东书局从编写党义教科书以及系列美术教科书起家，这方面可以说是它的特色。如 1930 年编写的《初中党义教科书》（6 册，陶百川编著，蔡元培校订）就有一定影响。

<图 4-17
《新生活教科书·社会》（第八册，1933，王味辛编，大东书局）

适应教育部 1932 年“新课程标准”要求，1933 年，大东书局出版了一套教科书，冠名为“新生活教科书”。

这套教科书“注重启发儿童之思考，培养儿童爱好自然之兴趣，与养成儿童研究科学的态度”。课文排列根据下列各点：“（1）适合各级儿童学习能力及学习心理。（2）适合儿童生活环境，及时令之变化。（3）与课程标准教材大纲相符合。本书第三册起，每课附相当之研究问题，以供儿童讨论及探究。本书各册酌加实验材料。”① 如社会科虽采取的是三民主义的立场，但选择的材料考虑到了生活实际和儿童心理发展需要，“第一、二册均可视为图画之标题，三、四两册亦以说明图画为主，以后逐渐增加，最多约有两三百字，惟生字极少，语句明白浅显，相当程度之儿童，大都能够自己看得懂”②。

① 胡颜立、张若南、陆长康、陈矜中编，《新生活教科书·自然》（初小，第 册），上海：大东书局，1923 年。
② 王味辛编：《新生活教科书·社会》（初小，第五册），上海：大东书局，1934 年，封二。

（六）正中书局的新课程标准教科书

正中书局是国民党于 1933 年成立的官办出版机构，总局设在南京，在上海、杭州、重庆等地设有分支机构，由国民党要员陈立夫等负责，抗战时期总局迁往重庆。正中书局主要出版政治读物以及中小学教科书和参考用书。

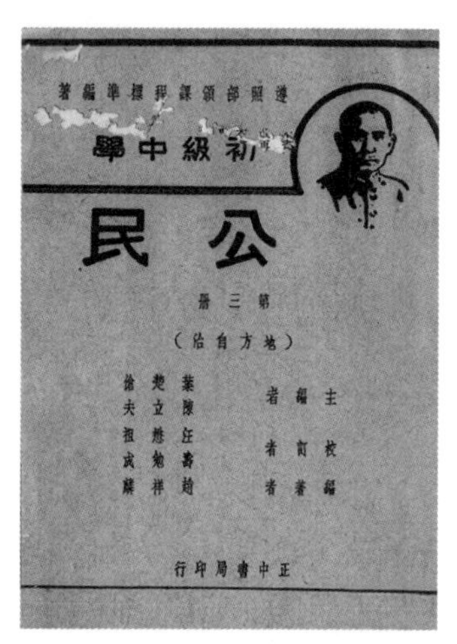

＞图 4－18
《初级中学公民（地方自治）》（第三册，1933，叶楚伧、陈立夫主编，正中书局）

因为有官方背景，正中书局在教科书编写和出版上占据了很大的便利，业务发展迅速。1933 年，正中书局根据新课程标准出版了一套教科书，该套书主要面向中学各科。其中初中教科书封面都印有孙中山肖像和“遵照部颁课程标准编著”字样（修订版则是“新课程标准适用”）。在这套书的公民和国文两科的编者中，有国民党元老陈立夫、叶楚伧两人的身影，如初中阶段公民 5 册由叶楚伧、陈立夫主编，初中国文 6 册由叶楚伧主编，另外高中公民 6 册和国文 6 册也由这两人主编，由此可见该套书的官方色彩。该套书也注重学生的学习心理，由近及远，由浅入深，如《高级中学公民》，第一册以社会问题为中心，第二册概述政治，第三、四册专讲经济，第五册专讲法律，第六册则是伦理大意。又如《初级中学教科书·国文》第二学年，“在引申青年既有之思想，求较深的了解。本册材料，分四单元：（一）民族德性；（二）学业修养；（三）休闲生活；（四）群己关系与社会生活”[①]。

教育部《修正课程标准》颁布后，正中书局于1936年出版了一套“建国教科书”，且仍以中学各科为主，可以看成是前套的修订版。该套书自1936年出版后，经历了抗战时期，到1946年、1947年仍在出版发行。

除了这些较大的出版机构之外，这一时期还有一些小书局也进行了教科书编写和出版的尝试。小书局一般不具备编写整套教科书的实力，往往只是编写某些科目的教科书，其中做得比较好的就有北新书局。北新书局于1924年4月成立于北京，其创办人李志云和李小峰兄弟都曾在北大读书，当时，鲁迅、周作人、刘半农、林语堂等知名人士都是北新书局的供稿者。后来北新书局将总部迁往上海，只在北京设立分局。

根据1929年教育部颁布的《中小学暂行课程标准》，北新书局出版了姜亮夫、赵景深[②]选注的《北新文选》（6册，1937），吕冕南的《北新化学》（1册，1937），还有初高中历史教科书。1933年，根据“新课程标准”的需要，北新书局出版了由李小峰、赵景深编写，周作人校阅的《高校国语读本》（4册），储祎编写的《高小社会课本》。其他的新课程标准教科书有：《北新英文读本》（3册）、《北新本国史》（2册，杨人楩编）、《北新外国史》（1册，杨人楩编）、《北新化学》（1册，吕冕南编）、《北新歌曲》（1册，钱君匋编）。1936年，北新书局又根据《修正课程标准》出版了《初中英语读本》（张友松编）。特别需要提出的是1931年由赵景深主编、北新书局出版的初级中学《混合国语》（6册），该

---

① 叶楚伧主编：《初级中学教科书·国文》（第三册），南京：正中书局，1936年，第1页。

② 赵景深（1902—1985），祖籍四川宜宾，生于浙江丽水，中国戏曲研究家、文学史家、教育家、作家。1922年毕业于天津棉业专门学校后，入天津《新民意报》编文字副刊，后任文学团体绿波社社长，同焦菊隐、万曼等编《微波》《蚊纹》《绿波周报》等刊物。1923年加入文学研究会。1924年秋到湖南第一师范任教，同田汉、叶鼎洛等编辑《潇湘绿波》杂志。1924年翻译了安徒生的童话《皇帝的新衣》《火绒匣》《白鹤》等，在商务的《少年杂志》上发表，是较早把安徒生作品介绍到中国的翻译家。以后还翻译了俄国作家契诃夫、屠格涅夫等人的作品。1930年起任复旦大学中文系教授。1930年开始任北新书局总编辑，直至1951年。曾任中国古代戏曲研究会会长、中国俗文学学会名誉主席、中国民间文学研究会上海分会主席等。在元杂剧和宋元南戏的辑佚方面作了开创性工作，对昆剧等剧种的历史和声腔源流及上演剧目、表演艺术均有研究。

教科书第三册把朱自清的《背影》收入其中（仅次于1930年6月，张弓①编写、大东书局出版的《初中国文教本》，其第一册选入了《背影》，这可能是第一本选入该文的教科书）。

除北新书局外，其他书局如神州国光社的《中学国文教科书》（孙俍工编）、上海中学生书局的《当代国文》等，也都为适应新课程标准的需求而产生，并被部分学校所肯定。

三、为了中华复兴的教科书

∧图4-19
《复兴历史教科书》(高小第三册，1933，徐映川编著，商务印书馆)

∧图4-20
《复兴初中图画教科书》(第二册，1933，王济远编绘，商务印书馆)

1932年初的上海商务印书馆，还是一派欣欣向荣的景象，但灾难突然降临。1月28日，日本突然袭击上海闸北，淞沪战事爆发。次日凌晨，日军飞机轰炸

① 张弓（1899—1983），江苏灌云县人。语言学家。笔名弊铭。1924年毕业于武昌师范大学国文历史部。新中国成立前曾先后任教于天津南开学校、南开大学、北京中国大学、中法大学、北京师范学院、北平临时大学等校。1949年后历任河北天津师院文史系教授、河北北京师院中文系教授、中国科学院河北省分院语文研究所研究员、河北大学教授、河北大学中文系主任、全国政协第五届委员、高等学校文字改革学会顾问、中国语言学会理事、河北省语文学会会长、河北省社联副主席、中国修辞学会名誉会长等。

商务印书馆，位于宝山路的总管理处、编译所、四个印刷厂、仓库、尚公小学等皆中弹起火，全部焚毁。2 月 1 日，日本浪人又潜入未被彻底损毁的商务印书馆所属的东方图书馆纵火，全部藏书化为灰烬。是时，浓烟遮蔽上海半空，纸灰飘飞十里之外。火熄灭后，纸灰没膝，五层大楼成了空壳，其状惨不忍睹。最令人痛惜的是东方图书馆的全部藏书 46 万册，包括善本古籍 3 700 多种，共 35 000 多册；全国最为齐备的各地方志 2 600 多种，共 25 000 册，悉数烧毁。[①] 当时号称亚洲第一的图书馆一夜之间突然消失，价值连城的善本孤本图书从此绝迹人寰，这不能不说是中国文化史上的一大劫难。有学者认为，火烧圆明园和商务印书馆被炸，是中国近代史上最令人痛心的文明悲剧，确有道理。

在战火中成为废墟的商务印书馆在激愤中喊出“为国难而牺牲，为文化而奋斗”的口号，重整旗鼓，利用劫后余存的旧纸型重印“国难版”图书。此时恰逢“新课程标准”颁布（1932），这是机遇。针对新课标，被炸后的商务印书馆开始编印“复兴教科书”。到 1933 年 8 月，全套的小学、初中用“复兴教科书”及其教学法基本出齐，后来高中部分也很快完成出版。仅《民国时期总书目 1911—1949 中小学教材》中标明的“复兴教科书”就有 115 种 438 册（教科书 73 种 263 册、教学法 17 种 88 册、指导法 11 种 65 册、教员准备书 11 种 17 册、教学辅导书 3 种 5 册）。笔者结合《商务印书馆图书目录（1897—1949）》《复兴初级中学教科书样本》以及民间收藏，统计“复兴教科书”有 183 种 738 册。“复兴教科书”由商务印书馆总经理王云五亲自担任主编，是商务印书馆有史以来最大的一套教科书，被誉为“民国教科书发展史上一座里程碑式的山峰”[②]。所谓“复兴”，一是发愿遭受重创的商务印书馆重整旗鼓，克服各种困难，及时恢复生产营业；二是发愿国家民族的复兴。

在“复兴”的呐喊声中，商务印书馆为出版“复兴教科书”集中了一大批出色的学者和编撰人员，《复兴高级中学教科书·本国史》由吕思勉编，《复兴初级中学教科书·外国史》由何炳松编，《复兴初级中学教科书·国文》和《复兴高级中学

① 王涛等编：《商务印书馆一百一十年》，上海：商务印书馆，2009 年，第 471 页。
② 毕苑：《建造常识：教科书与近代中国文化转型》，福州：福建教育出版社，2010 年，第 123 页。

教科书·国文》由傅东华编，《复兴音乐教科书》由黄自编撰。这套教科书的编写过程中又出现了一批值得关注的编作者，如参与《复兴初级中学教科书·公民》编撰的韦悫①，参与编写《复兴自然教科书》、独立编撰《复兴初级中学教科书·动物学》及其他多种理科“复兴教科书”的周建人，负责编写《复兴国语教科书》（初小，春季始业）的陈伯吹等，还有黎锦熙、骆师曾、孙俍工、孙伯謇、秉志、程瀚章、段育华、段子燮、丁瑴音、凌昌焕、马精武、周昌寿、郑贞文等。

“复兴教科书”横跨“新课程标准”（1932）和《修订课程标准》（1936）的颁布，是适应新课程标准的教科书，其中一部分经过修订成为适应《修订课程标准》的教科书。1938 年，商务印书馆还推出供华侨小学适用的“复兴教科书”6 种 40 册，其中供南洋华侨小学校适用的 4 种 28 册，供日鲜侨民学校适用的 2 种 12 册。

“复兴教科书”突出爱国内容，又尽可能采用儿童易于接受的朗朗上口的韵语形式，适应不同儿童的接受能力。如《复兴国语教科书》（初小）第三册第一课《国旗歌》：

国旗飘，青天高，白日光明，满地红光照。国旗扬，青天长，白日当中，满地照红光。国旗国旗真美丽，青天白日红满地。国旗国旗我爱你，对你行个鞠躬礼。②

《复兴国语教科书》（初小）第七册第一课又是《国旗歌》，但深度明显加强：

青天淙淙，笼盖高空；白日融融，临照亚东；热血汹汹，染得满地鲜红。神圣的国旗呀！我见你烈烈轰轰，立下了许多革命的战功。神圣的国旗呀！我爱你穆穆雍雍，表现出光明正大的国风。神圣的国旗呀！我愿你领导群众，做一个改造世界的先锋。③

---

① 韦悫（1896—1976），广东香山人。早年加入同盟会，曾留学英美，获美国芝加哥大学博士学位。回国后先后任中央大学教育学院院长，南京中央实验小学校长，中央、复旦、大夏、光华四所大学教授。中华人民共和国成立后历任上海市副市长、教育部副部长等。是第一届中国人民政治协商会议代表，第一、二、三届全国人民代表大会代表。

② 沈百英、沈秉廉编：《复兴国语教科书》（初小，第三册），上海：商务印书馆，1933 年，第 1 页。

③ 沈百英、沈秉廉编：《复兴国语教科书》（初小，第七册），上海：商务印书馆，1925 年第 305 版，第 1 页。

在内容上，教科书以儿童生活为中心，以求“由近及远”“由具体到抽象”。注重体格、德性、经济、政治的训练，以养成健全公民。如《复兴常识教科书》“以儿童智识领域的扩张顺序为范围；从家庭、学校、乡土，渐及于民族、国家和世界人类”。《复兴算术教科书》（初小）多以衣食住行日常生活、学校作业及家庭经济等问题为主，务使儿童有计算日常生活问题的能力。《复兴公民教科书》（高小）注重“培养儿童良好的习惯，增进参加社会活动所必需的知识和经验。同时，处处顾到‘利用本地社会环境’和‘从本地出发’的教学要点”①。

“复兴教科书”比较符合学生身心特点，也贯彻着新教育理念，注意培养学生实践与探究能力。《复兴常识教科书》“分为三个阶段，第一、二册以图画为主，略加文字说明；第三、四册，图画和文字并重，课文多用问题式，以便引起儿童探究的动机，而免用读书方法教学常识的流弊；第五至八册，在课文前后，均有问题和作业材料，使儿童可以自动思考和实验，不受书本的拘束；作业材料大都依课文的性质，着重乡土情形的观察调查等，对于常识教学的主旨，最为切合”②。

此套教科书有多种封面设计，总体上小学阶段的封面以一群学生的活动——玩搭积木构建宏伟大厦（寓意复兴）的游戏——为主要图案，而有不断的变化。中学阶段的教科书封面则基本上没有图案，素面设计，比较符合学生心理特征。

“复兴教科书”对商务印书馆来说又是一次巨大的成功，从诞生之日起，到20世纪50年代初，“复兴教科书”一直在出版和使用。尤其在抗战时期，“复兴教科书”积极宣传抗战，为动员抗战做出了重要贡献，受到了普遍欢迎。根据搜集到的教科书的出版信息可以看出“复兴教科书”的畅销和经久不衰，如《复兴国语教科书》（小学初级，第四册）初版于1933年7月，到8月已是第120版，第

① 吕金録、宗亮寰、赵景源编：《复兴公民教科书》（高小，第四册），上海：商务印书馆，1930年第47版，第1页。

② 吕金録、宗亮寰、徐映川、韦悫编：《复兴常识教科书》（初小，第五册），上海：商务印书馆，第26版，第1页。

五册到1935年6月已经是第365版；《复兴初级中学教科书·国文》在1933年9月初版，当年12月是第25版了，到1935年已是第56版了；《复兴初级中学教科书·公民》1933年7月初版，同年10月出了第60版；《复兴高级中学教科书·本国史》1934年初版，1946年已是第72版；《复兴高级中学教科书·国文》1946年还在发行使用；《复兴高级中学教科书·代数学》则一直出版到1952年；陈桢编著的《复兴高级中学教科书·生物学》1933年11月初版，1951年7月已是第181版。

第四节　教科书多样化格局的退出与教科书国定制的到来

清末民初是中国教科书史上一个十分罕见的时代，是一个翻天覆地、重建教育、启蒙思想的时代。它是思想开放的高峰，也是创造性高扬的年代，各种新式教科书应时而生，在百年中国教育史上留下了浓墨重彩的一笔。而这黄金时代也成为中国近现代历史上发展最顺畅的教科书建设时期。

一、教科书多样化时期的终结

从1912年民国建立到1937年全面抗战开始，民国教科书品类多样，教科书业繁荣发展。这期间中华书局、商务印书馆、世界书局、文明书局、大东书局、正中书局等相继加入教科书编写和出版的阵营，各个领域的众多学者，其中不乏各个领域执牛耳者，也参与到教科书建设的行列中来。各个出版机构和个体在教科书事业上的积极性与他们对教育事业的理想、期许和热忱是分不开的，同时也与现代学校的大量出现和学生的迅猛增加所产生的对教科书的巨大需求有关。在当时，教科书的业务收入占据了各大书局最大的份额，正如张静庐所说，“教科书成为出版的生命线，就是说当时的出版没有教材是很难生存的”①。

教科书出版业的繁荣的一个重要标志是教科书的多样化格局的形成。数量上、种类上都创造了中国教科书之最，单品教科书、系列教科书，民间教科书、国定教科书，乡土教科书、校编教科书，复式教科书、单级教科书，分科教科书、综合教科书……异彩纷呈，目不暇接。进入20世纪20年代末，尤其是30年代抗战开始以后，由于多方面的因素，中国教科书的黄金时代结束了，特别是：

第一，国民党意识形态统治的加强。20世纪20年代末随着党化教育的推进，国民党强行设立“党义”“三民主义”“公民训练”等相关政治课程，同时还加强了对教科书的审查和管理，党义教科书、三民主义教科书、国定教科书的出现，破坏了清末民初培育起来的教科书发展的相对自由的生态，将教科书置于越来越具体细化的标准之中和严密的监督之下，这必然会迫使教科书趋于同质化。我国教科书逐渐走向相对平稳甚至沉闷的发展时期，日益规范，日益标准化，但也少了开放的生气，少了创新的锐气，政治的控制和干预最终终结了这一本来可以有更高价值追求的教材建设事业。教科书黄金时代结束了。这是不是也可以部分解释我国近代人才辈出的局面也将逐渐萎缩甚至停滞？学童们再难读到像胡适、陈独秀、郭沫若、冯友兰等众多让人肃然起敬的学者们小时候可以轻松读到的各显特色的教科书了。

第二，日本的入侵。中国教科书黄金时代的退出的另一个重要原因是日本的入侵。日本全面入侵我国后，教科书出版机构和其他机构一样，受到严重挫折，上海的出版事业几乎全停，转移到重庆的分支机构远不景气，几乎就是维持，教科书建设客观上遇到了极大的困难。

---

① 转引自王建辉：《出版与近代文明》，开封：河南大学出版社，2006年，第69～70页。

第三，国定教科书的出现。这是前两个原因的伴随性因素，是从属于前两个原因的因素。随着抗战的爆发，国家有可能也有必要以更加强势的姿态进一步控制教科书内容，统一教科书的编写似乎成为战时的必然举措。为抗战服务的、标准的或国定教科书时代开始替代审定教科书时代。抗战结束，民营出版机构还来不及缓口气振作起来，世局已大变，教科书事业再也复兴不了20世纪早期的辉煌了。

二、国定教科书的出场

全面抗战爆发后，教科书编写权在名正言顺的理由下被国家收回，产生了所谓的国定本教科书。国定本教科书是指中国新式学校创建以来由中央政府主管部门负责编写并出版发行的通用教科书，也称统编教科书。20世纪30年代初期，国立编译馆、教育部教科书编辑委员会已经开始酝酿并局部实施了所谓部编教科书的推进。

1933年朱家骅任教育部长，把国定教科书建设推上了一个新台阶。是年国民政府行政院会议议决教育部自编中小学教科书，预计1934年起颁布全国使用。教科书国定化的大剧正式拉开序幕。实际上此套教科书在1936年才完成。① 关于此套教科书，后来教育部给蒋介石的报告中称之为“国定教科书之嚆矢”②。

1938年，国民政府颁布抗战建国纲领，其中在第四部分“教材”中规定，“各级学校各科教材与所用之教科书，为教学时最重要之工具”，“教育部应成立各级学校各科教材编订委员会”，“小学教科书及中学、师范用之公民、国文、历史、地理教科书，应由国家编辑，颁布应用”。③根据抗战建国纲领，为顾全民族大局，服务抗战需求，国民政府对教科书统一的举措迅速升温，国定教科书的大幕急骤拉开。

---

① 《申报》影印本329，教育部编：《小学教科书之积极》，上海：上海书店，1983年，第127页。

②③ 中国第二历史档案馆编：《中华民国史档案资料汇编·第五辑第二编教育》，南京：江苏古籍出版社，1997年，第495、28页。

为确保国定教科书迅速进入学校，1942 年 5 月 26 日，蒋介石亲自下令："以后凡小学教科书应一律限期由部自编，并禁止各书局自由编订。"[1] 6 月 23 日，教育部关于奉令编撰国定教科书致电蒋介石：小学主要科目之课本"已陆续交由正中书局制版，年内当可次第出书。……一俟部编课本准备充足，全国各地均能供应时，当禁止各书局自由编印，以杜操纵之弊，而收统一之效"[2]。1943 年 6 月，国民政府教育部发布第 28500 号训令，规定"自三十二年度（1943）第一学期起，中小学应分别采用国定本教科书"[3]。

从 1943 年秋季开始，国定教科书在国统区学校全面使用。

为确保国定教科书进课堂，教育部对其他教科书进行了清理。1943 年 10 月教育部再发训令，命令"国定中小学教科书各科各册出版后，各书局编印之版本一律停止发行"，"自三十三年（1944）一月份起，中小学各科各册教科书已有国定本者，各学校应一律改用国定本，所有各书局以前编印之版本，不论其尚在审定有效期间，或已过审定有效期限，或曾经核准发行，或尚未经审定者均一律停止发行"。[4]

一方面强制各学校一律采用国定教科书，另一方面禁止各民间书局版本进入学校。中小学教科书完成了由抗战前的审定制到抗战期间的国定制的转变。

国民政府国定教科书的出场，意味着教科书的多样化发展时期的结束，也意味着教科书越来越精致，越来越规范化、模式化。

①② 中国第二历史档案馆编：《中华民国史档案资料汇编·第五辑第二编教育》，南京：江苏古籍出版社，1997 年，第 458、496 页。

③ 《教育部公报》第 15 卷第 6 期，1943 年。

④ 《教育部公报》第 15 卷第 10 期，1943 年。

第五章　教科书的国定制及其结局

七七事变后，抗日战争全面爆发，国民政府西迁，许多学校随同迁入后方，西南、西北教育顿见勃兴，国民教育推广很快。一方面学校和学生数激增，另一方面战争使得教科书供应困难，以致普遍发生教科书荒，情势十分严重。更重要的是战争在客观上导致教科书有了统一的需要。统一全民抗战思想、解决学校严重书荒，似乎由政府出面更为理所当然，这为国民党通过控制中小学教科书，更有力地推行其党化教育、实施思想统制提供了一次绝好机会。从20世纪30年代到40年代中期，国民政府强行推进国定本教科书，但其结局又让人唏嘘不已。这是民国时期一次大规模的大起大落的教科书变革。

第一节　抗战时期教育政策的变化

日本全面入侵中国后，中华民族面临空前严重的危机，教育事业损失惨重，是“从头收拾旧山河”，将破坏严重的教育继续办下去，还是让知识分子们投笔从戎，“建国须从救国起”？一时成为当时舆论的中心话题。面对危机，国民政府从“抗战建国”出发，制定了“战时须作平时看”的教育方针，推行适应抗战和大后方建设需要的教育改革政策，同时又为适应政治上强化一党统治的需要，积极加强“党化教育”。

一、“战时须作平时看”的教育方针

由于国民政府对战争突然爆发缺乏充分的准备，也未预见到教育领域会首当其冲地受到日寇的蓄意攻击，更别谈就此采取预防措施。直到民国二十六年（1937）八月二十七日，国民政府教育部才出台《总动员时督导教育工作办法纲要》，要求在战争发生时全国各地各级学校“务力持镇静，以就地维持课务为原则”；各级学校之训练，“应力求切合国防需要，但课程之变更仍须遵照部定范围”；学校教职员及大中学生，“得就其本地成立战时后方服务团体，但须严格遵照部定办法，不得以任何名义妨害学校之秩序”。[①] 从纲要条文来看，虽然也提出教学要“切合国防需要”，但维持正常教育管理秩序却是强调的重点。这份纲要奉行的是蒋介石“和平未到绝望时期，决不放弃和平”的指示，怀着强烈的侥幸心理和妥协求安的态度，无疑是战初教育政策的一大败笔。[②] 当时就有人认

① 教育部教育年鉴编纂委员会编：《第二次中国教育年鉴》（一），上海：商务印书馆，1948 年，第 10 页。

② 徐辉主编：《抗战大后方教育研究》，重庆：重庆出版社，2015 年，第 5 页。

为，“我国教育从彷徨到坚定，这中间差不多经过了一年。在这彷徨和混乱的一年中，我国教育所蒙受的损失极其惨重，在此期间大多数学校都无法维持原状，以致学生人数顿减……至于教育机关的财产损失，其数额的庞大，那更是无法统计了”①。

《总动员时督导教育工作办法纲要》强调维持正常教育，与其说是出于对战争长期性的沉稳决断，倒不如说是骤变面前的应急之举。面对日寇的疯狂侵略，受到抗战初期“速战论”及“焦土抗战”等片面思想的左右，当时教育界出现了不同的观点。一部分人极力主张全面变更学校教育制度，实施战时教育。所谓战时教育，就是“一种适应战时体制或状态，而促进民族中成员身心发展，借以培养战时所需国力的工具，推动民族解放与社会改革的工具”②。实施这种教育政策，要求“高中以上学校除个别与战事有关者外，为配合抗战，均应予以改组和停办，俾员生应征服役，捍卫祖国。即初中以下学生未及兵役年龄，亦可变更课程，缩短年限”③。1937 年底南京失陷后，这种观点更是甚嚣尘上。另一部分人则提出，“我国过去的正规教育，在平时已有改造之必要；在战时，更非彻底改造不可”，主张“须以远大目标，作标本兼治的筹划”。所谓治标教育，是指“应目前迫切的需要，而实施各种暂时的办法，谋补救因抗战而发生的种种事实上的困难，并以增加抗战力量”。④ 例如，内迁战区学校，救济战区师生，根据战时需要酌量改变课程和教材，利用课余时间参加后方服务活动，创办各种短期训练学校等。所谓治本教育，是指“对于整个教育事业，加以整理、充实、调整、改进、扩充，为根本远大之谋，以期应付长期抗战，适应建国需要”⑤。民族存亡之际，教育究竟何去何从，成为政府当局和教育界人士亟待解决的共同问题。

1938 年 3 月，陈立夫接替朱家骅主掌教育部，就职时断言：“在理论上无所谓战时教育，因为平时教育实际上包含着战时准备”，明确反对实施战时教育的建议。一方面陈立夫认为“根据抗战与建国双管齐下的国策，建国需要人才，教

① 汪家正：《抗战期间教育设施的总清算》，《东方杂志》1946 年第 42 期。
②③ 吴景宏：《战时高等教育问题论战的总检讨》，《教育杂志》1939 年第 1 期。
④⑤ 陈礼江：《论战时教育》，《教育通讯》1938 年第 7 期。

育不能因为战争而中断，使青年而有废学之现象，实即国家衰亡之危机”[1]。另一方面，陈立夫同样拒绝从根本上改革旧的教育体制的主张，“谋教育制度之持续维持”[2]。在随后发表的施政方针中他进一步强调：“今后教育之根本方针，须德智兼备，文武合一，农工并重，教育与政治措施、经济计划及社会生活实况尤须贯通，并与其他主管机关取得密切联系，能学以致用，人尽其才，同时并应注重乡土教育，认识本国国情，适应国防生产之需要。”[3]

1938年3月29日至4月1日，中国国民党在武汉举行临时全国代表大会。会议通过的《中国国民党抗战建国纲领》，为抗战时期国民政府的施政方针。其中列教育四款，“（二十九）改订教育制度及教材，推行战时教程，注重于国民道德之修养，提高科学的研究与扩充其设备。（三十）训练各种专门技术人员，予以适当之分配，以应抗战需要。（三十一）训练青年，俾能服务于战区及农村。（三十二）训练妇女，俾能服务于社会事业，以增加抗战力量。这里强调的是教育为抗战服务的一面”[4]。会议通过的《战时各级教育实施方案纲要》则提出办理战时教育的“九大方针”“十七要点”，基本明确了战时教育政策。“九大方针”：（一）三育并进；（二）文武合一；（三）农村需要与工业需要并重；（四）教育目的与政治目的一贯；（五）家庭教育与学校教育密切联系；（六）对于吾国文化固有精粹所寄之文学哲艺，以科学方法加以整理发扬，以立民族之自信；（七）对于自然科学，依据需要迎头赶上，以应国防与生产之急需；（八）对于社会科学，取人之长，补己之短，对其原则整理，对于制度应谋创造，以求一切适合于国情；（九）对于各级学校教育，力求目标之明显，并谋各地平均之发展，对于义务教育，依照原定期限以达普及，对于社会教育与家庭教育，力求有计划之实施。“十七要点”包括：大体维持现行学制，对不易施行者应酌量变通；整理各科教材，使之成为一贯之体系；整理中小学教学科目，调整大学科系；普遍设施学校及社会体育，体育教材应与军训、童训取得联贯；严格管理，中等以上

---

①② 陈立夫：《告全国学生书》，《教育通讯》1938年创刊号。

③ 《陈部长谈今后教育方针》，《教育通讯》1938年创刊号。

④ 教育部教育年鉴编纂委员会编：《第二次中国教育年鉴》（一），第10～11页。

学校采用军事管理等。[①] 与《中国国民党抗战建国纲领》的相关内容比较起来，此处对如何维持正常教育这一大问题作了全面的回答。至此，国民政府战时教育方针的内容已很明确，只是缺少一个清晰而简练的概括。

1939 年 3 月，教育部在重庆召开第三次全国教育会议，检讨教育界的现状，研究改进或补救的办法。蒋介石在书面讲话中重申了其“现代国家的生命力，由教育、经济、武力三个要素所构成，教育是一切事业的基本，亦可以说教育是经济与武力相联系的总枢纽”的一贯主张，指出“我们切不可忘记战时应作平时看，切勿为应急之故，而就丢却了基本”。在这篇讲话中，蒋介石明确提出“战时须作平时看”的教育方针。大会一致同意接受蒋介石的“会议训词为今后我国教育之最高指导原则”[②]。至此，国民政府终于确立“战时须作平时看”的战时教育方针，其基本精神也影响和渗透到了随后所制定的各项教育政策与法规中。

“战时须作平时看”方针主要是针对所谓“焦土抗战”的论调而言，意在避免玉石俱焚，保存民族教育的有生力量，培养战时抗敌和战后建设的后继人才。“战时须作平时看”方针的确立和深化，对国统区教育乃至抗战全局起到了挽狂澜于既倒的关键作用。抗战后期有人曾就此有过评价：“二十六年（1937）初冬，国府西迁，上海不守，人心浮动，战时教育之说甚嚣尘上……平津及长江一带，教育机关为敌人炮火所毁坏，千万员生彷徨失所，走投无路。陈立夫先生受命于此艰难时代，迅速决定‘战时须作平时看’之教育方针，令学校西迁，成立服务团以收容教师，设国立中学以收容学生。于是炮火虽殷，而弦歌未辍，在量的方面且大有增进……陈氏维持教育之政策，实有功于教育，有功于国家民族。倘使陈氏于就职之初，即采当时舆论，变更课程，缩减学校，则万千教师必致转死沟壑，陷身奴虏，正气无由维持，人才无由渐生，近年来经济建设无人可以补充，陆军空军学生来源断绝，抗战大局必将为另一形势……陈氏维持教育之功，吾人实不可否认。”[③] 应该说这个评价还算是比较客观公允和符合历史实际的。

---

①② 教育部教育年鉴编纂委员会编：《第二次中国教育年鉴》（一），第 11、81 页。
③ 《七年来教育行政之检讨》，《中央日报》1944 年 12 月。

二、颁布适应战时的课程标准

抗战时期，国民政府要求基础教育的课程实施配合抗战建国的教育目标，发扬民族精神，加强师生抗日意志，并针对原有中小学课程标准的弊端重新进行修订。

国民教育制度推行后，1936 年的《修正小学课程标准》在实施过程中暴露出不少弊端，包括理想太高，非一般小学能够普遍实施；内容较深，非一般儿童能够切实领会；分量太重，非在规定时间内所能教学完毕；各科课程内容间多有重复之处；学习时颇不经济；教材编选的伸缩性过大；等等。① 教育部遂于 1942 年对小学课程标准进行了再一次修订。修订后的课程标准配合抗战建国所需的教学目标，规定初小课程科目为：团体训练、音乐、体育、国语、算术、常识、图画、劳作 8 科。高小课程科目为：团体训练、音乐、体育、国语、算术、社会（公民、历史、地理）、自然、图画、劳作 9 科。把所有课程整体分为道德训练、身体训练及知识训练三部分。根据战争时期的特殊局面，对于这三大部分，要求各科尽量归并为三类：（1）道德方面，将公民训练及音乐等科尽量联系，以陶冶儿童品性，培养国民道德；（2）体育卫生方面，将体育卫生等科尽量合并或联系，以增进儿童健康；（3）知识技能方面，将国语、算术、社会、自然等科尽量合并或联系，以增进生活必需的知识技能。② 由此体现了战时国民教育课程的独特性和时代性的特点。

关于中学课程设置，抗战初期使用的是 1936 年的《修正中学课程标准》，为了适应战时教育需要，教育部在 1940 年再次修订了中学课程标准。一是及时改造课程：减少国文、算学、英语三科教学时数；合并一些教学科目，如将初中植物学和动物学合并为“博物”一科；设置战时课程。战时课程虽然没有列入正式

---

① 课程教材研究所编：《20 世纪中国中小学课程标准·教学大纲汇编：课程（教学）计划卷》，北京：人民教育出版社，2001 年，第 174 页。

② 教育部教育年鉴编纂委员会编：《第二次中国教育年鉴》，上海：商务印书馆，1948 年，第 207～208 页。

课表，但在初高中课程标准中都分别注有说明：各年级须有 2 小时为战时后方服务训练。二是恢复选修科目，兼顾学生需要。首先，实行分组选修。初中各学年均分为甲、乙两组，甲组做就业准备，乙组做升学准备，各有 3 学时的选修科，区别主要在于是否选修英语。高中分组以文理为标准，并且从第二学年开始。其次，高中设职业科。规定高中阶段各校必须视地方情形，酌设简易职业科目。学生必须就所设科目中选习一种至两种。中学教育要加强本国史地教学。课程标准规定本国史地各占 2/3，外国史地各占 1/3。教材特别注重中华民族的融合与历代疆土的拓展及各地资源的储藏与开垦，以培养学生复兴民族、爱国卫国的思想。

三、加强教科书的意识形态控制

抗日战争的全面爆发，为国民政府进一步加强党化教育提供了绝好机会。在 1938 年武昌召开的国民党临时全国代表大会上，代表们认为，为更好地配合抗战，必须在中小学进一步加强实施爱国爱乡教育。会议通过的《战时各级教育实施方案纲要》明确提出："对于各级学校各科教材须彻底加以整顿，使之成为一贯之体系而应抗战与建国之需要，尤宜尽先编辑中小学公民、国文、史地等教科书及各地乡土教材，以坚定爱国爱乡之观念。"① 为贯彻会议精神，教育部制定具体的实施方案——"成立各级学校各科教材编订委员会，先草订或修正各级学校各科课程标准，再依照课程标准订定各科教材要目，以为选择教材及编辑教科书之标准"；同时提出，"中小学及师范学校所用之公民、国文、历史、地理教科书，应由国家编辑，颁发应用"。②这在政策上明确了国民政府将对部分科目教科书实行国定制度。

1943 年 11 月教育部重申："所有各书局编印同类教科书之版本，不论其尚在审定有效期间，或已通过审定有效期限，或曾经核准发行，或尚未经审定者，均一律停止发行。"中小学教科书中凡公民、国文、历史、地理四科，都必须采

①② 中国第二历史档案馆编：《中华民国史档案资料汇编·第五辑第二编教育（一）》，南京：江苏古籍出版社，1997 年，第 14、28 页。

用国立编译馆统编的国定本。中小学教科书制度完成了由审定制到国定制为主、兼顾审定制的转变。国定本以外的中小学教科书由国立编译馆审定后出版发行，且从严控制，其中文科四科必须使用国定本。

教育部将部分科目教科书的编辑权收归己有，更有利于其通过控制教科书来推行党化教育。据参与部编教科书初中国文编写工作的吴伯威回忆："宣扬党义的文章，党国要人的文章，奉命要多选。在编辑人员方面而说，后来也乐得如此。不但因以奉行功令，而且也为了减少麻烦。因为选定的文章三番五次的驳回，选抄不胜其苦，惟有选了党国要人的，便可担保通过了。"①

从这些方针政策中，我们不难窥见抗战期间国统区的教育具有两个显明的特色：一是战时特色；一是国民政府统制的特色。② 国民政府一方面为适应长期抗战的需要，在教育制度和课程方面作了些变更并采取了一些应急性举措，以适合抗战建国的总目标；另一方面强调要加强对各级学校和各类学生的政治控制和思想管理，以培养国民党所需的政治人才，维护国民党一党专政的统治地位。

第二节　国定本教科书的推行

南京国民政府成立后，为了推行三民主义，强化国民党的意识形态，教科书的国定就成了重要路径。但早期的教科书国定的努力效果不大。抗战的全面爆发

① 吴伯威：《关于国定本中学国文》，《大公报》1947年2月21日。

② 陈杏年：《抗战时期国民政府的教育政策论略》，《徐州师范学院学报》（哲学社会科学版）1995年第2期。

为国定教科书带来了契机。国民政府一方面强制各学校一律采用国定教科书，另一方面禁止各民间书局版本进入学校。中小学教科书制度完成了由抗战前的审定制到抗战期间的国定制的转变。这一时期的国定本教科书是中国新式教育兴办以来由中央政府主管部门第一次成功编写并全面实施使用的通用教科书。抗战背景下，国定本教科书的推行是很多必然因素和偶然因素共同作用的结果，其中，国立编译馆是一个无论如何都无法回避的因素。

一、国立编译馆与国定教科书

1925 年，时任教育总长的章士钊提议要建立国立编译馆。1925 年“二月国立编译馆组织董事会，聘蔡元培、李煌瀛等十一人为董事，复于三月三十一日经章士钊呈请国务院决议，仍照原案办理，以章为总裁”[①]。1925 年 8 月 14 日，章士钊拟具章程八条，创建国立编译馆。[②]因其成立地点在北京，亦称为北京国立编译馆。1925 年 11 月 10 日，教育总长章士钊辞职。[③]12 月 18 日，“教育部为国立编译馆总裁章士钊离职日久，经国务会议决议裁撤总裁一职，并于 1926 年 1 月 19 日派员前往接收”[④]。北京国立编译馆在章士钊离职之后不了了之。1927 年南京国民政府成立。南京政府教育部取代了之前的北京政府教育部。北京国立编译馆正式消亡。北京国立编译馆在存续期间并没有什么很大的贡献，以至后来的人们提到国立编译馆时基本忽略它的存在，一般都指南京的国立编译馆。

1930 年 11 月，时任南京国民政府教育部部长的朱家骅提议建立国立编译馆，并于 1931 年经国民会议第六次大会通过。[⑤]1932 年 5 月教育部公布了国立编译馆组织规程十三条，规定其工作主要分为两部分：一是编译学术著作以及“卷帙浩繁非私人短时间内所能完成者”，编订学术译名；二是审查中等以下图书标本仪器以及其他教育学术用品。[⑥] 从教育部长朱家骅提议建立国立编译馆到国立

①②③④⑤ 丁致聘：《中国近七十年来教育记事》，上海，商务印书馆，1935 年，第 129、124、127、127、253 页。

⑥ 中国第二历史档案馆编：《中华民国史档案资料汇编·第五辑第二编教育（一）》，第 198～199 页。

编译馆组织条例的颁布，国立编译馆的筹备经历了一年半的时间。朱家骅当时成立的初衷是“编译各国学术书籍”①，然而国立编译馆的发展却远远超出了他的“初衷”，从成立开始，国立编译馆的工作就注定跟教科书有不解之缘。国立编译馆除了承担着民国教科书的审定工作外，最重要的工作是组织编撰出版国定本教科书。

1932 年 6 月 14 日，在南京成贤街原教育部编审处旧址，国立编译馆成立，原编审处裁撤。② 辛树帜为第一任馆长。国立编译馆设编审、总务两处，编审处为教科书的审查机构，又分设人文、自然两组，“各设主任一人，由专任编译兼任，主理各该组编译及审查事宜；各设专任编审，特约编审及编审员若干人，分任编译及审查事宜”③。国立编译馆成立的第二天，即 1932 年 6 月 15 日，遂“聘童冠贤、陈可忠、翁之龙、刘英士、周其勋、王恭睦、郑贞文、李贻燕、郑鹤声、孙俍工、周邦道为专任编审，石声汉、许炳汉、章绍烈、王曾善、鄢远猷、黄守中、汪宗滉、胡颜立、丁致聘、何健民、王镜清、庄先识为编审员并呈部备案”④。1932 年 7 月 20 日，“聘童冠贤兼编审处人文组主任，陈可忠兼编审处自然组主任”⑤。从国立编译馆的组织结构来看，编审教科书与编译学术著作是不分开的，编审（译）员身兼两职，即编译著作和审查教科书，专任编审（译）和编审（译）员是当时国立编译馆的工作主力。1936 年辛树帜调任西北农林专科学校后，由陈可忠继任馆长。

1937 年国立编译馆因抗战而西迁多地，最后到重庆。⑥ 在重庆，国立编译馆开始了抗战时期艰苦的编审工作。到 1947 年迁回南京，国立编译馆在重庆坚守了 5 年。在这 5 年时间里国立编译馆编审国定教科书和其他教科书，为抗战中的教科书事业立下了不可磨灭的功劳。

---

① 丁致聘：《中国近七十年来教育记事》，第 229 页。

② 宋原放主编：《中国出版史料》（现代部分补卷），济南：山东教育出版社，武汉：湖北教育出版社，2006 年，第 660 页。

③④⑤ 国立编译馆编：《国立编译馆一览》，南京：国立编译馆，1934 年，第 25、69～70、70 页。

⑥ 教育部教育年鉴编纂委员会编：《第二次中国教育年鉴》，上海：商务印书馆，1948 年，第 835～836 页。

1942 年 1 月，教育部教科用书编辑委员会并入该馆。① 由教育部前部长陈立夫兼任馆长，陈可忠任副馆长。1944 年 2 月陈立夫辞职，陈可忠继任馆长，叶溯中任副馆长。② 抗战时期由于很多大学的西迁以及战局的发展，一大批知识分子聚集重庆，很多都是当时在各自领域颇有建树之人。他们受聘于国立编译馆，此时的编译馆可以说是专家云集。

返回南京后的国立编译馆，继续编撰国定教科书，国定教科书的规模也有了发展，不再局限于基础教育部分的教科书，师范学校的国定教科书也相继出版。20 世纪 40 年代后期，由于国内战局急转，社会动荡不安，人员数度疏散，工作已难以展开。1949 年 4 月馆务停顿。③

二、南京国民政府的国定教科书之路

所谓国定本教科书，也叫国定教科书、统编教科书等，用今天的话说就是“一纲一本”或“一标一本”，即一个教学大纲或课程标准，只配一套教科书。全国各地学校使用该同一套教科书。而这一套教科书基本上是由中央教育主管部门授权组织编写，授权特定机构出版，甚至授权特定机构发行。各地与个人一般不得自行编写出版教科书，学校也不得使用国定教科书以外的教科书。

南京国民政府的国定教科书，从酝酿产生到正式进入实际操作阶段，经历了曲折复杂的过程。1933 年，朱家骅继任教育部部长之后，开始推进国定教科书进程，且经历先部颁试行，再国定推广等过程。④ 中间经历不少反复与曲折，直到 1943 年，国立编译馆编辑的国定教科书才取代各大书局发行的教科书，得以全面推广。

① 国立编译馆：《国立编译馆工作概况》，南京：国立编译馆，1946 年，第 78～80 页。

② 教育部教育年鉴编纂委员会编：《第二次中国教育年鉴》，第 835 页。

③ 宋原放主编：《中国出版史料》（第二卷现代部分），济南：山东教育出版社，2009 年，第 660 页。

④ 吴小鸥、石鸥：《烽火岁月中的启蒙——试析民国时期国立编译馆中小学教科书编审》，《中国人民大学教育学刊》2012 年第 3 期。

（一）部编教科书

国定教科书的前期表现形式是部编教科书，也可以说，部编教科书本质上就是国定教科书。

南京国民政府成立以后，一改过去历届政府的教育宽松政策，加强了在中小学校实施党化教育的力度，而教科书便成为实施党化教育最重要的手段。在不断加强对教科书审查力度的同时，开始着手国定教科书的编撰工作。1933 年 4 月 22 日，教育部部长朱家骅向行政院会议提出由政府分期自编中小学教科书之计划，所有各种教科用书即依据 1932 年颁布的《小学课程标准》编订，[①] 以树教科书之范本。此项编辑工作教育部拟分几期进行，首先编辑当时中小学最需要之教科用书，如国文、算术、公民、历史、地理、自然等。[②] 预计 1933 年终可完成第一期初步工作，1934 年起颁布全国使用，到 1935 年 12 月基本上完成这一工作。[③] 此即部编教科书阶段。

1. 部编教科书的编撰

1933 年 5 月，教育部先后聘请吴稚晖、戴季陶、傅斯年、辛树帜、程其保、杨廉、伍椒、顾树森、戴应观、吴研因、周其勤、李贻燕、沈刚伯、周予同、杨振声、黄建中、林语堂等 17 位教育专家为委员，组建教育部中小学教科用书编辑委员会，并请由吴稚晖主持。[④] 该委员会和国立编译馆同属教育部，只是二者的分工不同。中小学教科用书编辑委员会主要编辑中小学用教科书，属学术机构；国立编译馆成立初期的职责是审定中小学用教科书，属行政机构，编委会编写的教科书初稿需接受国立编译馆审定。

1933 年 12 月初，初小国语、算术、社会、自然四种稿本编撰完成，交国立编译馆审查。次年，先以国语之数册交各书局印行，因全书未竟，流行不广。其

---

① 教育部教育年鉴编纂委员会编：《第二次中国教育年鉴》，第 207 页。

② 申报馆：《教部编辑小学教科书之积极》，《〈申报〉影印本》(329)，上海：上海书店，1983 年，第 127 页。

③ 《行政院议决教部自编中小学教科书，本年底可完成第一期初步工作》，《浙江教育行政周刊》第 4 卷第 36 期，1935 年。

④ 《教部设立部编中小学教科书编审委员会》，《江西教育旬刊》第 6 卷第 1 期，1936 年。

后因课程又有修订，教育部要求另编初小国语、常识合订本。因此，教育部部编中小学教科书的工作并没有按原定计划完成，只是完成了稿本。

2. 部编教科书的修改

1935 年，国立编译馆奉教育部令修改部编小学教科书稿本。① 国立编译馆对教育部教科书的改编方针如下：（1）以儿童实际生活为中心。（2）注重乡村化、平民化，充分利用生产材料。（3）充分利用劳作、自然、社会、卫生等浅易材料相互联络的效果。（4）充分利用最近之各种统计材料。（5）所用文字须与编译馆所编小学初级字汇相对照。（6）本书用单元编制，每册不能有两个以上事实雷同的单元。（7）第一、二册以图画为主，图画注重简单明了，尽量避免复杂凌乱。（8）图画注重平民化，充分利用小学生常见的事物。（9）低年级所用算术游戏，应该是一般学校及儿童容易实行的。②

此套教科书终于在 1936 年陆续完成。后来教育部给蒋介石汇报关于国定本教科书时提道：“在二十五年（1936）间，即着手编辑小学各科课本，用作书商编印教科书之规范，亦为国定教科书之嚆矢。至二十六年（1937）而稿本完成，交由各大书局承印。”③

3. 部编教科书出版受挫

教育部虽然自己出面编撰教科书，但它并没有完全由自己的出版机构（正中书局）垄断性地出版和发行，而是交给正中书局、商务印书馆、中华书局、世界书局、大东书局、开明书店六家书局分头负责出版印刷和发行。但这些承印书局当时多有自己的教科书，所以并未能加速印制尽力推销，结果是学校采用少。到 1937 年七七事变后，课程教材需要重加厘定，以适应战争年代的要求。因此部编小学教科书基本停止印行，所出版使用的只有高小实验国语教科书 4 册，初小国语教科书 3 册，初小、高小算术及高小自然教科书各 1 册。④

《第二次中国教育年鉴》记载中有：“教科书编成之后，由于教育部缺乏印刷

①② 申报馆：《教部编辑小学教科书之积极》，《〈申报〉影印本》（320），第 127 页。
③ 中国第二历史档案馆编：《中华民国史档案资料汇编·第五辑第二编教育（一）》，第 495 页。
④ 魏冰心：《国定教科书之编辑经过》，《教育通讯》复刊第 1 卷第 6 期，1946 年。

发行机构，各书局自然不可能舍弃自己编辑的教科书来发行国定本教科书，此次编撰的国定本教科书在抗战以前未能印行。”① 需要说明的是，这里所谓的国定本教科书实际上就是部编教科书，而且并不是完全没有印行，如前所述，根据教科书实物证实，还是有部分教科书出版发行了。

此次由教育部主持编写的教科书虽然影响不大，甚至没有被广泛采用，但对于教科书史的意义重大，它开启了民国教科书统编本、国定本的时代。

（二）国定教科书

1. 国定本教科书的发展

人算不如天算。国民政府教科书国定化之路尽管一开始走得曲折艰难，但很快，抗日战争全面爆发，这为教科书的国定化提供了最好的舆论空间、社会氛围与物资可能。

<图 5-1
《初级中学公民》（第二册，1947，国立编译馆编，正中书局）

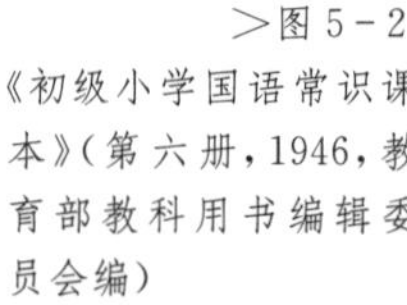

>图 5-2
《初级小学国语常识课本》（第六册，1946，教育部教科用书编辑委员会编）

七七事变后，教科书被赋予新的任务，爱国教育进一步强化，军事教育正式提到议事日程上。1938 年 1 月，教育部改组，陈立夫出任教育部部长。3 月，教育部在重庆召开第三次全国教育会议，讨论抗战建国时期教育实施方案，大会议决送部参考案共 9 案，其中第 1、2、3、4、5、8 案分别是：《统筹教科图书及教

① 教育部教育年鉴编纂委员会编：《第二次中国教育年鉴》，第 355 页。

育仪器案》《统一课本案》《各级学校教材应由教育部统一编纂及分配案》《拟请各书局印刷中小学教科书并饬令各省市教育厅局与之密切联络以便维持非常时教育案》《请购集各国教科图书以供编审之用案》《教育部应聘请具有丰富学术经验之中小学教师迅速编制理科史地挂图及简要教科书并聘请专家设厂制造最低限度之简单理科仪器标本以应西南西北各省学校之急需案》。[①] 这些议决案的共同点之一就是主张由教育部统一编撰中小学教科书。

1938 年 4 月，国民党在武汉召开临时全国代表大会，通过了教育部部长陈立夫提出的《战时各级教育实施纲要》规定的实施准则十七条，其中第四条指出："对于各级学校各科教材应彻底加以整理，使成为一贯之体系，而应抗战与建国之需要，尤宜优先编辑中小学公民、国文、史地等教科书，及各地乡土教材，以坚定爱国爱乡之观念。"7 月，教育部订定的《战时各级教育实施方案》更是明确指出："教育部应成立各级学校各科教材编订委员会，先草订或修正各级学校各科课程标准，再依课程标准订定各科教材要目，以为选择教材及编辑教科书标准""小学教科书及中学、师范用之公民、国文、历史、地理教科书，应由国家编辑，颁发应用""令各省市教育厅局编辑各地乡土教材，以为中小学及民众学校之补充教材""整理历史、地理教材，以备编辑中小学历史、地理教科书，供中小学应用""精选外国数理化教材与教科书，选译或编译为中小学数理化教科书及歌曲故事等""扩充国立编译馆，整理我国固有名著，并翻译各国代表作品，并从事编译各级学校教科书及教师所用之参考书籍"。[②]

1938 年，国民政府颁布抗战建国纲领，其中在第四部分"教材"中明确规定，"各级学校各科教材与所用之教科书，为教学时最重要之工具"，"教育部应成立各级学校各科教材编订委员会"，"小学教科书及中学、师范用之公民、国文、历史、地理教科书，应由国家编辑，颁布应用"。[③]

至此，根据抗战建国纲领，为顾全民族大局，服务抗战需求，抗战期间小学教科书及中学用之公民、国文、历史、地理教科书应由国家编辑的国定制已大致

---

① 教育部教育年鉴编纂委员会编：《第二次中国教育年鉴》，第 41～53 页。

②③ 中国第二历史档案馆编：《中华民国史档案资料汇编·第五辑第二编教育（一）》，第 28～29、28 页。

确立。民国政府对教科书统一的举措迅速升温，国定本教科书的大幕急骤拉开。

1942 年 1 月，教育部将教科用书编辑委员会并入国立编译馆，国立编译馆成为教科书国定的唯一机构。“国语常识”课本成为这一阶段国立编译馆编撰的主要国定教科书，也成为国立编译馆最先出版的国定教科书。1942 年秋天，初小国语常识课本陆续出版，小学各其他科目，初中语文、公民、史地等教科书，也陆续完成。商务、中华、大东、世界、正中、开明六大书局外加文通书局联合成立“国定中小学教科书七家联合供应处”，负责国定教科书的出版与发行。

至此，国定教科书全面出台登场。

为确保国定教科书迅速进入学校，1942 年 5 月 26 日，蒋介石亲自下令：“以后凡小学教科书应一律限期由部自编，并禁止各书局自由编订。”[①] 6 月 23 日，教育部关于奉令编撰国定教科书致函蒋介石：小学主要科目之课本“已陆续交由正中书局制版，年内当可次第出书。……一俟部编课本准备充足，全国各地均能供应时，当禁止各书局自由编印，以杜操纵之弊，而收统一之效”[②]。1943 年 6 月，国民政府教育部发布第 28500 号训令，规定“自三十二年度（1943）第一学期起，中小学应分别采用国定本教科书”[③]。

从 1943 年秋季开始，国定教科书在国统区学校全面使用。

为确保国定教科书进课堂，教育部对其他教科书进行了清理。1943 年 10 月教育部再发训令，命令“国定中小学教科书各科各册出版后，各书局编印之版本一律停止发行”，“自三十三年（1944）一月份起，中小学各科各册教科书已有国定本者，各学校应一律改用国定本，所有各书局以前编印之版本，不论其尚在审定有效期间，或已过审定有效期限，或曾经核准发行，或尚未经审定者，均一律停止发行”。[④]

教育部一方面强制各学校一律采用国定教科书，另一方面禁止各民间书局版本进入学校。中小学教科书制度完成了由抗战前的审定制到抗战期间的国定制的

---

①② 中国第二历史档案馆编：《中华民国史档案资料汇编·第五辑第二编教育（一）》，第 458、496 页。
③ 《教育部公报》第 15 卷第 6 期，1943 年。
④ 《教育部公报》第 15 卷第 10 期，1943 年。

转变。国定教科书正式作为一项制度，强制实施。[①]

1945 年抗战胜利后，教科书国定的急迫性没有了，同仇敌忾的局势消失了，一些有识之士意识到，教科书国定完全服从抗战需要，完全体现统治者意志，致使竞争缺失，在内容方面乏善可陈，有人说它“误尽苍生”[②]，有人说它“荒谬绝伦”[③]，有人说它“控制国民思想”[④]，甚至有“法西斯教育的教科书”[⑤] 之嫌，认为国定教科书已完成了它的政治使命，到了该退出历史舞台的时候了。

1947 年 3 月，袁伯樵在金陵大学主持召开第二次“教育问题座谈会”，与会专家讨论了教科书问题。最后通过投票表决，22 位参会者，主张国定教科书的没有一人；主张废除国定教科书，重新采用审定制者 14 人；主张国定教科书和审定教科书同时出版供选择者 7 人；主张部分教科书国定、部分审定者 1 人。[⑥] 后宪政促进会研究委员会也提案主张废止国定课本。[⑦] 这场关于国定教科书的存废问题尽管走上了政治程序，在参议会讨论并通过，但后续却没有了消息，可能是国民党因节节败退已经无暇顾及此事了。

2. 国定本教科书的三种编撰形式

国定本教科书的编撰主要有三种不同的形式：自编，由国立编译馆专任编审担负；约编，有若干科目，由该馆特约国内有名学者编纂；征编，即另有若干科目，由私人编辑，经教育部征选。

第一，国立编译馆自编教科书。根据抗战形势修订颁布的小学国语、常识课程标准的要求，“国语常识”要混合教学，这就要求有“国语常识”混合编写的教科书。《初级小学国语常识课本》随之诞生，这是一种全新形式的教科书，也是国立编译馆自编的最有影响的一套国定教科书。国语和常识混编的教科书，没

① 张文、石鸥：《国定教科书：时代价值及其局限——从南京国民政府的国定教科书说起》，《河北师大学报》（教育科学版）2016 年第 6 期。

② 徐天震：《所谓“国定本教科书”》，《大夏周报》第 24 卷第 7 期，1947 年。

③ 邓恭三：《荒谬绝伦的国定本教科书》，《时代文摘》第 1 卷第 7 期，1947 年。

④⑥ 《教育问题座谈会讨论教科书问题》，《〈申报〉影印本》（392），第 660 页。

⑤ 史永：《取消掺杂法西斯思想的国定教科书》，《民主》1946 年第 29 期。

⑦ 《宪政促进会研究委员提案主张废止国定课本》，《〈申报〉影印本》（393），第 819 页。

有任何民间版本可以借鉴，编辑工作完全由国立编译馆来承担。《初级小学国语常识课本》的编写汇集了一批优秀的学者和编撰人员，如陈伯吹、俞子夷、潘公展、吴俊升、朱家骅、孟宪承、梁实秋、艾伟、胡颜立、陈布雷、陈果夫、黎锦熙、叶楚伧、钱穆、陈可忠、任美锷、顾树森、顾毓秀、陈鹤琴等，是为国立编译馆自编国定教科书的代表。

《初级小学国语常识课本》全套共 8 册，供初级小学四年制用。1942 年秋，《初级小学国语常识课本》第一至四册完成，交由正中书局出版，成为暂行本。[①] 由于是全新形式的国语、常识的合编本，小学国语常识教科书编辑的时候非常审慎。暂行本供应后，一面编订问卷，送请全国各科专家、各师范学院附中小学，详为审阅，签注意见；一面由部指定若干小学举行实验教学，备作客观之教材研讨。[②]《初级小学国语常识课本》后四册的暂行本要稍微晚一些。1943 年上海商务印书馆出版过该套教科书的所谓的“标准本”。

《初级小学国语常识课本》依据 1941 年 11 月教育部公布的小学常识、国语两科课程标准，将常识与国语配合编辑，以常识教材为经，以国语教材联络之。在编写方面体现出以下特点：

在内容上，国语、常识的选材范围均为“关于个人生活的”“关于学校生活的”“关于家庭生活的”“关于乡土生活的”“关于民族国家的”“关于世界人类的”内容，但各有侧重：常识重知识的吸收，国语重文字的鉴赏。例如：《初级小学国语常识课本》第七册第一课，常识部分为黄帝尧舜，以树状图的形式介绍了黄帝的功业、唐尧的事迹、虞舜的事迹；国语部分则是 200 多字的记叙文，题目是《虞舜的孝》，讲述了虞舜孝敬父母、爱护弟弟的故事。第五课，常识部分为笔墨与纸，以表格的形式说明了笔、墨、纸的发明人，及发明朝代和原料；国语部分则是一篇朗朗上口的韵律诗《拿枝笔》，主题鲜明地宣传抗战。“拿枝笔，作篇文，赞美忠勇的军人：好军人，期振奋，开上前方打日本；擎起枪，举起刀，冲锋肉搏破敌阵；不成功，便成仁，为国为家为子孙。拿枝笔，写封信，慰

---

①② 魏冰心：《国定教科书之编辑经过》，《教育通讯》复刊第 1 卷第 6 期，1946 年。

劳战区的义民：好义民，最可钦，变卖财宝献金银；作向导，传音讯，帮助国军把敌擒；既尽力，也尽心，保国保家保乡邻。拿枝笔，吟首诗，发表自己的意志：我自己，立个誓，从今要做好孩子；孝父母，敬老师，爱护人人尽责职；练身体，求知识，奋发自强雪国耻。”①

在形式上，常识教材以图表为主，附以简要的注释；国语教材以儿童文学为主。常识教材与国语教材均为“单元制”，几课成一单元。例如，《初级小学国语常识课本》第七册第一至十课，常识部分主要介绍中国的历史知识，分别为《黄帝尧舜》《禹治水》《孔子》《我国的文字》《笔墨与纸》《秦始皇汉武帝》《唐太宗明太祖》《张骞班超郑和》《岳飞戚继光》《文天祥史可法》，与之相对应的国语部分分别为《虞舜的孝》《夏禹的忠》《孔子的礼》《图书文字》《拿枝笔》《陈老师的演说》《明太祖》《班超投笔从戎》《勤学的岳飞》《文天祥的苦和史可法的笑》；从第十一至二十四课主要介绍的是地理常识，既包括自然地理，又包括人文地理；从第二十五至三十二课主要介绍的是政治常识，主要是进行三民主义教育。②

在体例上，《初级小学国语常识课本》最突出的特点是设计了形式多样的练习。《初级小学国语常识课本》8 册教科书共包含练习 54 组，主要是针对国语部分，围绕说话、读书、作文、写字四项进行设计。有的侧重课文内容的探究，有的侧重语法的整理，有的侧重写作的训练。练习的设置上文字与图画并用，希望能引起儿童学习语文的兴趣。练习注重结合实际，提高能力，不是为练习而练习，如写演讲稿、写信、写禁烟标语等。

国语和常识混编为一种教科书，虽然是战时教科书的一种临时举措，但某种意义上，这是教科书发展史上的一种积极探索，也表明了教科书甚至课程的一种改革的可能性。整个 20 世纪甚至到 21 世纪，对小学低年级的语文、思想品德、常识等科目，甚至整个义务教育阶段，都一直有综合编写的改革尝试，其源盖出于 20 世纪 40 年代国定本《初级小学国语常识课本》的实践。

---

①② 国立编译馆编：《初级小学国语常识课本》（第七册），国定中小学教科书七家联合供应处，1943 年。

第二，国立编译馆修改校订的教科书。国立编译馆修改校订的教科书数量上远远超出其自编的教科书，大体可以分为两类：一类是对教育部教科用书编辑委员会编撰的教科书进行改编校订，教科书封面上印有“教育部教科用书编辑委员会”字样，这种教科书是1945年以前国定本的主要形式；另一类是对征选的教科书的改编。

为适应抗战建国国策的需要，教育部教科用书编辑委员会除乡土教材一项，令各省市教育厅局分别编辑呈审外，一方面汇总审查坊间已出版之各科教科书，特别是中小学国语、国文、常识、社会、公民、史地等教科书，详加增删，令修订后发行；另一方面自己组织编辑中小学国语、国文、常识、社会、公民、史地等教科书。自1939年开始到1941年止，先后完成小学国语、常识、历史、地理及初中公民、国文、历史、地理等主要科目的初稿。这套教材是依据1936年修正颁行的中小学各科课程标准编撰的，但如前所述，没有进入全面使用阶段。部分出版发行的教科书，版本缩小，纸张低劣，印刷模糊，教科书的质和量都发生问题，教育部亟图设法解决。1942年1月，教科用书编辑委员会并入国立编译馆，把已编成的各科稿本依照新颁《修正课程标准》，分别重新审查修改。因此，对此套部编本的改编校订成为1945年以前国定教科书的主要形式。

除此以外，国立编译馆还将部分科目的教科书编撰权对外发布，征选作者，最后由国立编译馆修改、授权出版发行。个人或书局应征后由国立编译馆校订的课本有：宋延庠主编的高小历史4册；王毓梅主编的高小地理4册；吴鼎主编的高小国语；王鸿俊主编的高小公民4册；王鸿俊等编的初中公民（书名页题：教育部教科用书编辑委员会编）；方阜云等编的初中国文甲编6册（书名页题：教育部教科用书编辑委员会编）；宋延庠编的初中历史6册；任美锷编辑的初中地理6册。其中有些是由教育部征选后个人应征的，如王鸿俊主编的高小公民，在教科书的版权页有“教育部征选”等字样。这一举措在当时是有创新意义的，它充分利用社会的力量，利用学术界的力量，弥补教育部官方力量的不足，弥补少数人关起门来编撰教科书的不足，是教科书建设的重要原则。对孩子的重视，一定要让全社会的资源动起来。

第三，采用民营书局稿本的教科书。从1942年秋天开始，国立编译馆的初小国语常识后四册及高小各主要科目，初中国文、公民、史地等教科书，都分别修正，先后完成，陆续交给七家联合供应处制版印行。唯部分科目缺乏足够的人力和时间，采取了另外一种值得肯定的做法，即采用民间书局的稿本，修订完善后以国定本教科书的形式出版发行。如初高小算术，系采用大东、文通、中华三家书局编辑的稿本，高小自然系采用正中、世界两家书局编辑的稿本，而由国立编译馆加以修正或改编出版发行。[①]

抗战期间的国定本教科书有三个明显的外在特征：

其一，国定本教科书的封面，早期因为印刷条件的艰苦、纸张的紧缺，多数教科书均为单一的文字印刷，封面设计为纯文字，没有图案。实物表明，目前可能唯有《初级小学国语常识课本》和《初级小学算术课本》有战争内容的图案，渲染战争气氛，封面的四角上印有飞机、大炮、坦克、军舰。

其二，版权页或标明正中、商务、中华、世界、大东、开明、文通七大书局联合印刷或发行（或其中一家印刷，七家发行），或标明“国定中小学教科书七家联合供应处印行”；编辑者或为“国立编译馆”，或由教育部征选—由教育部教科用书编辑委员会和七家书局之一二应选一个人编写—国立编译馆校订。也有些课本版权页署名“教育部教科用书编辑委员会编辑”。且所有课本一定有“本书经教育部特许印行，不得翻印”字样。

其三，几乎所有教科书均纸质低劣、印刷水平低下，甚至字迹与插图模糊，以致1943年冯玉祥在给陈立夫的信函中特别指出，后方教科书“纸张印刷多不清晰，且易磨损，儿童目力实多伤害”[②]，要求改善。有些课本开本缩小，有些连编辑说明和版权页都省略了，而且版本、印刷都不规范。

3. 国定本教科书的出版与发行

最初，教育部是将《初级小学国语常识课本》（暂行本）及教学指引交给官方色彩浓厚的正中书局出版供应，随着国立编译馆陆续编定的教科书稿本越来越

① 魏冰心：《国定教科书之编辑经过》，《教育通讯》复刊第1卷第6期，1946年。

② 沈岚、冯玉祥：《关于改善中小学教科书现状与陈立夫往来函》，《民国档案》2002年第3期。

多，一方面正中书局越来越难以独任供应之责，另一方面，其他民营出版机构也不断抗争。当时“七联处”的秘书曾经回忆道：“各书局急商对策，向教育部力争。他们的理由是：国定本的内容，是兼采各家审定本的材料汇和而成，不过做了些选编的工作。各家审定本，都是逐年延聘专家编撰，代价很高。对编译馆的抄袭掠夺，认为是违反了出版法。各大书局当然各有靠山，要讲话不患无人。此事在当时闹得很紧张，连蒋介石也对朱家骅问起这件事。”[①] 在这一背景下，1943年4月，教育部将国定本教科书以及经国立编译馆审定的部编教科书的发行权，交由正中书局、商务印书馆、中华书局、世界书局、大东书局、开明书局、文通书局联合组成的“国定中小学教科书七家联合委员会”。该委员会为部编教科书发行的领导机构，下设的“国定中小学教科书七家联合供应处”（简称“七家联合供应处”或“七联处”）为业务机构，负责统筹供应。七家书局因资金厚薄及分局多寡不一，可能负责供应的区域数量也各有不同。在教育部的协调之下，最终核定七家书局分配承销的比例为：正中书局、商务印书馆、中华书局各占23%，世界书局占12%，大东书局占8%，开明书店占7%，文通书局占4%。[②] 正中书局只能算是一个小书局，能够得到此等优待，担当起发行国定教科书的重任，且在“七联处”各家书局中占据领导地位（正中书局总经理吴秉常一直担任“七联处”理事会主席一职），与它同陈立夫的特殊关系密切相关。但无论人们如何称它为“御用书局”或“黄马褂书局”，教育部仍然没有或不敢让它垄断国定本教科书的出版发行。

国定本教科书的出版发行，一方面打破了以往优胜劣汰的规则，各家书坊在教科书的利益获得中是不能相争的，而是严格地遵循着排列上的顺序进行。这在一定程度上改变了教科书资源配置的旧有特质，权力成为教科书资源配置差序格局的中心。[③] 另一方面，国家的知识产权，没有被垄断于任何一家出版企业，哪

① 刘寒英：《关于“七联处”》，全国政协文史资料委员会编：《文史资料存稿选编·文化》，北京：中国文史出版社，2002年，第431页。

② 魏冰心：《国定教科书之供应问题》，《教育通讯》复刊第1卷第13期，1946年。

③ 吴小鸥、石鸥：《烽火岁月中的启蒙——试析民国时期国立编译馆中小学教科书编审》，《中国人民大学教育学刊》2012年第3期。

怕是官方背景的企业，而是交与当时公认的几大出版企业，它们是有教科书出版资质、有质量保障，经过时间检验的出版企业。这一点仍然是值得肯定的。

“七联处”在一定程度上解决了抗战期间教科书的供应问题，尤其是在汪伪政权编辑出版的“国定本教科书”盛行的时候，它在保障国统区学校教科书方面有着重要意义，使后方教科书荒得以缓解。

4. 国定本教科书的谢幕

1945年抗战胜利后，教科书国定的急迫性没有了，同仇敌忾的局势消失了，在许多有识之士看来，国定教科书已完成了它的政治使命，到了该退出历史舞台的时候了。

1947年3月，在第二次“教育问题座谈会”[①]上，与会专家讨论了教科书问题。在会上陆殿杨报告了国定教科书的编印经过，最后指出国定教科书的优点是：资料正确，所编科目齐全，各科并无轻重的不同等；但其缺点更多，“每科仅此一种，不但无比较或竞争之可能，教师亦无选择余地，一部分人士更认为有思想统治之嫌”。会议最后由袁伯樵对国定本教科书问题做总结，“原则上可由国家编译教科书多种，听凭各校自由选择应用，惟‘国定’一名词似有欠妥之处。又教部如拟定完善之课程标准，由各专家自行依照编辑教科书，部方即依此标准审定之。国立编译馆所编之课本，亦须经审定，数种并行，更为理想”。最后通过投票表决，无人主张国定教科书，多主张废除国定教科书，重新采用审定制。[②]

1947年6月申报以《宪政促进会研究委员会提案主张废止国定课本另颁布课程标准由人民编辑听任各校选用》为题，报道了宪政促进会研究委员会也提案主张废止国定课本一事。[③]张仲友等提议案“拟请教部废止国定本教科书编印办法，另行颁发适合思想自由原则之课程标准，由人民及书局拟请编辑”，“提案原意认为国定本内容不能尽善，且与宪法第十一条抵触，拟与政府予以废止”，该提案当即修正通过并提交联席会议。1948年6月，教育部长朱家骅也表示“行

①② 申报馆：《教育问题座谈会讨论教科书问题》，《〈申报〉影印本》(392)，第669页。
③ 申报馆：《宪政促进会研究委员会提案主张废止国定课本》，《〈申报〉影印本》(393)，第819页。

宪后之课本教部考虑改变”[①]。

但是这场关于国定本教科书的存废问题后续再没有了消息，国民党军队的节节败退导致事实上国定本教科书一事再无人关注，国定本教科书伴随着国民党政府的倒台而退出。

5. 国定本教科书的时代价值与局限

国定本教科书是时代的产物，在国家危亡时刻，国定本教科书积极宣传抗战，用教育塑造理想，用教育鼓动民族自信，为抗战胜利涂写了浓重的一笔，具有重要的时代价值。但是，国定本教科书在全面服务抗战的同时，也成为加强国民党统治的工具，由此而带来的历史局限和效果上的局限使得它终究逃脱不了被历史潮流淹没的命运。

（1）国定本教科书的时代价值

第一，宣传抗战，有利于传播国家声音，动员民众加入抗战大军。

近代中国遭受了太多的帝国主义列强的入侵，在巨大的屈辱面前，消极退缩的情绪有一定市场。抗战初期，国民党军队溃败，汪精卫之流的投降主张影响了不少人。此时，急需应用一切手段，清除此类消极危险情绪对民众的不良影响，统一抗战救国的思想。在民族最危急的时刻，教科书统一有利于消除杂音，宣传抗战，传播国家抗战主张；有利于塑造理想，鼓动民众，提升民族自信心。

总体上看，国定本教科书做到了这一点，它塑造了一套“国家”“民族”“反侵略”的爱国话语体系，集中反映了当时的政府关于对日作战的思想主张，也参与了这种话语和主张的再生产。它从内容到形式，从编创手法到话语修辞，都服务于特定的抗战需要和统治思想的需要。国定本教科书是抗战时期民族思想和意识形态的教育具象。它把战争意识形态推向了前所未有的极端。

必须承认，在民族危亡时刻，国定本教科书迅速激发了民众的爱国热情。

第二，统一思想，有利于凝聚民族精神，发出抗战的最强音。

抗战不仅有前线枪炮的呼啸，还有课堂上孩子们的呐喊。

---

① 申报馆：《行宪后之课本教部考虑改变》，《〈申报〉影印本》（397），第 708 页。

不成功，便成仁，为国为家为子孙。……

既尽力，也尽心，保国保家保乡邻。……

练身体，求知识，奋发自强雪国耻。①

——这是另一种形式的抗战，它听来柔弱，却奏出了时代的最强音。孩子们稚嫩而高亢的读书声就是气贯长虹的抗战宣言。

国定教科书的目的是“将我国固有的道德、知识、能力融化在历史教材中，激发学生爱护民族国家的情绪，并坚定其民族的自信力”②。因此，国定教科书非常重视民族精神的渲染，民族英雄的塑造，以加强民众的民族自信。

他们是谁？他们是民族英雄，抗日好汉！他们的武器：枪炮！炸弹！他们的精神：干！干！干！他们干了些什么？一战使汉奸惊心，再战使倭寇胆寒。他们奋不顾身，为国死难。他们不死的精神，如日月一般，永远光明璀璨。③

激情慷慨的课文，把汹涌澎湃的民族精神传达给学生，在抗战最艰苦的时候，激发了民众的爱国热情和必胜信念。

第三，普及科学，有利于传授抗战需要的基本常识，确保抗战的胜利。

国定本教科书在普及抗战常识、懂得科学抗战、防止不必要的损失与牺牲方面做出了很大的努力。在战争知识方面，注重战时救护、军事看护、战时医药常识、火柴、照明、烟幕、毒气、兵器、防空、警报等内容的组织；在卫生方面，国定本教科书注重人体构造、预防传染病等知识的传授。这些科学常识的普及，提高了战争时期国民的素养，也有利于抗战本身的进行。

（2）国定本教科书的局限

为了国家的安危、民族的兴亡，教科书国定化是能够被接受的。但如果为了国民党的“一个主义、一个政党、一个领袖”而强制推行国定本教科书，从长远看，就可能事与愿违，适得其反了。

抗战时期的国定本教科书，对统一思想、动员全民抗战发挥了重要作用，同

① 国立编译馆，《初级小学国语常识课本》（第七册，第五课《拿枝笔》）。

② 魏冰心：《国定教科书之编辑经过》，《教育通讯》复刊第1卷第6期，1946年。

③ 国立编译馆：《初级小学国语常识课本》（第七册，《抗日阵亡将士墓》）。

时，国定本教科书也打着三民主义的旗帜，成为维护国民党统治地位的一个重要举措。国民党推进国定教科书的最终目的是实现执政党对教学内容的掌控，清除所有不利于执政党的言论和观念，打压共产党人和共产主义思想，张扬国民党统治集团的意识形态，宣示国民党政权的合法性。对此，国民党重要人物、教育部长陈立夫有过特殊的关注，他本人对“国定教科书应该传授什么”给予了非常细致的规定：

国定本的国语、国文，是应贯彻历史、地理、公民三方面的知识，而以整个三民主义为选材的标准。所以国语、国文教材，以三民主义为纲，以党员十二守则为目。①

事实上，一些国定本教科书对国民党党义的宣传，数量上甚至超过了抗战内容。如前所述，早在抗战前的1927年8月，国民党就开始了通过国定本教科书钳制思想的行动，南京国民政府教育行政委员会就明确提出“应赶促审查和编著教科用的图书，使与党义和教育宗旨适合”②，只是由于反对强烈，收效不大。这说明抗战并不是国民党强制教科书国定的唯一动因。

可见，国民党在利用国定本教科书宣传抗战的同时，不失时机地利用它宣扬国民党一党党义也是重要目的。国定本教科书“以整个三民主义为选材的标准”③，通过控制公众认识，统一思想意识和战争话语体系，力求达到促进个人对国民党蒋介石政权的高度认同。领袖偶像是国定本教科书的重要内容，如《蒋主席幼年的故事》《伟大的领袖蒋主席》《蒋委员长和民族复兴》等频频出现。无论是地理还是历史，都严格遵循“蒋主席训示”④“总裁训示”⑤。国定本教科书高度体现了支配集团集中控制、彻底同一化和政权合法化的权力意志。正是制造并利用这样的教科书，国民党试图达到钳制思想与言论、划一民众精神与行为的目的。此时，教科书异变为维护“一个主义、一个政党、一个领袖”的国民党意识形态的重要工具。

①③ 魏冰心：《国定教科书之编辑经过》，《教育通讯》复刊第1卷第6期，1946年。

② 《教育界消息》，《教育杂志》第19卷第8期，1927年。

④ 国立编译馆：《初级中学地理》，国定中小学教科书七家联合供应处，1946年。

⑤ 国立编译馆：《初级中学历史》（第二册），上海：商务印书馆，1947年第二次修订本。

国定本教科书不但在内容上统一思想和话语体系，它本身的定性与存在，就意味着要消除其他非国字号的教科书生存的空间。

以上可以说是国定本教科书的历史性局限，国民党力求强化自己的一党专制显然是逆历史潮流而动，历史最终选择了中国共产党。

其实，国民党的这一做法是能够理解的。因为教科书是一种确立权威、实施规训的机制，往往与秩序、认同、归属感、共同体、国家相联系，有塑造经典偶像的功能。同时教科书也是一种排斥机制，即它排斥异己，排斥不符合主流意识形态的东西。① 但理解不等于认同，尤其不等于它自然能够达到预期目标。

国定本教科书还有效果的局限。从国定本教科书使用的有效性来看，当时国民党强制推进国定教科书，只允许一套教科书，以为这样能够最好地传播“一个主义、一个政党、一个领袖”的意识形态，能够最佳地实现国民党统治的长治久安。他们没有认识到，恰好是自己寄予厚望的国定本教科书未能有效实现其预期目标。教科书的国定与垄断，缺乏竞争，只能导致单一化、模式化，最终走入僵化——质量不高，垄断盛行，生气全无。在陆殿扬看来，国定本教科书“全属救济性质”，只是让学生有书读而已，聊胜于无。② 国民党用自己的垄断性质的教科书不断削弱自己的思想根基，不断引起人们对“一个主义、一个政党、一个领袖”的逆反，也不断地为自己树立了知识界的批判靶子。这可以说是效果的现实的局限。国定本教科书严重偏离了自己的预期目标。

正是看到国定本教科书的局限与弊端，看到它并不是传播意识形态的最佳工具，国民党内部的一批有识之士基于拯救国民党、拯救国民政府的目的，站出来坚决反对教科书国定。这些人中有吴稚晖、胡适、任鸿隽等国民党大佬或知识界有影响力的人物，还有顾树森、陆殿扬等国定本教科书的实际组织者和负责人，他们站在历史发展的高度，既承认特定时期国定本教科书的价值，也深刻认识到其内在的局限性，表现出部分民国知识分子的社会担当。

---

① 石鸥：《民国时期的一次高强度教科书控制》，《湖南师范大学教育科学学报》2014 年第 2 期。

② 《教育通讯》1947 年第 4 期。

第三节 “战时教科书”的出现

早在全面抗战前的20世纪30年代初，商务印书馆就曾经组织出版了一套著名的书库，推出4 000多种图书，被当时的《纽约时报》（1930年6月1日）称为世界上最大规模、最具野心的文库，称赞它在战火纷飞的年代“为苦难的中国提供书本而非子弹”。其实，在苦难的中国，很多书不是子弹，胜似子弹。无数事实表明，书才是最难对付的武器。[①] 在抗战的烽火岁月中，不是子弹胜似子弹的“战时教科书”，如枪似炮，为抗战胜利做出了不可替代的贡献。抗战不仅是士兵在战场厮杀，更重要的是要让中国人的人心凝聚，士气鼓舞。只有地不分南北，人不分老幼，人心齐，士气旺，抗战就一定会胜利。当时的教科书不断地表现中国人的同仇敌忾——用日本对我国几十年的野心与侵略，我军将士的英勇抗敌，《马关条约》及其后果，“一·二八”英勇的十九路军的抵抗与牺牲等内容在教科书中浓墨重彩地宣讲，为的就是激起海内外中国人的愤怒，为的就是掀起波澜壮阔的抗日高潮。小小课本中充分洋溢着的中华民族坚不可摧的救亡意志，已经预示了日本侵略者的下场。

当时的爱国知识分子非常清楚，抗日战争全面爆发后，战争时期的教育显得异常紧迫。中日之间的战争，是一个落后的农业国与先进的工业国之间的战争。对于中国而言，亟须通过一切手段，特别是用读者最多、影响最大的教科书来澄清抗战的正义性，激发民众的抗战热情，培养学生的抗战勇气，启蒙人们的抗战常识，坚信抗战必胜的信念。在抗战高于一切的精神指导下，各地迅速行动起来，编写了大量适应抗战需要的教科书，其中不少教科书直接以“战时”命名。“战时教科书”是一种直接服务于抗战的教科书，因为抗战是其起源，为了抗战

① 石鸥：《课本抗战之山东〈战时教科书〉》，《湖南师范大学教育科学学报》2015年第4期。

是其目的，它是中国教科书发展史上极富时代特色的最为罕见的教科书类型。[①]“战时教科书”同时出现在国统区和共产党根据地，为伟大而悲壮的抗日战争鼓与呼。

一、“战时教科书”的基本面貌

1939年3月1日至9日，第三次全国教育会议在重庆召开，教育部长陈立夫主持会议，国民政府要员孔祥熙、张群、居正、张继、何应钦、王宠惠及会议代表张伯苓、吴稚晖、吴贻芳、蒋梦麟等200余人出席会议。蒋介石到会作了关于教育问题的训词，提出了国民政府的战时教育方针。他指出目前教育上一般讨论最热烈的问题，就是战时教育和平常教育的问题，“我个人的意思，以为解决之道很是简单，我这几年来常常说，‘平时要当战时看，战时要当平时看’。我又说，‘战时生活就是现代生活。现在时代无论个人或是社会，若不是实行战时生活，都不能存在，就是要被淘汰灭亡’……我们决不能说所有的教育都可以遗世独立于国家需要之外，关起门不管外边环境，甚至敌人压境了，我们还可以安常蹈故，一些不紧张起来；但我们不能说因为战时，所有一切的学制、课程和教育法都可以搁在一边”[②]。教育部长陈立夫对教育亦做了反思，对教育做了更为具体的部署，他在《抗战二年来之教育》中指出：“究其最大的错误，则在于不能切合国情与适应需要。订定制度而不能切合国情，作育人才而不能适应需要，情势扞格，则事与愿违，供求脱节，则才失其用。是以抗战建国之大业一朝发轫，百端待举，需才孔殷，而为事择人，终难其选。”他说，过去的教育已千疮百孔，但并没有暴露出来，这才知道“师资之亟宜造就，教材之必须充实，训育之有待改进，建教之应事统筹”[③]。在这次教育会议上，各省教育厅厅长对战时中小学

---

① 石鸥、廖巍：《课本也抗战——试论“战时教科书”》，《课程·教材·教法》2015年第9期。

② 教育部教育年鉴编纂委员会编：《第二次中国教育年鉴》，第81页。

③ 陈立夫：《抗战二年来之教育》，秦孝仪主编：《中华民国史料丛编·战时教育方针》，台北：“中央文物供应社”，1976年，第38页。

教科书的编写与出版，进行了广泛的讨论。[①] 蒋介石和陈立夫的讲话，表明了抗战以来的理性思考，它有两个方面的意义：一是不能因抗战而压倒一切，即使在抗战最为艰苦的时刻，也必须保证教育的发展；二是在抗战的特殊时期，可以考虑编辑出版“战时教科书”。正是在这一背景下，战时教育、战时教科书都进入了实际操作阶段。

（一）“战时教科书”的内容范围

大敌当前，抗战已不再局限于战壕，还有一个思想文化的战场。在这场战争中，教科书就是武器。战时的中国需要“战时教科书”。“战时教科书”是应时势而产生，相比较和平时期的教科书，“战时教科书”宣传抗战、注重与时代相结合，特别要求以下内容的充实与更新：

其一，变更原有学科的教学时数，抽出时间教授战时新教材，诸如军事常识、救护常识、防御常识、消防常识、国际关系、群众指挥法等；其二，加设特殊学科，诸如国民训练、民众教育、中国地理险要、日本侵略史、日本外交史、日本政治大纲、军事化学、生物学与国防、军事工程等；其三，改进每门课程本身的内容，小学要注意激发儿童抗战情绪，培养儿童社会知识，灌输儿童战争常识；中学在国文、地理、历史、美术、劳作等课程都要做适当改进。[②]

实际上这已经对“战时教科书”的内容选材有了比较具体的可以直接操作的建议了。

至于落实到特定学科，就有了更细致的考虑。如吴鼎在《抗战时期小学课程及教材之研究》一文中主张，国语科之“说话：时事讨论、救国演讲等。读书：救国运动的文电和诗歌、救国运动的戏剧和故事、民族英雄传记、少年爱国故事、民族英雄抗战史实等。作文：翻译重要之救国文电为通俗大众文、拟为救国运动告民众书、拟致各国儿童宣布中华民国解放运动的信件、拟募捐启事、拟救

---

① 袁昂：《战时中小学教科书问题》，《福建教育通讯》1939 年第 5 期。

② 熊贤君：《论战时教育思潮与战时教育的发展》，《民国档案》2007 年第 3 期。

国讲演词、订救国运动标语、记救国运动的事实、记述抗战事实等。写字：写标语、宣言、图表、布告、壁报、民众课本等”①。又如黄觉民在《战时课程的编制》中指出的美术课程：“战时描写及剪贴忠勇战士的塑像、防空图、防毒图、救护图、后方工作图、战事经过的连续画等，都可以利用来配合美术的教学。”劳作课可以在以下方面演练：“战时模型、战壕模型、军械模型、障碍物的制造，简易防毒面具及口罩的制造，防毒药水的配置，地窖的建造，绷带的缚法，慰问品的调制，军用水瓶的制造等，都可用来配合的教学。”②

由于宏观上战时的独特需求，微观上有了可操作的具体建议，必要性与可能性兼具了，各地迅速行动起来，编写了大量适应抗战需要的教科书，其中不少教科书直接以“战时”命名：《战时国语读本》《战时常识读本》《战时历史读本》等。如教育部教科用书编辑委员会编《战时补充教材》；商务印书馆组织出版的小学段的《战时常识》（沈百英、赵景源等，1937），中学段的《社会科战时补充教材》（平韦卿，1938）、《自然科战时补充教材》（宋建勤，1938）、《国文教科书战时补充教材》（王宾，1938），高中段的《国文科战时补充教材》（汪馥泉，1939）；生活书店出版的《战时读本》（张宗麟，1937）；新知书店出版的中学段的《战时国文教材》（秦柳芳，1938）；文化书店出版的《战时读本》一套（1938）；北新书局的《战时高小文选》（杨晋豪，1938）和《战时初中文选》（赵景深，1938）；江西省政府教育厅编写出版的《江西省小学战时国语教材》（1939）；战时教育研究社出版的《战时高小公民》（徐凌，1939）；特种教育社编的《战时国语读本》（1938）；陕西蓝田启明书店出版的《战时初中本国地理》（修正课程标准适用，谢国度，1938），上海启明书店出版的《战时高中本国地理》（谢国度，1942）；湖南唤民书局出版的《战时初中本国地理》（吴镜清，1943）；等等。

几乎同时，战时民众或国民课本也大量涌现，兼顾供民众训练、小学校和民

---

① 吴鼎：《抗战时期小学课程及教材之研究》，李定开：《抗战时期重庆的教育》，重庆：重庆出版社，1995年，第12页。

② 黄觉民：《战时课程的编制》，李定开：《抗战时期重庆的教育》，第9页。

众学校学生和大众阅读。其中影响比较大的如福建省军管区国民军训处编写的《战时民众学校课本》(1938)，由国民党二级上将陈仪题写书名，且在封底有陈仪写于1938年6月18日的“手泐”，对抗战教育有殷切的期望并提出建议；陕西教育厅印行了一套《战时国民读本》(6册，通俗读物编刊社编辑，1938)；四川省也组织编写出版了一套《四川省战时民众学校课本》(四川省战时民众教育推广委员会编辑，1938)；等等。

国统区“战时教科书”实际上又可分为官方教科书和民间教科书两类。比较而言，诸如北新书局、新知书店、生活书店等民间进步书店编写出版的“战时教科书”，和共产党根据地教科书一样，抗战的气氛更浓，选材更激烈，表现更火爆；来自进步知识分子的作品、自编作品更多。而官方教育部编写出版的“战时教材”则更趋向于用政府的规范表述与政策性文章，选用蒋介石、陈立夫、宋美龄、林森、李宗仁等的作品比较多。比如教育部编《战时补充教材高中国文》，全书40篇课文，仅蒋介石的作品就选用了8篇，占1/5。

（二）“战时教科书”的主要特征

“战时教科书”在澄清抗战认识、全面了解抗战，普及抗战常识、懂得科学抗战，宣传抗战精神、激扬参与抗战勇气、坚定抗战必胜的信念等方面做出了很大的努力。这可从应战时之急需、供抗战时期中学教学之用的《社会科战时补充教材》《自然科战时补充教材》(商务印书馆，1938)的内容上反映出来。“社会科”包括公民、历史、地理三部分，“自然科”包括卫生、化学、物理三部分。“公民方面，注重精神训练、国际关系、战时经济；地理方面，注重太平洋形势、欧洲形势及日本作战力等；卫生方面，注重战时救护、军事看护、战时医药常识等；化学方面，注重火柴、照明、烟幕、毒气等；物理方面，注重兵器、防空及战地工程等。”① 战争气息浓厚。

抗战时期的教科书在抗战内容的表达上，总体上注重宣传政府的抗战决心和

① 平韦卿编：《社会科战时补充教材》(中学适用)，上海：商务印书馆，1938年，“编辑大意”。

抗战政策，宣传各国华侨爱国抗战的热情与行动（如陈嘉庚），抨击反面人物（如汪精卫）、反对汉奸，宣传捐款、献金的重要性，宣传抗战的军队战绩，宣传志愿从军、慰劳军人，展示战时人民的深重灾难、痛失家园的情景、无家可归的人们、饥寒交迫的儿童，暴露日军的暴行，揭露日军的谎言，宣传国际对中国抗日的支持（如苏联、国联、美军、英军、飞虎队）等。

具体而言，综合各种“战时教科书”，给人印象深刻的是大力宣传要抗战、会抗战、我抗战、抗战必胜的基本内容。

1.“我们为什么抗战”

注意教育学生认识和了解抗战，理解抗战的意义，认清抗战的国内外形势。“战时教科书”从历史到现实，从国内到国际，全面分析了日本对我国的入侵以及我国近代以来的国耻，让读者系统了解为什么要抗战，抗战的原因是什么，旨在强化抗战的正义性，坚定抗战的信念。

“战时教科书”把宗旨定位在“使读者认识抗战意义，了解抗战前途，藉以增强抗敌情绪，坚定抗战必获最后胜利的信念”。取材多来自当时名家作品、战地通讯、战时文艺、军事论文等，有郭沫若的《我们为什么抗战》、冯玉祥的《我们应如何抗敌救国》、胡愈之的《抗战时期的外交》、胡绳的《人民阵线和民族阵线》、钱俊瑞的《军事胜利的基础在政治》《铲除汉奸决不是技术问题》、顾毓琇的《非常时期的认识》、郑振铎的《如何保持抗战的胜利》、龚德柏的《日本侵略中国外交秘史序》，以及《一·二八战争》《五卅惨案纪念》等课文。①

由张宗麟率陶行知得意弟子们编写的《战时读本》则设计了一系列课文，系统地揭露了日本对中国侵略的历史、我国的国耻、日本的阴谋等。如：《大门轰开了》《重要主权失掉了》《第一次中日大战》《五九纪念》《五卅纪念》《五三纪念》《九一八纪念会》《强盗骗子阴谋家》《中华民族解放运动》《资本主义》《帝国主义》《法西斯主义》《日本的过去》《日本的现在》《中国的过去》《中国的现

---

① 秦柳方编：《战时国文教材》，武汉：新知书店，1938 年。

在》等。我们以第二册第7课《五九纪念》、第9课《五三纪念》为例，看教科书是如何介绍这些特殊日子的：

五九，五九，日本帝国主义一双魔手：他乘欧洲大战，向我们提出二十一个要求。我们纪念五九，就要把日本帝国主义赶走。

提起五三真正惨，日本大炮轰济南。枪杀我国外交官，割鼻挖目真野蛮。这批血账要洗清，只有人人来抗战。①

寥寥几句话，对现代史上几个特殊日子及其所发生的特殊事情，都有了点睛的交代，辅以歌谣押韵的形式，便于上口，易于记忆。

2. “让先烈的精神把我们武装”

注重培养学生的民族意识和爱国精神，激发学生的抗战热情。“战时教科书”以“培养民族意识、激发爱国思想为中心”，课本既选用了许多“民族英雄之史传及其作品”，又大量“采抗战文字，藉以激励士气”，如《好男儿歌》《文天祥慷慨就义》《黄天荡之役》《黄花岗七十二烈士》《在黄花岗前》《爱国的汽车夫》《农妇杀敌记》《依兰抗战的一幕》《街血洗去后》《谈牺牲》《勇敢的青年鼓手》《汪绮杀敌》等。当师生们齐声诵读《在黄花岗前》时，一股不畏牺牲的抗敌豪气油然而生：

……
来吧，
来在这光荣的墓旁，
让先烈的精神把我们武装；
然后像个无畏的武士，
走上血肉横飞的战场；
假如你有幸为国而死，
沙场上便是你的黄花岗。②

总体上，“战时教科书”高度关注并大量引入弘扬民族精神、倡导爱国主义、

① 张宗麟编：《战时读本》（第二册），武汉：生活书店，1937年。
② 杨晋豪编：《战时高小文选》，上海：北新书局，1938年。

鼓舞英雄气概的内容，当时名家的抗战作品多被第一时间引入课本，成为教材的重要内容。如郭沫若的《民族复兴的喜炮》和《在天空写的壮快的诗篇》、艾芜的《八月的上海》、王世颖的《虎门》、郑振铎的《勇士》和《焦土抗战与牺牲的决心》、钟明光的《绝笔诗》与《绝笔书》、佚名的《请站立半旗之下》、冰莹的《不做俘虏的战士》、夏野士的《守住我们的家乡》、萧军的《伸出我们真诚的手臂》、胡兰畦的《东林寺的血战》、子冈的《戎装的女儿们》等。

所有“战时教科书”有个共同特点：为了强化抗战气氛，达到渲染效果，几乎所有封面图案都极富战争特色，厮杀气息浓厚，让人血脉贲张，呼吸加快，恨不能一跃而入杀日寇的战场。这些课本为了达到使读者兴趣盎然、朗朗上口的目的，大量使用歌诗童谣，便于诵读，极富感染力。

3.“我愿做个小兵丁”

注重激扬学生勇气，鼓励学生以各自力所能及的行动，投身于抗战的实践之中，让学生知道人人皆应抗战，事事皆可抗战，处处皆能抗战。“有力出力，有钱出钱”成为当时的响亮口号，给学生的理念是“救国工作，有许多方面”，可以自己的微薄之力，在不同领域，做不同工作，为抗战服务。

投身于抗战之中，可以“到前线去杀敌、挖战壕、输送、救护”[①]，直接参与战斗：

我愿做个小兵丁，拿着手枪杀敌人！
莫笑我们气力小，手枪一样能杀人。
我愿做个小兵丁，见着敌人拼性命！
莫笑我们年纪轻，保国保家在我们！[②]

投身于抗战之中，也可以是宣传、募捐、读书，甚至春耕、征兵、缝衣都是在抗战：

冬天到，北风狂，前线将士杀敌忙，
穿着单衣，为了国家受风霜。

① 张宗麟编：《战时读本》（第三册，第28课《前方和后方的工作》）。
② 江西省教育厅：《江西省小学战时国语教材》（初级第三册，第16课《我愿做个小兵丁》），1939年。

冬天到，北风狂，后方百姓做衣裳，

做好打包，送给将士换冬装。

做衣忙，打包忙，一批一批送前方，

将士穿暖，万千敌人一扫光。[①]

4.“警报响，勿着慌”

注意教育学生掌握现代战争的基本常识，学会科学抗战，尽量减少不必要的损失，赢得抗战的胜利。各“战时教科书”，甚至是战时国语、算术教科书等，都大量传播相关的抗战常识，而且比较集中在防空及战地工程、毒气与防毒、战时救护、战时医药常识、人体构造、预防传染病、火柴、照明、烟幕、煤铁石油、麦稻棉、兵器等方面。尤其是面对日军飞机狂轰滥炸的防空知识的普及以及对毒气的防范：

警报呜呜响，心头勿着慌。事先挖好防空壕，快到里面藏一藏。倘若事先没准备，快把身子伏地上。如在夜晚快熄灯，不然炸死可冤枉。[②]

它强调的不仅是警报的意义和人们听到警报声后应采取的行动，还要让人们分得清不同警报声的含义：

当“呜——呜呜，呜——呜呜，当——当当，当——当当”响起来时，意思是空袭警报，报告敌机要来空袭了；而“呜——呜呜呜呜……当——当当当当……”响起来时，则是紧急警报，报告敌机快到了，必须马上就近采取行动；而听到“呜——当——当——当——”的声音，则是解除警报，意思是敌机去了，可以走出防空洞了，快去救火、救护他人。

对抗战常识的普及很重视实用实效，如“路上遇着毒气，赶快掩住口鼻，逆着风向走；家里遇着毒气，赶快关好门窗，跑到高处去躲。可以用湿布掩住口鼻，伏在青草里或是沙地上”[③]等。

---

①③　江西教育厅：《江西省小学战时国语教材》（初级第三册，第24课《做衣忙》，第31课《警报》，第3课《快去救护》，第34课《防毒气》），1939年。

②　张宗麟编：《战时读本》（第三册，第13课《防空》）。

5.“我们一定打胜仗”

在鼓舞士气、日本必败、中国必胜的教育方面，教科书注意宣传我国军民抗战杀敌的英雄气概，展示国家的力量和抗战必胜的前景。抗战必胜既是英雄主义的宣言，又具有理性的基础。“战时教科书”注意二者的结合，重在有理有据的分析，让人们坚信中国抗战一定能够胜利。比如有的“战时教科书”为了让读者系统地了解中日双方的实力，设计了《知己知彼》《人力的比较》《物力的比较》《财力的比较》《朋友的比较》等课文，最后得出我国抗战必胜的结论：

日本侵略中国，是有一贯方针的。从东北到华北，再到华中华南，一步一步的，非把全中国占完了，不会罢休。我们呢？非把日本帝国主义完全打出去，把一切失地完全收回，是绝不能生存的。俗话说：知己知彼，百战百胜。那么，我们就要把日本的一切情形，来和我们比较一下，看我们是不是可以打败他？[①]

紧接着，该课本连续用4篇课文，比较人力、物力、财力和朋友，力图用数据和事实说话，让民众充满必胜的信心。在《人力的比较》一课里：“日本军队，要防备苏联，镇压国内和朝鲜、台湾，还有镇压东北，真正能够到中国作战的，最多不过一百五十万。我国军队，能够动员一千万。”在《物力的比较》一课里：“打起仗来，日本的煤油，不够用一年。我国的煤油，只广东茂名一处，就够用五十年”，“开仗的第二年，日本的粮食，就要发生恐慌。我国的粮食，丝毫没有问题”。还有《财力的比较》：“日本现在有现金五万万元，钞票十四万万元。打起仗来，一年至少要用二百万万元。战争延长到一年，他就要弄得气尽力竭。所以，他希望速战速决。我们现在有白银三十万万元，可发钞票六十万万元。再没收日本帝国主义在华的财产和汉奸卖国贼的财产，来作抗战经费，我们的财力，是可以持久作战的。”《朋友的比较》：得道多助，失道寡助，“我们的朋友很多，日本的朋友很少”。四方面比较的结果是“我们一定打胜仗”。[②]

①② 张宗麟编：《战时读本》（第四册，第19课《知己知彼》），武汉：生活书店，1937年。

陕西省教育厅编印的《战时国民读本》（1938）第四册简直就是中国必胜的专册，该书一共5个单元，其中有4个单元叙述同一个结论：中国必胜。第二单元是“兵力比较中国必胜”，第三单元是“经济比较中国必胜”，第四单元是“人民比较中国必胜”，第五单元是“外交比较中国必胜”。有理有据的分析让人民明白为什么中国的抗战一定会胜利。

除了客观条件上中国必胜外，“战时教科书”还注重中国必胜的主观精神信念的确立。如《江西省小学战时国语教材》中塑造了国强、国雄兄弟的形象。临近新年了，学生国强给当兵的哥哥国雄写信问候，国雄回信道：“这几天我们除了吃东西以外，时时刻刻在追赶敌人，杀敌人，所以我没有功夫写复信。”（第39、40课。）

“战时教科书”还编选了《抗日军长杨靖宇》《台儿庄的胜利》《平型关的胜利》《一个美国记者的中国必胜论》《中国走向民主的途中》（宋庆龄）及《战神在叹气》等，力求用胜利的战斗实例、外国友人的观点、领导人的讲话等内容来加强抗战必胜结论的可信度。1933年3月，长城抗战爆发，全国抗日情绪呈沸腾之势。由于中国军队在喜峰口作战顽强，全国人心大振。课文及时呈现了这一鼓舞人心的场景，也说明抗战教育早在1937年卢沟桥事变前就展开了。

二、山东版“战时教科书”

在所有以“战时”命名的教科书中，山东省政府编撰的“战时教科书”（1938）、晋冀鲁豫边区的“战时新课本”，是抗战时期最系统、最完整、最有代表性的两套“战时教科书”。我们以山东省政府编撰的“战时教科书”为代表，以窥“战时教科书”之全貌。

1938年8月，国民政府山东省小学教材编审委员会在弥漫的战火中编写了一套小学课本，命名为“战时教科书”。当时已编写完成了56册，因为“印刷所限，仅排印初级国语8册、常识8册、算术6册，高级国语4册、公民4册、历

<图 5-3
《战时国语读本》（第六册，1943，山东省小学教材编审委员会编审，山东省政府）

史 4 册、地理 4 册、自然 4 册、算术 4 册，共计 46 册”[①]。这套教科书大多数在封面上直接标注醒目的“战时”二字，且有“山东省政府审定”“民国二十七年（1938）九月初版”字样；版权页署名“山东省小学教材编审委员会编审”，“编审主干芮麟[②]”；封二或封三有“编审大意”，署名“山东省小学教材编审委员会识”。这个编审委员会由什么人组成，“编审主干”究竟在该教科书编写中具体起什么作用，还有待考证。但可以认为，山东省小学教材编审委员会由芮麟兼管，至少芮麟是负责人之一且直接执笔。

这套教科书各科稿本自 1938 年 7 月 5 日开始编辑，26 日开始审查，8 月 1 日完全结束。作为一套教材，从编辑到完成审查，前后时间不足一个月，这在正常情况下是无法想象的，充分体现了战争时期的特点。该套教科书目前所见最早版本是 1938 年 8 月出版的，大多为 1938 年 9 月出版的。这个时间节点有两个重要因素值得关注：第一，秋季开学在即，抗战教科书能够进课堂成为当务之急，

① 山东省小学教材编审委员会：《战时国语读本》（初小，第八册），济南：山东省政府，1938 年。

② 芮麟（1909—1965），字子玉，江苏无锡人。1929 年于江苏省立教育学院毕业。20 世纪 30 年代，他被认为是与林语堂、赵景深等齐名的诗人、作家、文艺理论家。为中国社会教育社成员。1936 年春，赴青岛市教育局任中小学课本编审主任。抗战期间，任山东省政府秘书，山东省保安司令部政训处上校秘书、主任。1938 年 3 月任山东省政府主席行辕教育处处长，创办山东战时出版社，筹建山东省党政军政治干部学校，主编山东省政府机关刊物《大山东月刊》，兼任山东省立第一联合中学校长。“战时教科书”应该就是芮麟在这一人生鼎盛时期编撰完成的。关于芮麟及其编撰的这套“战时教科书”，他远在美国的儿子芮少麟提供了有价值的线索与资料，在此表示感谢。

8月和9月出版的教科书正好赶上开学；第二，山东省军政当局波动巨大，山东省原政府主席韩复榘因抗战不力被国民政府处以极刑（1938），沈鸿烈于1938年元月被任命为山东省政府主席，6月，芮麟任政府秘书。芮麟及其所在的山东省政府，坚持在山东境内抗战。为适应抗战形势需要，他们不断在山东各地转移，在国共统一抗战的大背景下，和共产党山东分局也保持着较好关系，共同展开山东地方的抗战。1938年6月19日，山东省政府转移到聊城，设立省政府主席行辕，在此度过了难得的比较稳定的几个月时间。芮麟不但是省政府秘书，还兼省政府主席行辕教育处处长。应该说，就是利用这个空隙，以芮麟为主，他和同事们废寝忘食地编写了这套既能解秋季入学的燃眉之急、又全面宣传抗战的"战时教科书"，为抗日战争做出了难能可贵的贡献，也在教科书编写史上谱写了辉煌的一页。当"战时教科书"全部完成投入使用之际，芮麟29岁整，他作诗《三十初度述怀》："才入中年万感侵，茫茫天地独沉吟！羁迟空坠思亲泪，歌哭长存报国心。寇祸不随烽火灭，旅怀渐共岁时深。头颅留得班生在，谁道神州便陆沉。"[①] 把那段烽火岁月中的报国之心表达得淋漓尽致。

这套"战时教科书"改编成分较重。因为在1938年，山东大地抗战形势紧迫而复杂，有日军占领区，有国民党政府的统治区域，也有共产党根据地。国民党前任省政府主席韩复榘刚被处决，新任主席沈鸿烈面临的抗战压力很大，教育发动民众、统一思想、进行抗战宣传的任务迫在眉睫，急需编写适应抗战需求的课本。在时间紧、任务重、人手不够、经费不足的情况下，抢时间的最好策略是改编而不是完全创新，所以该套教科书基本上是在其他教科书基础上稍加删节，增加部分抗战材料编辑而成，以适应战时之特殊需要。[②] 因此在改编过程中没有完全注意到教材应如何适应山东地方实际也就在所难免并可以理解了。

该套"战时教科书"版本多样，印刷质量参差不齐，但整体质量尚可。该书为了宣传抗战、指导抗战，出版后允许翻印，从现存教材可以看出，济南、牟平、荣成、栖霞、昌乐、文登、寿光、莱阳、海阳等地都翻印发行了"战时教科

① 芮少麟：《重吻大地——我的父亲芮麟》，上海：上海远东出版社，2011年。
② 山东省小学教材编审委员会：《战时国语读本》（初小，第八册）。

书”，其中既有县政府教育科翻印的，如山东省牟平县政府、荣成县政府、栖霞县政府第四科、昌乐县政府教育科、文登县政府、寿光县政府教育科、莱阳县政府、海阳县政府；也有民间翻印的，如鲁东文化社、海阳县天生福书局。这说明尽管当时教科书出版和发行的条件艰苦，但对策有方，故影响广泛。只是这种做法的结果是版本众多，印刷机构和印刷时间也五花八门，几乎难以统计完整。每个地方翻印时，都有点自作主张，或增或减，或变封面图案，或于封底添加印刷机构的名称，起到增加卖点的广告作用。《战时国语读本》（1941 年再版）甚至在封二增加了著名的抗战歌曲《神枪手》（《游击队之歌》）。因为印刷上要抢时间和成本控制等原因，不少“战时教科书”少了版权页，少了“编审大意”，甚至有的也少了“战时”二字。

因战争而产生、为战争而服务的山东“战时教科书”在如何应对“抗战”需要方面做出了不懈的努力和探索。

（一）“战时教科书”充满了中国必胜的信念

面对全面抗战爆发后敌强我弱的形势，一些人对抗战能否取胜深表忧虑，对抗战前途感到迷惘，少数失败主义者甚至借机散布“亡国论”。民族自信心的重新振起，成为推动抗日战争走向胜利的重要条件。著名军事家蒋百里曾多次从民族精神的角度论证中国抗战必胜，激发民族自信心。他说：“中国人最大的武器就是他坚强不屈的意志，敌人可侵占我城市……但决不能屈服一国的文化，更不能屈服一个民族的意志。”[①] 为了宣传、贯彻这种中国必胜的信念，“战时教科书”大量引入了这一思想。教科书的内容，多由现实和历史两类构成。现实的材料大多来自抗战现场以及国民政府的抗战政策，如淞沪血战、东北义勇军、杨靖宇、七七、五卅、八一三、抗战第一个牺牲的军长、难民、汉奸，以及蒋介石、冯玉祥等的文章。历史的材料则来自我国历史上的爱国主义事迹和人物，如苏武牧羊、越王勾践、花木兰、戚继光、郑成功、岳飞、黄花岗起义等。这些内容既

① 蒋复璁、薛光前主编：《蒋百里先生全集》（第六辑），台北：台北传记文学出版社，1971 年，第 108 页。

注重激发大无畏的民族精神和爱国主义情感，又关注宣传抗战政策，号召人人抗战，渲染“总动员，总动员，有力出力，有钱出钱，有枪的对日作战”的抗战氛围。[①]

抗战时期的山东大地，国民党的军队、共产党的军队和日伪军队各有占领区，日伪军队的扫荡非常频繁，山东省国民政府常常因大敌当前深夜转移，在一个地方停留的时间很短。跟随省政府不断转移的教科书编审委员会，只能利用非常短暂的时间编教材、印教材。所以，受抗战时期艰苦的条件限制，为“战时教科书”配插图是非常不易的，但编撰者们仍然比较重视插图，就是希望通过插图努力增强抗战的视觉效果和强化感官冲击。尽管插图只集中在第一、二年级课本，但插图的抗战氛围浓厚，形象生动，不失质朴，视觉效果好。且等条件稍有好转后，“战时教科书”就增加了封面图案的印刷，一些封面图案设计极富战争特色。课本图文结合，适合学生和民众的视觉特点，能够引发阅读兴趣，坚定抗战意志。

（二）“战时教科书”突出鼓舞抗战的勇气

战争是一场需要知己知彼的对峙，盲目的自信、乐观并不能导向希望的结果。除了增加必胜的信心以外，“战时教科书”还十分注重对战争的介绍，在理性认知、客观分析的基础上引导民众鼓起抗战的勇气。因此，“战时教科书”设计了形式多样的课前预习作业和课后活动，令人耳目一新。用今天时髦的话来讲，其中许多是自主探究活动或主题探究作业，是研究性学习和综合实践活动，正是在点点滴滴的琐碎知识中，在深入思考的过程中，构建了中华民族牢不可破的抗战信心和勇气。

以《战时常识》教科书为例，每一课课前有问题，课后有作业。第 6 课《我国的首都》，课前设问题 3 个：“我国的首都为什么设在南京？南京的形势和交通怎么样？南京在什么时候被日寇强占的？”课后设作业 3 个：“就地图研究南京的

---

① 山东省小学教材编审委员会：《战时国语读本》（初小，第二册）。

形状和交通状况；画南京略图；研究南京失守经过。”第8课《北平和天津》，课前问题2个：“北平有什么古迹？天津的地位怎么样？”课后作业2个：“画北平和天津的形势图；研究天津失守的经过。”[①] 第38课《日本的侵略》，课前设综合性问题1个：“九一八事变的起因是什么？‘一·二八’事变的情形怎么样？事变后的局势怎么样？我们怎样才能收复失地？”课后综合性作业1个：“课外读九一八事变和‘一·二八’事变的故事；调查中日事作（原文如此，疑印刷有误）最近的情形。”第39课《抗战的开始》，课前问题2个：“为什么我们必须抵抗日本的侵略？怎么样争取最后胜利？”课后作业2个：“研究华北诸省的重要；研究争取最后胜利的方法。”第40课《抗战期间，我们要做些什么事》，课前问题2个：“我们怎样参加抗战？暑假中我们能做些什么？”课后作业2个：“拟定暑期工作计划；讨论暑期工作方法。”[②] “战时教科书”不仅讲述了战时的基本知识，而且字里行间蕴含着国破家亡的耻辱及战败而来的痛楚，由痛楚而产生奋发图强的精神和努力抗战的勇气。

其他“战时教科书”亦然。《战时国语读本》的问题设置在每课课文之后，如第15课《日本指挥汉奸的活动》，课后问题有3个：“（1）汉奸怎样活动？（2）汉奸都做些什么事？（3）我们要怎样铲除汉奸？”[③] 再如《战时地理》教科书第20课《全国抗战形势（下）》，课前问题4个：“（1）北战场抗战的形势怎样？（2）台儿庄大胜利的效果怎样？（3）南战场抗战的形势怎样？（4）将来武汉大会战的前途怎样？”[④] 这些问题多是思考性、开放性的，少有标准答案，非探究、非小组合作不足以很好完成，几乎是很难靠死记硬背能够实现的，且问题多导向行动。除了思维上的、方法上的提升外，很显然，通过这类精心设计的作业或活动，可以很好地引导学生深层次地了解、认识抗战并采取积极的行动参与抗战；而且通过学生，可以对他们的家庭、对广大民众产生有效影响。

---

① 山东省小学教材编审委员会：《战时常识》（初小，第七册），济南：山东省政府，1938年。
② 山东省小学教材编审委员会：《战时常识》（初小，第六册），济南：山东省政府，1938年。
③ 山东省小学教材编审委员会：《战时国语读本》（初小，第七册），济南：山东省政府，1940年。
④ 山东省小学教材编审委员会：《战时地理》（高小，第三册），济南：山东省政府，1938年。

（三）“战时教科书”还注意传播“能战”的知识

在“有力出力，有钱出钱”的抗战政策指导下，“战时教科书”注意教育学生懂得如何身体力行、不拘形式地参与抗战，同时避免不必要的牺牲和损失。抗战要敢战、必战，还要善战、能战。抗战既可以是上前线冲锋陷阵去杀敌，也可以是在后方抓紧生产来支援抗战。“战时教科书”之常识、地理、自然类课本，注重普及战争常识，了解与战争密切相关的武器、救护、资源、地理环境等，引导学生与民众科学抗战。这些课本比较密集地传播防毒气、防空袭、急救、常用枪弹，以及领土领海领空、交通工具、气候、工农业知识等内容。在《战时地理》教科书中，关于“全国抗战形势”“抗战中打破封锁的三条出路”等就安排有4课内容，[①] 比较系统地介绍了抗战的全国形势。只要读了这些课文，对于抗日战争的形势、我国对外关系以及国际援助的路径，就基本上能够知晓大概。

当然，这些国民政府主持下的教科书也不失时机地宣传蒋介石、国民党及其国民政府的抗战政策，选用蒋介石等人的讲话，歌颂蒋介石对抗战的领导。课本随着年级的提高，抗战内容和分类大体上明显增加。如初小第二册国语读本，共50课，直接与抗战有关的共12课，间接与抗战有关的3课，两者之和占总课数的30%。但到了第六册，共44课，直接的抗战内容共11课（如《淞沪的血战》连续两课，《杨靖宇》等），间接的抗战内容（如《木兰的故事》《张良为国报仇》《勾践雪耻》等）共8课，约占43%。

教科书功能实现的程度，与满足朗朗上口、通俗易懂、本土色彩等条件的程度密切相关。在这方面，“战时教科书”给予了高度重视。“战时教科书”注重歌诗表达，以朗朗上口的特色求得宣传抗战效果的最大化。“使童子有耳顺之乐”的教科书才是最有效的教科书。[②] “耳顺之乐”就是悦耳，就是朗朗上口。为了达到使读者兴趣盎然、易学易记、喜欢阅读，从而使宣传作用最大化的目的，

---

① 山东省小学教材编审委员会：《战时地理》（高小，第一册），济南：山东省政府，1938年。

② 石鸥、廖巍：《音韵、通俗、针对性：教科书特色三要素——由陈子褒课本看教科书特色》，《教育学术月刊》2015年第7期。

“战时教科书”结合学生身心特点，在低年级大量选用了歌诗、童谣、韵言，尽可能押韵，便于诵读，极富感染力。以《战时国语读本》初小第二册为例，该册不少课文就是采用童谣、诗歌或韵语的形式：

早打铁，晚打铁，
打把铁长枪，
长枪长又亮，
好穿日本恶心肠。

（第 16 课《打把铁长枪》）

姐姐缝军衣，
妹妹笑嘻嘻，
弟弟说，这是谁穿的？
姐姐说，这是赠给前方战士的。

（第 17 课《姐姐缝军衣》）

年纪小，志气高，
握起拳头背上刀，
快把横暴来打倒，
读书更把身体练，
中华全靠咱们保。

（第 46 课《打倒横暴》）

我是小小兵，劝你莫看轻，
飞机我不睬，大炮我不惊，
我有热血，我会和敌人拼命。

（第 47 课《我是小小兵》）

在艰难的抗战岁月，民众面对国土沦丧的痛苦甚至迷茫，有时候可以从教科书中得到一丝慰藉。抗战的悲愤化作声声朗读，如黄河奔腾，源源不绝。“我有热血，我会和敌人拼命!”源源不绝的读书声就是中华民族源源不绝的力量。

总体上看，“战时教科书”对我国抗日战争的贡献不可低估。就社会价值来说，“战时教科书”作为战斗的号角，激励着广大青少年学生保家卫国上前线；作为写实的镜子，它反映出抗战时期山东乃至全国社会生活与文化教育的基本状况，体现了爱国知识分子浓厚的爱国情怀；作为启蒙读本，它没有能力去消灭战争，但它在努力号召全社会去赢得这场正义战争的同时，力求去消灭愚昧，而消灭愚昧是确保胜利并永续和平的武器。[①]

三、“国防教科书”

“国防教科书”仅出现在我国抗日战争时期，是抗战时期一种特殊的凸显时代特色的教科书，是最典型的抗战教科书之一，是教科书发展史上罕见的不是以学科命名而是以国家在非常时期的特定形势来命名的教科书。

国防教育与“国防教科书”

早在清朝末年，以“军国民”教育为代表的近代国防教育思想就已经被提出，并在一定程度上得到社会的逐步认同。1912 年，北洋政府正式将军国民教育列入教育宗旨，从教育和训练两方面付诸实施。[②] 1915 年北洋政府将“尚武”教育列入教育宗旨。同年，全国教育联合会议决军国民教育实施方案，方案规定了学校军事教育和训练方面的内容。随着国民党政权的建立和巩固，以蒋介石为首的国民政府也认识到国防教育的重要性。蒋介石强调教育应文武合一，认为“不仅要使受教育者懂得文事，并且要使他懂得武艺”“卸除武装的教育，教出来的学生无论学问多么高深，只是一种装饰品，甚至是一种浪费，国家失其保卫，

① 石鸥：《课本抗战之山东〈战时教科书〉》，《湖南师范大学教育科学学报》2015 年第 4 期。

② 陈学恂主编：《中国近代教育史教学参考资料》（中册），北京：人民教育出版社，1987 年，第 269 页。

学者也只有作他人的奴隶”。[1] 1928 年，日本在济南制造了“五三”惨案，恰逢第一次全国教育会议召开，会议认为“外侮日迫，非尚武不足以救国”[2]，遂通过《学校应实施军事训练案》，要求高中以上学校成立学生军，初中以下学校严格开展体育及童子军教育。直接肇始于应对日本侵略的国防教育拉开了序幕。1930 年 3 月，国民政府开始正式实施高中以上学生军事教育。

1931 年九一八事变以后，随着日本侵华加剧，民族危机日益深重，民间的抗日呼声日涨，国民政府也加紧实施以抗战为目的的国防教育。1932 年，国民政府决定在中央和地方设立国民军事训练委员会，负责全国学校军事教育等事务，规定高中以上学生实施暑期集中军训，并规定学校军训为国防教育之一部分。1934 年蒋介石下令，凡高中以上学生军训不合格者，不得投考大学，将军训作为完成学业和升学的必要条件。

1932 年 12 月，宋庆龄、沈钧儒、邹韬奋、陶行知、李公朴等发起成立上海文化界救国会，拟定了国难教育方案。1936 年 1 月国难教育社成立，在《国难教育社工作大纲》的 16 项工作要点中有“出版大众国难读本、各级学校国难补充教材”[3]。“国难教育思潮”在全国掀起，国防教育取得较大进展。

1940 年正中书局出版了俞子夷编著的一套《国防算术》课本，很能够体现抗战期间对国防教育的要求。该教科书封面视觉冲击强烈，战场上将士残酷搏杀的场面令人震撼。其编写与出版意图非常清晰：“我们编的时候完全拿极平常的环境做对象，国防是广义的，我们注重两方面：一是军事方面的国防，一是建设和物质方面的国防。”虽说以平常的环境为对象，实际上大量内容指向抗战特殊环境，指向军事方面的抗战与国防。该套课本共 8 册，每册有一个中心。

初级第三册的中心是做有关国防的玩具（集中在陆军方面）。涉及做兵：20--100各数目的认识；做枪：百以内不进位加法、不退位减法；做子弹：百以

① 陈建新：《民国时期学校军训史述略》，《民国档案》2003 年第 2 期。

② 中国第二历史档案馆编：《中华民国史档案资料汇编·第五辑第一编教育（一）》，南京：江苏古籍出版社，1994 年。

③ 熊贤君：《论战时教育思潮与战时教育的发展》，《民国档案》2007 年第 3 期。

>图 5-4
《国防算术》(初级第三册,1941,俞子夷编著,正中书局)

内不进位加法、不退位减法等。内容具体呈现如:"明明的枪 43,光光的枪 25,共________。"[①]

第六册的中心是野战、空战、海战的表演。具体来看,有(1)野战:进位的加法、退位的减法;(2)分队:乘数为一位数的进位乘法;(3)子弹:乘数为一位数的进位乘法……[②]

该套"国防教科书"不但课文直接与抗战救国相联系,即便是课后练习,也大量涉及抗战,强化抗战意识,普及抗战知识。如:步枪子弹一箱是 1 000 颗,一匣是 100 颗,运来 4 箱 13 匣,一起有________颗?28 只箱里,装步枪 1 680 支,每箱装________支?39 只箱里,装手枪 4 680 支,每箱装________支?[③]

一本本毫不起眼的小学算术教科书,在一般人甚至在许多学者心目中,通常是客观中立、去政治性、去意识形态化的小读本而已,谁都没有想到它竟然在政治的最高表现形式——战争层面上表现得如此强烈而丰富,能够如此多样地来激发学生的抗战意识与国防精神。它能够那么自然地、毫不做作地、绝无贴标签之态地对抗战救国的民族战争的特性,以及对各种武器、军队、资源、交通等现代

① 俞子夷编著:《国防算术》(初级第三册),上海:正中书局,1941 年。
② 俞子夷编著:《国防算术》(初级第六册),上海:正中书局,1941 年。
③ 俞子夷编著:《国防算术》(初级第七册),上海:正中书局,浙江省教育厅监印,第 2 版,1944 年。

战争的相关知识来一场大普及，把教科书的教诲性、意识形态性润物无声地体现出来。想象一下，那些几乎从未离开过家乡的广大农村孩子（甚至还有他们的老师、家人），也许是有生以来第一次听说国防、兵工厂，也许是第一次接触到陆军、海军和空军的概念。为了编创最能够宣传抗战、灌输抗战思想的教科书，抗战时期的知识分子可谓呕心沥血、殚精竭虑，他们不放过任何科目的任何教材在抗战中的价值，且不要说让政治色彩浓厚的国语、历史、公民教科书都来抗战，即便是所谓最无国界、最客观科学的算术教科书，也发出了抗战的怒吼。①

随着国防教育如火如荼地展开，“国防教科书”应时而生。“国防教科书”的主要内容包括：守土抗敌的故事、抒写卫国情绪的诗歌、研究国防问题的报告、举行国防演讲比赛会、举行国防问题讨论会、关于列强海陆空军的实力与我国的比较、关于我国失地面积并直接间接之损、历代筹边保土的事实、我国现代边疆的形势及危机、东北的历史与地理、中国海岸线及军港的研究、火药军械的研究、毒气及防毒工具的研究、国防化学工业的研究、古今著名御寇战争的故事、悲壮伟烈战图的欣赏、提倡国货的歌曲、固我国防的歌曲、赞美御寇伟人的歌曲、慷慨激昂的赴敌歌等。② 各地都出现了一批以“国防”命名的教科书，诸如《国防国语》《国防算术》《国防常识》《国防历史》等。

战争年代，一切都服务于抗战需要，教育也不例外，作为教育的媒介——教科书也必须承担传播抗战知能、传递抗战情绪的重大责任。教科书中所记叙、描绘的俨然成为一种无声的战场，读来仿佛置身其中。然而，教科书的本职是传递知识，虽然国防教科书在宣传战争等方面不遗余力，但也没有忽视知识的传授，在对科学知识的传递方面，并没有出现断裂，而是根据学生的能力一脉相承地传递下去，引导他们认识变化万千的世界，启蒙他们的科学思维，为战后国家建设培养人才。不论是“战时教科书”还是“国防教科书”，即便必须服务于战时和国防，但它们的本质是教科书，教科书传递知识、普及科学文明的根本特征仍然比较充分地体现出来了。

---

① 石鸥、魏天飞：《课本抗战之胶东版〈国防教科书〉》，《中国教师》2015 年第 8 期。

② 徐阶平、杨汝熊：《国防教育之实施》，上海：汗血书店，1937 年，第 61～65 页。

第四节　沉闷的战后教科书

1945年8月，日本宣布无条件投降，全国的教育都面临重大的调整。日伪控制的区域重点在于清除奴化教育的影响，国统区和共产党领导的抗日根据地则要改变以抗日为主要目标的教育。1945年9月，国民政府在重庆举办由各方代表参加的全国教育善后复员会议，开启了抗日战争胜利后的教育复员的序幕。

一、战后教育的复员

随着战争的结束，如何使国家由战时状态转入平时状态，成为摆在国民政府面前的一个难题，战后复员工作迫在眉睫。蒋介石在1945年10月国庆日上即表示："我们务必认识复员不是复原，而胜利不是休息；我们要在战争废墟上进行非常的建设，要在重建战后社会的时机彻底实行三民主义，就必须遵奉国父心理建设知难行易的教训。"① 对教育而言，国民政府教育部部长朱家骅提出"教育上的复员不是复原，站在国家民族教育、文化均衡发展的立场，我们对所有学校及文化机关应注意到地域上相当合理的平均分布，以改变过去畸形状态"②。教育复员是国民政府战后复员工作的重要组成部分。

1945年9月20日，全国教育善后复员会议在重庆举行。与会代表及来宾有：行政院院长戴传贤、副院长翁文灏、国民党中央组织部部长陈立夫等。会议由教育部部长朱家骅主持，戴季陶、翁文灏相继致辞，会议最后由李石曾代表教育界

① 《大公报》社评，1945年10月10日。

② 朱家骅：《全国教育善后复员会议开会致辞》，1949年9月20日，王聿均、孙斌合编：《朱家骅先生言论集》，台北："中国研究院近代史研究所"，1977年，第176页。

专家发言。[1] 25 日散会时，蒋介石设宴招待与会代表。在此次招待会上，蒋氏提出“建国时期，教育第一”的口号。关于战后各级教育方针，蒋氏认为：“第二期推进国民教育五年计划，为今后首要工作，必须切实推行。”他还引用《益世报》的一篇社论指出：“中学不应偏重于都市，而应分布于乡村。其教学科目必需切合乡村需要。”中学教育办学方针，要研究改进，“养成不升学即能成为乡村公务员之资格，方为建国的教育”。[2] 蒋介石的此次讲话无疑为教育复员定下了基调，其中尤其引人注目的是，蒋氏所提出的“建国时期，教育第一”的口号，令与会人员感到鼓舞。正如社会舆论所说：“‘教育第一’，这个新口号，教育界人士听了，个个动心。”[3] 但此后的实际情形，则令他们大为失望。

从 1945 年的全国教育善后复员会议到 1947 年年底，国民政府教育部主持的教育复员逐渐谢幕。这场围绕教育资源调整与教育体制转换的复员工作，尽管国民政府教育部与各地方教育当局为此付出了相当多的努力，取得了一些成就，但从整体上来看，教育复员的实际效果却并不令人满意。正如教育专家庄泽宣所指出的那样：“‘教育第一’的口号叫得震天价响，两年来的进步却至多不过如龟步。”[4] 实际上，战后整个国统区的教育，甚至连庄氏所言的“进步却至多不过如龟步”都没有，其严重倒退之势，是社会各界人士的共同看法。

教育复员之时的国内战争背景，是其不能取得理想结果的最主要原因。广大师生因不满现状而带来的对政府的失望情绪日见高涨。与抗战期间不同的是，在经历了长达 14 年的艰苦抗战之后，他们仍然未能看到和平的希望，内战的全面打响与国民党更为严厉的统制政策打破了青年学生的梦想。“凡是有心的青年，无人不喊苦闷。这是一个极堪注意的教育问题，也是一个至大的社会问题。苦闷之困扰青年，分析地说，其主因实不在‘苦’而在‘闷’。”[5] 教育资源调整与教

---

① 《教育复员会议开幕》，《中央日报》1945 年 9 月 21 日。

② 蒋介石：《建国时期，教育第一——主席招宴全国教育善后复员会议会员席上训词》，《教育部公报》第 17 卷第 9 期。

③ 丁西林：《另一部分人对于高等教育的意见》，《大公报》1945 年。

④ 庄泽宣：《宣战后两年来中国教育之展望》，《中华教育界》第 2 卷第 2 期。

⑤ 陈剑恒：《战后教育的三大新问题》，《教育杂志》第 32 卷第 2 号。

育体制转换过程中的各种错综复杂因素掺杂在一起，使得战后全国教育的局势动荡。1947年以后的国统区已是满目萧条，整个社会充满乱象。一叶知秋，从战后教育复员过程中的教育萧条景象，便可看出国民政府最终是会走上崩溃的道路的。国民政府终因其独裁专制，失尽民心。

二、毫无建树的战后教科书

1945年8月17日，教育部电颁《战区各省市教育复员紧急办理事项》，责令各省市教育厅局即日起派员接收敌伪各教育文化机关，开展收复区复员工作。为了解决收复区中小学教科书问题，文件还规定："各级学校教科书，应与各大书店印刷所接洽印行国定本，并可采用战前审定本。对于收复区学生，予以正确思想之训练，并销毁敌伪教科书及一切宣传品，应保存留作史料者除外。"①

（一）徒具形式的战后课程标准的修订

1945年抗战胜利后，教育部部长朱家骅认为1942年的"小学课程修订标准"偏重抗战时期设施，迁就现实，水平不免低下。为了适应胜利后的建设需要，教育部要求重新修订课程标准，于1945年9月开始到1948年，200多人历经3年的努力才修订完成。② 1948年12月小学课程标准颁布，③ 随后中学课程标准也于1948年12月公布。④ 新的课程标准被称为《第二次修订课程标准》。此次课程标准的修改耗时耗力，其修订的规模之大跟以往不同，却并没有起到什么作用。对于国统区而言，政治上的动荡和军事上的失败，使得国民政府处于风雨飘摇之中，迁居台湾已经成为国民政府的重要方针，教育部门无心也无力再根据修

---

① 《收复区教育复员教育部颁发紧急办法》，《中央日报》1945年。转引自贺金林：《国民政府时期中小学教科书供应体制的沿革》，《中山大学学报》（社会科学版）2006年第5期。

② 教育部教育年鉴编纂委员会：《第二次中国教育年鉴》（第三编），台北：文海出版社，1986年，第28页。

③ 申报馆：《教部修订课程标准小学部分下月正式公布》，《〈申报〉影印本》（398），上海：上海书店，1983年，第621页。

④ 申报馆：《教部修订公布中学课程标准》，《〈申报〉影印本》（399），第480页。

订后的课程标准对教科书进行修订。因为一个新的政权即将诞生，教科书再也没有机会根据这次修订课程标准进行重新编撰甚至全面修订了，只是做了一些细微的修改。也就是说，抗战胜利后国统区并没有出现依据新的课程标准编撰的教科书，只是翻印或者微调了抗战期间的教科书，1948 年的课程标准徒具形式，没有任何实际的意义。

（二）毫无建树的战后教科书

尽管没有按照修订课程标准全面重新编撰甚至大幅度修改教科书，但 1946 年到 1947 年之间国定本教科书普遍还是经历了一次甚至几次修订，原因是“抗战胜利以还，情势迥异，各教本又加审定，删除抗战教材，而增编建国教材以代之，是为胜利后修订标准本”①。因为国定本教科书都是在抗战时期编订，因此很多抗战内容已经不能与新的时代背景相吻合，不能适应建设时期的需要。小学教科书的修订主要发生在 1946—1947 年期间，初中教科书修订时间稍晚。修订后的教科书由开放版权后申请承印的各家书局出版。国定本教科书各科各册的具体修订情况由于历史的原因，情况各异。在编写修订国定本中小学教科书时，坚持的原则是编辑修订好的一册试行后，再收集意见编辑后面的各册，最后再对暂行本进行修订。因此在时间上来看，某一科的教科书也可能同时出现普通本和修订本。

修订本的封面几乎一律署名为“国立编译馆编”或“国立编译馆主编”，且均有“教育部审定”字样。修订本在书的封面都有“三十六年修订本”或“民国三十六年修订本”“中华民国三十六年某月修订本”，或“第二次修订本”“第一次修订本”“修订本”“修订标准本”等字样。

之所以修订本几乎一律署名为“国立编译馆（主）编”，是因为 1946 年国立编译馆回到南京后，进一步对国定本教科书地位的巩固采取了诸多措施。如通过收回民间课本的版权，进行修订，并指定优质学校试教适用后，送部审查合格

① 魏冰心：《国定教科书之编辑经过》，《教育通讯》复刊第 1 卷第 6 期，1946 年。

后，再经过修订定为国定本；登报征求依照课程标准新编的教材，经审查合格后以略作修改等形式确定为国定本教科书；修订原来国立编译馆或教育部教科用书编委会编撰的国定本或部定本。这样一来，经修订确定后的国定本教科书编者都成了国立编译馆，所以各科教科书都署名为“国立编译馆（主）编”。当然，编撰修订人员也增添了新面孔，如李四光参与了初中地质、初中矿物教科书的编撰修订。

抗战期间，国定本教科书由“七联处”垄断印行，1946 年 11 月，教育部举行部务会议，决定开放国定本教科书的印刷与发行。① 1947 年 2 月，教育部颁布了《印行国定本教科书暂行办法》。该暂行办法规定，自 1947 年 7 月 1 日起，各公私印刷机构均可申请印行国定本教科书。国定本教科书开放印刷后，当时有很多私人书局都加入印刷国定本教科书的行列。既有此前的教科书出版大户如商务印书馆、中华书局、世界书局、大东书局、正中书局，也有后来的新秀如独立书局、建国书店、北新书局、广益书局、新亚书局等。这使得国定本教科书“承印者踵趾相接，均能适时供应，已无复书荒之虞，且以各书局相互竞争，不仅印刷清晰，内容精良，而定价亦可廉于他书，嘉惠学生，诚非浅鲜”②。简言之，抗战后修订的国定本教科书，由于已经放开由各书局申请承印，使得教科书的外貌发生了很大变化，封面设计越来越丰富多彩，甚至同样的教科书，有完全不同的封面图案，这些封面色彩纷繁的教科书构成了国民政府在大陆发行的教科书的最后一道风景。

中国现代意义教科书的编写与出版，从清末到民初，各家书局基本按照优胜劣汰的规则在运行。虽然各家书坊不断努力构建与教育部的良好关系以期在审定中获得便利，但良善的教科书编撰出版是基本的宗旨，相对有序的教科书竞争也正是清末民国教科书不断探索成熟的关键所在。抗战时期，国民政府通过行政命令强制推行国定本教科书，禁止坊间各书局版本的流通，打破了优胜劣汰的规则，从而启动了近现代教育史上第一次严格统一全国中小学教科书的行动。自此

---

① 《国定教科书将开放印刷发行了》，《豫教通讯》第 1 卷第 2 期，1946 年。

② 魏冰心：《国定教科书之编辑经过》，《教育通讯》复刊第 1 卷第 6 期，1946 年。

以后，学校使用的教科书逐渐被教育部组织编写的教科书取代，民间书坊教科书日益退出，民间教科书编写的积极性也日益衰减。尽管 1947 年开放国定本教科书版权的同时，国立编译馆重新开始了对各书局自编教科书的审定工作，[①] 教科书编审制度又向审定制有所反弹，但对教科书审定较以前更为严格，意在维护国定本教科书的地位。据统计，截至 1947 年，送审书稿共 331 种，被否定 192 种，通过的书稿约占送审书稿的 3/5。[②] 可以推断，国民政府好不容易统一了教科书，不可能轻易放手，民营书局教科书的出版日趋困难。这也加重了战后教科书的沉寂局面，教科书也再没有大的起色。

总体上看，抗战结束后的 4 年时间里，国民党忙于内战，教育发展乏善可陈，在教科书上面也没有什么建树，主要使用的依然是原来的国定本教科书，以及各书局在战前编辑出版、适当修订后出版的教科书。实际上，抗战期间各大书局几乎都没有再专门新编系统的教科书了，只是不断翻印或对原教科书进行微调修正后再出版发行。教科书建设完全失去了生气，社会已经没有动力和环境再来发展创新教科书了，中国教育史上教科书多样化的黄金时代彻底湮灭。

---

① 陆殿扬：《战后两年来的国立编译馆》，《中华教育界》复刊第 2 卷第 2 期，1948 年。

② 毛礼锐、沈灌群主编：《中国教育通史》（第五卷），济南：山东教育出版社，1988 年，第 299 页。

第六章　民国时期的特色教科书

民国成立，百废待兴，教育领域为求开民智而大举变革，这些变革中的一个重要举措是开展各种教育实验活动。因教育实验的需要，同时也为了适应不同地区、不同学校的需要而产生了一批各具特色的教科书，我们统称为“民国时期的特色教科书”。

第一节 乡土教科书

乡土教科书也称乡土教材。一般是以学校所在地的自然、地理、历史、政治、经济、文化、民族、民俗等为内容编写的补充教材，多由学校或者地方教育行政部门或个人编写。1904 年，晚清政府推行“癸卯学制”，仿照西方与日本，尝试在初等小学校开展乡土历史、地理、格致教育，以培养忠君爱国思想，由此掀起了推行乡土教育、编撰乡土教科书的热潮。① 乡土教科书承载着“爱国必自爱乡始”的教育理想，在众多的教科书类型中，独具风采。它源于晚清政府倡导之乡土教育，全面推行于新学制下的新式学堂，而在民国期间兴盛与寂静，起伏不定。

一、乡土教育的兴起

“乡土教育”首倡于欧洲，最初只是将乡土视为地理教学或历史教学的基础，及至 19 世纪，欧洲民族国家主义波涛壮阔，国家教育运动蔚为潮流，乡土教育遂渐渐地跟国民道德及民族大义的目的结合起来。德国率先将乡土教育纳入学校教育正式实施。② 欧洲各国遂接踵于途。随后，日本亦曾利用乡土教育，培养爱乡精神及爱国精神。日本近代初等教育发端于 1872 年《学制令》的颁布。1900 年日本政府再次修改《小学校令》，小学课程明显借鉴了欧美小学历史、地理、自然学科的乡土教学思想。德国、日本的乡土教育成为晚清政府采纳乡土教育的重要来源。

---

① 石鸥、李彦群：《“要人命”的教科书——小论黄晦闻的“广东乡土教科书”》，《四川师范大学学报》（社会科学版）第 3 卷第 2 期，2016 年。

② 曹风南：《小学乡土教育的理论与实践》，上海：中华书局，1935 年，第 35 页。

鸦片战争后之中国，面临“数千年未有之大变局”，需才尤急，教育改革逐渐成为朝野有识之士的共识。从洋务运动开始出现近代新式教育，戊戌维新推进了教育改革乃至将废除科举制度提到了议事日程。1901年清政府正式下令各地书院改为学堂。1904年颁布“癸卯学制”，这是以日本明治时期《新小学令施行规则》为蓝本，以日本教育为媒介，全面引进西方教育而产生的教育政策文本。[①] 在“癸卯学制”中，对小学历史、地理、格致课提出了明确的乡土教育的要求。

历史课“其要义在略举古来圣主贤君重大美善之事，俾知中国文化所由来及本朝列圣德政，以养国民忠爱之本源。尤当先讲乡土历史，采本境内乡贤名宦流寓诸名人之事迹，令人敬仰叹慕，增长志气者为之解说，以动其希贤慕善之心”。

地理课“其要义在使知今日中国疆域之大略，五洲之简图，以养成其爱国之心，兼破其乡曲僻陋之见。尤当先讲乡土有关之地理，以养成其爱乡土之心。先自学校附近，指示其方向子午、步数多少、道里远近，次及于附近之先贤祠墓，近处山水，间亦带领小学生寻访古迹，为之解说，俾其因故事而记地理，兼及居民之职业、贫富之原因、舟车之交通、物产之生殖”。

格致课“其要义在使知动物、植物、矿物等类之大略形象、质性，并各物与人之关系，以备有益日用生计之用。惟幼龄儿童，宜由近而远，当先以乡土格致。先就教室中器具、学校用品，及庭园中动物、植物、矿物（金、石、煤炭等物为矿物），渐次及于附近山林、川泽之动物、植物、矿物，为之解说其生活变化作用，以动其博识多闻之慕念”。[②]

辛亥革命以后，民国教育部重新制定了学制，并屡加修改，但对乡土教育总体上没有放松过。1914年，教育部曾催促各县编纂乡土志或乡土教科书，“疆吏檄各郡守、县令编辑乡土志书以进，化一格式、考订而为学校课程焉，曷其盛”[③]；1916年，教育部公布的《高等小学校令施行细则令》规定，“教授地理宜

---

① 卫道治主编：《中外教育交流史》，长沙：湖南教育出版社，1998年，第111页。

② 璩鑫圭、唐良炎编：《中国近代教育史资料汇编·学制演变》，上海：上海教育出版社，1991年，第295～296页。

③ 谈国揖纂：《辑安县乡上志·序》（民国），柳成栋、宋抵编：《东北方志序跋辑录》，哈尔滨：哈尔滨工业大学出版社，1993年，第387页。

先注意于乡土之观察，以引起儿童之兴味及其爱乡思想，并示以地图、标本、影片、地球仪等物，使具有确定之知识，尤宜与历史、理科所授事项联络”①；1932年12月，《小学法》颁布，规定“小学教科图书，应采用教育部编辑或审定者。前项编辑或审定，并应注重各地方乡土教材”②。全面抗战爆发后，乡土教育更被视为实施爱国主义教育、增强民族自信心的重要途径。1938年4月，在国民党临时全国代表大会通过的《战时各级教育实施方案纲要》中，将“本国之历史不重，乡土之教材不谈”视为教育脱离实际弊端的三大表现之一，为此，改革教育的要点之一便是对各级学校各科教材进行整顿，“尤宜尽先编辑中小学公民、国文、史地等教科书及各地乡土教材，以坚定爱国爱乡之观念”③。据此精神，教育部于同年订定的《战时各级教育实施方案》中，提出“乡土教材与国家教材应视为同等重要，而地方需要与国家需要应为施教之根据”，并“令各省市教育厅局编辑各地乡土教材，以为中小学及民众学校之补充教材”。④

自民国建立以来，乡土教育一直未曾断续，如果说晚清政府的乡土教育，旨在教导百姓“由爱乡而爱大清国”，以及加强臣民的“忠君”观念，那么，民国政府则既重视乡土教育的爱国功能，又重视通过乡土教育实施“国民性的改造”和对“新国民”的培养，“在国民政府的官方话语中，乡土教育与‘复兴民族精神’之间的关系更被强调”。⑤ 尤其是九一八事变后和全面抗战爆发前后，由于政府的强势引导和社会面临的形势变化，乡土教育与乡土教材被视为复兴民族精神的有力武器，“乡土”突破了狭义的空间地理概念，而更作心理、精神层面的解释，形成民国时期乡土教育的热潮。

---

① 《教育公报》第2年第12期，1916年。

② 民国教育部编：《教育法令汇编》(第一辑)，上海：商务印书馆，1936年，第25～27页。

③④ 中国第二历史档案馆编：《中华民国史档案资料汇编·第五辑第二编教育》，南京：江苏古籍出版社，1997年，第14、16～38页。

⑤ 胡金平：《国家意志与我国乡土教育的三次勃兴》，《南京师范大学学报》(社会科学版) 2014年第2期。

二、清末民国乡土教科书的历史演进

乡土教科书承载乡土教育的内容，生于乡土，实施于乡土，从乡土中获取基本的素材和动力，促进乡土文化的传承，由爱乡而爱国。

（一）清末乡土教科书的发端与短暂兴盛

晚清政府颁布的“癸卯学制”明确指示小学堂要实行乡土教育，但对于应该采用什么教科书，却无进一步规定，此与清政府推动教育改革以来所采用的教科书政策一致。清政府对教科书采取较为灵活的审定政策，准许各省中小学堂自行编撰教科书和讲义，“其私家编纂学堂课本，呈由学务大臣鉴定，确合教科程度者，学堂暂时亦可采用，准著书人自行刊印售卖，予以版权”①。对于乡土教科书，困难也是明摆着的：“中国地大物博，撰辑乡土志，欲使详实无遗”，绝无可能，只能先“发交各府厅州县”编撰。② 1905 年学务大臣奏请颁布的《乡土志例目》指出：

“初等小学堂学科，于历史则讲乡土之大端故事及古地古先名人之事实；于地理则讲乡土之道理、建置及本地先贤之祠庙、遗迹等类……然必由府、厅、州、县各撰乡土志，然后可以授课。……待各处乡土志辑稿送到时，便由局员删润画一，呈请学务大臣审定，通行各省小学堂授课。”③

在随后的几年内，全国各地编成的大量乡土志书，多由地方官亲自主持纂修或编写。当时，国内教育界已基本熟悉了现代西方课目教材的编制方法，并有了编撰现代小学教科书的经验，于是，课目体的乡土教科书也开始出现。

清末乡土教科书和乡土志都是作为初等小学堂的历史、地理、格致课的教学

---

① 张百熙：《奏定学堂章程》（第一册），山东官书局，光绪二十九年（1903）刊本，第 18~19 页。

② 《益阳乡土志·序》，王兴亮：《爱国之道，始自一乡》，博士学位论文，复旦大学历史系，第 17 页。

③ 《学务大臣奏据编书局监督编成乡土志例目拟通饬编辑片》（简称《乡土志例目》）《东方杂志》1905 年第 9 期。

用书，编撰的指导思想都受到清末《奏定学堂章程》和《乡土志例目》的影响。乡土志受《乡土志例目》影响明显，体例大多是例目体；乡土教科书受《奏定学堂章程》影响明显更多，形式更加灵活，体例大多是课目体，比乡土志更加适合学堂使用。

就全国而言，晚清推动乡土教科书编写最力者为“国学保存会”。20 世纪初，以邓实、黄节、刘师培为代表的一些知识分子发起成立的“国学保存会”，以“发明国学，保存国粹”为宗旨，将开展乡土教育与编撰乡土教材视为保存国粹的途径之一。有研究指出，20 世纪初年的乡土历史教科书即有约 16 种。其中由国学保存会编印、乡土教科书发行所发行的 7 种，包括黄晦闻编著的《广东乡土历史教科书》（第一、二册）、刘师培编著的《江苏乡土历史教科书》（第一册）、《安徽乡土历史教科书》（第一册）和《江宁乡土历史教科书》（第一册）等，都系 1907 年出版。①

还有一些官编的乡土教科书，如陕西学务公所国书科科员藏励龢编，经“陕西提学使余”审定的《陕西乡土地理教科书》（陕西学务公所图书馆，1908）。至于民间的乡土教科书则更多，初步梳理见表 6－1。

可以肯定地说，一定还有不少乡土教科书没有被发现，没有被关注、被统计。

清末的乡土志课本与乡土教科书虽因政权更迭，属昙花一现，却反映了清末宪政改革期间，清政府积极推动教育改革的尝试，留下了许多翔实的乡土史料，提供了乡土教科书编写的参考，为中国乡土教科书的发展奠定了基础。

（二）民国乡土教科书的起落

1912 年中华民国成立，清末的乡土教材被纳入直接废弃的范围。1912 年 9 月，民国教育部公布《小学校令》（部令第 12 号），规定了小学的学习科目和课时的安排，乡土教育并未单独设科。② 在 1912 年 12 月公布的《教育部订定小学

① 俞旦初：《爱国主义与中国近代史学》，北京：中国社会科学出版社，1996 年，第 129 页。

② 《政府公报》（命令），1912 年 9 月 29 日第 125 号。

表 6-1 民间乡土教科书一览表

书目	编者	出版年份	出版机构
《广东乡土地理教科书》 （该书在第 1 册“编辑大意”中介绍全书共 4 册，但在第 2 册版权页又注明全书共 2 册）	岑锡祥 黄培堃	1907	广州文兴学社
《广东乡土格致教科书》（4 册）			广州文兴学社
《广州乡土格致教科书》（2 册） 《参考书》（1 册）	林骏 编辑 司徒枢 校阅	1909	广州萃文报会社
《广州乡土历史教科书》（2 册） 《参考书》（1 册）	广州萃文报会社 编		广州萃文报会社
《广州乡土地理教科书》（2 册） 《参考书》（1 册）	广州萃文报会社 编		广州萃文报会社
《广东乡土格致教科书》（4 册）	岑锡祥	1909	广州萃文报会社
《广东乡土地理教科书》（2 册）	蔡铸	1910	粤东编译公司
《广东乡土地理教科书》（5 册）	黄晦闻	1907	国学保存会 编印
《广东乡土格致教科书》（4 册）	黄晦闻	1908	国学保存会 编印
《江苏乡土地理教科书》 《安徽乡土地理教科书》 《江宁乡土地理教科书》 （以上均为第 1 册）	国学保存会 编辑	1907	国学保存会 编印
《潮州乡土地理教科书》（2 册）	翁辉东 黄人雄	1909	海阳剑光编书社
《嘉应新体乡土地理教科书》	肖启冈 杨家鼐	1910	嘉应启新书局
《松江地理教科书》（4 册） 《参考书》（4 册）	王毅存	1908	上海时中书局 印行
《湖南乡土地理教科书》（5 册）	辜天佑	1910	湖南会通学社 石印本
《湖南乡土地理参考书》（5 册）	辜天佑	1910	湖南机器印刷局 印 群益图书社 发行
《宣威州乡土志》 （含《宣威州乡土历史教科书》《宣威州乡土格致教科书》《宣威州乡土地理教科书》3 册）	缪果章	1909—1910	清宣统间铅印本

校教则及课程表》中，阐述了各科目的基本教学原则，虽未直接提及乡土教学的内容，但是大多强调小学阶段的教学内容应从身边之事学起，力求内容贴近儿童生活。①

此时在全国范围内，乡土教育和乡土教材的编撰并没有特别加以强调。局部地区的乡土教育与乡土教材的编撰依然多少延续了清末传统，如1912年再版清末郑嗇亮编撰的《最新潮州乡土地理教科书》（铅印本），1912年再版的缪果章清宣统年间撰的《宣威州乡土志》（抄本）（含《宣威州乡土历史教科书》《宣威州乡土格致教科书》《宣威州乡土地理教科书》3册），1912年再版的国学保存会于1907年初版的《江西乡土历史教科书》（铅印本）等乡土教材。

1915年7月，民国教育部公布《国民学校令》（教令第31号）。② 国家层面仍然没有正式规定开设乡土教育课，因此没有出现大规模的乡土教科书，但乡土教育的传统不灭，针对国民学校的乡土教材还是陆续有出版的，如1917年12月就出版了杭海编辑的供国民学校使用的《滁县乡土志》（上下册）。③

1916年1月，民国教育部公布的《高等小学校令施行细则令》开始体现乡土教育。④ 该细则要求地理、历史科目主要学习本国地理、本国历史，兼及乡土内容，如“教授地理，宜先注意乡土之观察，以引起儿童之兴味及其爱乡思想”⑤。

民国初期乡土教育没有得到刻意强调，乡土教科书总体的趋势是沿袭清末的既有基础，受清末乡土教科书的影响。这在1916年浙江省绍兴县《编辑绍兴乡土志案》中得到较好印证：

乡土一科，在现行学则中，虽未列入，唯于儿童教育颇有实益，盖敬恭桑梓，即为爱国之始基，又其书足以辅翼史地，尤可以联络学科，故前清末造已有

---

① 《教育杂志》第4卷第10号，1913年。

② 《国民学校令》，1915年7月公布，1916年10月修正，宋恩荣、章咸编：《中华民国教育法规选编（修订本）》，南京：江苏教育出版社，2005年，第209页。

③ 杭海：《滁县乡土志》，滁县教育会出版，1917年。

④ 璩鑫圭、唐良炎编：《中国近代教育史资料汇编·学制演变》，上海：上海教育出版社，2007年，第799页。

⑤ 《教育公报》第2年第12期，1916年。

此议，近则江苏各县闻多已编用。今拟仿行编纂刊行，以唤起爱乡土之精神。①

总体上看，民国初期乡土教育的发展与乡土教科书的建设处于一个缓慢过渡时期，也许因为新政权诞生之后，各种问题随之而来，教育领域的大问题还没有来得及全部解决，所以乡土教科书的重要性在此时并没有十分凸显。但作为培养爱国、爱乡情感的重要教学材料，民初乡土教科书的编撰实未中断，且受晚清乡土教材影响较大。

民国乡土教育及其教科书的发展随着1922年学制的颁布，逐渐凸显出来。1922年学制颁布之后，乡土教科书主要以社会科和常识科的教材面世，即此时的乡土教科书主要是作为小学阶段社会或常识课本的教材。1923年颁布的《新学制课程纲要总说明》中，规定小学校课程分为国语、算术、卫生、公民、历史、地理、自然园艺、工用艺术、形象艺术、音乐、体育等11科，初小阶段卫生、公民、历史、地理合并为“社会科”。与新学制相适应，我国第一个小学课程纲要——《小学新学制课程标准纲要》随之颁布。② 乡土内容归并到初等小学的社会科和常识科中，也有许多地方专门编撰乡土教科书，将其作为社会科和常识科的补充教材。如1925年9月江苏省教育会黄炎培和袁希涛会长发表《致江苏教育厅请通令各县教育局教育会会同编撰乡土志以作常识科补充教材函》。③ 江苏省教育厅于9月16日复函，“除令饬各县转饬教育局会同教育会遵照办理外，相应函复，即希查照为荷”④。江苏省编撰乡土教科书随即走在了全国的前列。

这一时期乡土教科书的编撰形式有所突破。如1921年8月初版，1925年1月第三版的《山东乡土教本》就采用了课日式的游记体，与以往的乡土教科书叙述形式明显不同，编者认为，“坊间所出乡土志，大抵挨县叙述，如数家珍，取

---

① 《绍兴县乡土志案》，《绍兴教育杂志》1916年第16期。

② 1923年的纲要由吴研因起草，黎锦熙、沈熙修正，此后于1929年、1932年、1936年、1941年、1948年先后颁布过暂行、正式、修正小学课程标准。中华人民共和国成立后，1950年教育部曾制定“课程暂行标准草案”印发，但很快为教学大纲所代替，直到21世纪初新课程改革以来复称“课程标准”。

③ 《纂乡土志以作常识科补充教材函（1925年9月3日）》，《江苏教育会月报》1925年第9期。

④ 《江苏省教育厅复函（1925年9月16日）》，《江苏教育会月报》1925年第9期。

材即无联络，叙事又乏兴味，此等书只可做参考之用，实不合教科体裁”“本书用游记体，夹叙夹议，教者若按图指点，俾儿童恍如亲临其境，不但兴趣丛生，引起儿童想学的心理，且使儿童知乡土一科，重在实用，并非徒托空言”。①

值得注意的是，这一时期的中华教育改进社对乡土教育和乡土教材给予了突出的重视。该社发表《中华教育改进社改造全国乡村教育宣言书》称，“下决心要筹募一百万元基金，征集一百万位同志，提倡一百万所学校，改造一百万个乡村”②，希望通过改进乡村教育来实现民族振兴，乡村教育的开展势必涉及适合乡村教学的教材建设，这在一定程度上推动了乡土教科书的发展。该社 1923 年第二届年会议决《请本社通知各大书局对于小学教科书的编辑考虑地方教材以期适用案》，1924 年第三届年会议决《各省区宜设编审处编审中小学教科书，以期合于地方实施而收教育实效案》，1925 年第四届年会议决《小学教科书应切于各省实地生活案》等，这些倡导和相应的举措对于推进乡土教育和乡土教科书的发展有一定的积极作用。

在 1928—1936 年间，乡土教育和乡土教科书得到了相应的发展，乡土教科书经历了一个高唱入云的兴盛时期。1928 年 5 月，第一次全国教育会议在南京召开，大学院院长蔡元培主持，胡适、蒋梦麟、廖世承、朱经农、陶行知等参加会议。会议通过议决案若干，最重要的是确定三民主义为国民教育宗旨。这次会议涉及乡土教育和乡土教科书内容的，体现在出版物讨论组第七项议案，即由吴研因和王云五提出的《中小学各科教学应注重补充读本案》，认为中小学各学科，除教科书外，应尽量采用补充读本，初小每科至少须有一种，高小每科至少两种，初中每科每一重要问题须有一种；内容较教科书更为详尽，编制亦较自由，而以富于兴趣、足以养成学生读书习惯为主。这一议案被提交给课程编制委员会参考。③ 与之相联系的是第八项议案，即《规定各地方小学用乡土教材补充读物编撰条例并准各地方自编补充读物案》，该案由吴研因提出，大会照审查报告通

① 祁锡堉编：《山东乡土教本》，济南：济南第一师范中学发行，1925 年。

② 中国陶行知研究会编：《陶行知教育思想理论和实践》，合肥：安徽教育出版社，1991 年，第 10 页。

③ 《第一次全国教育会议》，《教育杂志》1928 年第 6 期。

过。由于该案通过审查并决议办理，因此可以说这是民国政府第一个正式的关于乡土教材的准官方指导性文件，具有较重要的意义。提案提出：

小学儿童的读物，应该顾到两方面：甲是全国公共的教材，乙是本地方特有的教材。国定的课程和国家审定的教科书，当然只顾及全国公共的一方面，但本地方所特有的一方面，却是儿童耳濡目染的切身的东西自也不可放弃。所以除本地方所特有的教材，在教学时和全国公共的教材对比研究等外，可准各地方教育行政机关自编关于本地方特有的乡土教材的补充读物。①

吴研因建议，乡土教材的内容范围应该包括：

本地方特有的儿歌、民歌、传说；本地方的风景古迹；本地方的先贤传记；本地方的区域、交通、物产、行政组织、重要机关；本地方特有的婚丧喜庆时节等风俗习惯；本地方和他处不同的一切衣食住行事项。

吴研因主张乡土教材由各地方教育行政机关编辑。个人编辑的如未经地方教育行政机关审定，不准发行。学校编辑的，在未经审定之前，可在本校试用；但地方教育行政机关认为不当的，可随时令其改正或停止试用。②

鉴于吴研因当时担任教育部国民教育司司长，他的提案的意义就显然不一样，成为准官方的文件。

1929年《小学课程暂行标准》落实了全国教育会议上关于乡土教材的主张。该“暂行标准”规定设置国语、社会、自然、算术、工作、美术、体育和音乐等课程，每门课程有相应的课程标准，其中自然、社会等课程标准中都对乡土内容及教材做了规定。例如《小学课程暂行标准·小学自然》中的“教学方法和要点”规定：“自然科教材须以乡土材料为出发点。”③ 国家课程标准还把对乡土内容的规定体现在各科作业要项和教学要点里，如第一、二学年社会课中“历史”部分的作业要项包括“本地祠庙和其他纪念物所包含的历史故事的讲述研究”；第一、二学年社会课中“地理”部分的作业要项是“本地人民生活、社会事业以

---

①② 中华民国大学院编纂：《全国教育会议报告》，上海：商务印书馆，1928年，第592～593页。

③ 吴履平主编，课程教材研究所编：《20世纪中国中小学课程标准·教学大纲汇编》（自然·社会·常识·卫生卷），北京：人民教育出版社，2001年，第15页。

及各种特点的观察研究：从家庭生活、学校生活设计出发，以至乡县范围；本地山水、名胜、建筑、街道等观察研究”①。

1930 年 4 月 15 日，第二次全国教育会议在南京召开。出席大会的人员有蔡元培、罗家伦、蒋梦麟、茅以升、廖世承、吴稚晖、张伯苓、陈鹤琴、刘大白、朱经农等。② 初等教育组呈报的讨论方案中涉及乡土教材的问题。初等教育组讨论方案起草委员会主任为俞子夷，委员有吴研因、张宗麟、马客谈、曹守一、孙世庆、罗迪光。在初等教育组的讨论中，提出了改进初等教育计划、建设乡土教材的建议。在“课程”部分第九条提道：“各市县可在课程中斟酌本地状况，编制乡土教材及实施细目，用来代替课程中的某部分，呈准教育厅施行。这种细目，亦可分为完备的、简易的，以及私塾改良初步用更简易的各种。”③

1932 年 12 月，国民政府颁布《小学法》，其第九条明确规定：“小学教科图书，应采用教育部编辑或审定者。前项编辑或审定，并应注重各地方乡土教材。”④

1933 年 3 月，教育部公布《小学规程》，其第三十一条规定：“各地方乡土教材由主管教育行政机构编辑，呈请上级教育行政机关转呈教育部审定之。”⑤

可见，虽然当时没有专门设置“乡土”科课程，但比较普遍的主张是乡土教育是爱国爱乡的重要举措，应该大力开展乡土教育，结合国家课程，编撰与使用乡土教材。自 1928 年第一次全国教育会议开始，实际上给乡土教材提供了一定的社会生长空间，大量的乡土教材以社会和常识科的补充教材形式出现。一时间，乡土教材的发展进入一个“最为高唱入云的时期”⑥。许多地方出台了乡土教育和乡土教科书的有关政策。

1928 年中央大学训令，要求所在的大学区江苏各地全面开展乡土教育，编

① 盛朗西：《小学课程沿革》，福州：福建教育出版社，2008 年，第 123 页。

② 《第二次全国教育会议始末记》，《民国教育部公报》（南京）第 2 卷第 18 期，民国十九年（1930）五月三日。

③ 教育部教育方案编制委员会编制：《改进全国教育方案》，1930 年，第 13 页。

④ 教育部编：《教育法令汇编》（第一辑），上海：商务印书馆，1936 年，第 267～268 页。

⑤ 曹风南编：《小学乡土教育的理论与实际》，北京：中华书局，1936 年，第 29 页。

⑥ 王伯昂：《乡土教材研究》，北京：商务印书馆，1948 年，第 24 页。

撰乡土教科书，作为补充教材：

为令遵事：案查本大学区第一次教育局长会议决议，阜宁县教育局提议："通令各县教育局选辑各该县乡土史地材料以便加入小学社会科学讲授"一案。查地方乡土史地材料，作为小学社会科讲授之用，最为适合，应由各该教育局注意选辑，以供各地方小学之需要。除分行外，合行抄发决议案及原提议案，令仰该局长知照，此令。①

1930年湖南省教育厅发布乡土教材编制方案，主要规范小学乡土史地教材编纂，编纂的教材作为小学史地的副本使用。②

其他地方发布的关于乡土教材的规定或要求初步统计见表6-2。

乡土教材在这段时间里实现了编写文体由文言文向语体文的转变，有了诸如1930年的《最新语体福建全省乡土教科书》的出现。③ 乡土教科书也在这一时期开始逐渐定型，结构开始趋向完整，1936年的《无锡乡土新教材》就是这方面的典型代表。④

抗战全面爆发后，就国家层面来说，对乡土教科书抱有唤起民族精神，实现救亡图存的希望，因此国民政府急切地呼唤乡土教材。1938年出台的《战时各级教育实施方案纲要》，特别强调乡土教科书的重要，规定"对于各级学校应抗战与建国之需要，尤宜尽先编辑中国公民、国文、史地等教科书及各地乡土教材，以坚定爱国爱乡之观念"⑤。1941年的小学国语和常识课程标准中单独列出乡土教学内容，1942年的国民教育工作检讨会议中单独提出了《关于各省市收集或编辑地方教材办法》。⑥ 在这一时期，乡村师范学校、军事学校也开始编撰使用乡土教材，乡土教材的主题尤其凸显救国、爱国思潮。因此，从纵向上看，这一时期乡土教材的触角开始向上延伸到高级小学和初中，而从横向上看，乡土

① 《中央大学训令地方乡土教材以便加入社会科讲授》，《无锡教育周刊》1928年第39期。
② 《湖南通过乡土教材编制方案》，《湖南教育》1930年第17期。
③ 潘守正、彭传珍编撰：《最新语体福建全省乡土教科书》，福州：洛阳书社，1930年。
④ 周士香等：《无锡乡土新教材》，上海：正中书局，1936年。
⑤ 中国第二历史档案馆编：《中华民国史档案资料汇编·第五辑第二编》，南京：江苏古籍出版社，1997年，第14页。
⑥ 《各省市国民教育工作检讨会议纪要》，《国民教育指导月刊》第1卷第7期，1942年。

表 6-2 全国各地乡土教材相关政策、法规、文件

相关政策、法规、文件	发布、颁布者	来源
《训令各小学选派教员来府组织编纂乡土史地课本》	汕头政府	《汕头政府公报》，1930 年第 54 期
《令各县教育局编订乡土史地》	河南省教育厅	《河南教育》，1930 年第 12 期
《令各县教育局为奉部令编定乡土史地为各县市地方小学史地补充课本案》	辽宁省教育厅	《辽宁教育公报》，1930 年第 4 期
《昆明县小学乡土教材编辑委员会规则》	云南省教育厅	《云南教育行政周刊》，1933 年第 2 卷第 46、47 期
《（山东省教育厅训令第 1372 号）为令组织地方教材编辑委员为收集地方乡土教材呈厅以便编入具体教材》	山东省教育厅	《山东教育行政周报》，1933 年第 234 期
《据省会实小部颁课程标准实验委员会呈送国语乡土教材调查表》	安徽省教育厅	《安徽教育行政旬刊》，1933 年第 23 期
《苏教厅规定编辑乡土教材要点》	江苏教育厅	《教育周刊》，1933 年第 189 期
《小学教师》（半月刊）出版了乡土教材研究的专号（被认为是我国第一本讨论乡土教材的专著）	江苏省教育厅	曹风南编：《小学乡土教育的理论与实际》，北京：中华书局，1936
乡土教材编辑办法《令饬组织乡土教材编辑委员会遵照颁发限期将所编教材呈厅审核》	陕西省教育厅	《陕西教育旬刊》，1934 年第 2 卷第 2、3、4 期合刊

教材不仅在常识、国语等中出现，还延伸到其他学科，而以救亡图存、爱国抗日为主线将这些内容统整起来。

无奈抗战全面进行，运输困难，设备缺乏，因此即使主观上重视，而客观上却很难完全落实，导致这一时期虽然出版了一些乡土教科书，但是大多是修订重版，且较前期并未有真正的突破。“抗战以前本省小学教育较为发达的地区，亦曾联合编纂乡土补充教材，作为实验研究及参考的资料。到了抗战发生，大家都转移眼光注视于战时教育的实施，对于编纂乡土补充教材的兴趣，也逐渐冷淡了。”[①] 1948 年教育学者王伯昂在回忆抗战这段时间的乡土教材编撰时也提道：“可惜不久抗战发生，政府西迁，广大的区域沦于敌手，教育文化都受了极大的摧残，乡土教育也便一时被搁置起来了。”[②]

1945 年抗战结束之后，内战纷争再起，局势迅速转变，乡土教科书的重要性骤减，这一段时间乡土教科书已无太多的亮点，也未见国民政府有专门关于乡土教科书的政策出台，只是专家学者们有一些零星的讨论，整体上民国乡土教育与乡土教科书走向了低谷。

三、民国时期特色乡土教科书举隅

民国时期具体出版了多少乡土教科书目前无从考证，但有些乡土教科书却极具特色，值得关注，实为民国乡土教科书之代表。

（一）游记体乡土教科书——《山东乡土教本》

1921 年 8 月初版、1925 年 1 月第三版的《山东乡土教本》采用了课目式的游记体，与以往的乡土教材叙述形式迥然不同。这套教科书的编写者为祁锡堉[③]。

编者在其“编辑大意”中写道，“坊间所出乡土志，大抵挨县叙述，如数家珍，取材即无联络，叙事又乏兴味，此等书只可做参考之用，实不合教科体裁”“本书用游记体，夹叙夹议，教者若按图指点，俾儿童恍如亲临其境，不但

---

① 张荫椿：《本省小学乡土补充教材的编纂问题》，《国民教育指导月刊》第 1 卷第 10 期，1942 年。

② 王伯昂：《乡土教材研究》，上海：商务印书馆，1948 年，第 24 页。

③ 祁锡堉（1880—1939），山东青州人。1909 年入山东省立优级师范学堂，毕业后留校担任史地教学，旋被山东省立第一中学聘为史地教员。1919 年五四运动爆发，祁当即赶写了一本《八十年外交耻辱史》，6 月完稿，以山东省立第一中学的名义出版。1926 年任山东大学文学院教授，同时任山大附中文科教务主任，还担任史地教学工作，专门开有“乡土志”课程。此时，他已声名鹊起，在史地教学中号称“状元”。正如季羡林先生所说：“在山东教育界，祁蕴璞先生是鼎鼎大名的人物。”（见《季羡林自传·第三章中学时光》，当代中国出版社，2008 年初版，典藏本 2015 年第 1 版）。一生写下 100 多万字的专著和论文，著有《中华大地地理志》《中国文化史纲要》《国际概况讲义》《国防地理》《新编初级中学地理课本》《山东乡土教本》《山东地理概要》《抗战的新局面》等。1939 年，于重庆病逝。因其对地理学研究的贡献，生前被英国皇家地理学会授予名誉会员。见王志民主编：《山东重要历史人物》（第七卷），济南：山东人民出版社，2009 年，第 31 页。

兴趣丛生，引起儿童想学的心理，且使儿童知乡土一科，重在实用，并非徒托空言”。[①] 确实，据笔者目力所及，游记体的乡土教科书存在的时间较短，民国后期直至现在都没有再现，因此这种编写体例是颇具特色的。

《山东乡土教本》，将全省107个县乡土分作60课，采用游记体，夹叙夹议，且图文并茂，符合小学生特点。该书约两万余字，供小学校使用，每周两小时，一年授毕。

该书主要对山东文化的地位、人民的特性、外力的压迫做重点叙述，以引起儿童的爱乡观念。在论述上，以游记的形式，设计了一条旅游路线，从山东省城出发，游历全省，最后从青岛返回。全书附有山东省地图，配合书中介绍的山川城镇道路使用，文中插入了各地分图以及风景、人物等图若干，以引起儿童的学习兴趣。课文采用山东省各城市名称为标题，如第二课《泰安》、第三课《曲阜》、第六课《临沂》、第五十六课《烟台》、第六十课《青岛》等。

（二）早期语体文乡土教科书——《最新语体福建全省乡土教科书》

《最新语体福建全省乡土教科书》由潘守正[②]、彭传珍编撰，1930年出版。这是较早的语体文乡土教材。全书共4册，供初级小学三、四年级使用，出版社为福州洛阳书社。书的封面有“教育厅审查”字样。当时的潘守正和彭传珍，一个是县长，一个是校长，二人合力编撰了适应新语体的乡土教科书，足见当时教育行政部门对乡土教材编撰之重视程度。在此之前，潘守正就有过编撰乡土教材的经历，1920年他和薛凤彤合编了4册《福建乡土教科书》。

《最新语体福建全省乡土教科书》的最大特点就是响应教育部关于适用语体文的规定，使用语体文编撰。它是乡土教材文体形式发生转折的代表作，标志着

---

① 祁锡堉：《山东乡土教本》，济南：济南第一师范中学发行，1925年。

② 潘守正（1892—1984年），福州人。1905年入福州三牧坊大学堂（后改高等学堂，福州一中前身），师从陈宝琛。后进全闽师范学堂、福建法政学堂学习。先后任晋江县县长、省民政厅主任秘书、省临时参议会主任秘书。著有《现行法律概要》《民政概况》《禁烟概要》《福建省地方行政与地方自治》等书。民国初年，潘守正收集福建省地理、历史、文化、民俗等资料，编写出供小学生使用的多种福建乡土教材（《福建乡土教科书》，1920年，福州公教印书馆；《新编福建省乡土教科书》，1920年，省立第三小学校活字印本）。彭传珍，曾先后任福建省立师范专科学校校长、国立海疆学校校长、厦门大学教育系教授兼总务长，到台湾后受梅贻琦之邀担任“台湾清华大学”总务长。

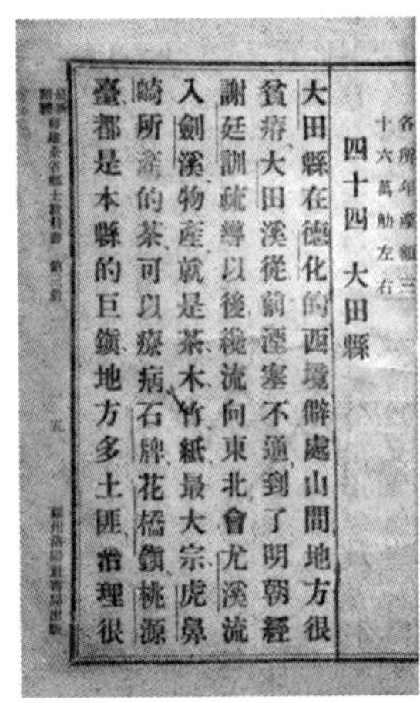
四十四 大田縣

大田縣在德化的西境僻處山間地方很貧瘠大田溪從前壅塞不通到了明朝經謝廷訓疏導以後纔流向東北會尤溪流入劍溪物產就是茶木竹紙最大宗虎鼻崎所產的茶可以療病石牌花橋鎮桃源臺都是本縣的巨鎮地方多土匪治理很

<图 6-1
《最新语体福建全省乡土教科书》
(1930，潘守正、彭传珍编撰，洛阳书社)

乡土教科书语言从文言文向语体文的转变。

从教材文本可以看出，正文叙述中采用的是较为不成熟的语体文形式，而在文末的注解部分依然是文言形式，这恰好是乡土教科书从文言向语体过渡最直观的表达。乡土教科书的作者们，正努力试图从以往旧式的乡土志向新式的乡土教科书转变，以适应时势的需要。

《最新语体福建全省乡土教科书》每册各计 22 课，从整体上介绍福建省各县。每课大约 120～150 字左右；对每课中较难理解的内容或重点的词语在课文末尾附有注解；课文开头有一幅插图，文中无插图；还未采用新式标点符号；课后没有习题。该套教科书的行书小楷，都是作者潘守正用毛笔书写的，再由工人摹刻到木板上印刷成书。内容通俗易懂，受到师生欢迎。

（三）体例成熟的乡土教科书——《无锡乡土新教材》

《无锡乡土新教材》于 1936 年 1 月出版，供初级小学二、四年级使用。周上香、陈廷镛、姚铭盘编著，正中书局发行。三位作者都是无锡中心小学教师，除了《无锡乡土新教材》，三位还合编过《无锡乡土教本》《无锡乡土教材》《无锡乡土新课本》等。①

① 钱江：《百人千书——无锡近代教育著作书目初编》，南京：江苏凤凰教育出版社，2016 年，第 206、328、346 页。

>图 6-2
《无锡乡土新教材》（第二册，1936，周士香、陈廷镛、姚铭盘编著，正中书局）

1936年出版的这套《无锡乡土新教材》基本与现代乡土教科书的形式、体例无异，这是一套关于无锡地方的综合性乡土教科书，可以看成乡土教科书的定型，因为在这一时期之后，乡土教科书的编撰体例和形式没有太大的变化和突破，同时它也是民国乡土教科书高峰期的典型代表。

教材采用语体文，以“课”的形式编排，甚至还组织了学习单元，课前有引导性的问题，课后有以“做”为形式的问题。“问题”为引起儿童学习动机并开发其思想。“做”是使儿童实地操作，应用所学得之知识。教材中纳入了地图、照片、统计图标等多种元素，帮助学生理解。课后还针对性地提供了阅读资料。总体上内容丰富、形式多样。尤其注重爱国爱乡教育，引导关注地方民生。教科书注重发扬光大儿童爱家爱乡之固有精神，爱国爱群之思想，以坚定其救国助人之志愿；注意本地民族英雄故事，以激发儿童民族思想；注意本地农民生活，引起儿童之注意，使知改进农村之刻不容缓；注意本地工业状况，使儿童知道工业与国计民生之关系；注意本地商业状况，使儿童知道最近社会经济情形。①

（四）全面抗战时期乡土教科书——《修正福建省中心国民学校乡土补充教材》

《修正福建省中心国民学校乡土补充教材》于1942年3月初版，1943年6月

① 周士香等编著：《无锡乡土新教材》，上海：正中书局，1936年，“编辑大意”。

修订再版，被教育部审定批准为乡土补充教材，是抗战期间一部较具特点的综合性乡土教科书。该教材共 4 册，每册 21 课，共 20 单元，分配为三至六年级之用。编撰者为张荫椿、蒋逎、徐君梅，校订者为刘城、高时良，他们多是当时福建省教育厅的职员。该书发行者为福建省政府教育厅编辑委员会。

该书的编辑宗旨，在于指导儿童了解乡土环境，从乡土生活的现象观察、内容调查、源流考察、问题检讨、实际活动的设计参加，以及各项研究结果的记载发表等，充分利用儿童所能接触的本地社会环境等材料。

作者建议该书的教学时间，在初级小学常识科及高级小学社会科时间内每周割出四五十分钟，或三十分钟一节教学，并可依照教学实际环境，与原有常识科教材取得联系，或于每学年上下两学期交替之中割出时间，专为研究乡土时间，可由教育者自由分配，以期获得教学的功用。

这套教材结构相对完整，内容随着学习年级有所加深和扩展，从整体内容的选择与组织上看，该书依然延续了以单元为形式的组织方式。以第一册为例，该册（供三年级用）由“概况”“交通”“文化”“物产”“先贤古迹”和“城市构成”6 个小单元组成，在每个小单元中选取具有代表性的内容。每篇课文依“问题—正文—作业”的逻辑编撰，正文前有问题，正文后有习题等。

这套教科书独一无二的特点在于课文内容的组织。因为是福建省国民中心学校乡土补充教材，需要反映整个省的特点，而使用对象是全省各县，所以又要适应各地的实际。因此，编者为了兼顾全省和适应各地的具体情况，在课文正文的编写过程中就采用了“留空”的方式，如第一册第一课《我们住的地方》是如此组织的：

[问题]

（1）本县的四面和四面地方接界？

（2）本县面积一共有多少方公里？

（3）本县哪一座山最高？哪一条河最长？

我们住的地方，是在________省________县。

本县的四面和________________等地方接界。

本县南北长约________公里；东西宽约________公里；面积约有________方

公里。

本县最大的山脉是________；最大的河流是________。

［作业］调查学校所在地的地理形势。

为了适应不同地方的教学而采用这种“留空”的方式编撰乡土教科书的做法，是比较有创意的。这样做，一方面可以让各县根据实际情况来“填空”，也就是适应不同地区的需要；另一方面，对内容的识记与理解也有一定的帮助。

民国乡土教科书的编写与出版是时代的产物，无论政权如何更迭，爱国教育是学校教育不变的组成部分，只是在不同的时代背景下、政治语境下，对于“国家”会产生不同的解读。乡土教科书由此从承载“忠君爱国”到用于培育“新国民”，再到“乡土即民族”来复兴民族精神。在这个曲折复杂的过程中，其在形式、体例上也实现了自身的定型与规范。

第二节　女子教科书

“女子教科书”是我国近代中小学教科书中的一种特色教科书，它的出现得益于清末国人自办女子学堂的实践。女子教育在中国几千年的教育历史中一直未被纳入正式的教育系统，鸦片战争后，西方传教士在中国创办教会女校，开启了中国女子教育的先河。1897 年经元善在上海创办中国第一所女子学校——经正女学，此后，国人自办女学日渐兴盛。顺应女学的发展，不少出版社、女子学堂编写出版了国人自己的女子教科书。本书中的“女子教科书”即指在中国人自己开办的女学堂中，由国人自己编写的、专供女子修习的教科书。

一、新式女子教育的出现与发展

在中国传统社会中，“女子无才便是德”“妇人见短，不堪学道”等封建保守思想长期控制着人们的意识，人们理所当然地认为女子不应该、不需要接受文化知识的教育。加之“男女授受不亲”“男尊女卑”等封建遗训对人们思想的束缚，社会上从来没有出现过女子学校。在中国这样一个长达几千年父权制社会里，无论是在社会还是在家庭，女性均处于一个非常低下的地位，女子长期被排除在学校教育制度之外。当然，社会没有开办专门的女子学校，女子不能接受学校教育，并不说明女子在家就不能接受家庭教育。传统女学一般都是指女子在家中接受母亲或其他长辈之教。女子受教育的目的则是成为传统意义上的贤妻良母，以更好地服务于男子、服务于家族。男子视女子为物品，女子处于依附的地位，无人格和尊严可言。于是相沿成习，久而久之便成了一种传统。传统一旦形成，在给社会提供某种标准的同时也形成了一种束缚。“三从四德”便是传统女学给女性订立的标准，宣扬“三从四德”的传统女性道德教化读本也是几千年封建社会里唯一提供给女子的读物。

近代女学并不是从传统女学自然过渡发展而来的，它是在西方女学的刺激下发展而来的。西方传教士来到中国后，最先开办了女子学校，打破了千百年来的禁忌，开了女子学校教育的先河。近代新式女子教科书的出现也并不是传统女子家庭教育自然而然发展的产物，而是在晚清西学东渐的冲击下，随着新式女子学堂的广泛设立而诞生的。因而，它既是西方文化带来的新事物，又生长在中国这片有着古老文化传统的土地上，其间渗透的文化要素也是华洋杂陈、中西冲突的。

鸦片战争后，西方传教士在中国创办的教会女校，为国人自办女学提供了榜样和契机。之后，维新派人士变法图强的主张促进了中国自办新式女子教育时代的到来。

中国近代意义上的女子教育始于西方传教士创办的教会女校。1844 年，英国传教士创办了中国境内最早的女子学校教育机构——宁波女塾。① 此后，教会女学不断涌现，出现了“教会所至，女塾接轨”② 的局面。这些教会女校开设的学科门类相当广泛，包括道学、国文、英文、算术、天文、地理、历史、音乐、体操，甚至代数、几何、物理、生物等科目，完全打破了中国传统女学只强调修身及家事训练的局限性。尽管教会女校的办学目的在于改造国人思想，但是，不可否认，教会女校的出现，对中国近代女子教育的发展起到了一个刺激和示范作用，使千百年来中国人头脑中根深蒂固的重男轻女思想和“女子无才便是德”的传统封建意识受到强烈冲击，传统沉默的女性群体得以冲出束缚，走出家庭，步入校门，学习科学文化知识，开创了女子学校教育的先河。

1894 年甲午战争后，积贫积弱的中国面临着亡国灭种的民族危机，救亡图存成为时代的主题，康有为、梁启超等首先提出了女子的教育问题，认为“推及天下积弱之本，则必自妇人不学始”③，指出女子能否接受教育关系到国家的前途和命运，因而积极倡导国人自办女学。早期的维新人士郑观应等人亦提出开民智、兴女学，培养女子成为“贤女、贤妇、贤母”④ 的主张。戊戌维新时期，梁启超撰写《创设女学堂启》一文，提出女子教育的目的是培养“上可相夫，下可教子，近可宜家，远可善种”的“贤妻良母”。⑤维新思想家的主张为中国人自办女学的兴起奠定了舆论和理论基础。

维新派人士不仅从理论上提倡女子教育，还积极进行办女校实践活动。1898 年，经元善、梁启超、康广仁、郑观应等人在上海办起了近代国人自办的第一所女子学校——经正女学。在经正女学的影响下，一大批女校如雨后春笋般涌现，先后出现了上海务本女塾、上海爱国女校、广东移风女学、天津严氏女塾、常州

---

① 陈景磐编著：《中国近代教育史》，北京：人民教育出版社，1983 年，第 6 页。

②⑤ 梁启超：《创设女学堂启》，朱有瓛主编：《中国近代学制史料》（第一辑下册），上海：华东师范大学出版社，1986 年，第 6、883 页。

③ 梁启超：《论女学》，朱有瓛主编：《中国近代学制史料》（第一辑下册），第 869 页。

④ 郑观应：《女教》，朱有瓛主编：《中国近代学制史料》（第一辑下册），第 866 页。

争存女学等女子学堂。

在全社会的呼吁声中，清政府在1907年颁布了《女子小学堂章程》和《女子师范学堂章程》，女子教育由此正式被纳入官方的学制系统。

正是由于女子学堂的大量兴办，国人自编的新式女子教科书应运而生。

1919年五四新文化运动前后，教育改革如火如荼地开展，男女教育平等的思潮在社会上广为流传，女学进入深入发展的新时期，男女合校的呼声一波高过一波。直至1922年，正式实施男女合校、不分性别的单轨新学制颁布，女子学校不复存在，独立的女子教育退出历史舞台，相应的女子教科书也退出了历史舞台。

二、女子教科书的产生与发展

女子教科书产生于19世纪末，在20世纪之交有过一段比较好的发展时期。民初颁布新学制，制定课程标准，女子教科书科目较全，国文、修身、数学、历史、音乐、体操、家政等教材均有出版，出现了一批有影响的、有代表性的女子教科书。近代女子教科书主要涉及四类：一是修身类女子教科书，二是国文类女子教科书，三是历史类女子教科书，四是家政家事类女子教科书。

（一）清末新式女子教科书的产生

女子教科书的产生与清末社会的历史背景息息相关。晚清以降，伴随着西方“男女平等”“女性教育”等文明观念的传入，中国近代意义的女子教育萌芽，“兴女学”成为当时进步人士的重要话语，在他们的倡导下，国人自办的女子学堂出现并发展起来。女子学堂的产生必然呼唤女子教科书，第一批国人自编的女子教科书出现了。

中国传统的女子教材主要是《女孝经》《女四书》《烈女传》《女训》及《教女遗规》等。清末仍然有人声称，“女学以能解用之文字、算术及应用之妇职，应习之女工为度，原不必与男子受同等之教育。宜参酌小学堂课程，另编课文。

修身一门，宜搜辑名媛贞德淑行，借作楷模，用资规劝”[1]。而一些先进知识分子与进步人士，则对传统女子教材提出了尖锐批评。爱国女校伦理教习叶浩吾在演讲中对传统女学教本提出了坚决反对，他指出像《女诫》《女四书》等传统女学读本只会教女性成为堕落男性的依附，在 20 世纪的中国青年女性教育中，这些书不应当再扮演任何角色。[2] 1904 年出版的《女子新读本》导言中，作者杨千里再次表达了同样的观点，“中国教育女子之书目，曰《女诫》、曰《妇法》、曰《列女传》，守缺抱残，尚不下数十种”，这些读本“惟与女子谈旧事”，[3] 已非常不合时宜了。《女子世界》杂志则声称要让女子“读些有用的书”，使她们“明白人间的公理”，不可止于“在家念‘女训’，‘四书’，或是请一位先生教教认得几个字，将来会记记账目、写写信札就可以了”。[4]

目前所见最早的一本新式女子教科书是 1895 年上海科学书局的《初等小学女子官话修身教材》，此书一经刊行便成为市场抢手货，这从市场角度证明了新式女子教科书的出现是不可逆阻的社会客观需求。随后，文明书局、商务印书馆开始出版女子教科书；紧接着，群学社、会文学社、锟记书局等机构也先后参与进来。女子教科书这一新生事物得到了初步的发展。

1902 年，商务印书馆开始编辑女子学堂用书。其中，1904 年出版国文 3 种：初等小学用《女子国文教科书》8 册，高等小学用《女子新国文》6 册以及高等小学用《女子国文教科书》4 册，编纂者为戴克敦、庄俞、蒋维乔、沈颐等；修身 2 种：初等小学用《女子修身教科书》8 册以及高等小学用《女子修身教科书》4 册，编者为高凤谦等；1905 年出版方浏生主编的《女子国文读本》。商务印书馆指出其女子教科书编印的原因：“光绪年间，风气初开，小学校中尚属男女儿童分校教授，故本馆特另编女子教科书数种，以应时代需要。”[5]

群学社也积极参与女子教科书的编撰出版。它的女子教科书多由许家惺编

---

① 刘捋：《学务要端折》，《南洋官报》第五十四册。

② 叶浩吾：《爱国女校伦理教习叶浩吾君讲义》，《警钟时报》1904 年。

③ 杨千里编：《女子新读本》，上海：文明书局，1904 年，第 3 页。

④ 熊贤君：《中国女子教育史》，太原：山西教育出版社，2009 年，第 199 页。

⑤ 宋军令：《近代商务印书馆教科书出版研究》，硕士学位论文，四川大学历史系，2004 年。

写。如《官话女子修身教科书》（1册），1902年由许家惺编撰，共60课，分属“女教”“妇道”和“母仪”3个德目，但内容并非传统的“三从四德”，而颇有新意。此外，许家惺还编有《初等小学女子国文读本》和《最新女子修身教科书》，两书均于1906年出版。

会文学社的女子教科书在当时非常有名。会文学社的女子教科书多由何琪编撰，如《最新初等女子小学修身教科书》8册，1906年2月初版；他还编有《最新女子初等小学国文教科书》8册，于1906年出版，以及其他一些女子教科书。

文明书局早期也出版了女子教科书。1904年出版杨千里编的《女子新读本》（上下编），这是一部模范妇女故事集，上编介绍中国历史上的妇女，下编讨论近代西方妇女，编者称“列乎前者，我中国新女国民已去之导师也；列乎后者，我中国新女国民未来之摄影也”[①]，其目的在于“镜古得今，导源达流”。

这一时期的女子教科书还包括：中国教育改良会的《（官话）最新女子修身教科书》（上下卷），1905年9月出版，由谢允夔编辑、陈德芬校阅；1905年美华书馆发行，由王亨统编撰的《最新女子国文课本》2册；锟记书局1906年6月出版的《绘图女子修身教科书》；江楚编译官书局1906年编译出版的《女学修身教科书》等。科目主要是修身、历史与国文。

清末民初，个人在女子教科书编撰出版上最突出的除了何琪、许家惺之外，特别有影响的是陈子褒。陈一直致力于妇女、儿童的启蒙教育，他在澳门开办“蒙学私塾”，并从19世纪和20世纪之交开始，陆续编写成二十余本科目众多、内容丰富的妇女启蒙读本，包括《妇孺须知》《妇孺新读本》《妇孺浅解》《妇孺入门书》《妇孺八劝》《绘图妇孺三四五字书》《女儿书》《妇孺论说入门》《妇孺论说大观》《妇孺中国史问题》《妇孺中国史地略》等。这些教科书均以白话文形式编成，对妇女的启蒙教育做出了重要贡献。[②]

这一时期的女子教科书是在新旧之间的冲突中发展的。总体上可以说，许多女子教科书在倡导女权的同时，又坚持传统的贞洁观和三纲五常。这是当时的课

① 杨千里编：《女子新读本》，上海：文明书局，1905年，“导言”，第3页。

② 石鸥、廖巍：《“通俗是贵”——陈子褒课本之研究》，《湖南师范大学教育科学学报》2013年第5期。

本精神世界的一个矛盾，实则是作者精神世界的矛盾的反映，不可避免地带着时代的烙印。新派作者追求女权，追求新潮。这首先表现在女子教科书通常冠以“新”“最新”之名。有些女子教科书很注重官话，许家惺就认为，官话教科书对于女子非常重要：“吾国妇女大抵幼年失学，其是施教儿童为难，非演官话不扞格。是编举繁难之事迹，达以简显之字句，庶于开牖智识当易为力。”① 多数女子教科书的内容，虽较多地依托历史资源，但多为“旧瓶装新酒”，赋予旧经典以新时代的意义。如杨千里的《女子新读本》上编以中国历史上的传统妇女形象作为“我中国新女国民已去之导师”。许家惺的《官话女子修身教科书》列传统的“女教”“妇道”和“母仪”3个德目，德目下的内容却有新意，提出了女子立身、勇于承担重任等新思想。更有一些教科书打破传统的女学内容模式，将妇女地位和女权等字眼摆上台面。如谢允燮的《（官话）最新女子修身教科书》收录大量的新思想课目，如“兴女学”“自立”“戒缠足”“劝阅报”“平权”“自由”“自由界限”“自由婚姻”等。同时，这些教科书在作者与读者的关系上也是新型的，与中国传统的女性教化读本指向特定的女性阶层（如宫廷闺秀等）不同，新式女子教科书关注所有接受同一教育水平的女性，包括平民百姓。

这一时期的女子教科书的另一个特点便是处于学部严格的审查标准之下，且被很多旧绅士攻击。女子教科书中绝不允许出现反帝国主义、反清革命、触犯纲常名教及有伤风化的文字和内容。1907 年，文明书局出版的《女学唱歌集》中因有“可笑那旧社会，全凭媒的通情”几句歌词，学部认为与《女学堂章程》相抵触，就此札饬各省提学使，请其转饬所属各书肆学堂立即禁止销售使用此书，“以维风化”。学部的指示，在各地均得到了贯彻。天津提学司下令指示：“各书坊如有此类违悖礼教之课本新书，应即销毁，禁止出售。若阳奉阴违，一经查出，定行惩办不贷。”② 1907 年，学部认为何琪编的《初等女子小学国文教科书》“书中取材有平等字样”，下令查禁，“以维风化而正学术”。1908 年，戴裕忱之《女子伦理教科书》被学部认定“义理有未纯”，不予通过。1909 年，《教育杂

① 许家惺编：《官话女子修身教科书》，上海：群学社，1902 年，“例言”。

② 《大公报》1907 年 4 月 19 日。

志》上有这样一则消息："学部张相国因为维持风化起见，故对于女子教科书最为注意。日前见有某国新编之女子教科书，多有伤风化煽惑人心之语，实与女学大有关碍。除一面严禁购买外，并拟商同外务部向某国交涉，不准入口，以重女学。"[①] 可见，传统势力对新式女子教科书是非常苛刻的。

（二）民国女子教科书的发展

民国成立后，南京临时政府教育部对前清政府的教育制度进行大刀阔斧的改革，于 1912 年 1 月 19 日颁布了《普通教育暂行办法》和《普通教育暂行课程标准》。此后，从 1912 年 9 月起到 1913 年 8 月止，又陆续颁布了各种学校章程，这些章程综合起来形成"壬子—癸丑学制"。"壬子—癸丑学制"首次将女子教育列入国家学制体系中。如：(1) 初小可男女同学；(2) 女子高小以上，可设女子中学、女子师范及女子高等师范；(3) 女子学校不另立系统，特设之女子学堂章程，暂时照旧；(4) 女校不另行规定课程标准，但各级女校可酌情增损学科。如初、高等小学"女子加课裁缝"；中学校及师范学校"女子加家政、裁缝"。[②]《小学校令》中规定女子小学的课程设置，初小为修身、国文、算术、手工、图画、唱歌、体操、缝纫等 8 种（男校无缝纫）；高小为修身、国文、算术、本国历史、地理、理科、手工、图画、唱歌、体操、缝纫 11 种（男校无缝纫）。女子中学教育方面，教育部明确规定"专教女子之中学校称为女子中学校"，承认了女子中学校的地位。与普通中学相比，女子中学在课程上增加了家事、园艺、缝纫科，其他概与普通中学同。

有了制度的保障，民国早期女子教育进一步发展和完善，女子学堂数量激增，形成了一定的规模和体系，更多出版社和编辑集团加入女子教科书编写出版队伍，女子教科书的编写也更为繁盛与规范。女子学堂课程标准下的女子教科书种类丰富，题材多样，从编写体制到内容组合都逐渐走向成熟。这一时期女子教

---

① 《注重女学教科书》，《教育杂志》1909 年第 6 期。

② 中国第二历史档案馆编：《中华民国史档案资料汇编》（第二辑），南京：江苏古籍出版社，1991 年，第 462～464 页。

科书科目较全，国文、修身、数学、历史、音乐、体操、尺牍、家政等均有出版。商务印书馆一直保持其出版大家的优势，而与中华民国一同成立的中华书局，成为女子教科书出版的后起之秀。两家一路领先，别的书局也不甘示弱，活跃在民初女子教科书出版舞台上的书局还有：科学书局、会文堂书局（会文学社）、中国图书公司、文明书局、世界书局、新学会社等，这些书局多以出版尺牍类教科书为主，还有一定的家政、体操、算术、历史教科书。可以说，民初十年是女子教科书出版的高峰。

1. “订正女子教科书”

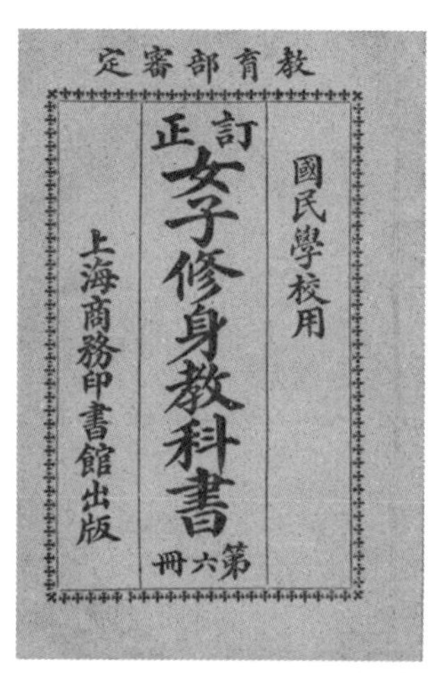

＞图 6-3
《订正女子修身教科书》（第六册，1912，戴克敦、蒋维乔编，商务印书馆）

这是商务印书馆组织编撰出版的一套女子教科书。民国成立后，教育部禁止使用清朝编撰的一切教科书。商务印书馆由于来不及重新编写新教科书，便将清末的女子教科书修订后于 1912 年再版，形成了一套“订正女子教科书”，包括初小、高小国文各 8 册，初小修身 8 册，高小修身 4 册，4 套课本均有配套的教授法。教育部审定通过《订正女子修身教科书》时，审定词是：“选择教材颇为切当，于女子应有之道德大体完备，程度亦循序渐进，由家庭学校以及国家社会亦无隙等之弊。”[①] 这是商务印书馆民国初期的主打女子教科书。

在订正旧教材的基础上，商务印书馆又从 1912 年始，陆续新编了三套女子

① 教育部审定公布：《商务印书馆图书目录·小学暨女学用书》，上海：商务印书馆，1915 年，第 16 页。

国文教科书，分别是初等小学用《女子国文教科书》8册，高等小学用《女子新国文》6册，高等小学用《女子国文教科书》4册，及一套《女子修身教科书》（6册），这些书均配备教授法，参编人员是高凤谦、沈顿、戴克敦、蒋维乔、庄俞等人。

为适应民国新学制需要，商务印书馆还应时出版了一套女子中学及师范学校用书，科目仅限于与男子中学相区别的家事科，包括：《家事教科书》《女子刺绣教科书》《女子烹饪教科书》《园艺教科书》和《缝纫教科书》各1册，多于1915年后陆续出版。

2.“中华女子教科书”

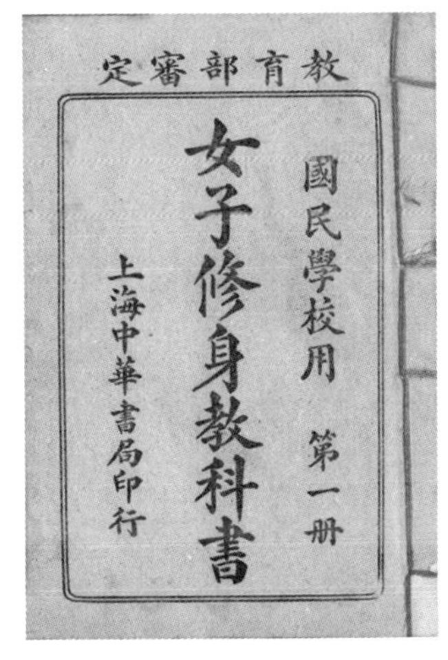

<图 6-4
《女子修身教科书》（第一册，1915，董文等编，中华书局）

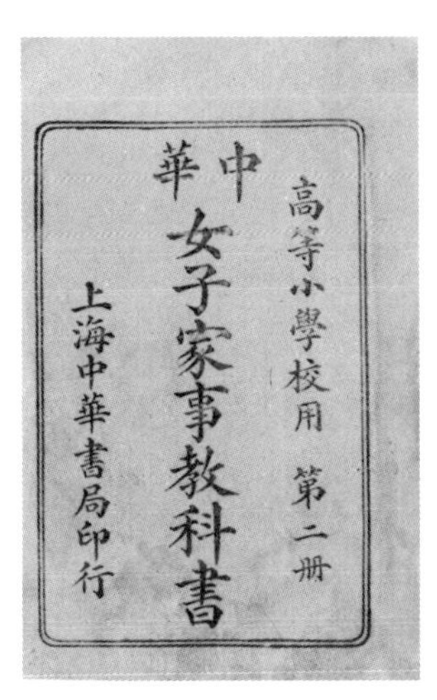

>图 6-5
《中华女子家事教科书》（第二册，1914，顾树森编，中华书局）

中华书局是继商务印书馆后又一女子教科书出版大户。从1914年起，中华书局的“中华女子教科书”陆续出版。包括初等小学及国民学校用修身、国文、算术、缝纫4种，修身、国文、算术各8册，缝纫1册，共25册，其中修身、国文、算术均有配套的教授书各8册，共24册；高等小学用修身4册、国文6册、算术3册、家事2册，共15册，其中修身、国文、算术均配备相应的教授书，修身4册、国文6册、算术3册，共13册；中学校用家事教科书1种2册。主要编辑人员有沈颐、董文、范源濂、李步青、顾树森、杨品、江杰梁等，其中女子数学教科书、家事教科书几乎都是顾树森所编撰。

尽管商务印书馆和中华书局在民初女子教科书出版中独占鳌头，但是其他各书局也未放弃女子教科书出版市场的竞争，包括新学会社、科学书局、会文堂书局、中国图书公司、上海扫叶山房、文明书局等。但与清末相比，这些书局的出版情况并无太大突破，科目散，种类零星，也没有出版相应的教授书，它们的市场进一步缩小。

1919 年五四新文化运动前后，教育改革如火如荼地开展，男女教育平等的思潮在社会上广为流传，女学进入深入发展的新时期，男女合校的呼声一波高过一波，教科书也紧跟这一步伐在进行着变革。女子教科书开始慢慢淡出历史舞台，仅有的几本女子教科书也是对前期教科书的再版。直至 1922 年，随着正式实施男女合校、不分性别的单轨新学制颁布，女子学校不复存在，女子教科书被男女通用的普通教科书完全替代。女子教科书终于完成它的使命，退出了历史的舞台。

因此，“女子教科书”便是特指从 1895 年起至 1922 年间，在国人自办的女学堂中使用的、国人自编的各类女子教科书，在民国只延续了十余年。

民国时期女子教科书具有鲜明的时代性，内容上与时俱进，颇具现代特色。民初女子教科书不再像清末通过在教科书标题中加入“新”“最新”字样来强调其创新，而更注重内容上的与时俱进。这一时期的女子教科书内容涉及民主、科学、国体、政体、现代社会制度、民族、女国民、人权、文明等主题，这与民国时期的政治背景、教育大趋势，以及女子解放思潮是相适应的，现代化特点十分鲜明。而到 1919 年五四新文化运动以后，几乎不存在新编写的女子教科书。这是因为为女子特别编订教科书的行为已不符合教育大潮流的要求，女子教科书的退出已成为历史的必然。随着五四新文化运动教育民主平等思潮的普及、男女合校运动如火如荼地开展，专为女子开办的各类学校逐渐减少，越来越多的女学生进入男女合校的普通学校读书，这就使得先前那些专门为女学堂编写的教科书失去了存在的价值和意义。

三、女子教科书的文化特性

女子教科书的出现与繁荣是当时的一种独特的文化现象，它是基于中国千百年来“女子无学”的状况，结合当时的时代特征、社会文化价值取向需要而产生并发展起来的，是中国社会所独有的一种文化存在形态。从女性文化的视角来看，女子教科书又属于女性文化的范畴，它是清末西方女权思想传播影响的产物，是进行女性主义教育的文本凭借。女子教科书的这一属性又使它与其他教科书文化区别开来，使女子教科书成为一种独立而又独特的文化现象。换言之，处于人类文化系统中的女子教科书，是一种个性化的文化存在。

（一）女子教科书是传统文化传承的重要手段

女子教科书是一种特殊的教科书文本，它对中国传统文化进行选择、复制和传递、传播。女子教科书这种文本本身体现着当时社会主流的文化价值观，它是教科书文本中具有特别文化意味的一种，它的出现本身就代表着一种强烈的文化传播倾向，因而，女子教科书作为文化的载体和传播手段这一工具性品格也就十分突出与鲜明。

尽管清末民初出现的女子教科书在当时来说是前所未有的一种新生事物，但它作为教科书文本体系中的一种特色文本，自然带有一般教科书所具备的文化本质，在其内容和形式上表现出对中国传统文化的继承性。而它所传承的传统文化，非常明显地受当时的主流文化与意识形态的影响。传统文化元素时时浮现于女子教科书之中，比如“孝道仁义”“德”“言”“容”“工”“纺织”“刺绣”等，有些所谓的新式教科书不过是将传统女学读物置换装扮，新瓶装旧酒而已，如锟记书局的《绘图女子修身教科书》就是对古代《女儿经》换个书名、改动个别字句、加上一些插图而已。这都是女子教科书对中国古代传统文化的一种显著的继承传播表现。

整体看来，女子教科书表现出中国传统文化“重德育重伦理”的传统。女子教科书将修身科放在所有学科之首，而自然知识学科几乎很少涉及，除修身外，国文、历史、家政等科目的教科书也重视传统伦理道德培养。修身教科书的作用，恰如女子学堂章程所指出的：“要旨在涵养女子德性，使之高其品位，固其志操。”“修身注意于贞淑之德并使知自立之道。”[①] 与自然科学相关的算术一门，只见中华书局与中国图书公司出版的女子算术教科书两种，其文本程度与同时期男子算术教科书相比要低，其要旨正如教科书“编辑大意”中所指出的：“本书材料，多选择家政美术及女子职业诸方面……注重实用，凡有关于女子应用之方法，咸采取之，其无关系者，概不列入。”[②] 同时认为“算术注意于日常之计算……凡非女子应用之计算知识概不列入”[③]。足见教科书所遵循的实用性原则完全是女子之实用，本质上具有一种伦理意义。教科书中树立的女性典范也基本上遵循了道德教化为先的惯例。如杨千里《女子新读本》上编涉及 17 个中国传统模范妇女，只有班昭一人是因为她的出众文采入选的，其他均为道德品行上的模范；即便选了班昭，也是由于她是传统女性读本《女诫》的作者。谢允燮的《初等小学女子修身教科书》涉及 6 位女德模范，何琪的《最新初等小学女子修身教科书》涉及 14 位女德模范。中华书局 1914 年出版的《高等小学女子国文教科书》6 册中共提到了 17 位女性，包括传统女性读本中的“孟母”“秦良玉”“敬姜”等女德模范，还有两位是外国女性“罗兰夫人”和“海伦”，对“海伦”的赞美重点在于突出她的优美德行。书中也介绍了“曹大家”（班昭）的突出才华，但课文的笔墨更多地倾注在介绍她写的女性读本——《女诫》上，而不是她的诗才。对于像班昭这种德才兼备的女子，教科书的作者无一例外地是优先考虑她们的德行。

教科书中提出的道德规范有许多是传统社会所推崇与赞美的“女德”，将道德礼仪视为女子教育的根本所在。谢允燮在《初等小学女子修身教科书》序言中声称：“教育之事以智育体育为用，而德育为之基，此凡为教育者皆然，而女学为尤。”[④] 何琪在《初等小学女子修身教科书》的“编辑大意”中亦说道，“德育智育体育三者当以德育为尤要”“初编言个人家族之事，二编言社会国家之事，

---

① 《学部奏定女子小学堂章程》，舒新城编：《中国近代教育史资料》（下册），北京：人民教育出版社，1981 年。

②③ 顾树森编：《女子算术教科书》（高等小学用，第一册），上海：中华书局，1914 年，“编辑大意”，第1～2 页、封二。

④ 谢允燮编：《初等小学女子修身教科书》，上海：中国教育改良会，1906 年，第 1 页。

惟皆注意德育”。[①] 有些教科书视道德教化为女子教育的根本，如彪蒙编译局编撰的《女子分类尺牍范本》中的第一个例子是一对年长夫妇在写给他们孙女的信中说道："女子读书，只须粗明大义，不必博通经史。"信中还举了缇萦和曹娥两个汉代的女性模范例子，她们都不是因为博学而是因为孝顺、德行而闻名。这对夫妇明确要孙女向她们学习，而"不愿汝为曹大家，谢道韫也"[②]。吴涛的《女子师范修身学》声称："妇女守节，古今所重，然古时女学实不止此，故是编于治家、忧国、智勇、侠烈之事足以扬我国女哲之光者无不选择录入。"在《孝友》一课中，开篇即言"学问以道德为本"。[③]

传统女德中的贞节问题在新式课本中也没有被完全忽略。谢允燮的《初等小学女子修身教科书》就选录了一篇题为《说节》的课文，作者认为贞节是女子最伟大的美德，贞洁的妻子能够得到国家的尊重、地方的仰慕和后裔的敬佩。虽然在他看来，这种贞节模范相当少，但他还是积极鼓励年轻女子去效仿她们。[④] 许家惺的《最新女子修身教科书》也毫无保留地为贞节女子送上赞美，他在书的序言中称课本中收录了"大量的贞节故事"，他希望这种"女哲之光"能够鼓励他的读者来效仿。[⑤] 这本书还描述了女性为贞节而自残与自杀等极端行为，例如汉代焦仲卿的妻子被婆婆赶出了家门后决心不再嫁，娘家人坚持为她重觅夫君，她割喉自尽以示反抗；[⑥]唐代房玄龄的妻子，为了向即将离世的丈夫证明她将为其守贞，狠心地剜去自己的一只眼睛；[⑦]在"义烈"一章中，许家惺重新讲述了明代姜世进的寡妇姜烈妇的故事：姜氏博学而英勇，当遇到已故丈夫的叔叔向自己示爱时，她毅然投水盆自尽以保贞节。[⑧]吴涛的《女子师范修身学》声称："妇女守节，古今所重"，[⑨]书中"妇范"章收录《妇之节操》与《贞洁》两课，"母范"章则列有《从子》《母之节操》等传统女德教化内容。即便如 1912 年商务印书馆

---

① 何琪编：《初等小学女子修身教科书教授法》，上海：会学社，1906 年，"编辑大意"，第 1 页。

② 彪蒙编译局编撰：《女子分类尺牍范本》，上海：彪蒙书社，1908 年，第 1 页。

③⑨ 吴涛：《女子师范修身学》，北京：北京第一书局，1907 年，第 5、1～2 页。

④ 谢允燮编：《初等小学女子修身教科书》，第 58 页。

⑤⑥⑦⑧ 许家惺编：《最新女子修身教科书》，上海：群学社，1906 年，第 1、71、70、78～79 页。

出版的《高等小学女子新国文》第六册亦有《高节妇》一课，第五册有《钱节母》一课。

总的来看，女子教科书是用来培养中国式女性的，这就要受到当时中国社会主流文化的影响，在清末民初的一段时间内，士大夫阶层提倡“贤妻良母”教育，女子教科书就特别重视“女为家之主”“孝父母”“敬公婆”“助夫君”等观念的传播。教科书中所塑造的温婉贤淑的传统女性形象、勤俭持家相夫教子的贤妻良母形象，教科书中对家庭、家族文化的重视，教科书中对孝文化的强调等，都是女子教科书对主流文化的反映。这些都足以说明女子教科书是社会主流文化和社会意识形态的“晴雨表”。

（二）女子教科书对现代文化的引入

女子教科书也是文化创新或文化引进的重要工具，是架接传统文化和未来文化的桥梁。正因如此，女子教科书尽管选择了大量的传统文化要素，但其中也不乏适应时代需要和未来发展需要的新的文化因素。清末特别是进入民国，随着西方男女平等思想的传入以及妇女运动的盛行，那些传统的贞女节妇文化越来越不适应社会发展的需要，引起了进步知识分子的严厉批评。因此民国的女子教科书逐渐弱化了这种文化，引入、推介、吸收并增加了男女平等、婚姻自由等新的文化元素，“公德”“平等”“自由”“自立”“中华民国”“国民”“社会”“分治”“赋税”“资本”“公司”“专利”“缠足之害”等一些前所未有的新词汇、新表达不断呈现，教科书中女性国民形象的塑造、女子自立性职业的呈现等，都是文化创新或引进的体现。

比如民初女子教科书大量引入和倡导体育、卫生等现代文明内容，普及科学常识。这在清末民初那样一个国民体质普遍偏低，严重缺乏卫生知识，中国人被外国人唤作“东亚病夫”的时代背景下，显得尤为重要和迫切。在女子教科书看来，国民教育的第一要务就是增强国民的体魄以强壮种族，救国图存，因此课文中选录了大量与体育锻炼、卫生常识相关的内容。如《体操之益》《体育》《运动》《运动及身体清洁》《卫生及疾病》《医师及药品》《用药方法》《传染病及其预防》《消毒法》《种痘》《构成人体之原质与成分》《食物之成分》《保健食料之标准》《关于居住之各种卫生》《清洁》《眼之卫生》《齿之卫生》《睡眠》《传染病及其预防》《药剂》《沐浴》《精神之保养》《身体之保护》《人体之成分》《身体清洁法》《眼之摄养》《齿之摄养》《医士》《传染病》《精神及身体之安静》《饮水最要》《爱身》《传染病》《防疫》《传染病预防》《居处之卫生》等，这些课文旨在向女性普及现代卫生常识，以提高她们的身体素质，从而为国家哺育强壮的国民。

与西方的洋枪洋炮同时碰撞近代中国的是一些新的文明理念，当古老中国被迫与以民族国家为主体的西方列强交往的同时，西方的"民族""种族""爱群""爱国""国家""国民""社会"这些新的政治概念也不断冲击着中国古老的文化。清末民初的女子教科书作为时代的特殊产物，有意识地对女学生们进行现代"国家""社会"观念启蒙，西方民主政治的核心价值理念得以浸润女子学堂。当时，各家书局出版的女子修身与国文类教科书中常见有《中华民国成立记》《释中华民国》《共和国民之精神》《国旗》《敬国旗》《社会》《主权》《国民》《合力》《英民之特性》《民族之演进》《国势》《爱国》《我国疆域》《国史大概》等大量民主政治内容。

民初的女子教科书有意识地向当时的女性读者渗透"民族""社会""国家""国民"观念，以此来弘扬民族自豪感。在各种版本的女子国文、修身教科书中这些概念不断出现。例如，不少教科书从"民族"这一角度来谈民族与国家的关系。戴克敦等人编写的国文教科书中认为"我国土地广大，民族繁多"，因种种原因，民族之间分分合合，本来就无从辨别民族之间的区别，"今者合五大民族，建立一国。譬诸同舟之人，休戚相共，祸福相同"，就更没有界限可言了。[①] 庄俞等人编写的女子国文教科书辨析了各民族能否混合的关键在于是实行专制政体，还是共和政体。共和政体的国家则"人人平等，行政之总统、立法之议员，

① 戴克敦、蒋维乔、庄俞、沈颐编：《订正女子国文教科书》（国民学校用），上海：商务印书馆，1912年，第39b页。

皆由人民公举选贤与能，无种族之区别”。作者又指出，民国成立后，“合各民族为共和国。政治上既无此疆彼界之限，种族间更无入主出奴之分”，各民族之间处于平等的地位。[①] 还有教科书引入了“社会”的概念，认为“人与人群而成社会，凡为社会，必有同具之志愿。国家也是一种社会”[②]。

政法制度是民主政治的主要载体，也是民主政治的基本内容，其核心特征是权力的分立和制衡，表现为立法、司法和行政的分工。民主政治保证了社会阶级中不同个人和集团的利益及其意见得以顺利表达和实现，并相互制约，因而保证了统治阶级内部的冲突不易激化。民主政治制度对国家的稳定与强大至关重要，被当作国民来看待的学生，也应该要懂得这些基本常识。女子教科书的作者们也意识到了这一问题，教科书中常见的课文有《国体与政体》《共和政体》《共和国民之精神》《政体》《司法》《立法》等。如《政体》一课：

世界政体大别为专制立宪。专制者，一国政权操于一人或一部分人之手。立法行政各机关，混合不分者也。立宪者，国家有一定之法规。凡政权所归及其分配，悉奉之为准者也。其能使彼此维持立于不败，实惟立宪为然。故近世国家大都立宪几无专制存在之地。

立宪政体中，又有君主民主之殊。其行政首领世袭者，君主也。其行政首领公举者，民主也。今之立宪国，或君主，或民主，要各依据国情以成政体。吾国自民国成立后，制定约法公举总统，亦民主立宪政体也。[③]

女子教科书从民主共和概念的出现到法律司法解释的说明，以及国体、政体相关知识的介绍等，通过不断宣扬现代政治制度，不断地强化个人与国家、个人与社会关系的建构，以提升个人的政治参与意识。

民国初年的女子教科书是在新式女学兴起的大背景下，担负着更新传统观

---

① 庄俞、沈颐、樊炳清编纂：《女子新国文》（高等小学校用，第二册），上海：商务印书馆，1912 年，第 4a～4b 页。

② 沈颐、范源濂、杨喆编：《女子国文教科书》（高等小学校用，第四册），上海：中华书局，1915 年。

③ 沈颐、范源濂、杨喆编：《女子国文教科书》（高等小学校用，第二册），第 3b～4a 页。

念、开启女性智识以救亡图存的历史使命而出现的。女子教科书通过文化的传承与创新，影响着近代女子的思想和行为，表现在废缠足、自由婚姻、接受新式教育等许多观念的转变和更新方面，从而一定程度上促进了社会风气、知识观念的变化。女子教科书对传统文化的选择性传承、对新文化元素的引入，促进了社会意识和风俗观念的日趋现代化，为近代中国的科学启蒙、现代伦理启蒙、民主法治启蒙做出了积极贡献。

当然，中国近代女子教育是作为挽救民族危亡的一个重要手段而逐步兴起的，并不是真正从妇女解放的角度得到大力倡导的，这就使得女子教科书在文化传承与创新方面不免带有旧色彩，在促进妇女自我觉醒的程度上还是很有限的。女子教科书的文化定位并不在于提高女性自身素养，而在于女子“相夫教子”的家庭角色以及“国民之母”这一家庭角色的外部扩展——定位在家庭。这样的文化定位，使得女子距离真正解放和独立还有很长的一段路程。女子教科书的内容并没有动摇也不想动摇男性本位主义观念。

第三节　复式教学教科书

从“癸卯学制”颁布开始，欧美日等国的教育理论与方法逐渐在国内教育实践中被采用。辛亥革命后，中国教育界的先进分子，以及大批留学日本、欧美等国并回国的教育学者，如蔡元培、黄炎培、俞子夷、廖世承、顾树森、郭秉文、胡适、余家菊、陈鹤琴、陆志韦、刘廷芳、吴研因、孟宪承、陶行知、雷沛鸿、晏阳初等，积极宣传欧美先进的教育理论，引进西方国家的教育制度、组织形式和方法，在中小学开展改革实验，教育实验逐步兴起。在教科书或涉及教科书的教育实验方面，影响较大的是与复式教学相关的单级教学实验带来的单级教科书、复式教科书及一些学校的实验教科书。

一、复式教学的发展

采取复式教学形式的小学，我们称之为“单级小学”或“单级学校”，即全校只设一个班，不同年级学生在一个班上课。一般而言，我国的单级小学多是初级小学四个年级。四个年级在一个班教学，即复式教学。当然，多级学校也可以实施复式教学。我国的复式教学是光绪年间从日本引进的。

最早将单级复式教学引入我国的是侯鸿鉴。光绪二十八年（1902），侯鸿鉴赴日本留学于弘文学院，在此期间，他考察学习了日本的“单级学校”和“单级教授法”。侯鸿鉴回国后积极推广单级学校的复式教学，于1903年在无锡设立了第一所创设复式教学的单级小学，并编著有《单级教授法略说》（1909）、《单级教授法谈话录》（1910）、《单级教授法讲义》（1911）、《单级教学实施法》《最新式七年单级教授法》（1914）等。1904年，陈宝泉和邓澄波在天津筹设单级小学一处，“是为北方提倡单级教授之始”①。

1904年清学部的“癸卯学制”规定：“初等小学堂设在府、厅、州、县各城镇。创办之初，大县城内至少三所，小县城内设二所，各县著名大镇设一所。学级编制分为三种：凡学生程度深浅相等，编为一班的称‘单级小学堂’；凡学生程度深浅不等，编为两学级以上者，称‘多级小学堂’；凡学生程度深浅虽相等，但由于房屋狭窄，在一日内分为两起授课者，称‘半日小学堂’。”这里所说的“多级小学堂”就是复式教学班（校）；这里所说的“半日小学堂”即二部制小学。该章程特别强调“初级小学堂普遍实施班级授课制”，意在革除私塾学堂的

① 《侯鸿鉴自述》，蒋士栋等编：《锡金游庠同人自述汇刊》，1931年铅印本。

个别教学法，确立新型的班级授课制。这是清末以法令的形式积极推进复式教学的先例，对当时初等小学教育的创办，起到了积极的推动作用。

1909年，俞子夷、杨葆恒、周维诚受江苏教育总会委托，赴日本学习考察单级教授法。① 历时3个月的考察，3人满载而归，仅俞子夷一人考察所得的材料，就记满了厚厚的4本笔记。他们还购置了大量的有关著作，以了解理论与实际是否相互印证。回国后，在江苏教育总会组织召开的演讲会上，3人各以一个方面作为重点，做了详尽的考察报告，为筹办单级教授练习所和移植实验工作做好了准备。② 此外，还应指出的是，留日学生和赴日考察学务的其他人员在单级教授法或复式教学的输入过程中，亦起到重要的作用。早在20世纪初，他们就注意到这一日本城乡广泛采用的教学组织形式，并断定在中国极有推广价值。他们撰写的游记记载了考察教育的经历和感受，如孟鹤龄、孙世庆等据考察所得撰写的《日本小学单级教授考察记》就详尽地描述了当时日本学校实施单级教学法的情形。1910年，山西濬文书局就出版过马光裕译自日本的《汉译最新实验单级教授法》，原作者为日本东京高等师范第三小学教师，翻译者马光裕是日本法政大学毕业生。

民国时期复式教学的发展大致经历了一个"先由发展转而沉寂，复又兴盛，继而撑持"的过程。③ 1912年中华民国成立后，百业待兴，在教育方面，"壬子—癸丑学制"规定初小四年为义务教育，复式教学备受重视，各地积极响应。1913年江苏都督通令各县地方教育需统一学级编制名称，规定"乡僻小学，于编制一项或未研究，各级班次混合不清……应令各处等小学编制确定单级、合级（两学年以上合编之复式学级）、多级（多个单式编制学级），办清已设学校"④。1914年2月，教育部公布《整理教育方案草案》，规定居户不稠密地区推行复式教学，"凡学区内居户稠密，满500户以上者，设多级小学校；满200户以上者，

① 俞子夷：《现代我国小学教学法演变一斑——一个回忆简录》，《华东师范大学学报》（教育科学版）1987年第4期。

② 石鸥、吴小鸥：《中国近现代教科书史》，长沙：湖南教育出版社，2012年。

③④ 李光伯：《中国复式教学史》，南京：南京师范大学出版社，2014年，第93、90页。

设单级小学校；不满200户之村集，得设联合小学校”[①]。由于当时村民生活艰难，上学的子女不多，因此生源较少，各地小学多设为复式编制，正如1915年范祥善在《自习主义复式教学法》中提道：“迄今小学编制，完全之单式编制十不得一，两学年三学年之复式编制十居六七，纯粹之单级编制十之二三。”[②] 这也印证了当时复式教学的兴盛。据《第二次中国教育年鉴》记载，民初小学数量发展较快，1912年全国小学校共有86 318所，到1915年学校数为128 515所。时隔3年，小学校增加42 207所，学生增加了1 344 591人，平均每校32人。学校规模小，学生少，表明新增的学校多半为“单级小学”。这也说明复式教学在民初进入了较快的发展期。[③]

20世纪20年代初期，设计教学法等在我国风行。1921年，第七届全国教育联合会议议案称：“现在吾国试用其法者，渐见成绩，宜指定各省区师范学校将设计教学法加以研究，并由师范附属小学及城市规模较大之小学先行实施，逐渐推及全国。”[④] 这样的教学实验导致复式研究和复式教学逐渐被冷遇。

1927年南京国民政府成立之后，积极推进义务教育，相继颁布了《小学法》和《小学章程》，规定“小学学籍用单式编制，但有特殊情形者，得用复式编制。在初级小学，并得用二部或单级编制”，至此，承担义务教育使用的教学组织形式有单式教学、现代复式教学等。[⑤]这一时期，复式教学在全国范围内积极推广，各地培训复式教师、编写复式教材，开展各种各样的复式教学改革试验，推动复式教学及其教科书的编写进入了一个蓬勃发展的兴盛期。

抗日战争爆发后，教育领域遭到严重破坏，但是复式教学仍在艰难撑持，也出版了一些复式教学的专门著作，如1943年正中书局出版的《小学分组编制教学法》等。抗战胜利后，国民政府虽然提出全面普及国民教育方案，但是因内战爆发，国民教育计划成为一纸空文，此时复式教学及其教科书建设实践步入低谷。

---

① 璩鑫圭、唐良炎编：《中国近代教育史资料汇编·学制演变》，上海：上海教育出版社，1991年，第723页。

② 范祥善：《自习主义复式教学法》，上海：商务印书馆，1915年，“序”。

③⑤ 李光伯：《中国复式教学史》，第91、92页。

④ 《教育杂志》第14卷第1期，1922年。

二、民国时期典型复式教学教科书

单级学校和复式教学的推广，对教师和教科书都提出了要求。1910 年，学部编译图书局编写的单级小学教科书完稿。[①] 但我们一直没有发现实物，不能确定是否正式出版发行。民间出版机构中，中华书局、商务印书馆和中国图书公司在单级或复式教科书上取得的成就最突出。

（一）中华书局的“新制单级教科书”

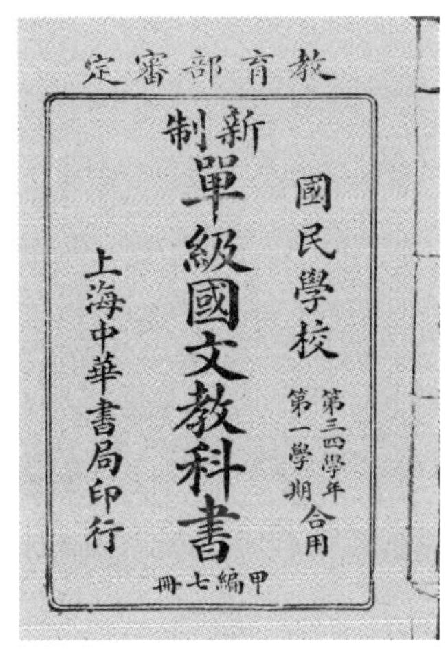

<图 6-6
《新制单级国文教科书》（甲编七册，1914，范源濂、沈颐编，中华书局）

1913 年 2 月，中华书局开始陆续出版供单级小学的复式教学使用的教科书——“新制单级教科书”，该套教科书共有《新制单级国文教科书》12 册，其中第 7～9 册分甲、乙编，即甲编 7～9 册，乙编 7～9 册；《新制单级算术教科书》12 册，第 7～9 册也分甲、乙编，各 3 册；《新制单级修身教科书》6 册（甲、乙编各 3 册，一、二年级每学年 1 册，三、四年级使用第三册，甲、乙编交互使用）。此三科教材均配有相应的教授书。

① 王建军：《中国近代教科书发展研究》，广州：广东教育出版社，1996 年，第 152 页。

之所以这样编写，是因为当时小学都按每学年三学期制安排，这样四年级初小或国民学校即12册，“教科书共十二册，每学年按三学期分编三册，因一年级与二年级之程度有别，难于合用一书，故一、二、三3册为一年级用书，四、五、六3册为二年级用书，其编制之法则采辑异程度之同教材，以谋教授上之便利。至三年级与四年级之程度不甚相同，可施合组教授。以后六册分为甲编七、八、九3册，与乙编七、八、九3册，采辑同程度之异教材，以便三四年级同时使用”①。一个是异程度同教材，供一、二年级分班教学，当然，也可以合班教学；一个是同程度异教材，可以供三、四年级合班教学，甲、乙不同版本“隔年交互使用”②。可以先甲编后乙编，也可以先乙编后甲编，因年级递升而定，即同程度异教材。这是专门适应复式教学使用的教科书，三、四年级一起合班上课用。至于异程度同教材，则是一种教科书中的螺旋式上升的材料处理，比如《新制单级修身教科书》甲编第一册第一课是《入学》，第二册第一课也是《入学》，第三册第一课是《苦学》，但内容程度不一样。第一册第一课《入学》除了课题外，只是一幅整版插图，没有任何文字，插图显示：母亲抱着牙牙学语的婴儿依着大门，目送夫君带着两个儿子去上学。③ 而第二册第一课《入学》，则仍然保留第一册第一课的插图，只是缩小了一半，占半幅页面，另半幅是文字：“兄偕弟，入学校，父母喜。”④ 内容螺旋上升，不断深化和提高。

该套教科书的主要作者包括范源濂、沈颐、方钧、顾森林等。

全书按每年40周设计。第一学期16周，国文教科书48课；第二、三学期各12周，国文教科书各36课。修身则每周一课，每册40课。

“新制单级教科书”的编写意图非常清晰，目标明确而科学。如国文科的宗旨是：注重实用，务令儿童能以正确之文字发表其思想，兼以培养其德性，启发其知识……国文是国文，不是品德，不是政治，但又必须兼顾品德、兼顾政治，这在该套教科书中表达得清晰明了。

---

①② 范源濂、沈颐编：《新制单级国文教授书》(第一册)，上海：中华书局，1913年，“编辑大意”。

③ 范源濂、沈颐、方钧编撰：《新制单级修身教授书》(甲编一册)，上海：中华书局，1914年。

④ 范源濂、沈颐、方钧编撰：《新制单级修身教授书》(甲编二册)，上海：中华书局，1914年。

该套教科书在选材上的一个特点是注重实用性，通过课文所提供的真实写作情景帮助学生掌握常用的实用文的基本格式及写作方法，如《信》《便条》《收据》《账簿》《交易的单据》等篇目，并分别附有信件、便条、收据、账簿、交易的单据等常见实用文的格式。

"新制单级教科书"选材的另一个特点是注重民主政治和现代文明启蒙。"凡关于政治、法律、经济、军事国防诸大端，示以要领，以期养成国民之常识"[①]，诸如《选举》《自治》《守法》《纳税》《服兵役》《平等之真义》《自由之真义》《卫生》《公德》《公益》《体操》《守规则》《国体政体》《选举之要义》，以及《防疫》《电报》《邮务》《关税》《戒吸烟》《汽机之发明》《汽车之发明》等课文比比皆是。这对于开拓国民视野、普及现代文明知识具有难以替代的作用，事实上也可以说，它们和其他一些新式教科书一起，共同为新文化运动进行了思想、舆论和人才的准备工作。

（二）商务印书馆出版的复式教学教科书

商务印书馆为了适应单级学校教授或复式教学的需要，在1913年组织编撰了一套专供单级小学用的单级教科书（1913年1月初版），包括《单级国文教科书》（12册）、《单级修身教科书》（18册，甲、乙编各9册）、《单级算数教科书》（笔算12册、珠算3册），以及相应的教授法。这一时期的学制为初等小学4年毕业，每学年分3个学期，因此该套《单级国文教科书》按照学期分配，每学年分编3册。其中，第一至三册分别为第一学年一、二、三学期教科书，第四至六册分别为第二学年一、二、三学期教科书；区别于中华书局的单级教科书，商务印书馆的第七至九册分别为第三学年一、二、三学期教科书，第十至十二册分别为第四学年一、二、三学期教科书。很显然，如果实行真正的复式教学，三、四年级是合班教学的话，商务印书馆的这种编撰方式不是特别恰当。事实上，编撰者也考虑了这个问题，所以第七至九册3册和第十至十二册3册，程度上是一样

① 范源濂、沈颐编撰：《新制单级国文教科书》（第一册），上海：中华书局，1913年发行，1920年第57版，"编辑大意"。

的，还是供三、四年级合班复式教学交互使用。但既然如此，中华书局的甲编乙编处理就比商务印书馆的第十二册的处理更科学，不至于让人产生误解：以为第十至十二册当然是第七至九册的升级深化。

全套教科书的作者有张元济、陈宝泉、高凤谦、庄俞、郑朝熙、庄适、王凤岐、秦同培、费焯、寿孝天、邓庆澜、杜亚泉等。

该套教科书的编辑严谨规范，国文课本分目录和正文两部分，无练习，有生字。课文目录标有课题、篇数、附例（如书信、图画、货单样例等）。本套教科书的选文，第一学年多类似童谣儿歌，篇幅短小，意思浅白，朗朗上口，极具儿童特色。如《单级国文教科书》第二册第七课："梅花盛开，我折两枝，插瓶中，供案上。"句数少，每句字数少，口语化程度高。又如第十四课："室中有炉，炉中烧炭，火旺炭红，一室温暖。"意思浅白连贯，一读即懂，利于儿童理解，而且能做到押韵，每句字数相同，极具节奏感。《单级修身教科书》第一、二册，甚至只有德目（课题），没有任何文字，全为插图；插图少则占一个页面，多则两个页面；插图多内涵深刻，所用典故很多，需要教师与学生共同感受。修身教育是品德教育，识字、知识点都不是重点。

该套单级教科书质量有保障，普遍受到单级小学的欢迎。教育部对修身教科书的审定语是："编撰均甚合法，选材亦颇妥善，适于初等小学校单级教授之用。"对国文教科书的审定语是："是书编撰材料选择适宜，文字浅显合度，准作为初等小学校学生及教员用书。"《单级国文教科书》于1913年初版，1925年已有第135版，可见它受欢迎的程度。当然，反过来也看到，单级小学一直到20世纪20年代还是比较普遍的一种教学组织形式，复式教学更是一直延续到新中国，在80年代还有一定的数量。

商务印书馆除以"单级教科书"为名供复式教学使用的教科书外，还有性质相近的"复式学级教科书"，如商务印书馆于1918—1919年间编撰的《复式学级国文教科书》（共12册）、《复式学级修身教科书》（共12册）。该套教科书的主要编撰者都是来自江苏省立第一师范附属小学校的教员，由俞子夷领衔，还有金世则、江枚、范祥善等人。

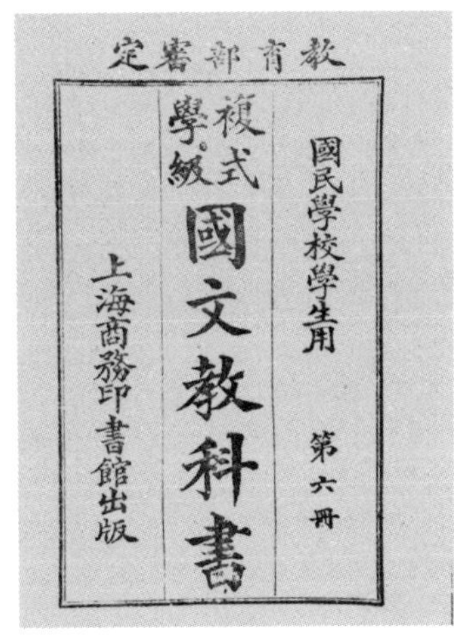

<图 6－7
《复式学级国文教科书》（第六册，1919，俞子夷等编，商务印书馆）

整体上，商务印书馆的“单级教科书”不如中华书局的“新制单级教科书”那么受欢迎，包括封面设计。张元济自己也承认：“课本多用中华书局新制单级教科书，其次为商务印书馆之单级教科书，间亦有用世界书局之单级教科书……”①

此外，其他一些地方和出版机构也编写出版了一些单级教科书，以适应地方复式教学的需要，如上海中国图书公司于 1912 年出版过“改正单级用教科书”一套，其中初等小学国文教科书 8 册，由陶守恒、孙锡皋、黄龙骧、顾倬、章鸿遇等编辑，且多次再版发行；初等小学修身教科书 4 册（编），每编分上下卷，由顾倬、顾祖玑编撰。

总之，以中华书局、商务印书馆为代表的出版社，为适应复式教学和单级小学发展的需要，按照学制要求，编辑发行了修身、国文、算术等供复式教学使用的教科书，在我国复式教学史上应属创举。“但是因其着眼于便利教师的‘教’，不能完全切合各年级学生的程度。复式教学教科书采用的‘同教材异程度’与‘同程度异教材’的两种编撰方式，其利，是减少了教师教的困难；其弊，同教材异程度，会使第二学年的儿童不感兴趣，也减少应学习的知识，而同程度异教

① 张树年：《张元济往事》，北京：东方出版社，2015 年，第 106～107 页。

材，儿童学习兴趣不致减少，但因程度相同，对高一学年的学生学习能力的培养会产生不利影响。”①

第四节　海外华侨学校教科书

鸦片战争后，随着清王朝被西方列强的坚船利炮打开国门，大批中国人作为“契约华工”来到世界各地，充当苦力，于是逐渐形成了“凡是有海水的地方就有华侨”的局面。为了谋求生存发展，同时也是为了继承和弘扬祖国传统文化，海外华侨一般都很重视教育，因此社会上广泛流传着“有华侨的地方就会有侨校”的说法。早期的华侨教育以旧式私塾教育为主，教学质量较为低下，基本上“是中华大地上中文教育系统的延伸”。② 清末教育学制改革之后，华侨教育亦随着国内教育政策的改变而发生变革，即由旧式的私塾教育模式向较为先进的、更加强调实用型的近代教育模式变更。

一、华侨教育的发展

“无论是国内政府，还是各华侨居留地政府，在近代华侨教育的政策上，都

---

① 李光伯编著：《中国复式教学史》，南京：南京师范大学出版社，2014 年，第 166～177 页。

② 孙先达：《海外华文教育初论》，庄善裕主编：《东南亚地区华文教育文集》，广州：暨南大学出版社，1996 年，第 73 页。

经过了由放任自流到逐步重视的转变过程。”[1] 清王朝建立初期，厉行明代以来森严的海禁政策，将出国谋生的人称为背弃祖先的“叛逆”“莠民”“天朝弃民”，认为他们“不惜背祖宗庐墓，出洋谋划，朝廷概不闻问之”。[2] 直至19世纪70年代，清政府才开始改变对华侨鄙弃与敌视的态度，承认华侨的合法地位，并派出使大臣保护华侨。在清政府改变侨务政策、免去华侨后顾之忧的同时，华侨人数也在持续增长，华侨学校数量渐多。20世纪初，晚清政府内部的许多官员力主发展华侨教育，将华侨教育与华侨的爱国精神和清政府的教化能力相联系，认为加强对华侨的教育能够“扩其知识，操业日精，生计自裕”，并能“发其爱国之心，俾知孔教渊源”“端趋向而正人心，俾知朝廷复裁之恩无远弗届”。[3] 华侨教育受到重视，开始逐步发展起来。与国内废科举、兴学堂、派留学的热潮相呼应，海外华侨中出现了办学高潮，新式学堂如雨后春笋不断涌现。

中华民国的成立，极大地鼓舞了海外华侨的爱国热情，使他们的民族意识大大加强。1911—1927年间，海外华侨积极兴学，国内政府也采取了一系列推进华侨教育的措施，具体而言，有以下几条：

其一，强化管理。被孙中山誉为“革命之母”的海外华侨对辛亥革命贡献巨大，民国政府成立后，华侨教育问题理所当然地受到空前重视。1913年12月22日，教育部公布《领事经理华侨学务规程》，经与外交部商定，委托中国驻外各使馆兼管华侨教育事务；1914年2月，教育部又公布《侨民子弟回国就学规程》。

其二，派员指导。1915年教育部委托高登鲤、梁家义为驻外视察员；1917年教育部又派江苏教育会副会长黄炎培等赴南洋调查指导华侨教育。

其三，奖励先进。由政府出面奖励先进的华侨学校和从事华侨教育的有功人员。如1917年先后由总统和教育总长向成绩优秀的侨校、做出突出贡献的华侨教育界人士和商界人士颁发匾额或奖章。

---

① 刘必亮：《承传与创新：近代华侨教育研究》，石家庄：河北教育出版社，2001年，第41页。

② 周天琪：《华侨之战》，《中央日报》（台湾）第9版，1971年10月18日至20日。

③ 朱寿朋编纂：《光绪朝东华录》（第五册），北京：中华书局，1958年，第5614～5615页。

其四，复办暨南学校。暨南学堂于 1911 年停办，1918 年在黄炎培主持下复校。复校后的暨南学校更名为国立暨南学校，并于 1927 年升格为国立暨南大学，满足了华侨子弟回国接受高等教育的愿望，华侨教育也因此上了一个新台阶。[①]

国民政府迁都南京后，对华侨教育较为重视。1928 年，大学院特设华侨教育委员会，专门负责管理华侨教育，并制定了《华侨学校立案条例》《华侨小学暂行条例》《华侨补习学校暂行条例》《驻外华侨劝学员章程》《华侨视学员章程》等法令，进一步规范了华侨教育的管理。据《第二次中国教育年鉴》的统计，到 1946 年，海外各地华侨学校总计为 3 455 所，其中向教育部立案的 673 所。[②]

抗战期间，华侨出钱出力，贡献良多，但海外侨民教育却因战争扩大而深受影响，尤其是在太平洋战争爆发后，日寇大举南侵，南洋各地相继沦陷，大多数华侨社团和华侨学校被迫解散，许多华侨学生被迫辍学。国民政府教育部部长陈立夫认为教育部有承担设置侨校、安顿侨校员工的责任。他在国民党七中全会上提议的《侨民教育推进方案》获得通过，根据这个方案，陈立夫又拟订了《侨民教育实施纲要》，于 1943 年由行政院颁发实行。在整个抗战期间，教育部拨款资助从香港及越缅内迁的学校 20 余所，救济侨生 14 286 人，资助侨校教职员，使“无一人流离失所”。[③] 除了妥善安置回归祖国的华侨师生外，教育部还在海外增设侨民小学 5 所。从 1940 年起，又陆续在云南、广西设立华侨学校 5 所，并向广东拨款，增开 50 个班收容侨生。[④]

二、华侨学校教科书

民国初期华侨学校所使用的教科书，几乎都是中国国内的出版物，与国内学

① 别必亮、田正平：《近代华侨教育的历史考察》，《杭州大学学报》1997 年第 4 期。

② 教育部教育年鉴编纂委员会编：《第二次中国教育年鉴》（第一编），上海：商务印书馆，1948 年，第 3 页。

③ 陈立夫：《回忆抗战期间的教育》，季啸风、李文博主编：《台港及海外中文报刊资料专辑・教育史资料之一》，北京：书目文献出版社，1987 年，第 60～63 页。

④ 张珊珍：《陈立夫与抗战时期的中国教育》，《抗日战争研究》2006 年第 3 期。

>图 6-8
《新课程标准小学历史课本》(高级第三册，姚绍华等编，中华书局)

校所用的相同，[①] 内容皆为中国的人文史地。当时华侨学校选用的多为商务印书馆和中华书局的教材。“侨民学校之课本，昔皆用坊间所出版之普通中小学课本。商务印书馆曾印行南洋课本若干种，已成往迹，不合时需。”[②] 其原因是，异域环境毕竟与国内不同，完全照搬国内教科书，并不合适。当时驻外领事受政府委托监管华侨教育事务，但他们对教育并非素稔，对教科书脱离实际的问题不甚关注。1917 年黄炎培前往南洋，在考察英、荷属等地的华侨教育后指出，“现行教科书之不适用于南洋，人有同感，所谓不适用者材料也”[③]。若要解决这一问题，首先要从深入调查了解当地环境入手来改编华侨教科书。1927 年 11 月，大学院华侨教育委员会委员汪同尘在拟定扶助海外华侨教育计划书时提道，“上海商务印书馆、中华书局及其他各书坊，所编教科书多不适用于华侨学校”，应“延聘富有华侨教育经验之专家，为之编辑各种教科书”。[④]

1929 年，国内华侨教育会议提出了“规定编辑侨校教科书原则”，“由教育部设立编审华侨学校教科书委员会，征集华侨学校适用教材，整理后发交侨校应

① 张人凤：《几种商务版南洋华侨学校教科书》，《出版史料》2012 年第 2 期。
② 清悚：《侨民初中教科书编辑标准说明》，《侨民教育季刊》第 1 卷第 2 期，1941 年。
③ 黄炎培：《南洋华侨教育商榷书（续）》，《教育杂志》第 9 卷第 12 期，1917 年。
④ 中国第二历史档案馆编：《中华民国史档案资料汇编·第五辑第一编教育（二）》，南京：江苏古籍出版社，1994 年，第 945 页。

用”。1930 年 4 月，国民政府教育部召开了第二次全国教育会议。这次会议修正通过了《改进并发展华侨教育计划》，在采纳华侨教育会议的提案后明确，“由教育部制订华侨学校教材，用图书审查办法，征求华侨学校现有特备的教材图书，加以审查修订，准予通用于某地、优者并加奖励”。1931 年教育部颁布的《华侨中小学规程》中规定，教科书“应由该管领事或当地主管华侨教育人员，会同当地华侨教育会及华侨中小学教员代表，组织中小学教科书编选委员会，就教育部审定之教科书中，选定若干种任各校采用”。若采用外国教科书时，“应由中小学教科用书编选委员会选定”①。1935 年侨务委员会设“侨民教育编辑委员会”，设立编辑室，组织教育专家及熟悉侨情的人士编撰华校课本及补充读物。该机构在抗日战争全面爆发后一度停顿，1939 年 11 月恢复工作；曾完成高级小学用书 24 册，初级小学用书 36 册，称为“南洋小学教科书”。虽因没有课程研究的基础使所编教材并不尽如人意，却在一定程度上缓解了华侨小学教科书缺乏的问题。②

1932 年，中华书局以“新中华小学教科书”为蓝本，参酌南洋环境将其改编为“南洋华侨小学课本”系列，“销数高达百分之七十以上”。③ 商务印书馆也出版了《南洋国语教科书》等。这些书经由国民政府教育部审查、校订、整理后交由华侨学校使用。据不完全统计，专供华侨学校的教科书有：

《南洋华侨高小国语》课本 4 册（黎锦晖等编），1933 年；《南洋小学英语》课本 6 册（南洋教育专家合编），1937 年；《南洋华侨小学初级常识》课本 8 册（黄泽苍编）、《南洋华侨小学高级商业》课本 2 册（黄泽苍编）、《南洋华侨小学初级算术》课本 8 册（张礼平编）、《南洋华侨小学高级算术》课本 4 册（张礼平编）、《南洋华侨小学高级自然》课本 4 册（黄素封编）等，均为 1936—1937 年间出版。④ 这些教科书封面虽都标示有“南侨小学适用”“南洋华侨小学教科书”等字样，但仍以中国为本位，南洋特色不是很显著。

---

①② 朱敬先：《华侨教育》，台湾：中华书局，1973 年，第 350、293～294 页。

③ 施寅佐：《新加坡分局史略》，北京：中华书局，1987 年，第 183 页。

④ 刘慧宇、陈永正：《中国第二历史档案馆所藏国民政府时期有关华侨中小学教科书的部分档案资料简介》，新加坡：华裔馆，2005 年，第 208 页。

"南侨教科书"系列由新加坡南洋书局有限公司组织编撰。该公司为华侨唯一在海峡殖民地注册编印侨校课本之出版机构，他们"邀请林文骏、杜佐周、周予同、何柄松、秉志[①]、孙贵定、夏丏尊、李长傅等，遵照国民政府颁布《修正小学课程标准》，暨抗战建国纲领所规定之教育宗旨，编成南侨小学教科书全套，符合荷英属侨校需要"[②]。1940 年开始出版初小公民、初小常识等课本，还有教员准备书。

其中《南侨公民教科书》（8 册）由蒋维乔、杜佐周、陈育崧、苏知新编校，《南侨常识教科书》（8 册）由秉志、胡先骕、黄素封、林洁娇编校，1941 年南洋书局印行，供初级小学用。

南侨小学教科书的特点是封面有"遵照修正课程标准编辑""南洋书局印行"字样，但部分教科书的版权页署名主编兼发行者为"南洋编译馆"，二者当为一家。在封二有南侨小学教科书编审委员会名单：吕思勉、何炳松、杜佐周、李长傅、周予同、林文庆、林中杏、秉志、胡先骕、孙贵定、夏丏尊、陈育崧、黄素封、雷通群、刘咸、蒋维乔、薛德炯、顾均正。[③] 这是一批学术造诣高、对华侨教育事业也很关注甚至参与其中的知名学者。

华侨学校初级中学教科书分国文、公民、史地、博物等 5 种。初中国文课本分甲、乙二编，甲编为精读教材，选辑古今名人作品编辑之；乙编为研究教材，

---

① 秉志（1886—1965），中国近代生物学的主要奠基人。1902 年考入河南大学堂，1904 年由河南省政府选送入京师大学堂，后入美国康奈尔大学生物系，获哲学博士学位。1915 年在美国与留美同学共同发起组织中国科学社，这是中国最早的群众性自然科学学术团体，被选为五董事之一，并集资刊行中国最早的学术刊物《科学》杂志。1920 年回国。1921 年在南京高等师范创建了中国第一个生物系，1922 年在南京创办了中国第一个生物学研究机构——中国科学社生物研究所，1927 年创办北平静生生物调查所。在极为困难的条件下，秉志领导南北两所，为开创和发展中国生物科学研究做出了历史性的贡献。历任南京高等师范、东南大学、厦门大学、中央大学生物系主任、教授。曾任中央研究院评议员，1948 年当选为中央研究院院士。中华人民共和国成立后，任复旦大学教授。筹建中国科学院时，周恩来总理曾多次找秉志谈话，希望他出任副院长。秉志再三谦让，周总理终于接受了他的诚意。中国科学院成立后，他先后在水生生物研究所和动物研究所任室主任和研究员，1955 年被聘为中国科学院学部委员。曾任全国政协第一次会议特邀代表，华东军政委员会文教委员，河南省人民政府委员和人民代表大会代表，第一、二、三届全国人大代表。

② 孙庆元：《侨民教育消息》，《侨民教育季刊》第 1 卷第 2 期，1941 年。

③ 蒋维乔、杜佐周、陈育崧、苏知新编校：《南侨公民教科书》（初小第一册），香港：南侨编译局，1940 年，封二。

其中包括书法指导、文章法则、应用文示范及国学常识。要求教材合于教育部订六条重要原则："（一）合于三民主义及国家之体制与政策者。（二）合于振起民族精神，改进社会现状之意味者。（三）合于现实生活，及学生身心发育之程序者。（四）叙事明晰，说理透彻，描写真实，抒情恳挚者。（五）体裁风格堪为模范，而能促进学生写作之技能者。（六）能激发青年之积极精神者。"还要顾及侨民特殊需要，例如"（一）海外拓殖先进之生活传记，足资模范者。（二）现代海外侨胞之经营，概述足资激励者。（三）祖国人情风俗之优美，而足供俗味者。（四）祖国风景山川古迹之特征与描写，足供怀想者"①。

这套教科书一般体例为"序文、编辑大意、致教师、致学生"，各册之首有本册目录及本册教学进度表。各册之末，在国文方面，附注释及作者小传；其他各科，视需要，列有有用之表类，如大事年表、中西年代对照表、古今地名对照表、人物年表、全国政治分区表、各种物产表、动物分类表、植物分类表等。公民课本之编辑根据教育部1940年修订课程标准所厘订之目标而酌增损之，"（一）使学生由实际生活，体念群己之关系，了解我国固有道德之意义，以养成修己善群之善良品行。（二）使学生明瞭三民主义之要旨，国家民族之意义，以正确其思想，坚定其信仰。（三）使学生认识政治之组织与运用，及研究居留地方之政治社会情况，培养自治之知能，以陶铸其健全之国民品格。（四）使学生明瞭国民移殖事业，侨民各项事业与国民革命及三民主义之关系，日本南侵与侨民生存之关系，以增强其民族意识与国家观念"②。本国史课本之编辑，以民族主义为中心，选集中国历史史实，利用适合学习心理之编辑办法编辑之，以宏大中学历史教育为主旨，因本国史事迹浩繁，"（1）应择足以阐明三民主义之资料。（2）应择足以刺激青年爱国心，养成其坚强民族意识之资料。（3）应择足以解释与指导现代人生生活之资料。（4）应择有关社会文化演进的主要潮流，并能启悟读者未来的责任者。（5）应择足以助吾人从事复兴民族及建国工作之应用者。（6）应择足以助吾人解释过去，明白现在与指导将来者"③。课本取材根据教育

①②③ 清悚：《侨民初中教科书编辑标准说明》，《侨民教育季刊》第1卷第2期，1941年。

部颁课程标准所订之教材大纲为原则，增加了南洋一带部分实际材料，如地理就增加了南洋的生物与地质实料，并详述南洋习见及与生活最有关系之生物。

抗战胜利后，教育部为了解决华侨学校教材的急需，于 1947 年 6 月，特许爪哇华侨印书局，将国定教科书就地校印发售；同时指令海外书局自编教材，送教育部审定；还奖励华侨学校或个人编辑乡土教材。同年，教育部拨专款 5 000 万元，指令国立编译馆编译适合欧美华侨学校的教材及教学法各一套，并由教育部会同侨务委员会海外部与熟悉欧美华侨教育的专家多人协助进行。[①] 这套教材目前没有发现实物，估计未来得及编写大陆就解放了。

1946 年，教育部召开全国教育善后复员会议，通过的《南洋华侨教育复员计划》对战后华侨教育政策再次做出规定，其中有“责成国立编译馆，整理南洋各地有关华侨教育的教材，聘请专门人才，尽速编辑南洋各级华侨学校教科书”[②]。但由于时局的巨大变化，该项工作似未落实。中华书局在 1949 年编写了一套“新编南洋华侨教科书”，朱文叔、徐亚倩等参与了其中国语读本的编写，但无法确定该套书是否属于前述国立编译馆的计划之中的。

华侨在移居海外的过程中并没有放弃自身的文化根基，而是自觉地在家庭或家族内部传承着中华文明的血脉。华侨教科书在海外华侨续写文化谱系的过程中，发挥了不可替代的作用。华校教科书始终以中国为本位，并从人文史地等入手，培育侨民特别是侨民子弟对祖国的文化认同，让他们通过教科书了解中国的历史、地理、社会和风土人情，以此寻根，找到自己的文化坐标。正是由于华侨教科书所承载的这份家国色彩，才使得海外华人和祖国之间那份亲情永不断；也正是由于那份亲情，才使得海外华侨在国内危难之时为祖国的抗日斗争贡献出了巨大的人力、物力、财力。

当然，华侨教科书作为特定类型的教科书，如何摆正“华”与“侨”的关系，始终是需要考虑的重要问题。华侨教育既需要施以必要的中华文化知识的教育，保持自己民族的特色，又应紧密结合侨居地实际，使学生通过在侨校的学习

---

①② 教育部教育年鉴编纂委员会编：《第二次中国教育年鉴》(一)，上海：商务印书馆，1948 年，第 19、17～18 页。

可以更好地在侨居地获得发展。华侨教科书如何能符合这一要求，在“华”与“侨”之间平衡好关系，关注华侨教育的人士在当时曾努力想解决这一问题，然而由于时代的限制，他们的努力并未获得满意结果。教材编写是一项系统、复杂的工程，况且当时侨校教材编写还处于探索阶段，又没有坚实的课程研究作基础，所以使得侨校教材特点不够明显。[①] 但这一点笔者认为是可以理解的，尽管也是必须解决的。确实，华侨教科书需要与侨居地相适宜，需要关照学生的实际生活，唯有如此才可以更好地引起学生学习的兴趣；也只有因地制宜，培养出来的学生才可能更好地融入当地社会，谋取个人发展。由于华侨教科书的身份很特殊，它仿佛是联系侨民与祖国的“血浓于水”的脐带，旨在让侨民子弟对祖国有国家意识，有文化认同，这使得华侨教科书的编写格外不易。

第五节　其他特色教科书

广义的教育实验是指有目的、有计划、有组织地通过革新实践，改革学制、课程、教材、教学组织形式、教学方法和教育管理，以验证或实现某种教育主张和理念，进而推动现实教育状态发生变革，促进教育进步的实践活动。民国初期进行的教育实验，范围广阔，规模宏大，种类繁多，异彩纷呈，多为广义的教育实验。[②] 它们实际是教育者对教育理想的追求，是一种更好更快的传播知识、培

① 别必亮：《承传与创新：近代华侨教育研究》，石家庄：河北教育出版社，2001 年，第 112 页。
② 熊明安、周洪宇主编：《中国近现代教育实验史》，济南：山东教育出版社，2001 年，第 1 页。

养人才的探索性实践活动。

从辛亥革命胜利到全面抗战的兴起，中国教育界的先进分子，以及大批留学日本、欧美后又回国的学者，积极宣传日本、欧美先进的教育理念，引进西方国家的教育制度、组织形式和方法，教育实验逐步兴起，并直接在教科书中得到反映。除了前述乡土教科书、女子教科书、复式教科书等，比较有影响的还有：

一、短期小学教科书

国民政府教育部于 1932 年 12 月颁布的《小学法》和 1933 年 3 月颁布的《小学规程》规定："为推进义务教育起见，各地方得设简易小学及短期小学。短期小学招收 10 足岁至 16 足岁之年长失学儿童，其修业年限为一年，以授课时间折算，至少 540 小时。"① 紧接着又颁布了《第一期义务教育一年制短期小学课程标准》，短期小学得到了大发展，1938 年达到 28 124 所，学生 1 699 336 人。② 由此可见，短期小学的学校数量和学生规模都较大。为配合国民政府和教育部的政策，满足短期小学教学的需要，教育部国立编译馆从 1932 年 9 月开始编写《短期小学课本》，作者是胡颜立③、王晋鑫等，版权页署名多是国立编译馆。

该教科书共 4 册，每册 70 课，由教育部付印，先后颁行各省市短期学校采用，内容包括三民主义、国民道德、历史、地理、自然、卫生、农业等。各册教科书一般配有插图。

为了普及一年制的短期教育，教育部允许翻印该书。教科书的封三版权页上印有"教育部翻印规则"："一、本书共四册，系本部编辑，专供短期小学或短期小学班之用，兹为普及起见，许各地教育行政机关及各书坊翻印。二、翻印者须

① 教育部教育年鉴编撰委员会编：《中国第一次教育年鉴》（乙编），上海：开明书店，1934 年，第 27 页。

② 熊明安：《中华民国教育史》，重庆：重庆出版社，1990 年，第 238 页。

③ 胡颜立（1900—1980），江苏无锡县人。1922 年于中央大学教育学院毕业后，到中央大学实验小学任教。1929 年，任教育部编审处编审。1933 年，任国立编译馆编译。1935 年起，历任四川省立成都实验小学校长、南京国民教育实验区主任、上海国民教育实验区副主任、副教授等。新中国成立后，历任南京师范学院副教授、教育系副主任、总务长，兼任师院附属小学校长等职。1964 年后，任江苏省政协常委、全国政协委员。一生编撰了大量教科书。

将印就样本三册呈送本部备案。三、翻印者对于本书格式及版本大小须与原书相同，并不得有讹误及模糊之弊，定价亦须一律不得增减。”① 在封面印有“云南省义务教育文员会购发系非卖品”的该套短期课本，于封面左上角还竖排印有5行文字，说明“此书系由云南省教育厅义务教育文员会购发，不得再向学生征取分文任何费用。但学生倘有半途辍学或常川（原文如此，引者注）缺席者，除照章督促就学实行处罚外，并责令赔缴书价”。

国立编译馆的《短期小学课本》发行量相当大，出版后也不断订正和再版，如第一册于1933年初版，1935年8月订正第34版，1935年9月订正第45版，1937年6月订正第319版，足见这套教科书的发行量是巨大的。考虑到该书鼓励翻印，发行量就更是难以统计了。前述封面印有“云南省义务教育文员会购发系非卖品”的课本，至1940年1月订正出版，已经是第323版了。

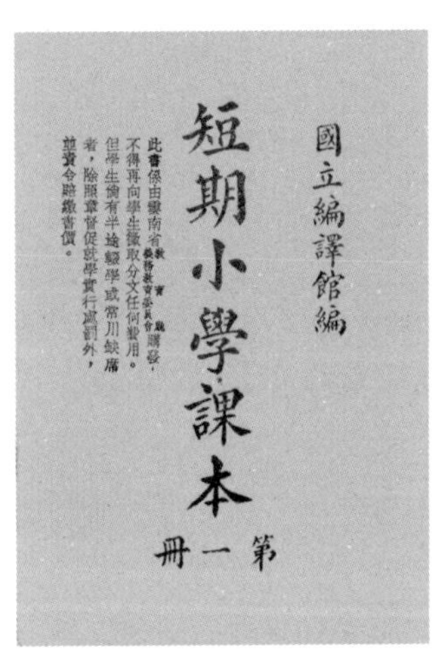

<图6-9
《短期小学课本》（第一册，国立编译馆编，中华书局）

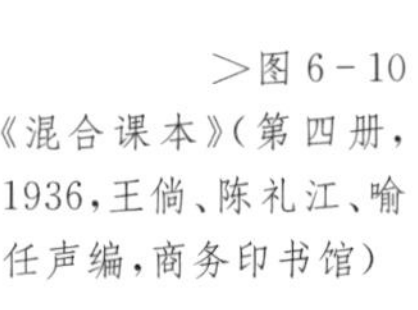

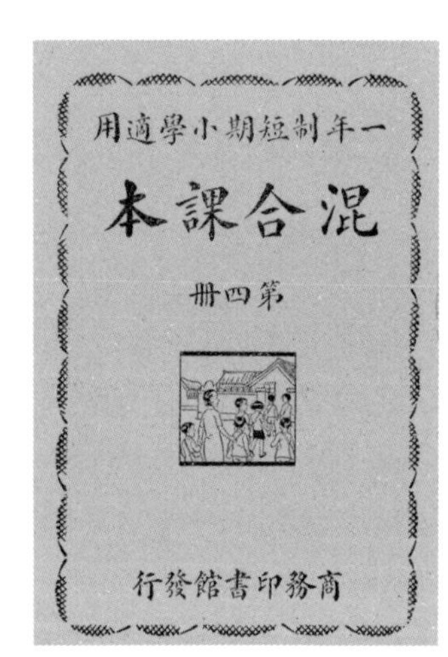

>图6-10
《混合课本》（第四册，1936，王倘、陈礼江、喻任声编，商务印书馆）

1935年商务印书馆也组织编写了一套适应短期小学使用的教科书，即《混合课本》（一年制短期小学适用），共6册，由陈礼江②、王倘、喻任声等主编。

---

① 国立编译馆编：《短期小学课本》（第四册），上海：中华书局，1933年，封三。

② 陈礼江（1896—1984），江西九江县人。1922年留学美国普渡大学、芝加哥大学，攻读教育学、心理学，获硕士学位。回国后任武昌师大教务长、教授。1927年返赣任教育厅厅长。后先后任广东中山大学教育系主任、教授，无锡江苏省立教育学院教务长、教授。1936年任教育部社会教育司司长。1940年创办社会教育学院并兼首任院长。

该课本内容分为三部分：“我们的乡土”“我们的国家”“我们的世界”。第一、二册主要为“乡土环境”，第三、四、五册为“国家情况”，第六册为“世界大势”。每册供一个半月使用。编写该课本的目的是“使读完一年短期小学不能继续入学者，能具有最低限度之现代国民基础教育”。所谓“混合课本”，是指教科书的组织特别注重各科的联络，把基本的国语、历史、地理、自然、社会、公民和算术都编在一起，供教学使用。“大致每册共分六个单元，每单元分六课，每课分三段，首、末二段为国语（内容为社会、自然、公民、劳作、卫生、音乐等），中段为算术，适供一日教学之用。除课本外，另编有混合课本教学法，供教师教学时参考之用。”[①] 很有意思的是这种混合或综合编排的探索方式。试举一例，如第一册第八课《爸爸妈妈》[②]：

第一段是国语（自然），课文是：“妈妈织布，织了布，有衣穿。爸爸耕田，耕了田，有饭吃。”

第二段是算术，课文是：“妈妈织布，织了多少匹？一二三四五，六七八九十。爸爸耕田，耕了多少亩？一二三四五，六七八九十。”

第三段是国语（劳作），课文是：“妈妈在家织布，我帮她纺纱。爸爸出门耕田，我帮他拔草。”

这三段内容安排在一个页面上，分上、中、下三栏安排三段内容。

该课本初稿出来后曾经在江苏省立教育学院惠北试验区王家岩实验学校试教，“尚称适用”[③]，可见编者们的认真态度和科学精神。为适应边远学校和贫寒学生的需要，减少成本，该套课本同时还出版了无图版，即没有任何插图。

中华书局也于1935年编撰出版了一套《国语读本》（一年短期小学用），由朱文叔、杨复耀编写。该套教科书共4册，也是混合编排，不过它的混合编排和商务印书馆的大不一样，它是按单元设计，每个单元一个主题，或公民，或历

① 吴守谦、皇甫钧编：《短期小学的行政和教学》，上海：商务印书馆，1937年，第17页。

② 王倘编：《混合课本》（一年制短期小学适用，第一册），上海：商务印书馆，1936年。

③ 王倘编：《混合课本》（一年制短期小学适用，第六册），上海：商务印书馆，1936年，“编辑要旨及第六册使用须知”。

>图 6-11
《国语读本》(第二册，1935，朱文叔、杨复耀编，中华书局)

史，或地理，或自然卫生等。

此外，当时其他一些出版机构与地方政府也编写出版了短期小学使用的课本，如山东省政府教育厅在 1936 年组织编写了一套共 4 册的《短期小学课本》，该套课本每册 60 课，具体作者不详。该套课本内容包含社会、自然、卫生、公民等科。“以培养爱国观念、唤起民族意识为主旨，故对于光荣的历史民族英雄极力赞扬，以巩固民族的自信力”，课本“对于正义同情、互助合作、牺牲奋斗各种美德特加鼓励，以养成国民高尚的道德”。①

该套教科书明显的形式特点有三：

一是每册封面有图案。第一册的封面图案是孙中山先生在演讲，配有文字“孙中山先生说：航空是国家的基本武装”；第二册的封面图案是武训办义学，配有文字“武训先生说：拿着铜勺去讨饭，一心修个义学院”；第三册的封面图案是卧薪尝胆；第四册则是收复失地。二是每册课本的封二都是注音符号表。三是每册的封三大都有一首歌，如第一册《国民党党歌》、第三册《我愿》、第四册《前进》等。

虽然全面抗战还没有开始，但山东版的“短期小学课本”的抗战色彩很浓。如第三册封三的歌曲《我愿》是这样写的：“谁能救国愿争先？不计生死不怕难？

① 山东省教育厅编：《短期小学课本》(第四册)，1936 年，封二。

我愿！我愿！挺身杀敌雪积耻？收复失地和主权？我愿！我愿！我愿！”

这些短期课本都是为适应当时推进义务教育但又没有足够能力完成完全小学教育的实际需要，是特殊时局下迫不得已的选择，而这些短期课本都试图整合各科知识体系于一书，做到尽量在最短的时间内，让学生们掌握现代公民所需要的基本的知识，对普及教育以及提升当时学生的基础文化水平确实起到了重要的推动作用。

二、学校自编教科书

我国学校自编教科书的传统从 19 世纪末开始，到 20 世纪上半叶一直没有中断过。自编教科书有利于更有效地适应本校教学需要，有利于弥补大一统教科书面面俱到、难以满足所有学生和学校需要的不足。这是教科书多样化的一个重要体现，也是教科书多样化的一个重要理由。民国时期，全国各地许多实力稍强的学校，都编写了自己的教科书。其中绝大多数是油印或自己刻印，甚至手抄的教科书，很少能够保留至今，只有极少数是铅印，保存下来的也不多了。下面着重介绍几种民国时期独具特色的学校实验和自编的教科书。

（一）北京高等师范学校附属学校教科书

民国成立后，京师优级师范学堂改为北京高等师范学校。为了给北京高等师范学校学生提供学习园地和建立一套完整的教育体系，1912 年 7 月，改五城中学堂为北京高等师范学校附属中学校，即现在的北京师范大学第一附属中学。9 月 5 日，又成立了国立北京高等师范学校附属小学校，即现在的北京第一实验小学。

1922 年秋，时任北师大附中校长的林砺儒开始进行学制改革，制定“三三学制”四十条，自定大纲，自编教材。当时，北师大附中创立有算学丛刻社、理科丛刊社、英文丛刊社等组织，专门出版校编教科书。1929 年，北师大附中数学教师傅种孙等集股筹款，创设了北师大附中算学丛刻社，此举“开创了我国中学数学教师开办数学出版社的先河”①。当时只要国外有好的教材出版，算学丛刻社即可在3个月内引进，并用于北师大附中的课堂教学。算学丛刻社自编我国中学数学教材，影印外国著名数学书籍，有的教材还被推行到全国，久用不衰。如傅种孙著《高中平面几何学教科书》是众所周知的经典之作，此书成于1925年，由算学丛刻社在1933年正式出版，不仅使用到1948年（第4版），1982年此书还再版发行。这本教科书用六大篇构成框架，思路清晰，通俗易懂。在基本训练方面也有独到之处，书中对学生易犯的错误，预先告诫，防患于未然；学生烦怯的地方，就订立规矩，不许偷懒。当时采用此书的教师都说于教学上有事半功倍之效。②

据不完全统计，20世纪二三十年代北师大附中自编的、有确切出版时间的部分教科书择要如表6-3所示：

在教科书建设上，北师大附中一度领先，北京高等师范学校附属小学校的教科书编撰也成绩非凡。

国立北京高等师范学校附属小学校是北京第一所全新的、有实验和示范性质的国立小学。1912年创设该校并兼任首任校长的北京高等师范学校校长陈宝泉为其拟定了办学目标：“吸纳世界最新学理加以试验，为全国小学改进之先导。”后虽几易其名，③ 宗旨始终如一。1920—1921年，邓颖超（当时叫邓文淑）曾经任教于该校，是该校第一位女教师，教低年级语文、算术。

作为一所高水平的小学，一般坊间流行的教科书肯定满足不了它的师生需求，自编教科书就是应有之义。据不完全整理，在北京高等师范学校附属小学校所编教科书中比较有影响的是《实验国语教科书》1～8册，由学校的教科书编

---

① 项红专：《钱学森就读时的北师大附中》，《中小学管理》2010年第7期。

② 赵慈庚：《忆傅种孙先生》，《中国科技史料》1981年第3期。

③ 该校位于琉璃厂古文化街，创建于1912年9月5日，随着北京高等师范学校的历史变化，该校曾几易其名，先后称：国立北京高等师范学校附属小学校、国立北京高等师范学校附属国民学校高等小学校、国立北京师范大学附属小学校、国立北平师范大学附属第一小学校、北平临时大学补习班第七分班附属第一小学校、国立北平师范学院附属第一小学校等。1949年1月31日，北平解放，更名为北京师范大学附属第一小学。1955年10月26日，该校改由北京市教育局领导，定名为北京第一实验小学。

表 6-3　北师大附中自编教科书一览表

发行机构	书　目	编译者	出版年份
北师大附中算学丛刻社出版发行	《高中平面几何学教科书》	傅种孙	1933 年 8 月初版， 1948 年 8 月 4 版， 1982 年再版
	《高中立体几何学教科书》	韩清波 魏元雄 李恩波	1933 年 5 月初版
	《高中平面三角法教科书》	韩桂丛 李耀春 王乔南	1933 年 8 月初版
	《几何及三角》（师范学校用）	张静峰	1937 年 4 月初版
北师大附中理科丛刊社出版发行	《高级中学化学实验》	工鹤清	1925 年 9 月初版
	《新制初级中学教科书矿物学》	朱隆勋	1931 年初版
	《初级中学教科书生理卫生学》	张国璘	1932 年 7 月初版
	《高级中学物理实验》	方翩	1932 年 8 月初版
	《新标准初级中学植物学》	张国璘	1933 年 7 月初版
	《新标准初级中学卫生学》	朱隆勋	1934 年 8 月初版
	《高中生物学提要》	张国璘	1935 年 7 月初版
	《新标准高中化学实验》	王毓琦 孙震涛	1935 年 5 月初版
	《新标准高级中学实用化学》（上下册）	王鹤清	1936 年 8 月初版

纂委员会编辑，北京高等师范学校暨附属小学校教科书审查会校订，北京平民书局（地址在琉璃厂）1922 年出版。

该套国语教科书在内容上“先从切近儿童身心的事实授起，慢慢地推到社会的生活上。国家的情形，社会的大势，也要渐渐地加在里面，四年毕业，可得国民完全的知识”；在形式上“每课授新话法一二种，隔数课加一练习，册末又加几课总练习。四年学终，所有练习诸课，即为本书语法的系统”；“体裁：纯取谈

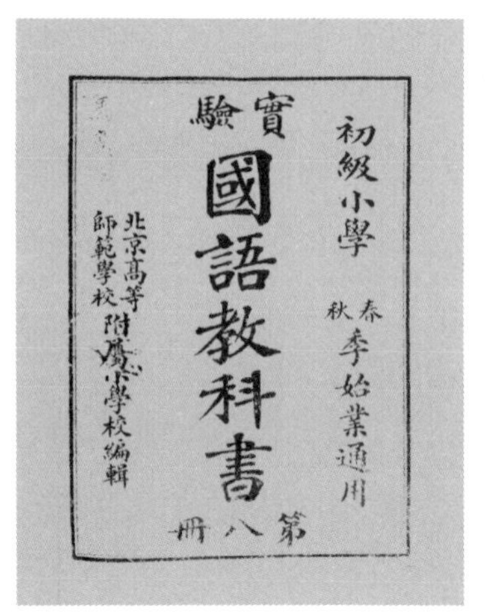

>图 6 - 12
《实验国语教科书》（第八册，1922，北京高等师范学校附属小学校编辑，平民书局）

话体。重表演，轻理论。使儿童于嬉戏笑谈之中，不知不觉，就领悟了好些事情。丝毫不感苦痛”，“生字约近三千。均按预算，逐渐增加。没有忽多忽少，致使教材分量，有偏轻偏重的毛病”。

该教科书使用的“语体以北京语为主，一面授以普通语，使应用方面。一面提高口语程度，使文语接近。口语不太俗鄙。文语，极其浅显”①。

该教科书注重童趣，有些文字朗朗上口，意在激发学生的学习热情。如《实验国语教科书》（国民学校秋季始业用，第二册）第十二课《风筝》：“风筝风筝，响声嗡嗡。小小孩童，手拉长绳。一顿一松，放在天空。你听你听，嗡嗡嗡嗡。”

该教科书也注意引导学生破除习俗，获得新思想。如第四册第一课《新年恭喜》中写道：“新年过了，每人长了一岁。初次见面，你也说恭喜，我也说恭喜。我想这不过是一句吉利话；其实，长了岁数，有什么可喜？若是好好用功，长些学问，那才是真可喜哩。”② 在教授参考书中，说明该课文的实质是：使知遇事要求实在，不可徒取吉利，不可徒染习俗。然后反复教学，让学生知道新年没有什么值得特别恭喜的，只是吉利的话而已，真正值得恭喜的是实在的事情，是学

① 北京高等师范学校附属小学校教科书编纂委员会编：《实验国语教科书》（第二册），北京：平民书局，1922 年，第 2 页。

② 北京高等师范学校附属小学校教科书编纂委员会编：《实验国语教科书》（国民学校秋季始业用，第四册），北京：平民书局，1922 年，第 1 页。

业的成绩等。

（二）北京孔德学校教科书

五四新文化运动时期，一些学校在白话文教学实验上走在全国前列，它们多数是教育革新者甚至新文化运动的重要人物主政的学校，比如蔡元培等创办的孔德学校。

1917 年 12 月，蔡元培、李大钊和沈尹默等在北京东城方巾巷的华法教育会会址创办新型学校——孔德学校，蔡元培任校长。周作人、沈尹默、马幼渔、钱玄同、陈大齐、顾颉刚、冯至、黎锦晖、马隅卿等都在该校任教过。马隅卿兼任学校艺术馆馆长。他们几乎都是北大教授。鲁迅曾在这所学校的图书馆查资料，也常来找马隅卿，马是明清戏曲小说的收藏家和研究者。陈香梅、吴祖光、石评梅、钱三强、于是之等均曾在这里上学受教育。当时号称是北大子弟学校，北大教授的子女多在该校上学。周作人曾写过两篇感人的散文《若子的病》和《若子的死》，纪念他逝去的女儿若子。若子就是这所学校的学生，还曾在《北京孔德学校旬刊》（第二期）上发表过儿童作品。李大钊的两个子女也在该校上学，钱玄同的几个儿子都是这所学校毕业的。

学校于 1918 年 2 月正式开学。在学校两周年纪念的时候，蔡元培有一篇演说，很能说明孔德学校办学的宗旨：我们是取他注重科学的精神、研究社会组织的主义来做我们的教育宗旨。为注重科学的精神，所以各科教学偏重实地观察，不单靠书本及教师的讲授，要偏重图画、手工、音乐和体育运动等科，给学生练习视觉、听觉。

1918 年，沈尹默、马幼渔、钱玄同、陈大齐等以“新教育研究会”的名义编出了孔德学校小学一年级用的国语教科书。课本的内容有短语、儿歌、故事等，每个字都有注音，还配有插图，插图是徐悲鸿画的。这一课本很适宜儿童学用。小学一年级国语课本中先教注音字母，这在当时是一种新的试验。据说后来孔德学校的小学和中学国文教科书就由周作人、钱玄同、沈尹默三位主持，他们从新出版的书报杂志中选择材料，有童话、故事、小说、散文、论述文等。教材是活页讲义，每年都有变更，不断增添新文章。胡适应该也参与了教科书的编写。他曾说过："我从前编纂孔德学校教科书，往往因一句话，斟酌半天。如'我在火炉边坐''我坐在火炉边'这两句话，都可以说得通。'在火炉边'这分句到底是搁在动词的前面或后面呢?"[①]

据不完全统计，孔德学校编撰的《初中国文选读》共11册。有研究认为，20世纪20年代初，孔德学校编印的《初中国文选读》选编了鲁迅的《风波》《故乡》《鸭的喜剧》《社戏》等作品，这是目前所知最早选编鲁迅作品的现代中学语文教科书。[②]

1926年，孔德学校编写的《初中国文选读》第五册的选文内容，全部与"新诗"相关。除周作人、徐志摩、冰心的诗作外，郑振铎翻译的泰戈尔的散文诗、胡适的《谈新诗》也在入选之列。[③] 孔德学校的《初中国文选读》第六册14篇选文中，选录有吴稚晖、胡适、梁启超的各4篇文章，陈独秀的1篇，刘复的1篇。吴稚晖的是《上下古今谈序》《机器促进大同说》《一个新信仰的宇宙观及人生观小引》《科学周报发刊语》；胡适的是《文学的方法》《社会的不朽论》《什么叫做短篇小说》《李超传》；梁启超的是《人类历史的转折》《政治运动之意义及价值》《治国学的两条大路》《最苦与最乐》；陈独秀的是《文学革命论》；刘复的是《爱尔兰爱国诗人》。

孔德学校不用书局出版的语文教科书，而是自己编选教材，有将近20年的历史，直到1937年七七事变后，孔德学校才开始用书局出版的教科书。孔德学校教科书是最早使用白话文编撰的教科书之一，从全国来看，一直到1922年新学制后，才强化对白话文的硬性要求。

---

① 胡适：《再论中学的国文教学》，顾黄初、李杏保编：《20世纪前期中国语文教育论集》，重庆：四川教育出版社，1990年，第124～132页。

② 温立三：《中学语文视野中的鲁迅作品》，青岛大学、北京鲁迅博物馆鲁迅研究中心编：《2003年鲁迅研究年鉴》，北京：人民文学出版社，2005年。

③ 《初中国文选读》，北京孔德学校编印，1926年。

（三）上海徐汇公学与徐家汇土山湾教科书

1849 年法籍耶稣会士南格禄（Claude Gotte Land）在上海徐家汇收容 12 名中国难民儿童及教友子弟开始启蒙授课，清道光三十年（1850）定名徐汇公学，因奉耶稣会创始人依纳爵为主保，故亦称圣依纳爵公学。1853 年传教士晁德莅（Angelo Zottoli）任徐汇公学校长，其在位时间很长，为早期公学的发展做出了贡献。

既然是教会学堂，徐汇公学显然是按西方模式创办的学校，它几乎与上海开埠同步，首开我国西方科学文化教育的先河，在我国教育史上有着特殊的地位，被誉为我国西洋办学第一校。徐汇公学早期课程主要是国文，后来增设法文、图画、音乐等，从识字班逐渐发展为中学。当时学校都是用法文课本，唯有国文用中国课本，如四书五经之类。后来商务印书馆出版了现代意义的国文教科书，学校决定采用国文教科书，但要求自编。从 1900 年起规定法文为必修课；从 1904 年起，规定可在法文、英文中任择一种外文，并在程度较高的学生中，直接以英文或法文教授算学、物理、史地等科。该校以教授法文和拉丁文闻名上海。因此，徐汇公学的毕业生，均通法文与拉丁文。蔡元培等曾专门向此校毕业生马相伯[①] 请教拉丁文。外交家马建忠、我国电影事业的开拓者洪深、地质学家翁文灏、翻译家傅雷等曾就读于此。早在清末，徐汇公学就自己编撰了不少教科书，包括历史、国文、修身、地理、法语等，当时称之为“汇学课本”。它的国文、法语、世界历史教科书影响比较大。其中《世界历史课本》共 5 册，由法国公教声合会审定，由徐汇公学史学教习史可铎延请震旦学院毕业生编译而成，且精装印制，精美悦目。

提到徐汇公学的教科书，就不能不提起徐家汇土山湾及其相关教会教育机构编撰出版的教科书，这些机构和徐汇公学关系密切，在教科书的编撰上，往往你中有我，我中有你。

---

① 马相伯曾求学于徐汇公学，后获得神学博士学位，1871—1872 年间，出任徐汇公学校长，是徐汇公学历史上第一位中国人校长。1903 年受耶稣会资助，创立震旦学院，任院长。

上海耶稣会士在徐家汇先后创建了徐汇公学、天主堂、大小修院、藏书楼、圣母院、圣教杂志社、慈母堂、崇德女校、启明女校、博物院、天文台、印书馆等，在土山湾一带形成了方圆十几里的天主教社区。可见，徐汇公学和徐家汇土山湾的圣母院、圣教杂志社、慈母堂、启明女校和印书馆等都是上海天主教的宗教文化教育机构，相互间有血缘关系。

通过兴办教育来传播宗教，是西方传教士普遍采用的传教方法。晚清时期上海天主教系统的学校，首推徐汇公学。徐汇公学是由耶稣会传教士南格禄于1850年创办，采用耶稣会公学章程，起初专收男生。它是一所具有悠久历史的教会学校，在上海乃至江南特别是在天主教系统中具有重要的影响。但真正对早期徐汇公学发展做出贡献的是晁德莅。晁德莅1853年晋升司铎后，即出任徐汇公学校长，此后他一直担任此职。在他的管理下，徐汇公学日渐兴旺，从而被认为是徐汇公学的真正创始人。

上海天主教还在徐家汇土山湾创建了慈母堂，主办了两所女子学校：崇德女校（后发展为徐汇女子中学）和启明女校（后发展为启明女子中学），还创办了圣教杂志社、土山湾印书馆等，作为圣教思想的宣传机构。

慈母堂内设慈母堂小学校，专教本堂收养之贫苦男学生。印书馆可以进行石印、铅印、五彩印等，所印中西书籍，脍炙人口。圣教杂志社为公教文化之宣传机关，于1912年由潘谷声司铎创办。其出版的《圣教杂志》为月刊，对公教道理、神哲学、中西学术文化，以及教育、经济、社会等学问，均为其讨论之资料。

这些坐落在徐家汇土山湾的宗教机构都介入普通国民教育之中，它们和徐汇公学一起，共同或分别编撰出版了一系列中小学教科书，构成了所谓的“汇学课本”，在今天我们可以称之为“土山湾课本”。其中比较系统的、有影响的代表作有：

《国民学校国文新课本》一套共8册，1915年编撰出版。该套教科书每册50课，共有生字3 100个（第5版时生字增加到3 400个）。“是书之成，时阅三年，稿易数四。一字一句，皆为儿童设身处地，斟酌行之”，每册最后有小字汇，“尤

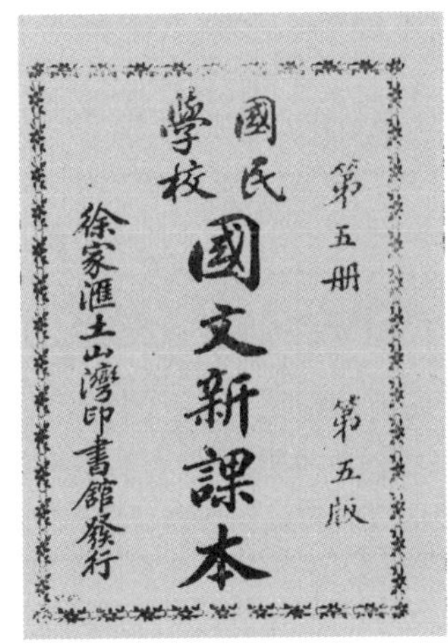

<图 6-13
《国民学校国文新课本》（第五册，1915，圣教杂志社编，徐家汇土山湾印书馆）

为教科书中别开生面，使儿童在学时便于练习，出学后便于应用”。[①] 该套教科书特别讲究实用，考虑到不少学童从国民学校毕业后不能再入高等小学，故把当时社会需要的应用类文体都学习到，如书信、簿记、便条等均充分设计。[②]

《高等小学国文新课本》一套共 6 册，1917 年初版，上海徐家汇圣教杂志社编撰，上海徐家汇土山湾印书馆印刷发行。“耶稣会司铎”潘谷声[③]作序。声称该书是“本社同人”所编撰，即“圣教杂志社”的社员们编撰，但具体作者不详。

潘谷声在这套教科书的序中提到一个很重要的问题，他说：学童在高小时期，为研究国文最好之时期，倘不于此时加意讲求，以立基础，一入中学，则各科并重，纵有天资过人者，亦恐莫能兼顾。所以，高小期间，一定要多学国文，重视国文。[④]

该套教科书的一个特点，是在每课之后增加“浏览”一栏，内容主要是普通

---

①② 上海徐家汇圣教杂志社编：《国民学校国文新课本》（第七册），上海：徐家汇土山湾印书馆印刷，徐家汇土山湾慈母堂发行，1915 年 2 月初版，1929 年 4 月第 5 版，封底，“本册提要”。

③ 潘谷声（1867—1921），幼年就读于徐汇公学。清光绪十年（1884）夏入江南修院。光绪十四年（1888）秋入耶稣会。两次任徐汇公学校长，曾任震旦学院副院长、《圣心报》主笔，发起创办《圣教杂志》，并编辑各种国文教科书，主管崇德、启明女校校务。

④ 上海徐家汇圣教杂志社编：《高等小学国文新课本》（第一册），上海：徐家汇土山湾印书馆发行，1917 年 8 月初版，“序”。

文法、国民应有之常识等，涉及不少现代西方文明和民主政治，如选举、国会、法院、国体、政体、地方自治等方面的知识。因为该套教科书没有编写教授书，所以教科书中每课都有课时数建议，即每一课文宜多少课时教学合适。

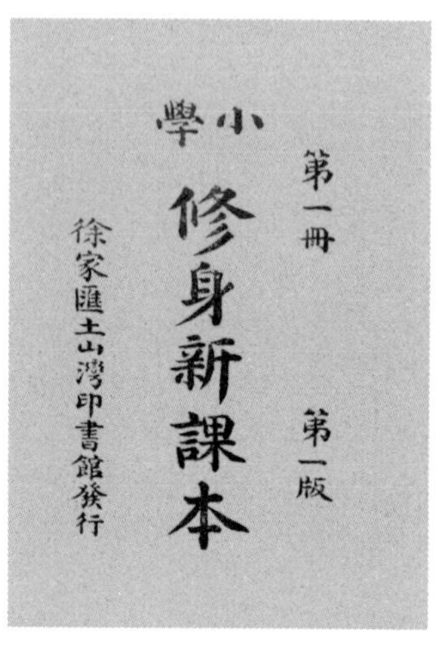

＞图 6 - 14
《小学修身新课本》（第一册，1923，圣教杂志社编，徐家汇土山湾印书馆）

圣教杂志社还编撰了不少教科书。如 1923 年编撰出版的《小学修身新课本》一套共 8 册，由徐家汇土山湾印书馆印刷、土山湾慈母堂发行。每册 20 课，第一册全是图画，没有文字，每课配有两幅插图，绘工精美，教师照图讲解，学生当兴趣盎然。以这套教科书为依据，1925 年又编撰出版了《修身新课本教授法》8 册，是《小学修身新课本》的配套教师用书，由徐家汇土山湾印书馆印刷、土山湾慈母堂发行。

1922 年后，国民政府教育部下文，教科书必须由文言文转向白话文，国文教科书遂改为国文和国语两种教科书（中学为国文，小学为国语）。这样，1932 年徐家汇光启社又编撰了《初级小学国语新课本》和《高级小学国语新课本》两种。初级小学 8 册，高级小学 4 册。编撰者为徐家汇光启社，印刷和发行者是土山湾印书馆。

清道光二十七年（1847），耶稣会成立徐家汇光启社，法文名 Bureau Sinologique，即汉学研究所。取名“光启”，是为了纪念明代著名学者徐光启。该社是天主教在上海的学术文化研究机构，任务是编译天主教教理以及经典宗教著作；负责教会内刊物、书报的审查；协助教会学校办好教育事业，出版刊物，编撰教材。社长大多由徐汇公学校长兼任，出版中西教士著作。清光绪五至八年（1879—1882），出版晁德莅拉丁文著作《中国文学课程》，5 卷 3 969 页，供初到中国的传教士学习中文。19 世纪 90 年代起，出版《汉学丛书》，广传西欧。1927 年，出版刊物《光启社资料》。光绪二十九年（1903）至 1950 年，编印年鉴《中华全国教务统计》。不少书印数很小，供教士参考及寄往欧洲。1953 年后，光启社停止活动，80 年代后又开始活动。

启明女校在教科书编撰出版方面也很积极。1919 年该校编撰了一套《中学国文课本菁华》，共 4 册，由土山湾印书馆出版和发行，邹弢编著。作者在前言中提出了几个非常重要的问题。其一是关于教授法或教师用书的问题。教师除了学生用的教科书外，还要不要教授书或教授法等教师用书？“坊间教授法一书，固为稳妥教育美意，但仍为俭腹者设也。此编不别定教授之法，以期师长之得人。”[①] 在作者看来，教授法对于那些水平低下的教师是有用的，但对于高水平的教师则没有什么用处。用今天的话来说，教师用书的作用就是上不封顶，下可以保本。其二是关于教科书的选材问题。现今有人批评教科书选材不真，那么百年前是如何看待这一现象的呢？“文经转载，或有差讹”，邹弢主张，教科书“但取其通，不加考证，盖教科书专求文理，与考据学不同，故考证处往往从略”。[②] 此观点值得我们深思，《华盛顿砍樱桃树》《爱迪生救母》《曹冲称象》等到底是真还是假，如果一味要求教科书作者来考证，是不是失之偏颇？

徐家汇教科书的共同特点是有比较浓厚的宗教色彩，教科书的宗旨在于养成国民之知识，灌输圣教之真理；使教中子弟得正确之知识，使外教青年略知圣教之门径。[③] 教科书内容上不时出现《爱主爱人》《耶稣为天主羔羊》《辅弥撒会》《耶稣降福群儿》《耶稣却诱》《炼狱与地狱》等课文，大约占整个课文的 1/7 左

①② 上海徐家汇启明女校编：《中学国文课本菁华》（第一册），上海：徐家汇土山湾印书馆出版印刷发行，“凡例”。

③ 上海徐家汇圣教杂志社编：《国民学校国文新课本》（第五册），上海：徐家汇土山湾印书馆印刷，徐家汇土山湾慈母堂发行，1915 年 2 月初版，1925 年第 5 版，封底。

右。[①] 这与教科书的编撰出版发行的主持机构密切关联。

民国时期由学校自己编写的教科书在全国各地都有，以上海江浙及京津地区学校为最多。南洋公学、澄衷学堂、无锡三等公学堂等开了校编教科书之先河，以江浙一带的学校为代表，校编教科书的势头一直未减。其他地区的学校也迅速跟进，像北京的西城私立高等小学校、北京的正志中学、湖南长沙的省立高中、长沙的长郡联立中学、广州的培正中学、山东的文登中学、河南的巩县中学等都编写了不同的教科书。校编教科书大多以中等程度为主，国文学科最多，其次为数学等理科教科书。大部分校编教科书自行印刷发行，少量经过教育部审定且多次修订正式出版。校编教科书最初一般是边教、边编、边印、边改，较好地吸取了实际教学的经验，更能适合本校学生的接受能力，同时也更能发挥教师自身的特长与智慧。民国时期的校编教科书有效地促进了教科书的实践性、多样性的发展，弥补了通用教科书的不足，为不同学校、不同学生的发展提供了比较好的适切的支持，某种程度上它们和其他一些因素共同促进了民国各种人才脱颖而出的局面。

① 上海徐家汇圣教杂志社编：《国民学校国文新读本》（第五册），“目录”。

第七章　结　语

民国建立之后，旧的封建政体和社会秩序已被打破，新的民主体制和社会秩序正在建立但尚未真正建立起来，帝制阴魂未散，思想界和教育界的保守主义仍很强大。亡国灭种的生存危机依然存在，启蒙救亡的历史任务依然任重道远，国人期盼已久的现代民族国家美好生活梦想，依然遥不可及……但此阶段的中小学教科书却在这种种冲突和对立中表现出少有的理想主义，少有的持续发展，即便它带有明显的旧影响的痕迹，但是，这种总体趋势是十分清晰而明确的。

第一节 知识精英的公共空间：民国教科书及其编撰队伍

旧秩序已经破坏，新秩序还没有形成。新式教育的出现，科举制的废除，斩断了中国读书人与原有社会政治体制的必然联系，使他们成为一群飘忽不定的自由人，甚至落魄者。其中部分接受了或正在接受西方文化思想影响的新式学人，作为引领社会方向、担当思想启蒙、创造新社会的代表者，投入到新式教育新式教材的编创行列。

一、教科书是知识分子政治诉求的重要载体

许多旧学人，包括仕途上不得志的、处于政治舞台边缘地位的知识分子，他们有自己的一套发声系统，比如写书，特别是写教科书，这是边缘者的武器。边缘者不都像孙中山们，不总是用不合作、用发起民变等方式作为武器，他们巧妙地借助教科书说自己的话。

中国早期教科书的引进与发展，可以视作以张元济、严复、杜亚泉、高凤谦、蒋维乔、伍光建、蒋智由、樊炳清等为代表的一批潜居沪上、在仕途上命运多舛的士大夫的重要贡献，教科书成为他们的重要言论载体。维新运动失败后，康有为、梁启超亡命海外。在曾经参与维新运动的大多数士人和年轻知识分子中有两个突出的现象。第一，相对温和的维新人士都低调地做起实事。张元济被“革职永不叙用”后进入教育界与出版界，蔡元培回老家创办新式教育，严复欲专心做些理论研究，张謇转而大办实业。他们逐步退出政治舞台的中心，转向办实业办教育，潜心作育人才推进文明启蒙。第二，一批优秀的中青年东渡日本，寻求新思想新教育新文化，他们在中日之间的穿梭往来，在中国早期现代化进程

中具有桥梁的意义，特别是为中国新式教科书的出现和成形提供了诸多借鉴。一批知识精英从政治舞台的淡出，成就了中国教育界的幸事；传统科举取士制度下的一批饱腹经纶的士大夫，华丽转身，变成了新式教科书编撰者，把他们的优势和劣势统统带入教科书这一领域。以上两类人士的合力为早期中国新式教育奠定了扎实的基础。

从另一个角度来看，教科书使得这些略显边缘化的士大夫找到了新的平台——教科书成为在野舆论或民间声音的发抒渠道与介入政治的另一种方式。可以说，新式教科书从产生之日起就有沉重的政治使命附加于其上。清末民国一些进步而稳妥型的知识分子利用教科书来做自己的宣传工具和发声系统。张元济、蔡元培用教科书来“新民”，陆费逵用教科书来反日，刘师培用乡土教科书来保国学，一批忠实于国民党纲领的知识分子则用教科书来宣传三民主义。当然，更有一些学者通过教科书编写，发出自己独特的思考与声音，如吕思勉用教科书隐晦地表达自己对军阀当道的不满，顾颉刚用教科书来张扬自己那惊世骇俗的学术主张。从一定意义上说，中国早期教科书的编写者多为维新改良人士，少有革命者。这也可以从教科书内容的选择性看出，如对西方启蒙运动的介绍，在有关“外国史”的教科书中很少涉及，有人统计了 60 本外国历史教科书，涉及西方启蒙运动的仅只有 3 处，[①] 实际上对五四运动的表述都不多。这也是清末民初教科书话语比较平缓、容易被统治集团接受也容易被大众接受的重要原因。当时许多新型知识分子利用教科书，宣传自己的政治主张，表达自己对社会的看法，力图启民智新民德，以救亡图存。换言之，以开通社会风气，启发民众觉醒，让人人知天下大势、人人以爱国为己任、人人能发愤图强为目的和追求的清末民国知识分子，把教科书作为自己的武器，犹如暗杀党手中的炸弹和手枪，他们的教科书写作循着觉世、醒世的宗旨而展开。

在某种程度上，在近代中国教科书编写领域，我们看到了一个比较明显的学者共同体的身影，这个共同体以上海、江浙地域为活动空间，以留日学生为基本

① 张仲民、章可编：《近代中国的知识生产与文化政治：以教科书为中心》，上海：复旦大学出版社，2014 年，第 115～119 页。

群体，以商务印书馆、中华书局为主要阵地，以张元济、蔡元培等为核心领袖。他们利用教科书，宣传自己的理念和主张，同时获得生存的空间。教科书不但成为当时知识分子的重要发声系统，而且成为许多知识分子的生计来源。清末民国在教科书事业上如日中天的商务印书馆，就是通过教科书而发家的，当然，它也在经济上扶持了许多优秀年轻学人，为他们的发展提供了必不可少的经济基础。当年留日学生的许多译稿包括教科书译稿都被商务印书馆购去，尽管日后不少译稿因质量问题而没有出版，但耗资巨大。[①] 蔡元培清末去德国留学，其部分经济来源即是商务印书馆提供的，理由是提前支付他的《中学修身教科书》稿费。[②] 该书第四、五两册就是1907年在德国完成的，商务印书馆1908年初版。

清末民初是一个艰难时世，也是一个充满活力、梦想的时代。感应着时代风气的知识分子，胸怀天下，忧国忧民，意气风发，指点江山，激扬文字，其最大追求是启蒙救亡图存。他们充分认识到"各国富且强，得力在学堂"，因而他们把编撰新式教科书看成是自己的社会职责，同时教科书也成了他们发声启蒙、摇旗呐喊的重要物资与经济平台。

清末民初教科书，比较突出的特征是标榜改良社会，开启民智，提倡道德，这一开民智新民德的维新派做法贯穿了早期新式教科书的始终，一直到1922年新学制后，这些提法才逐渐淡出，科学救国的思潮、实用主义思潮大起，新型知识分子研制的教科书逐渐取代了旧学人的教科书。旧学人基本是指受过旧式教育，多为举人、秀才等身份，但又较快接受新思想的人，然而无论如何，他们摆脱不了旧文化的影响与束缚。而1922年后的文化主力军，多是接受了1904年后的新教育的人，他们已经没有了科举的干扰，已经更大范围地拥抱了新知识、新文明。这些新式知识分子即将大举进入以新文化运动为分水岭的新教育新课本。他们终于要取代旧学人了，时代正属于他们。

① 蔡元培：《商务印书馆总经理夏君传》，《商务印书馆九十年》，北京：商务印书馆，1987年，第2页。

② 汪家熔：《蔡元培和商务印书馆》，《商务印书馆九十年》，第482页。

二、清末民初以留日学生为重要撰稿群体

在中国近现代教科书发展的早期历史中，有两个群体不可忽视，一个是19世纪中期到19世纪末的西方传教士群体，另一个就是19世纪末20世纪初登上生活舞台的留日学生群体。若说前者是20世纪前将西学教科书传播到中国的先锋，中国近现代教科书的帷幕由此拉开的话，后者则是20世纪后使现代教科书在中国大地上生根、发芽、开花、结果的核心力量。19世纪中后期，西学教科书编译一般是以“传教士口授、中国学者笔录”的形式合作。传教士是西学教科书输入中国的主要力量，中国知识分子扮演的是“参与者”的角色。20世纪初，从事编译教科书活动的主要成员转向留日学生。1900年以后，随着大批留日学生的成长，他们开始独立编译（撰）教科书，中国人逐步取得了选择源文献的主动权，中国人在新式教科书建设中的主体地位正式确立，有效地实现了中国知识分子在新式教科书编译中从“参与”走向“主体”的角色转换。

甲午战争特别是维新运动失败后，中国开始努力学习日本，大量学人涌入日本。从1896年后到20世纪初的大约10年里，至少有5万中国人在日本接受了各种程度、各种类别的教育。① 负笈东渡的留日学生作为近代中国的一批特殊知识分子，在社会面临大动荡、大转折的紧要关头，以改造社会、振兴民族为己任，各以其所学专长编译了大量的教科书，成为一支活跃于中国现代教科书发展舞台的重要力量，掀起了中国近现代教科书发展的第一波大潮。

可以说，晚清留日学生彻底扭转了以前的新式教科书编撰者以传教士为主体的局面，确立了中国知识分子在教科书编译（撰）中的主体地位。他们编译（撰）的大量政法、数学及音、体、美、卫生、手工等教科书，不但丰富与完善了我国现代教科书体系，而且在现代教科书的认知策略、编排体例、现代印刷装帧等方面，在现代教科书发展的制度化、规范化的道路上，迈出了可贵的第

① 尚小明：《留日学生与清末新政》，南昌：江西教育出版社，2003年，第2页。

一步。

一定意义上，19世纪和20世纪之交的10余年，是中国教科书与日本教科书关系最为密切的10年，“东洋”日本的大量教科书及其教科书的编撰范式走入中国，成为我们学习借鉴的对象，为中国新式教科书的定型提供了最重要、最直接的参照模式。

就笔者目前所掌握的资料而言，留日学生编译的教科书最早为1900年作新社出版的戢翼翚与唐宝锷合辑的《东语正规》，这是从语音和语法方面讲授日语的教科书。据不完全统计，1890—1915年间汉译日本教科书共计507种。[①] 由于许多汉译日本教科书译者的生平资料难以考证，不能确定其是否为留日学生，现据《民国时期总书目》（中小学教材）及笔者收藏，明确其身份为留日学生编译的教科书，统计为241种（见附录）。当时比较有名的由留日学生组建的教科书编译机构有教科书译辑社、作新社、清国留学生会馆、宏文学院讲义录编辑部、国学社、湖南编译社、科学会编译部、东京同文印刷舍、东京灿文社等。此外，留日学生编译的教科书，除了在自己创办的机构出版发行外，还有许多被送回国内由其他机构出版。[②]

1906年，学部设编译图书局，着手编写教科书，图书局的编译工作几乎全部由留日学生来主持。相继担任局长的有袁嘉谷、杨兆麟、戴展诚，总务和总校，分别由陈宝泉和陈毅担任。他们都有留日背景。编辑人员中也有不少留日学生，如王国维、虞铭新、陈文哲、高步瀛、路孝植、黎湛枝、林志烜等。[③]

1908年后大部分留日学生回到了国内，许多人进入教育及文化出版领域，继续从事教科书编辑工作，他们从编译到编撰，出版了大量的中小学教科书。如虞铭新1908年回国后调任学部图书局理科总编纂；周昌寿回国后在上海商务印书馆编译所物理化学部工作，一直从事教科书的编辑工作；朱文叔归国后执教于

---

① 毕苑：《汉译日本教科书与中国近代新教育的建立（1890—1915）》，《南京大学学报》（哲学·人文科学·社会科学版）2008年第3期。

② 吴小鸥、石鸥：《晚清留日学生与中国现代教科书发展》，《高等教育研究》2011年第5期。

③ 《学部编译图书局备览》，《学部官报》，1908年第68、69期，1909年第97期，1910年第133期。

杭州师范学校，后进中华书局，参与编撰了大量教科书。商务印书馆“自光绪二十九年（1903）正月起，至民国十九年（1930）11月止，当此28年中，商务聘用东西留学归国者75人，法国毕业者2人，美国毕业者18人，日本毕业者49人，国名不详者3人”①。从日本留学归来者竟占一大半。20世纪20年代初期，大量的留美学生参与到1922年新学制教科书的编撰队伍中来，留日学生编译及编撰教科书的比例才开始下降，但直到1949年，教科书的编撰者中一直都有留日学生的身影，如国立编译馆的孙俍工、何健民等都是留日学生。

由于时间仓促，留日学生编译（撰）的教科书存在这样或那样的不足，主要问题是，教科书质量悬殊，零碎不完整，缺乏系统性。所以留日学生编译（撰）的教科书只能是发挥其阶段性的作用，中国现代教科书的发展必然要经历一个从国外全盘引进照搬到强调民族化、本土化的过程，教科书以引进为主的时代终将会被自编教科书所取代。但留日学生编译（撰）的教科书对中国教科书早期现代化乃至中国社会现代进程的深刻影响，是波澜壮阔的历史长卷中无法绕过的关键词。没有大量热心的留日学生做编译者，“中国不可能有思想更新”，现代中国许多伟大人物，都是从翻译日文著作开始了解现代学科的，② 如梁启超、蔡元培、王国维、鲁迅、黄炎培等。通过这些译著，他们把日本的“启蒙思想”自由民权理论、唯物主义哲学、早期社会主义思想及科学方法论介绍到中国。清末民初的译著从根本上重新塑造了中国人的思想世界，其结果是形成了影响中国精英分子的思想革命。在这方面，日本对塑造现代中国的贡献可以说是无法估量的。李杰良说，科技文化，即科技书籍几乎全盘采用了日本新的词汇。而法律方面，岛田正郎注意到，明治时期日本的法律术语，通过多种渠道“原样不动”地进入中国语言。在社会科学方面，李又宁研究认为，经调查，差不多中国所有文本上使用的基本语汇，都是来自日本的。在现代哲学方面，谭汝谦认为，中国人完全依靠日本借出的词汇。1940年实藤惠秀曾说，现在的中国，要是不用日本词汇，便

---

① 徐冰：《中国近代教科书与日本》，《日本学刊》1998年第5期。

② ［美］任达：《新政革命与日本》，南京：江苏人民出版社，2006年，第122～125页。

委实不能谈高深的学理。郭沫若认为，中国的新文艺是深受日本洗礼的。[①]

日本对中国近代社会的意义，恰如丁韪良（William A. P. Martin）对伊藤博文所说："日本对中国的影响超过任何西方国家，恰似与遥远的太阳相比，月亮会掀起更高的浪潮。"[②] 而这一过程中，留日学生及其编译的新式教科书扮演了不可替代的角色。

三、新文化运动后留欧美学生成为主要撰稿群体

清末民初，由庚款留美生、各类官费留欧美生和自费留欧美生共同组成了日渐壮大的欧美留学生队伍。在留日风潮渐趋消淡之时，留学欧美的热潮渐渐抬头。特别是国家性质的规模化留学欧美的庚子留学的启动，成为一时盛举。据黄炎培统计，1914—1915 年留美学生达 1 248 人，其中庚款留美生约 320 人，省费留美生约 160 人，其余为自费生。[③] 然而，留欧美学生全面参与国内思想启蒙和教育现代化进程，则似乎比较滞后。

梁启超在《清代学术概论》中检讨"晚清西洋思想之运动"的历史局限时，曾经指出："晚清西洋思想之运动，最大不幸者一事焉，盖西洋留学生殆全体未尝参加于此运动。运动之原动力及其中坚，乃在不通西洋语言文字之人。……故运动垂二十年，卒不能得一健实之基础，旋起旋落，为社会所轻。"[④] 尽管这一判断有些偏颇，但西洋留学生一定程度的集体缺席也是事实，这样，尽管清末就兴起了一场"西洋思想之运动"和知识普及化运动，亦即思想启蒙运动，然终"为能力所限"而未能建立一个坚实的思想基础，未能广泛影响全国全民。梁对此深以为憾，并责备"畴昔之西洋留学生，深有负于国家也"。显然，这种把责任都推给

---

① ［美］任达：《新政革命与日本》，第 122～125 页。

② ［美］丁韪良：《花甲记忆——一位美国传教士眼中的晚清帝国》，沈弘、恽文婕、郝田虎译，桂林：广西师范大学出版社，2004 年，第 325 页。

③ 陈学恂、田正平编：《中国近代教育史资料汇编·留学教育》，上海：上海人民出版社，1991 年，第 209 页。

④ 梁启超：《清代学术概论》，上海：上海古籍出版社，2005 年，第 82 页。

西洋留学生，以及完全否定西洋留学生的思想启蒙贡献的说法是不恰当的。另外，如前所述，我们也要看到，晚清知识普及与思想启蒙运动虽然西洋留学生有所缺席，但东洋留学生则踊跃参加，他们译西书，编课本，史无前例地活跃并影响了晚清中国知识界，尤其是影响了教育界，更具体的是影响甚至左右了教科书领域。只是，留日学生多是急功近利下东渡日本的，且大多数是短期留学、访学、游学的激进青年，加之日本受儒学影响深，经日本转手的西方民主、科学到底在转入中国前发生了什么失真，有什么异变，最终给中国现代化进程带来了哪些积极影响和消极影响，这些都还有待于进一步研究。至少，清政府和南京国民政府把日本的教科书国定制接了过去，陆费逵就指出过学习日本的国定教科书制度的弊端，认为教科书一旦国定，如有不当，将贻害无穷，教科书国定后，在缺乏民间竞争的情况下，教科书的质量很难再会有进步。[①] 而西洋的教科书制度和范式进入民国已经比较晚了。到 1922 年新学制颁行，我国教育才被西洋教育所全面影响，但此时的日式教科书制度是否已经固化，已经融入中国文化与教育之中了呢?

1922 年新学制颁行，大量西洋留学生躬逢其盛，成为中坚力量乃至领军人物，欧美思想遂成为当时强大的思想动力和文化资源，教育思潮遂被西洋所掌控。中国现代教育翻开了崭新的一页，课程设置、教科书建设替代了晚清民初的东洋留学生模式。简单一点看的话，新文化运动是分水岭，以前是东洋模式，以后是西洋模式。

在此前后，特别是 1918 年开始至 1924 年间，杜威、罗素、孟禄等一批著名学者先后访问中国。这些人“纷至沓来”，且都是那个时代具有世界影响的教育家、思想家。他们来华，不是短暂的逗留，不是承担某一门课程的讲授，而是带来了全新的理念和思想。杜威在中国待了 2 年多，足迹遍及 14 个省市，大小演讲 200 多次；孟禄待了 4 个多月，演讲 66 次，历经 9 省 27 个城市及许多乡村。固然，杜威等人来华也许有人际关系的因素，如杜威是胡适的老师，陶行知曾师从孟禄，但我们更应该看到背后的重要文化现象——倾向欧美文化的人在当时中

① 吕达主编：《陆费逵教育论著选》，北京：人民教育出版社，2000 年，第 16～18 页。

国的文化教育事务中已经取代留日学生，获得了支配性的话语权。

遍布全国各级各类学校和各种文化教育机构的归国欧美留学生，纷至沓来的大批欧美教育名家，给中国的思想界、教育界带来了空前的思想激荡，带来了争奇斗艳的各种教育思潮，并与新文化运动一起，推动中国的教育改革向纵深发展。国外的多种教学模式被引入中国，全国各地兴起了一股教学改革的热潮。特别是随着杜威的实用主义教育学说在中国的广泛传播，以实用主义为代表的各种新教育思潮从政府到民间，风行一时，也深刻地影响了教科书的建设。

到 1922 年新学制颁布实施，留日学生一统教科书天下的局面被彻底打破，他们开始从教育舞台特别是教科书舞台淡出，走向边缘；到 30 年代，他们在教科书界的身影已经很微弱了，留学欧美势力迅速进入教科书领域，影响、控制了一代年轻人的话语体系。一代新的熠熠闪光的名字频频出现在教科书编辑队伍中，胡适、冯友兰、马君武、丁文江、严济慈、竺可桢、陈衡哲、任鸿隽、张其昀、林语堂、张资平等。他们的理念更为先进，视野更为开阔，他们编辑的教科书，与十多年前留日学生编辑的教科书相比已有大的改观。如果说留日学生编辑教科书的主要贡献是引进新的教科书模式的话，那么留欧美学生编辑的教科书则更多扎根于本土，坚持对来自欧美的学术进行中国化叙事，体现了黎锦熙提出的编选教材要遵循的两个标准：合于本国的教育宗旨；适应儿童身心发展及生活需要的程序。①

大体上可以这么说，1922 年以后的教科书，不论是从语言、文体乃至标点符号或课本名称，都与清末民初教科书相比有很大的变化。究其原因，是它们属于另一个群体——欧美教育制度下培养出来的新的知识群体的产物，这些人掌握着或正在迅速掌握着中国教育新秩序的话语权，教科书必然也在其掌控之中。因此，尽管 1922 年后的教科书建设无论从理论上还是实践上，都可以说是清末民初以来教科书模式的自然延续，但清末延续下来的老牌的相对保守而稳妥的教科书特征，与新文化运动后主要呼吸过“欧风美雨”新鲜空气的学术群体自身编创

---

① 黎锦熙：《新著国语教学法》，黎泽渝等编：《黎锦熙语文教育论著选》，北京：人民教育出版社，1996 年，第 431 页。

的课程体系和教科书文本，还是有相当差距的。它们大多已经志不同道不合了。经营它们的是两个有较大差异的知识群体，其知识背景、思想观念、语言引用等都差别甚大。同时清末民初教科书的重要人物如蔡元培等，已经成为新学制话语的重要人物，站在了新时代的浪尖上（当然也有更多的人未能跟进新学制的步伐），教科书历史的接力棒传到了一代留学欧美或欧美派的新人手中，这是无论从思想观念、语言观念还是国际视野都截然不同的个体。

第二节　放任与掌控因势而定：民国教科书编审制度特点

“教科书制度”主要包括教科书的编审制度和出版发行制度，以及教科书的选用制度。而教科书的编审制度在其中又是至关重要的制度，它直接决定了教科书的质量水平。

教科书的编审制度由教科书的编写制度与审查（审定）制度组成。按照编审权限维度划分，大体上可以将教科书编审制度分为国定制、审定制与自由制三种类型。由于受国情、政治体制、文化变迁、教育政策等因素的制约，不同国家（或地区）或同一国家（或地区）在不同时期所采用的教科书编审制度往往不同。

教科书国定制是一种由国家教育行政部门根据课程标准或教学大纲统一组织编写教科书，供全国各学校使用，各地与个人不得自行编写出版的教科书编审制度。教科书国定制的优点主要是更有利于国家对意识形态的控制，有利于确保教科书的总体质量。其缺点主要是漠视区域的差异性与不同学生的不同需要，意识形态高强度介入。在人口众多、各地发展不平衡的国家，其弊端尤为突出。而且在类似于垄断的制度下，不利于竞争产生精品教科书。

教科书审定制是一种由出版机构和教育团体或个人根据课程标准或教学大纲编写出版教科书，由政府主管部门组织审查，合格后才准予出版发行，供各校选用的教科书编审制度。教科书审定制的优点主要是尊重差异，正视现实，将教育权还诸社会，有利于调动社会、地方及学校编写教科书的积极性，通过竞争编写出数量足够、质量多样、特点突出、适合不同地区需要的教科书。其缺点主要是有可能不利于国家对意识形态的控制，也有可能导致教科书市场的无序竞争。

教科书自由制是一种由民间自由编辑、出版、发行教科书，无须教育行政部门审定或认可的教科书编审制度，其特点是市场供应、学校自由选择。采用教科书自由制的多见于分权制国家，其教科书的编、审完全依赖于市场的调节，有利于调动地方参与教科书建设的积极性，能够较好地适应不同地区、不同学校和学生的需要，但有可能质量不均衡，也有可能削弱国家意志的体现。

由于受政治、经济、文化和教育变革等因素的影响，我国近代中小学教科书编审制度经历了由自由制到审定制再到国定制的发展过程，其演变可大致分为如下三个时期：1904 年之前为自由制时期；1904 年到对日全面抗战的 1937 年，以审定制为主；1937 年到国民政府迁台的 1949 年，以国定制为主。基本趋势是从晚清到民国政府，一直在努力地进行中小学教科书编审制度的调适和控制，以灵活适应我国政治、经济、文化和教育变革方面的需要。

一、中小学教科书编审的自由制（1904 年前）

我国近代最先出现的新式学校是西方传教士创办的教会学校，新式教科书的编辑活动首先在传教士中开展。由于不平等条约，晚清政府对教会学校及其编撰的新式教科书一直采取放任的态度，对教会学堂自编的教科书无须也没有必要进行专门审定，甚至对早期我国自办的新式学堂的教科书也没有特别的要求和管制。因此，从我国近代中小学教科书随着教会学堂、洋务学堂和维新运动的新式学堂而产生，一直到1904年《奏定学堂章程》的颁布实施，在清政府开始要求编审中小学教科书的几十年里，我国中小学教科书编审制度主体上为自由制。

二、中小学教科书编审的审定制（1904—1937年）

1904年清政府颁布《奏定学堂章程》，才正式确立教科书审定制度。张之洞、张百熙在《学务纲要》中曾提出："查京师现设编译局，专司编辑教科书，惟应编各书，浩博繁杂，断非数年所能蒇事，亦断非一局所能独任。"[①] 为此，在官方统编教科书未能编订发行前，应以审定民间教科书为主。他们建议首先组织各科教员研制教科书编撰应参照的目录。"查照现定各学堂年限钟点，此书共应若干日讲毕，卷叶应须若干，所讲之事孰详孰略，孰先孰后，编成目录一册，限三月内编成。由学务大臣审定，颁发各省。"[②]其次，"书成后，应咨送学务大臣审定，颁行各省"。重出无妨，择其精善者用之。最后，经学务大臣审定之教科书用之于各中小学堂。各中小学堂再依学堂之程度，将此书按学制年限，分为"详细节目"，即每年讲若干，每星期讲若干，自何处起至何处止，共若干日讲毕。"宜一面奖励著书之人，一面严定惩戒之令。"[③]《学务纲要》对教科书的编撰或审定提出了最基本的原则："宗旨纯正，说理明显，繁简合法，善于措词，合于讲授之用。"[④]这是正式推进教科书审定制度的开端。

《奏定中学堂章程》更是明确规定了中学教科书的审定制度："凡各科课程，须用官设编译局编纂，经学务大臣奏定之本。其有自编课本者，须呈经学务大臣审定，始准通用。官设编译局未经出书之前，准由教员按照上列科目，择程度相当而语无流弊之书暂时应用，出书之后即行停止。"

很显然，清政府的教科书审定制是退而求其次的不得已的做法，是在官编教

①②④ 《学务纲要》，舒新城编：《中国近代教育史资料》（上册），北京：人民教育出版社，1961年，第213、214、210页。

③ 《论设学部办法》，《南方报》1905年10月，转引自关晓红：《晚清学部研究》，博士学位论文，中山大学历史系，1999年。

科书还没有编撰出来时的临时举措。

《奏定学堂章程》颁布后，理论上要求根据国家统一的教育宗旨，分别由国家、地方、民间个人多渠道多层次地编辑教科书，再由国家统一审定后颁行，这标志着教科书审定制度在中国的正式确立。但《奏定学堂章程》正式确立教科书审定制后，清政府并无进一步的跟进行动。审定制的具体实施细节没有出来，故而民间自编教科书并无送审之强烈要求，未经审定的教科书照样行销于市场，学校采用教科书也大多听凭教员自由选定，没有太考虑是否经过审定。教科书审定制在“癸卯学制”之后一两年并未真正施行。

1905 年 12 月，清学部成立后加强了教科书的审定工作，学部于总务司下设立审定科，其职责是主管审查教科图书，对编译局已经编辑之图书详加审核颁行。审定科除常设人员外，还经常临时聘请学部其他人员和各学堂教员之熟悉科学者助理之。有了专门的教科书审查机构，清末的教科书审定工作才真正有了点头绪。1906 年 3 月，学部咨文各省，要求“该省督抚饬属晓谕官商人等，如有家藏或市肆售卖新编教科等书，一并邮寄本部，候审定后再行颁发各省，以归画一”[①]。审定科在荣庆与严修的主持下，将审定初等小学教科书工作带入实际操作阶段，从而成就了晚清学部一项公认的显著成就。

学部审定教科书，有利于学校教学用书在程度、内容上的大体均衡，一定程度上对全国的新式教科书起到了监控与督促作用。虽然从清政府这方面来说，其加强对教科书审查的最主要的目的，就是为了防止民权自由等种种在他们看来是悖谬的言论思想传入国内影响民众而危及其统治。但是在当时动机各异、鱼龙混杂、一哄而上编译教科书的情况下，审定制对教科书的编撰出版发行起到了一定的正面引导作用，通过审定，新式教科书在体裁形式、教育教学、纸质印刷、价格等方面都有了较强的制度保障。这对于促进新式教育的发展是有好处的。学部将审定意见公之于众，作为规范教科书编写的基本尺度，这种政策导向对教科书的发展无疑具有积极意义。同时，为了维护审定教科书的权威性，学部采取措

---

① 《学部咨调教科新书》，《申报》1906 年 3 月 17 日，转引自关晓红：《晚清学部研究》。

施，一是规定审定过的教科书的有效期，二是“严立限制，以杜伪滥”，并于1910年11月通行各省，各级学堂教科书的印刷发行必须由各省奏报学部备案审查，对承印教科书的局所、印刷的规格数量、发行的价格均予以明确规定，并发放印花票。[①] 不久，又明令各省严厉查禁伪造学部审定教科书以图利的私贩，咨行民政部转饬内外城巡警配合缉拿查办。[②]

晚清政府管理全国中小学教科书的主要形式是对教科书进行审定，其教科书审定制度凸显出编审分立，送审要求、审定意见与审定结果公开，明定教科书有效期等特点。[③]

进入民国后在相当一段时间，延续了晚清教科书的审定制度。

1912年5月，教育部为了加强教科书的审定工作，于总务厅之下，特设编纂、审查二处（1913年11月合并为编审处）。其任务主要是撰述教育方面必要之图书，编辑本国教育法令，编译外国教育法令，审查教科用图书及用品。同时再次通电全国，凡教科书不合共和民国宗旨者应逐一更改。5月9日，教育部通饬各书局，将出版的各种教科书送部审查。7月，教育部召开全国临时教育会议讨论并通过了《教科书审定办法案》。9月3日，教育部嘱各书局，按章编定春秋两季入学儿童教科书，送部审查。9月15日，教育部公布《审定教科用图书规程》，全文14条。[④] 9月18日，教育部正式颁布了《各省图书审查会规程》。10月3日，教育部行文通告小学教科书编纂办法，规定各学校以秋季始业。很显然，民国一成立，教育部就紧锣密鼓地出台相关教科书审定制度及其各种配套细则，说明教育部非常重视对教科书的掌控，反过来也说明教育部清楚地意识到中小学教科书的重要性。

政策一出，执行即跟进。1913年1月15日，教育部第一次公布审定教科图书21种，其中初等小学用书11种，高等小学用书7种，中学及师范用书3种。

---

① 《学部札各省提学司翻印高初两等小学各书办法文》，1910年11月2日，《学部官报》1911年第7期。

② 《学部札行各省查禁伪造学部审定教科书文》，1910年12月7日，《教育杂志》1911年第12期。

③ 杨国扬：《我国教科书编审制度之演进与发展》，《教师天地》（台湾）2011年第171期，第59页。

④ 张静庐辑注：《中国近代出版史料》（二编），北京：中华书局，1953年，第410～413页。

同日，教育部第二次公布审定教科图书 7 种，其中初等小学用书 3 种，高等小学用书 4 种。次日，教育部第三次公布审定教科图书 3 种，其中高等小学用书 2 种，中学及师范用书 1 种。第四次公布则为高等小学用书 1 种。[①]

1914 年 1 月 23 日，教育部公布了《改正小学校令》，宣布审定教科书规程已经修正，并公布《修正审定教科用图书规程》18 条。同时规定，已经审定之图书，其有效限期为 5 年，自该图书审定后次学年始期起界。审定图书满 5 年者，由教育部提前 3 个月送登《政府公报》宣布，即失审定效力。但教育部认为仍适教科之用者，得作为重行审定。图书发行人得于该图书未满有效限期 5 个月前，呈请教育部重行审定。已失审定效力及未经审定者，不得记载教育部审定字样，违者科以法律上相当之处罚。这一规程实际上执行了十几年。[②]

袁世凯上台后，为了利用教科书控制民众思想，为加紧复辟帝制做准备，要求学校换用教科书。教育部的训令说：查各商店旧日编纂之教科书，叙述民国成立，于孙黄颇有奖饰之词。今彼等叛乱行为，已为全国所共见。自应将其肖像及称扬之语，悉行删除，以祛国民之瞀惑。[③] 1914 年 4 月，教育部发出布告：因前一时期审定教科书过于宽滥，因而限 3 个月内将这些书交部复审。1914 年 5 月，刚刚上台的教育总长汤化龙上书袁世凯，提出中小学读全经，以孔教为国教，[④]被袁世凯认同。教育部立即发文，要求京内外中小学校修身及国文教科书采取经训，务以孔子之言为指归。

1914 年 12 月，教育部颁发《整理教育方案草案》。其中有“初等小学校教科书，于一定期限内，国定制与审定制并行”[⑤] 的规定。

1915 年，袁世凯颁布了《特定教育纲要》，提出“爱国、尚武、崇实、法孔孟、重自治、戒贪争、戒躁进”的教育宗旨，全面否定了南京临时政府的教育宗

---

① 王建军：《中国近代教科书发展研究》，广州：广东教育出版社，1996 年，第 263 页。

② 张静庐辑注：《中国近代出版史料》（二编），第 410～413 页。

③ 《教育杂志》第 5 卷第 12 号，1913 年。

④ 汤化龙：《上大总统言教育书》，《庸言》第 2 卷第 5 号，1914 年。

⑤ 《整理教育方案草案》，舒新城编：《中国近代教育史资料》（上册），北京：人民教育出版社，1961 年，第 238～249 页。

旨。复古主义思潮全面笼罩着教育界。

这一系列规定引起了全国特别是商务印书馆、中华书局等的反对，因为按这一要求，他们在民国以来编写的教科书，包括“共和国教科书”“中华教科书”等都必须修改后才能使用，甚至要重新编写，损失巨大。所以他们联合各地提出抗议，加之袁世凯迅速倒台，所有教科书国定制的有关规定最后都不了了之。此后的北洋军阀政府在教科书审定制度上也没有大的建树。

与晚清政府学部实施的中小学教科书审定制度相比，民初北京政府教育部实施的中小学教科书审定制度具有以下两个突出特点：其一，晚清政府学部实施中小学教科书审定制度仅出于一种权宜之计，迫于无奈，而民初北京政府教育部实施中小学教科书审定制度，实乃积极主动所为，二者动机不一；其二，审定中小学教科书，在晚清，中央与地方还未形成全国统一的规划，[1] 而在民初，中央与地方已形成全国统一的规划，二者在民主化和制度化程度上迥异。由于该制度既坚持了全国中小学教科书的统一性，又给了地方选用教科书的自主权和修正教科书的建议权，应该说，它是我国中小学教科书审定制度建设上的一次比较好的尝试。

1927 年 4 月，南京国民政府成立。一直到 1937 年全面抗战开始，国民政府中小学教科书仍旧采用审定制。

1927 年 12 月 16 日，大学院公布《教科图书审查条例》，规定：中小学所采用之教科图书，非经中华民国大学院审定者，不得采用或发行。应行审查教科书之种类，依其性质暂分为三民主义，国文、国语，外国语，社会科学，自然科学，职业各科，音乐、图画、手工、体操七项。审查图书的标准，以不悖本党的主义、党纲及精神并适合教育目的、学科程度及教科体裁者为合格。[2]

1929 年 1 月 22 日，教育部颁布《教科图书审查规程》与《审查教科图书共同标准》。前者再一次规定了教科图书的送审要求。[3] 后者提出了教科书应该达

① 毕苑：《中国近代教科书研究》，博士学位论文，北京师范大学历史系，2004 年，第 56 页。

② 大学院：《教科图书审查条例》，《大学院公报》第 1 卷第 1 期，1928 年。

③ 教育部：《教科图书审查规程》，《教育公报》第 1 卷第 1 期，1928 年。

到的 24 条共同质量标准，以此作为审查依据：

1. 关于教材之精神者

（1）适合党义；（2）适合国情；（3）适合时代性。

2. 关于教材之实质者

（4）内容充实；（5）事理正确；（6）切合实用。

3. 关于教材之组织者

（7）全书分量适宜；（8）程度深浅有序；（9）各部轻重适度；（10）条理分明；（11）标题醒目确切；（12）有相当之问题研究或举例说明；（13）有相当之注释、插图、索引等；（14）适合学习心理；（15）能顾及程度之衔接；（16）能顾及各科之联络。

4. 关于文字者

（17）适合程度；（18）流畅通达；（19）方言俚语摒弃不用。

5. 关于形式者

（20）字体大小适宜；（21）纸质无碍目力；（22）校对准确；（23）印刷鲜明；（24）装订坚固美观。①

审查教科图书的 24 条共同质量标准，乃我国政府自晚清以来颁布的第一个具体、明确的中小学教科书审定标准，该标准从精神、实质、组织、文字和形式 5 个方面对教科图书的审查做出了明确的规定，增强了教科书审定工作的客观性与可操作性，意义重大。

1932 年 6 月，教育部成立国立编译馆，这是一个集编、译、审图书于一体的学术机构。1933 年 4 月，国民政府正式公布《国立编译馆组织条例》，规定“国立编译馆承教育部之命得审查关于学校用之图书、标本、仪器暨其他教育学术用品”②。为了便利中小学教科图书审查，1933 年 10 月 17 日，教育部颁布了《国立编译馆办事细则》，规定国立编译馆按学科性质分人文、自然两组办事，分别审查相应的教科图书。该办事细则将中小学教科图书审查程序分为初审、复审

---

① 国民政府教育部：《审查教科图书共同标准》，《教育公报》第 1 卷第 1 期，1929 年。

② 国立编译馆：《国立编译馆一览》，南京：国立编译馆，1934 年，第 3 页。

和终审三环节，审查程序更为规范。

三、中小学教科书编审的国定制（1937—1949 年）

1937 年 7 月 7 日，日本帝国主义发动了全面侵华战争，中国全国性的抗日战争全面爆发。

抗战军兴，政府西迁，但各大书局除正中外，均未西迁，于是教科书的印刷运输都感困难，供应数量大为减少，以致普遍发生书荒，情势十分严重。残酷战争对动员民众的需求，对国民党试图通过控制中小学教科书的编纂与发行来更有力地推行其党化教育、实施思想统制提供了一次绝好机会。

1938 年 1 月，教育部改组，陈立夫出任教育部部长，主张由教育部统一编纂中小学教科书。同年 7 月，教育部在《战时各级教育实施方案》中明确指出，“教育部应成立各级学校各科教材编订委员会，先草订或修正各级学校各科课程标准，再依课程标准订定各科教材要目，以为选择教材及编辑教科书之标准”“小学教科书及中学、师范用之公民、国文、历史、地理教科书，应由国家编辑，颁发应用”。[①] 8 月，教育部公布《教科用书编辑委员会章程》，[②] 进一步扩充教科用书编辑委员会，强调委员会的职责是计划和实施小学各科与中学公民、国文、历史、地理等教科书及民众学校教科书之编辑。

自 1939 年开始到 1941 年止，小学国语、常识、历史、地理及初中公民、国文、历史、地理等主要科目的国定本初稿先后完成。1942 年 1 月，教育部将教科用书编辑委员会并入国立编译馆，扩大其组织，改设教科用书组，把已编成的各科国定本的稿本依照新颁修订课程标准，重新分别审查修改。并规定从 1942 年起，小学各科教科书及中学公民、国文、历史、地理四科教科书，各校一律需

① 中国第二历史档案馆编：《中国民国史档案资料汇编·第五辑第二编教育（一）》，南京：江苏古籍出版社，1997 年，第 28～29 页。

② 中央教育科学研究所教育史研究室：《中华民国教育法规选编（1912—1949）》，南京：江苏教育出版社，1990 年，第 85～87 页。

用国立编译馆所编之课本。[1] 1942 年 5 月 26 日，蒋介石下手令给陈立夫："现在各小学所用教科书是否由部自编，抑由各书局编订后经教育部审定发行，以后凡小学教科书应一律限期由部自编，并禁止各书局自由编订。"[2] 6 月 23 日，《教育部关于奉令办理修订小学教科书情形致蒋介石呈》中指出，小学主要科目之课本"已陆续交由正中书局制版，年内当可次第出书。……在部编教科书尚未完成、印刷数量不足供全国需要前，各书坊编印之教科书，经审定或核定者，暂拟准发行，以资救济，而免青黄不接。一俟部编课本准备充足，全国各地均能供应时，当禁止各书局自由编印，以杜操纵之弊，而收统一之效"[3]。国定教科书最初交由正中书局统一发行，但随着陆续编订的国定本教科书越来越多，而正中书局无力承担全国所有国定教科书发行供应之责，且其他书局对这一做法的批评越来越多，教育部只好于 1943 年 4 月，将部编教科书的发行权交给正中书局、商务印书馆、中华书局、世界书局、大东书局、开明书局、文通书局等 7 家书局联合组成的"国定中小学教科书七家联合供应处"，由该处统筹负责印行供应。5 月，"七联处"第一期国定教科书的供应启动，供应办法是统印分销，就是由 7 家联合供应处统计供应数量，集中印制，按照 7 家书局承销比例，分配给 7 家书局自行发行。这样，处于后方的教科书供应问题暂时得到了一定程度的缓解。为确保国定教科书进课堂，教育部对其他教科书进行了清除。1943 年 10 月，教育部再发训令，命令"国定中小学教科书各科各册出版后，各书局编印之版本一律停止发行""自三十三年一月份起，中小学各科各册教科书已有国定本者，各学校应一律改用国定本，所有各书局以前编印之版本，不论其尚在审定有效期间，或已过审定有效期限，或曾经核准发行，或尚未经审定者均一律停止发行"。[4]

一方面强制各学校一律采用国定本教科书，另一方面禁止各民间书局版本进入学校，中小学教科书制度完成了由全面抗战前的审定制到全面抗战期间的国定

---

① 魏冰心：《国定教科书之编辑经过》，《教育通讯》第 6 卷第 1 期，1946 年。

②③ 中国第二历史档案馆编：《中国民国史档案资料汇编·第五辑第二编教育（一）》，南京：江苏古籍出版社，1997 年，第 458、496 页。

④ 《教育部公报》第 15 卷第 10 期，1943 年。

制的转变。

近代中国遭受了太多的帝国主义列强的入侵，尤其是全面抗战初期，国民党军队溃败，汪精卫之流的投降主张影响了不少人。此时，急需应用一切手段，清除消极情绪的不良影响，统一抗战救国的思想。在民族最危急的时刻，教科书国定制在消除杂音、宣传抗战、传播国家抗战主张、提升民族自信心方面发挥了积极作用。某种意义上，国民政府教科书国定制之所以推行得比较顺利，重要的原因就是教科书国定制是时代的产物。毫不夸张地说，教科书国定制为抗战胜利涂写了浓重的一笔，具有重要的时代价值。

为了国家的安危，民族的兴亡，教科书国定制是能够被接受的；但如果为了国民党的“一个主义、一个政党、一个领袖”而强制实施国定本教科书，从长远看，就可能事与愿违，适得其反了。事实上，教科书国定制在全面服务抗战的同时，也成为加强国民党统治的工具，由此而带来的历史局限和效果上的局限使得它终究逃脱不了被历史潮流淹没的命运。

国民党推进教科书国定制的最终目的是实现执政党对教学内容的掌控，清除所有不利于执政党的言论和观念，打压共产党人和共产主义思想，张扬国民党统治集团意识形态，宣示国民党政权的合法性。此时，教科书国定制已经异变为维护“一个主义、一个政党、一个领袖”的国民党意识形态的重要工具。

教科书国定制还有效果上的局限。当时国民党强制推进教科书国定制，只允许使用一套国家编撰的教科书，以为这样就能够最好地传播“一个主义、一个政党、一个领袖”的意识形态，能够最佳地实现国民党统治的长治久安。他们没有认识到，恰好是自己寄予厚望的国定教科书未能有效实现其预期目标。教科书的国定意味着垄断，意味着缺乏竞争，最终只能导致单一化、模式化、僵化。国民党用自己的垄断性质的教科书不断削弱自己的思想根基，不断引起人们对“一个主义、一个政党、一个领袖”的逆反，也不断地为自己树立了知识界的批判靶了。教科书国定制严重偏离了自己的预期目标，正是看到国定教科书的局限与弊端，看到它并不是最佳传播意识形态的教科书，国民党内部的一批有识之士基于拯救国民党、拯救国民政府的目的，也站出来坚决反对教科书国定制。这些人中有吴稚晖，有胡适、任鸿隽，还有顾树森、陆殿扬等国民党大佬或知识界有影响力的人物。但蒋介石并没有醒悟，一直到教科书国定制伴随着国民党统治的结束而退出，到台湾后他还是坚持教科书国定制。这样做的后果是离预期目标越来越远，越来越引起广泛的不满，包括国民党内部的人。

第三节　革命与启蒙二重变奏：教科书内容特点

民国教科书的主体内容，不仅仅表现出以维新派和革命派知识分子共同担任主角的、以“开启民智”“新民救国”“三民主义”等为主旋律的内容系统，也反映了以普及科学、传授知识等为目标的科学救国的内容追求。所以它既有重在民主政治的思想启蒙内容，也有重在知识更新的科学启蒙内容。这些内容的体现，蕴含着一个广阔而深远的文明引入、知识扩张与进化的思想文化背景。所以早期教科书除了肩负时代所赋予的救亡图存的任务外，还有知识普及和文明导入的启蒙价值，有其自身的本体性意义和适应现代政治发展需要的教科书意识形态意义的目标。

但非常清楚的是，附加了政治使命的清末民国新式教科书内容的建设与确立，有一条暗线支撑或引领，那就是从启蒙到救亡到革命。赋予教科书之上的使命越来越重，政治宣传功能日益强化，而政治宣传又是讲究可见的当下效果的（比如抗战时期的教科书），于是宣传效果就不时地压倒甚至取代了教育效果，政治作用就不时地大于学生发展的作用。政治性的强化，莫过于直接编撰战时教科书、国防教科书、党义教科书、三民主义教科书等，恨不得教科书都用政治色彩浓厚的宣传册取代。用教科书之名，诉革命之语，写领袖之话，功利性比较突出。但是，教科书的发展有其自身的规律性和其本质功能，教科书毕竟不是战争、革命或其他极端政治的专用宣传品，它的本质功能是启蒙，是文化的传承，是科学的播撒。它启迪智慧，开阔眼界；它增加见识，去除愚昧。纵观清末民国教科书的发展，救亡与启蒙交互影响，也不时冲突，构建了我国近现代教科书发展的一大特征。

一、启蒙功能突出

学者葛兆光在谈到中华书局的历史作用时说："从 1894 年到 1911 年间，影响知识分子和整个社会最重要的变化之一是现代出版的出现，其与报刊一同形成了另外一套知识生产的系统，推动了中国从封建帝国向共和的转变，其中以改变了中国人整个知识结构的教科书影响最大，教科书是新知识深入到一般民众的很重要的途径。将中华书局存在的意义放到这样的大背景下来看，我们可以说，它是整个社会变化的一个重要推动力量。"① 葛兆光在这里提到了一个重要的事实，即教科书影响了近代中国人的整个知识结构，它在中国近代启蒙运动中做出了重要贡献。确实，教科书在传播新知识方面，在宣传民主自由思想方面都起了重要作用，如从地心说到日心说的变化、中国中心观念的纠正与澄清、夷夏观念的变化等。特别是早期教科书，普遍扮演着政治动员、思想启蒙和文化教育多重角色。它那眼光向下的启蒙宗旨，自下而上的启蒙策略，言文合一的语言手段，都推动了全民启蒙的发展，从而也推动了中国教育的近代转型。当然，思维变革的艰巨性决定了启蒙的重要性和渐进性，正如康德所说，"公众只能是很缓慢地获得启蒙。通过一场革命或许很可能推翻个人专制以及贪婪心和权势欲的压迫，但

---

① 庄建：《为了"立国根本"——写在中华书局百年之际》，《光明日报》2012 年 3 月 21 日。

却绝不能实现思想方式的真正改革”[①]。启蒙的渐进性在一定意义上决定了教科书难以替代的启蒙价值。

一般而言，中小学教科书的启蒙价值主要体现在现代民主政治方面的启蒙、现代科学文明的启蒙以及现代伦理启蒙等方面。

首先，教科书在民主政治启蒙方面的贡献。[②] 教科书是读者最多、对学生影响最大的文本，它在启蒙的地平线上撒播现代文明的价值甚至超过了那些思想家和改革家，它使民主政治由少数知识精英关注的对象转而成为浸润社会各阶层民众的普遍思想，冲击和改变着广大人民的既有观念。塑造国民新的世界观与价值取向的正是浅显易懂、绝大多数人都能朗朗上口的教科书，而不是大学者大思想家们深刻的高头讲章。或者说，能够认同这些大学者大思想家的观点的人都是从读教科书成长起来的。换言之，近代以来，民主政治思想之所以能够在数千年的以儒家为主的中国传统文化中打开一个缺口，这固然取决于民主自身的本质规定性，但也毕竟经历了一个颇为艰难的传播过程。而在这一过程中，小小的教科书起了重要作用。甲午以后，尤其明显。因为不论是民主革命思潮，还是君主立宪思潮，其所涉及的范围，均局限于社会的中上层，真正将西方近代民主思想普及到寻常百姓家的，既不是高深的理论著作，也不是显赫的革命家们的演说，而是众多的教科书及其小人物编作者。

现代政法制度是民主政治的主要载体，也是民主政治的基本内容，其核心特征是权力的分立和制衡，表现为立法、司法和行政的分工。早期教科书内容广泛涉及民主共和概念，不断宣扬现代政法制度。小学相关的课文常见有《国体与政体》《国体之别》《政体之别》《共和政体》《政党》《司法与行政》《共和国》《共和政治》《论专制政体之害》《共和国政治之精神》《守法》《法律》《司法》《立法》《宪法》《有关宪政之事》《行政》《遵守国宪》《尊重国会》《行政系统》《服从法律》《英国宪法之由来》《葡萄牙之革命》等。如《国体与政体》一课：“国

① ［德］康德：《历史理性批判文集》，何兆武译，北京：商务印书馆，1990 年，第 24 页。

② 石鸥、吴小鸥：《从有限渗入到广泛传播——清末民初中小学教科书的民主政治启蒙意义》，《教育学报》2010 年第 1 期。

体有二。曰君主、曰民主。君位世袭者，是为君主国。不置君位、由人民公举总统者，是为民主国。政体有二。曰专制、曰立宪。政权由一人一部独揽者，是为专制国。政权分为数部者，是为立宪国。立宪国之政权，大抵分为三部。立法属于议院。司法属于法院。行政属于政府。各有权限，一切以宪法为断。世界各国，有君主立宪，有民主立宪，各因其历史而异。惟君主专制，不过于今日之世界，几无复存者矣。”① 再看教科书如何写《自由》一课：“所谓自由者，即天赋之人权是耳。凡人之身体、财产、名誉、信教、言论、著作、出版、集会、结社、营业、家宅、书信等，苟非依法律，皆不得干涉其自由，此人民固有之权利也。虽然自由者，以不侵犯他人之自由为原则，若任情放恣，藉口自由，非特有损道德，拟亦违背法律，人苟以自由为贵，宜知自处之道矣。”②

中国历史上，臣民文化和官本位文化比较盛行，因而造成了大批心理畸形的臣民，结果就是公民自治意识和能力的孱弱。于是，为了变革传统君主专制政治，谋求中国的独立与富强，提升公民意识和政治参与水平以及自治能力就显得极为重要。当时开眼看世界的学者们很好地利用了教科书，对公民自治活动进行引导。《新制中华国文教科书》（初等小学）的编纂重点就是“注重国民常识以立国民参政之基础”③。

正是由于清末民初教科书将民主政治思想逐渐育于下层民众，并普及成为一种社会意识或价值观念，形成了山雨欲来的气氛，五四以来中国民众才会将民主作为近代新文化的核心观念加以追求和崇尚。

其次，教科书在现代科学理性启蒙方面的作用。④ “中国学术分科，主要是以研究者主体和地域为准，而不是以研究客体（对象）为类分标准；其研究对象主要集中于古代典籍涵盖的范围内，并非直接以自然界为对象；中国学术主要集

---

① 樊炳清、庄俞编：《共和国教科书·新国文》（高等小学，秋季始业第一册），上海：商务印书馆，1916年，第1页。

② 沈颐、戴克敦编：《共和国教科书·新修身》（初等小学，春季始业第8册），上海：商务印书馆，1913年，第11页。

③ 《中华教育界》第9卷第2期，1913年。

④ 石鸥、吴小鸥：《清末民初教科书的科学启蒙》，《高等教育研究》2012年第11期。

中在经学、史学及小学等人文学科，并非如近代西方那样集中于社会科学及自然科学领域。”① 而近代西方学术门类均有其确定的研究范围，是以特定的研究对象为分科标准的，对此，近代学者钱穆说：“西方学术则惟见其相异，不见其大同。天文学、地质学、生物学，界域各异。自然学如此，人文学亦然。政治学、社会学、经济学、法律学，分门别类，莫不皆然。学亦致用，而所用之途则各异。学亦求真，而无一大同之真理。”② 清末民初的教科书大量引入西方现代科学知识分类体系，文明书局于 1902 年就开始推出我国第一套现代科学分类的教科书。“四部”知识系统在教科书的科学理性启蒙大潮冲击下，不断解体与分化，逐渐被西方以近代学科的分类标准建构起来之“七科之学”新知识系统所替代。现代意义上自然科学各学术门类（数学、物理学、化学、地理学、地质学、动物学、植物学等）及人文社会科学各学术门类（文艺学、历史学、哲学、政治学、经济学、社会学、法学、伦理学、逻辑学等）相继创立。

随着教科书的海量发行，科学知识引入并迅速普及，现代科学学术范式逐步确立，“七科之学”已在很大程度上影响了人们的知识结构。伴随着科学与技术知识的实验的、分析的、辩证的、逻辑的等一系列方法被引入，极大地丰富了人们的思维层次，突破了传统的哲学思维模式。如果我们仅仅把从“四部之学”到“七科之学”理解为学术分科的取向不同，显然未中肯綮，而且无法揭示这一转变背后所隐藏的深刻的观念变革。在爬梳于故纸、求大义于微言的经学之风尚未根除的当时，面向自然、即物实测的主张无疑给人以耳目一新之感，而其严于实证与逻辑的要求，对不敢越圣训之雷池的经学独断论，则更是有力的冲击。清末民初教科书在中国近代社会所引起的震荡，已远远超出了科学的范围，它使人们逐渐明白科学知识是对已存在的客观事物的属性、结构及其规律性的反映，因而科学知识以合规律性为其存在的前提，概念、判断和推理是形成科学知识的思维形式。这使近代中国人的思维从 2000 年以来传统的经学形式下解放出来，用一

① 左玉河：《先秦分类观念与中国学术分科之特征》，《学术研究》2005 年第 4 期。

② 钱穆：《再论中国文化传统中之士》，钱穆：《国史新论》，北京：生活·读书·新知三联书店，2001 年，第 202 页。

个崭新的视角认识自然和社会。伴随着清末民初教科书的科学理性启蒙，使得一大群本来在故纸堆里“子曰诗云”的青年学子，曾几何时一下子竞相投身到另一块知识的新大陆上去了。曾经在绍兴府中西学堂就读的蒋梦麟回忆说：“我在中西学堂首先学到的一件不可思议的事是地圆说。我一向认为地球是平的。后来先生又告诉我，闪电是阴电和阳电撞击的结果，并不是电神的镜子里发出来的闪光；雷的成因也相同，并非雷神击鼓所生。这简直使我目瞪口呆。……过去为我们所崇拜的神佛，像是烈日照射下的雪人，一个接着一个融化。”① 这其中，最有价值的不一定在于他们相信了多少科学的结论，而是在于开始有了寻找逻辑、重视论证的热情，就是说，他们已经接受了科学理性的召唤了。这在当时特殊的历史环境中，在困难深重、民族危亡的紧要关头，意义非凡。在清末民初教科书启蒙作用下，中华民族向往、追求、坚持和弘扬科学理性，这是民族进步的象征。此后，科学理性逐渐转变国民思想、社会观念，从而达到持续影响和改造中国社会之目的。可以说，教科书的科学理性启蒙不断从精神上改变了近代中国时代的气氛，承载富国强民的希冀。正如胡适所言：“这三十年来，有一个名词在国内几乎做到了无上尊严的地位；无论懂与不懂的人，无论守旧和维新的人，都不敢公然对它表示轻视或戏侮的态度。那个名词就是‘科学’。……我们至少可以说，自从中国讲变法维新以来，没有一个自命为新人物的人敢公然毁谤‘科学’的。”② 清末民国教科书有效地提升了中国广大民众的认知能力和科技创新意识，增强了对科学技术知识的追求和对人类智慧的信心，恰如历史学家邓广铭对幼时读书的回忆，“这些教科书使我耳目一新，扩展了我的视野，也开拓了我的思路”③。

再次，教科书在现代伦理精神启蒙方面的贡献。④ 所谓伦理精神，是人的道

---

① 蒋梦麟：《西潮》，台北：致良出版社，1990 年，第 64 页。

② 胡适：《科学与人生观·序》，张君劢、丁文江编：《科学与人生观》，济南：山东人民出版社，1997 年，第 10 页。

③ 邓广铭：《追怀中华书局总编辑金灿然同志》，中华书局编辑部编：《回忆中华书局》（下），北京：中华书局，1987 年，第 188 页。

④ 石鸥、吴小鸥：《清末民初教科书的现代伦理精神启蒙》，《伦理学研究》2010 年第 5 期。

德理念以及精神世界的展示，是人类对自身生命秩序的调节，也是调节社会成员伦理关系、构建完善的社会秩序的基本价值准则。[①] 伦理精神主要关涉的是人与人、人与社会、人与自身的协调关系和一定社会整体发展的内在秩序体系，体现了在一定社会中的人们如何把握人生、如何调节人生从而促进社会发展的基本秩序。同时它又体现了一定社会中的伦理规范、伦理行为的价值取向，因而是一定社会或民族社会生活基本秩序及其伦理品性的生长过程。中国传统伦理思想源远流长，且以儒家伦理思想为核心，以三纲五常为经、以修齐治平为纬，表现出重群体轻个体、重私德轻公德等特点，个体的人在中国伦理传统中是没有地位的。1907年鲁迅的《文化偏至论》就提道，“个人一语，入中国未三四年”[②]，也就是说直到世纪之交，富有现代伦理精神的“个人”“人权”概念才开始在中国传播开来。

现代伦理精神最重要的是人。在中国漫长的封建专制制度下，“人”不是独立自存的个体，人的本质深藏于宗法伦理关系网中。现代伦理精神强调个体的人格尊严，认为只有当每个个体都能拥有自我生命独立存在的尊严，并能发自内心地去尊重他人生命存在的尊严时，这个社会整体才是一个真正有尊严的社会，一个浸染于现代文明的社会。因此，在清末民国教科书中，以“人”为中心的现代伦理精神启蒙缓慢而有效地改变着中国几千年的传统伦理思想。教科书从改造国民性的内涵出发，欲让“人”的“个体意识”逐步崛起，出现了“自信、自重、自立、自营、自利、自制、自治、自得、自由、自助、自尊”等一系列以“自”为主的课文，人权的基本内容（人身安全、生命财产和自由等权利）不断被突出。1912年商务印书馆在“共和国教科书”中声称要坚持“以养成共和国民之人格……注重博爱主义，推及待外人爱生物等事，以扩充国民之德量；注重国民生活上之知识技能，以养成独立自营之能力……”[③]。《普通教科书·新国文》（高等小学）则“注重道德法律，养成国民优美之人格。……注重国民生活上之

---

① 孙燕青：《社会主义功利主义：社会主义市场经济的基本伦理精神》，《现代哲学》1998年第2期。

② 鲁迅：《鲁迅全集》（第1卷），北京：人民文学出版社，1956年，第185页。

③ 商务印书馆：《编辑共和国小学教科书的缘起》，《教育杂志》第1卷第4期，1912年。

技能，以养成独立自营之能力”①。中华书局宣布要进行“教科书革命”，在其出版宗旨中将“人道主义”置于“政治主义”“军国民主义”之前，② 它的《新式高等小学修身教科书》的宗旨为“修炼品性，使知自重自动自治之道；使知己身所处之地位及应尽之责任”③。

在清末民初教科书肯定人的价值与权利、张扬人的个性与自由的启蒙中，一个以人为中心的时代一发而不可收。用郁达夫的话说：“五四运动的最大成功，第一要算‘个人’的发现，从前的人，是为君而存在、为道而存在的。现在的人才晓得为自我而存在了。”④ 人们之所以晓得为自我而存在了，之所以自主独立的个人应该从群体本位的归属系统中获得解放，教科书功不可没。

从严复的“新民德”到梁启超的“道德革命”再到陈独秀的“伦理的觉悟”，关注人权、个人、人的自然本质，高扬人的价值、人格尊严，追求平等自由的新的、现代意义的伦理精神的起步离不开教科书。

救亡图存是近代中国教育演变的原始动力，亦是近代教学内容发生巨变的思想动力，在这一涵盖民族生存危机、社会政治危机和传统文化危机的全面危机冲击下，近代进步知识精英逐渐认识到必须进行全民政治动员、思想动员和文化动员，加快实行知识普及推广运动，广泛唤醒民众，来一场从下到上和从上到下的大启蒙，才能应对危难之中的国家现实，实现救亡图存的迫切任务。而进行全民启蒙的最有效的手段是兴学校，最具体的利器是新式教科书，于是，学校起来了，教科书出现了，新思想、新知识也伴随着教科书进来了。最明显的表现，是教科书中大量政治民主、科学技术、现代伦理等新名词、新术语、新语句的运用。

清末民初教科书在引入新名词的速度上是最快的，在普及新名词及其蕴含的

---

① 谭廉：《普通教科书·新国文》（高等小学，第一册），上海：商务印书馆，1915年，“编辑大意”。

② 《申报》1912年2月23日。

③ 方浏生：《新式高等小学修身教科书》（第1册），上海：中华书局，1916年初版，1920年第37版，“编辑大意”。

④ 郁达夫：《中国新文学大系·散文二集》，上海：良友图书公司，1936年，第5页。

新思想新知识上又是最全面和系统的。教科书中大量政治民主、科学技术、现代伦理等新名词、新术语、新语句的运用，决不仅仅是极大地丰富了现代汉语系统，更重要的是丰富甚至改变了整整一代人的思想理念与知识结构。大量运用新名词，实际就是向国人输入与传播新思想新知识，这是真正的启蒙。只有大量引进和普及新名词，现代思想与科学才得以在中国广泛传播，中国文化也才能够超越自身缓慢的自然进化过程而加速完成向现代文化的转型。

此时，任何人都已经无法阻挡新知识的涌入，既然教科书这一道闸门已经打开。

民国教科书的启蒙历程，表现出微妙的两种基本的启蒙重点，一是思想启蒙，一是政治启蒙。这两种启蒙意识既受西方启蒙思想的重大影响，又各有其自身发展的中国化特点。五四时期及以前的教科书的启蒙更侧重于一种追求中国民主政治和社会现代化的思想启蒙追求，表现在对科学、民主的呼唤与倡导，当然，其中也包括了政治启蒙，只是对民主、自由、科学、理性的渴望始终是贯穿其中的主线。思想启蒙在 20 世纪 20 年代后期以后，逐渐发生了严重的异变，最终演化为政治启蒙。对科学民主的呼唤蜕变为巩固政权的宣传。教科书编作者由原来的自由知识分子为主，慢慢转换为以官僚知识分子为骨干，除了个别人如蔡元培、吴稚晖一直是跨越两个启蒙时期外，思想启蒙阶段的主力如陈独秀、胡适、杜亚泉、张元济、陆费逵等，不知不觉地被边缘化了，而陈立夫、叶楚伧、陈布雷、朱经农等人对教科书的影响逐渐增大。教科书的意识形态立场日益彰显。

二、强烈的民族主义色彩

在中国近代社会，救国图存的压力空前增加。知识精英中的一部分人直接以参与社会改良或革命为追求；还有一部分人则力求通过“新民德”“作新民”来造就一代新人，他们把希望寄托在教育上，寄希望于新式教科书，赋予了教育和教科书救亡图存、复兴民族的神圣使命。于是，我国现代教科书一产生，无可置疑地就将中华民族作为政治、经济、文化的主体而置于至上至尊的地位，所以，早期教科书多以国家主义、民族主义为强势，国家本位压倒了个人本位，救亡图存压倒了思想启蒙，对民族的忧患意识大大冲淡了终极的个人关怀。某种意义上可以说，由于民族的屈辱导致强烈的民族主义、激情主义的涌泻，使得民族独立成为当时的迫切任务，以致把启蒙、把人的个性发展放在不那么重要的地位。“民族主义”，也称作“本能的爱国主义”。它坚信要保卫民族的尊严、掌握民族发展的自主性。① 民族主义过于高涨时，容易被特定的意识形态利用，容易忽略民主自由的追求，正如阿克斯顿勋爵所说，“民族主义使民主无效，因为民主被一个认为是更高的原则（民族主义）所取代”②。

民国元年因教科书而引发的近代中国一次引人关注的中日外交交涉，就是作者邵伯棠利用自己编撰的教科书，揭露日本对中国的侵略野心和侵略行径，号召国人奋起反日。该教科书于 1912 年被日本驻华公使挑出来，把它作为仇日反日的典型，向中国外交部提出抗议，引发了第一次教科书中日外交风波。那么，是什么样的内容引起了日本的强烈反感呢？作者在书中写道：

彼以枪炮施之于我者，我以枪炮酬之；彼以血肉购之于我者，我以血肉易之；盖非此，彼将吓我侮我凌践我状虐我。彼亦国民也，我亦国民也，吾何畏彼之有哉……吾闻斯巴达小国也，其人民赴战，则口唱从军乐者也。日本岛国也，其人民之侠者，则以武士道自夸也。吾泱泱大国也，汉之时威慑西夷、唐之时臣服高丽，今之土地犹昔也，人民犹昔也，岂竟遂一蹶不振耶。吾以为此非他，实不尚武故。不尚武，故民气馁；民气馁，故重死而以国为戏。③

以一本小小的课本，竟然如此刺痛日本人，足可见教科书的意义了。当然，这也是教科书浓厚的民族主义的突出表现。

我国早期教科书中的民族主义色彩浓烈这一传统一直沿袭下来，到 20 世纪 30 年代，日本入侵中国后，国民中民族主义情绪高涨，“抗战教科书”“战时教科书”“国防教科书”开始进入学校，和其他教科书的抗日元素共同组合成了当

①② 林毓生：《认识五四，认同五四》，《读书》2009 年第 7 期。

③ 邵伯棠：《高等小学论说文范》（卷一），上海：上海会文堂书局，1913 年，第 5 页。

时教科书的抗战大合唱，再掀民族主义的高潮。

确实，晚清民国时期的教科书重视对西方文明的介绍与引进，旨在广开民智，培育近代国人的现代文明精神，开展知识普及运动，通过科学知识的引入，收到宣扬科学思想、破除迷信风气、消除愚昧观念的功效。但实事求是地说，当时文明知识的引进，蕴含着鲜明的思想性和重要精神导向，诸如养成爱国奋发之心、自强之想，最终指向图存救亡、新民救国的目的。正因为清末民国教科书是在中国面临被帝国主义列强瓜分的灾难深重的历史时期，也是爱国主义思潮迅速高涨的时代产生的，所以教科书必定会在宣传爱国主义、揭露帝国主义列强的侵略活动方面做出大量努力。

基于这一目的，早期教科书内容有若干值得注意的地方：

首先，比较关注中国自己的历史，希冀从源远流长而又灾难深重的民族记忆中得到历史的启迪，从中国内部汲取先祖成功的经验和失败的教训，为当下的民族危机寻求解决的策略和前行的动力。这主要通过教科书的两大主题内容展示出来：一是叙述中国历史大略，表彰历代圣贤豪杰，意在唤起民族记忆，突出民族立场；二是叙述近代中国衰败史和民族灾难史，即所谓国耻，以惨痛现实警醒国人。国耻教育几乎贯穿整个清末民国时期的教科书。

清末民初进步知识分子出于对国家危亡的忧愤、对国民精神麻木的焦虑，苦心竭力，上下求索，寻求良方。为宣扬革命救国的民族主义精神，唤起国人的民族自信，他们将眼光投向了本民族遥远的充满荣光的历史时空，复原或重构了一个个关于历代圣贤先哲、英雄豪杰的历史故事，这一大规模的民族历史叙事，意在唤起民族记忆，弘扬先祖荣光，重塑国民性格，再造民族精神，救中华于危亡之中。新式教科书被他们充分利用加入这一时代大合唱之中，苏武、郑成功等频繁出现在各种相关教科书中。

其次，大量引介西方历史中的爱国救国英雄人物与史实。新式教科书研创者从西方历史中精心选取甚至再造了关乎国家民族兴衰的重大事件和英雄人物，以课文的形式再现出来，以期警醒沉睡的国民，唤醒麻木的国人的灵魂，实现民族与国家的富强、复兴之梦。主题主要有三：新兴资产阶级国家的改革、革命和强国史；弱小民族国家的衰败史；反殖民统治的民族独立斗争史。这在国文教科书、修身和公民教科书以及历史、地理教科书中尤为突出。课文不时可见对华盛顿、拿破仑等外国英杰的赞颂文字。

总体上看，早期教科书比较成功地在年轻一代人中塑造了一套“国耻”“国家”“民族”“侵略”“反侵略”的爱国话语体系，集中反映了当时的知识精英的思想主张和强国愿望。它从内容到形式，从编创手法到话语修辞，都服务于特定的救国图存、振兴中华的需要。早期教科书是旧中国民族思想和意识形态的教育具象，它把民族主义意识形态推向了前所未有的极端。

应该承认，当教科书过度服从于、服务于政治目的之后，教科书的启蒙精神就会消减，科学的、个性的、人本身发展的声音就会沉寂。而政治性过强、启蒙功能完全消失的教科书，最终又是无法持续生长的，是达不到预期效果的，这是清末国定教科书、袁世凯国定教科书以及国民党国定教科书最终一定会黯然退出舞台的重要教训。好的教科书制度一定要平衡二者的关系，达到既宣传特定的信念、理想或主流意识形态，也传播人类先进文明的双重目标。对意识形态性和启蒙性二者关系的处理将是教科书要面对的重要挑战。

三、文化传承与创新并重

人类的教育就是要传递与延续人类文化的精华，而教科书在整个学校教育中居于核心地位，体现主要的课程内容和教学思想，是教育发挥功能的主要凭借物，它的出现正是基于人类文化传递与传播的需要；教科书作为人类生活阅历、实践经验、内心体验、思想情感、精神追求等一切文化现象的载体在教育中发挥着重要作用。

（一）教科书对传统文化的传承

如果有人说，新文化运动与五四运动时期曾经与传统文化有过一定的断裂，那么在教科书发展过程中，似乎看不出明显的断裂。它不像那些激进的学者，尽管它倡导白话文，最终使用白话文，但它并未完全消灭文言文，教科书中还是有意保留了一些文言文内容，尤其是一段时间还保留文言文教科书。教科书的性质决定了它是主流文化的代表者，是文化主体的反映者、体现者。新旧教科书之分是存在的，但并不是一方对另一方的彻底否定。新教科书对传统教材的否定或改进主要在大众化方面，在更好地引入现代内容与方法培养人启蒙人方面，在更有利于教学方面。教科书无法否认自己对主流文化的传承功能。

晚清民国时期的教科书不可能全盘否定传统文化内容，也不可能全盘吸收西方内容，即便是政权的变动或更替，也不可能完全割裂教科书知识的完整性和系统性，尽管它们有时以激进的方式拥抱西方文明，使教科书出现了许多新的内容和新的要素。这也许就是当时的教科书作者往往不是激进的革命者的原因吧。教科书作者似乎多倾向于保守、平稳、新旧兼顾、中西结合，注重传统文化的改造与传递。

1. 传承爱国主义文化元素

教科书的文化传承功能在通俗意义上说就是选择什么内容，就是教师教什么，学生学什么。文化是靠传递与传播而保留与延续的，传递与传播文化的最重要的工具是教育，尤其是教科书。教科书让文化的某些部分得以强化，得以传播；教科书让文化的某些部分屏蔽在教育之外，在儿童之外，在年轻人之外，就是让人们遗忘，就是让年轻人不知道。无法进入课本的文化面临极大的被边缘化的风险。比如我国教科书所传承的一个重要文化元素即爱国主义，历代教科书中爱国主义成分一直非常重。只是爱国主义作为一个历史范畴，具有鲜明的时代性，其内涵伴随着社会变革不断充实、丰富。

清末教科书中的爱国主义重在救亡图存的思潮指导下，强调热爱中华民族并逐步塑造近代国家观念。这个时期教科书的爱国主义内容很少涉及国家领袖，多涵盖国家建设，“壮丽山河、辉煌历史、灿烂文明”以及“团结与统一”等领域。其中以“历史故事”的课文为最多，这些历史故事包括荀灌突围救城、木兰从军、张骞出塞、苏武牧羊等，多为描述我国古代历史上热爱自己国家和人民的英雄儿女的故事，以激发学生的国家认同感与民族自尊心。

民国成立到全面抗战前教科书中的爱国主义则注重培养民众对民国、国民党以及孙中山、蒋介石的热爱。笔者初步统计了13套小学语文教科书，共有课文2 815篇，其中有538篇是有关爱国主义的课文，占所有内容的19%。教科书中体现了诸多有关民国国情的内容，包括国情、国歌、中华民族、民国建国史、疆域情况等，用以树立、强化人们的国家、民族意识。另一个特点是本阶段教科书所认同的爱国主义内容中大幅度增加了对领袖人物的歌颂。小学语文教科书中歌颂国内领袖的主人公多是孙中山。几乎每一套小学语文教科书都有大量关于孙中山的文章，从孙中山儿时树立远大志向、拥有美好品德与广博见识，到孙中山为我国革命事业努力不止、奋斗不息的事迹，再到孙中山关爱民众、和蔼可亲的形象，再到孙中山的逝世让人们悲痛不已，使我国蒙受损失，人们前往孙中山故居或者设立纪念场所对其进行悼念与缅怀等。如《孙中山先生敢问先生》《孙中山先生不怕海盗》《孙中山先生的革命战术》《中山先生和老士兵》《总理逝世纪念》《在孙中山先生遗像之前》等课文，都表达了对领导我国由封建帝国走向民主共和国的孙中山先生的崇敬与热爱。教科书有意识地把爱国与热爱国家领袖人物等同起来。

全面抗战时期的教科书中的爱国主义则以救亡图存、抗击日本入侵、寻求国家独立为主流。抗战时期教科书中出现最多的是“抗争”层面的“御敌卫国、救国救民、抵御侵略、保家卫国”等内容，其中“军民抗战、爱国运动”的内容非常多，包括直接描写战争事件，用直观的战争场面震撼学生心灵，激起其爱国、报国之志，如《保卫武汉》《夜袭》等。也有描写战场上战士们以及百姓不怕牺牲、英勇抗敌的光辉事迹的，如《爱国的孩子》讲述儿童帮助本国军队对抗敌人最终牺牲的故事，此类课文还有《不屈服的孩子》《不畏强暴的孩子》《侠义的孩子》等，皆是描写小英雄的抗敌故事；《卫国的男儿》《闫海文烈士》《荣军之父》《八百壮士》和《百万无名英雄》则是描写国内外战士面对敌军奋勇抗争直至牺牲的事迹。还有通过战士和亲属的信件往来，表明战士们面对国家危亡，宁可牺牲小我，也要战斗到底的决心与牺牲精神的，如《千里辞母》《从军别母》《空军之母》等。还有号召儿童加入爱国组织，用储金救国、使用国货、抵制洋货等方式，从经济上帮助国家，支持抗战的，如《储金救国》《少吃糖果》《乡下人最爱国》《爱国儿童团》等。

2. 传承孝文化元素

爱国主义文化是我国教科书发展历程中一直注重传承的一个重要文化元素。另一个一直贯穿百年教科书中的文化元素是孝文化，孝文化成为教科书传承与传播的又一个重要文化元素。

传统中国社会，是植根于孝道之上的社会。传统中国文化在某种意义上，也可称为孝的文化。孝文化是中国文化的特色、儒学的核心与根本。孝是各种家庭观念中出现最早的伦理道德范畴，经过漫长时间的演变，关于孝的伦理演变成一套完整的理论。孝道体现出中国传统伦理始于家庭而伸展向社会、始于私德而扩展为公德的特点。[①] 孝有狭义和广义之分。狭义的孝是指子孙对父代和祖先的感情和相应的行为表现。广义的孝既指作为家庭伦理的孝，也泛化为社会伦理和政治伦理的孝。孝具有亲戚性外延、社会性外延和政治性外延的特点。在我国历史上，一直有将君比作父，臣民比作子，君臣关系比为父子关系的。天下臣民奉事天子应该像儿子侍奉父亲一样敬爱与尊崇。子孙对父祖的敬爱、尊崇，叫作“孝”；臣民对君主的敬爱、尊崇，称为“忠”。臣民应以对待父母那样的“孝”心去忠诚于君主。“资于事父以事君，而敬同”，“以孝事君则忠”。君民的关系好坏影响一国的兴衰与成败，所以孝文化在我国传统中一直被高度重视。我国古代蒙养教材中就有大量的孝文化内容，如《小学》《三字经》《弟子规》《小儿语》《幼学诗》等。这一传统在近现代教科书中以不同方式体现出来。

晚清教科书非常突出传统孝文化内容。1904 年，张百熙、荣庆、张之洞在《重订学堂章程折》中提出：“至于立学宗旨，无论何等学堂，均以忠孝为本，以中国经史之学为基，俾学生心术壹归于纯正，而后以西学瀹其智识，练其艺能，务期他日成才，各适实用，以仰副国家造就通才，慎防流弊之意。”《学务纲要》第五条规定：“此次遵旨修改各学堂章程，以忠孝为敷教之本，以礼法为训俗之方。”[②] 晚清最有影响的商务印书馆的《最新初小国文教科书》10 册共 600 课，

---

① 岳崇国：《中西孝伦理比较》，《改革与开放》2009 年第 12 期。

② 刘英杰主编：《中国教育大事典（1840—1949）》，杭州：浙江教育出版社，1993 年，第 1 页。

其中关于孝文化的篇目约有48课，占总课数的8%。这里关于善事父母的篇幅是最多的，有《孝子》《父母之恩》《劝孝》《乌》《燕诗》等课文。上海会文社印行的《女子初等小学堂用修身教科书》，第一册共20课，全部是描述各种贤良淑德的女性形象。当然，在这众多的女性中，除了其他优良美德外，秉持孝的观念的女性尤其多。首课以《孝行》开端，道“百行中　孝为始　乌反哺　羊跪乳　人为万物灵　禽兽尤如此　谁非父母生　本不分男女”，并辅以图：乌有反哺之义，羊有跪乳之恩。其他课文中，无论是“投水寻父死”的孝女曹娥，还是“上书赎父”的缇萦，无论是“代父去从军”的木兰，还是“救父于虎下”的杨香，无一不是孝顺的好女儿。

民国成立到全面抗战前的教科书中的“孝”则有了新的变化。从数量上看，此时课本中出现的有关孝文化的内容要比以前减少了一些，内容上也有所侧重。一些封建意义的亲孝的榜样有所剔除，如“二十四孝”中的一些愚孝主人公内容不再出现，仅仅留下了“孔融”“木兰”形象。这个时期（包括晚清教科书）父母的形象永远都是“父外出，母在家”，所以教科书内容大量涉及的是母子关系，传达伟大的母爱，以此昭示孝道的必然。“临行密密缝，意恐迟迟归”，灯下为儿缝衣的总是母亲；“我母亲，坐几前，取针穿线，为我缝衣”（《共和国教科书新国文》第二册第二十二课）；“今夜天寒，浓霜满瓦，母缝寒衣，夜半未眠”（《订正女子国文教科书》第二册第四十课）；“夜来冷，母不眠，缝儿衣”（《中华新国文》第一册第四十四课）。从春天到冬天，从严寒到酷暑，多少个夜晚，在微弱的灯光下，母亲们用几千年的线穿过一辈子的针眼，为儿女缝缀栉风沐雨的布衣华服，使其知寒知暖。缝上的是丝线，穿上的却是母亲对子女的爱心，格外温暖。教科书中的母爱永远打动着孩童们幼小的心灵。

此阶段国民党三民主义教育得到强化，孝的元素仍然非常显眼。1929年4月26日，国民政府公布了三民主义的教育宗旨，并规定八条实施方针，其中关于普通教育方面，“须根据总理遗教，以陶融儿童及青年‘忠、孝、仁、爱、信、义、和、平’之国民道德，并养成国民之生活技能，增进国民之生产能力为主要目的”[①]。1931 年 9 月，《三民主义实施原则》中的初等教育课程纲要规定，“应以三民主义重要的观念为编订全部课程之中心，应注重伦理知识及实践，以助长儿童忠孝仁爱信义和平之德性”。这在教科书里必然得到反映。进入全面抗战后，孝文化在教科书中的反映更多地集中在大义凛然、保家卫国方面。孝顺父母、做个听话的好孩子之类的课文所占比例不如从前。但替父从军、忠孝两全的木兰形象却日益高调，几乎每套小学国语教科书中都会出现。抗战时期，特殊岁月，孝顺父母不再是在他们跟前陪伴，而是上战场前线，保卫国家，给父母争光。狭义上的孝已经被广义化，孝的本义已经被演变，家庭内部的孝已经转变成政治上的忠君与爱国。《好男儿当兵去》《从军别母》《卫国的男儿》《模范的母亲》《荣军之父》及《空军之母》等课文都蕴含了这种思想。“母亲回头见！孩儿从军去！请您莫思念！孩儿上前线，是为祖国战，祖国被敌侵，御辱要争先。……拼死沙场上，忠孝难两全。”（《高级小学国语》第三册第五课《从军别母》）这首诗歌表达了儿子对母亲的挂念，在忠孝之间，既选择了忠，就不能孝养母亲，要去前线誓死保卫国家。卫国的男儿“即将上前线，所能想到的只有为中华民族战死在沙场的一念，别的我什么都不想了，连您我也不敢想了，亲爱的母亲！”（《高级小学国语》第三册第六课《卫国的男儿》）。母亲应该不会伤心，“而且应当引以光荣”。母亲在给儿子的回信中提到“父母养育子女是希望子女早些成人，能反哺报恩”，“像这样的父母，并不是现代的父母，他们的爱子女，也不是真正的爱子女，完全是为着他们自己的利益”。父母会以儿子去前线打仗或是战死沙场为豪，此时的孩子不再仅仅属于一个家庭，而是属于社会、属于国家。孩子会因不能陪伴父母、服侍照顾父母而自责，但在选择上前线杀敌时却从不犹豫。教科书中标榜的这些内容，实则是教育孩子们，上前线抗敌甚至为国捐躯都应在所不辞，孝文化已经具有浓厚的爱国主义色彩了。

（二）教科书的文化创新功能

教科书在传承、传播文化的基础上也在创新与更新着文化。新思想新文化只

① 刘英杰主编：《中国教育大事典（1840—1949）》，第 4 页。

有通过教育、通过教科书才能普及，才能制度化，才能被大众所接受和认同。比如早期激进知识分子大力鼓与呼，倡导白话文，而白话文的真正胜利是教育部在20世纪20年代初要求所有教科书使用它，学校运用它。只有这时，白话文才能成为全民通用语言文字。

教科书所承担着的引进、创新文化的功能，在早期主要是通过教科书引进外来的文化。费正清在他的《剑桥中国晚清史》导言中指出："虽然历史学界关注的中心问题，每代各有不同，但就中国近代而言……一个需要阐明的重大问题就是外来影响的程度和性质。"① 而外来影响，不论是程度、范围还是性质，都离不开教科书。伴随着教会学校、洋务学堂以及新式教育的发展，在传承古老文化的同时，承载着全新文化的现代教科书发展起来。教科书在传承文化、引进、普及与创新文化中扮演着其他任何文本都无法替代的角色。

首先，教科书在传承文化的过程中实现对文化的创新。作为文化传承的工具，教科书的一个最重要功能就是传播其所选择整理的先进文化，实现文化传承效率的最大化。教科书在传承人类文化的过程中，从来不是对已有文化的简单复制，而是通过对文化的选择、整理、改编、统合，赋予已有文化新的意义。文化是历史发展的产物，优胜劣汰是文化发展的基本规律和必然要求。教科书的文化选择也是取其精华、弃其糟粕，只有维持社会稳定、促进社会发展的文化，才会被保存在教科书当中。同时，教科书编撰者还会根据自身的经验和认知，按照现代的价值观和文化条件，重新界定该文化的价值和意义，有时甚至会发现该文化所蕴含的新价值，而文化的某些原有意义也可能在这个过程中逐渐消失。如：清末民初的女子教科书体现出强烈的现代性特征，除了传统的伦理道德内容外，女子教科书中有关读书、参政等内容开始出现，因为这些文化元素是符合当时社会文化发展方向及社会的统治阶级对培养"新式贤妻良母"的女性需要的，可见，教科书编撰者们是在选择、概括、提炼传统文化元素的同时，结合当时社会新的文化元素，如民主政治、科学技术知识和公共卫生常识等来重新建构的。另一方

① ［美］费正清编：《剑桥中国晚清史》（上卷），北京：中国社会科学出版社，1985年，第32页。

面，教科书在选择、传播文化的过程中，会因融合、汇总本土文化与外来文化，使原有文化发生性质、功能等方面的变化，衍生出新的文化要素。这些新的文化意义或文化要素往往会成为文化创造和革新的萌芽。如女子教科书作者所塑造的“花木兰”形象，抛却了传统的孝顺元素，在西方女权主义思想影响下，视其为民族英雄，就是女子教科书文化创新功能的一种体现。

其次，教科书的文化创新还通过培养创造性的文化主体来实现。教科书作为文化的客体，其最重要的作用莫过于对教育对象——人这一文化主体进行培养，“任何文化知识的传授都不能仅仅局限在前人已取得的成果上，而应当着力去复现人类取得成果的过程中所呈现的永远创造进化的生命之流”①。人是文化创造的主体，教科书有组织有系统地将人类文化传递给当时的学生，使之具备进行文化更新和创造的基本知识，同时，教科书中所蕴含的创新意识与创造精神，都可在一定程度上激发学生的文化创造潜能，为其进行文化创新提供原动力，促使他们成为创造性的人才。②

最后，最直接的教科书创新就是引进新的文化元素，包括域外其他民族文化元素。比较典型的如早期教科书对西方科学文化的引入。③ 19世纪下半叶以来，西学进入中国，科学出版物纷纷出现，但科学的传播却非常缓慢。④ 这一现象一

---

① 朱谦之：《文化哲学》，上海：商务印书馆，1935年，第14页。

② 刘景超：《清末民初女子教科书文化传承与创新之研究》，博士学位论文，湖南师范大学教育系，2014年。

③ 石鸥、吴小鸥：《清末民初教科书的科学启蒙》，《高等教育研究》2012年第11期。

④ 傅兰雅写道，1871年以来，江南制造局出版了98种译作共235卷，但到1880年，只售出了31 111部，出售情况不好。比如《克虏伯炮说》（1872）在9年之内只售出904部，《防海新论》（1871）在9年里售出1 114部，《运规约旨》（1871）8年之内售出1 000部，《代数学》（1873）7年里只售出781部，《开煤要法》（1871）9年之内只售出840部。［见傅兰雅：《江南制造局翻译西书事略》，张静庐辑注：《中国近代出版史料》（初编），北京：中华书局，1957年，第21～25页。］又据傅兰雅报告，益智书会14年中编辑出版西书50种74册，审定合乎学校使用之书48种115册，到1890年，这些书一共印刷约3万余册，仅售出一半。（见王树槐：《基督教教育会及其出版事业》，林治平编：《近代中国与基督教论文集》，台北：宇宙光出版社，1981年，第199页。）那就是1.5万册左右，平均每种每册的销售量非常低。即便如此，这售出的有限的书也主要集中于一些热心西学的知识精英。如康有为在1882年访上海时购买了制造局的全套书籍；梁启超在1890—1892年购买了制造局很多书籍和《格致汇编》，并据此撰写与修订出版了《西学书目表》；谭嗣同1893年到上海时购买了很多科学译作。见［美］本杰明·艾尔曼：《中国近代科学的文化史》，王红霞、姚建根、朱莉丽等译，上海：上海古籍出版社，2009年，第180～182页。

直到 1904 年第一个现代学制颁布后才被终结，新式学堂的大量出现，导致新式的科学教科书海量增长。而当承载着科学新思想新学说的教科书成为海量读物被传阅之后，西方现代科学知识及其结构体系才逐渐被中国人所接受，科学巨大的影响力才终于迸发出来。此时，科学知识如开闸之水，在中国势如潮涌。一旦教科书拥有了遍及城乡的海量受众群体，真正大规模介绍和推广西方科学的工具就非这小小的教科书莫属了，恰如美国教授任达（Douglas R. Reynolds）所说，“在各类翻译材料中，对中国思想及社会最具渗透力和持久影响的莫过于教科书”①。教科书在新术语、新知识、新表达的大众化、普及化方面发挥着不容忽视的作用。无孔不入的新术语、新知识、新表达不断地渗透、濡染以及正式地进入课堂的教与学，从而深刻影响了人们的语言面貌、认识水平和思想理念，达成了文化思想创新的目标。在这一发展过程中，早期教科书促进了中国学术由“四部”之学到分科之学的转型，推动了中国科学由格致到科学的转变，加强了学术术语的规范和统一，推进了科学方法的确立，引介了科学常识和现代文明。教科书自身也在这一过程中不断改造和完善自己，走向现代化、正规化、范式化。

教科书引进新的文化元素方面，比较典型的还表现在对政治民主思想与制度的引入。如前所述，教科书使民主政治由少数知识精英群体关注而成为浸润到社会的各阶层民众的普遍思想，冲击和改变着人们的既有观念，塑造着国民新的世界观与价值取向，实现其在有效引领社会发展的方向上的基础性影响作用。

承载着新思想新学说的书本只有成为海量读物，被海量阅读之后，其巨大的影响力才能迸发出来。早期书籍的获得很不容易，一本小课本，也许是家里最珍贵的甚至唯一的书本（我们收藏到不少手抄本教科书就是明证），它的影响恐怕早就超越学生而及全家乃至家族成员。除了教科书，人们很难找到其他开启民智、了解公共信息的途径。教科书为当时的学生和民众同外部世界的联系提供了纽带，同时也帮助他们形成了对世界的认识。教科书一课一课、一页一页地把这个世界以不同角度（如历史的、地理的、文学的等）展示出来，一批又一批的孩

① ［美］任达：《新政革命与日本：中国，1898—1912》，李仲贤译，南京：江苏人民出版社，1998 年，第 132～133 页。

子就是手捧着这小小的课本成长起来的。

第四节　传承与借鉴相辅而行：教科书编撰形式特点

教科书与人类其他文明一样，通过积累和传播而得到发展。从最初翻译外国教科书，到国人自编教科书；从以封建伦常、道德乃至性命之学为主要内容的教科书，到注重从儿童日常生活等方面取材的教科书；从文言文教科书，到白话文教科书；从初始没有标点符号和插图的不够完善的教科书，到自成体系、日益完善、适于教学的教科书……中国教科书是在重视汲取中国传统教材精华和积极吸纳域外教科书的现代元素的过程中逐步走向现代化的。

一、重视汲取中国传统教材精华

中国传统教材在编撰方面的最大特点或精华之处就是表达的韵语化，读来朗朗上口，抑扬顿挫，悦耳动听，便于诵读，便于记忆。即便不懂内容，也往往能够倒背如流。《三字经》《百家姓》《千字文》等教材就是典型。就此而言，传统教材抓住了教科书这一文本的一个独特要求。

教科书是特殊的文本，多数文本不一定是也不要求是读出声来的作品（诗歌等除外），而如果是教科书文本，特别是初等教育阶段的有些教科书，如语文，它就必须是既能够默读，又能够而且也要求不断读出声来的作品。更确切地讲，教科书是有声响的文本，教科书的这一特性使得其由可读性转变为可诵性，要便于诵读。[①] 中国的传统蒙学教材就是很好的有声响的文本，易于稚童朗读，它以一种奇特的声学效果或音韵美，像一串清脆的珠子洒落于地，让孩子在不知不觉中记于心间，永难忘怀。从这个角度来看，《三字经》是符合儿童某些心理特点的，儿童“多记性，少悟性”，性格活泼，喜唱爱跳，喜欢集群，所以“儿之有知而能言也，皆有歌谣以遂其乐，群相习，代相传”。[②] 《三字经》是三言韵语，《千字文》是四言韵语，便于放读，便于放唱，而且便于集体诵唱。

清末民国教科书在发展过程中，普遍比较关注这一点，汲取其精华。比如清末民初广东教科书编撰第一人陈子褒，他的教科书的重要标准就是“务使童子有耳顺之乐”，这就是尽量使用口头语、韵文，使读来如同歌谣，朗朗上口，易读易记。[③] 他编撰的教材基本上都是韵言式的呈现，模仿《三字经》，模仿《千字文》等，以三言、四言、五言为主，发扬了传统教材朗朗上口的优势。如三字韵言教材：“早起身，下床去。先洒水，后扫地。开门窗，抹台椅。洗完面，入学堂。见先生，要叫声。坐书位，即读书。读熟书，又写字。”[④] 又如四字韵言教材，四字一言，句末押韵，易于朗读，通俗易解。《劝妇读书》一课：“人与兽别，只在知识。知识何来，读书始得。……家家明理，人人有德。风俗人心，转移可必。妇人妇人，读书亟亟。”[⑤] 再如五字韵言教材：“海阔从鱼跃，天空任鸟飞。束装游外国，眼界异前时。山水处处别，禽鱼种种奇。丈夫有远志，切勿作乡愚。”“饮茶能解渴，食饭能止饥。若欲晓道理，如何不读书。”[⑥]

20年前，台湾80岁的老人任真汉著文回忆商务版早期教科书时说：“商务馆的教科书，确实更易上口入脑，‘天地日月，山水土木，父母子女，井户田

---

① 石鸥：《论教科书的基本特征》，《教育研究》2012年第4期。

② 《小儿语》（丛书集成初编），北京：中华书局，1985年，第1页。

③ 石鸥、廖巍：《音韵、通俗、针对性：教科书特色三要素——由陈子褒课本看教科书特色》，《教育科学月刊》2015年第7期。

④ 陈子褒：《妇孺三字书》，1900年。

⑤ 陈子褒：《幼学妇孺韵语》，1890年。

⑥ 梁如松：《陈子褒和卢湘父的几种启蒙课本》，新会县政协文史组：《新会文史资料选辑》（十七辑），1984年，第2～4页。

宅'，虽然也似千字文体，但逐课发展，生动有趣。"① 到了 20 世纪 20 年代，韵文方式更为突出。如《新学制国语教科书》第一册第四十课："猫欢喜，一只老鼠到嘴里。狗欢喜，两根骨头丢下地。鸡欢喜，三个小虫一把米。羊欢喜，四面都是青草地。人欢喜，五个朋友在一起。"② 世界书局的《初级国语读本》课文也多为韵文，例如第一册第三十三课："老猫老，小猫小，不要跑，不要跳，只要咪咪叫，老鼠吓得逃。"又如第二册第十五课《小蚂蚁》："小蚂蚁搬米，搬到小洞里。你吃一粒米，我吃一粒米。蚂蚁蚂蚁，我要问你：你们吃了米，心里欢喜不欢喜?"③ 读来很有韵律感。民国时期教科书注重诵读，可以视为是从中国传统教材中汲取的精华。

二、积极吸纳域外教材现代元素

"三百千千"等我国传统蒙学教材读起来确实朗朗上口，易于儿童记诵，这是它们在编撰方面最大的优点。但是因为内容艰深，除了少数学生悟性强或遇上好教师或自己成长后逐渐体会到其核心意义外，很多学童并没有理解这些内容，跟着先生糊里糊涂地读，糊里糊涂地喊，也糊里糊涂地告别学堂。

我国传统教材的不足是较少考虑学生的身心特点，不但学生难以理解，而且也没有考虑教师如何教的问题。如：教学目标是什么？最适合哪个年龄阶段的学生？具体多少课时合适？需要做什么样的准备（如教具和学具方面）？采用什么样的方法更适合？这一系列的问题在传统教材中几乎都不涉及，全靠教师自己摸索着教，也全靠学生摸索着学。《三字经》的"人之初，性本善"，《百家姓》的"赵钱孙李"，《千字文》的"天地玄黄，宇宙洪荒"，字义深奥，艰涩难读，除了便于上口，儿童只知道背诵外，他们压根儿就不明白其中含义，头脑里一片茫然。学童们对教材的恶作剧就是典型体现，历史上留下的童谣就是例证。如对

---

① 李良品：《商务印书馆近代国文（语）教科书的编写特征及启示》，《教育评论》2007 年第 4 期。
② 李良品：《商务印书馆近代国文（语）教科书的编写特征及启示》。
③ 魏冰心：《新学制小学教科书·初级国语读本》，上海：世界书局，1925 年。

《百家姓》，学童们把它变成："赵钱孙李，隔壁打米"，"周吴郑王，偷来换糖"；将《三字经》前几句变成："人之初，性本善，烟袋锅子炒鸡蛋"；把《论语·颜渊》中的"君不君，臣不臣，父不父，子不子"改为"君不君，程咬金；沉不沉，大火轮；浮不浮，大豆腐；紫不紫，大茄子"。学童们对传统教材的反感与对立情绪可见一斑。[①] 萧乾在回忆儿时的教育时说："每个学生面前都摊着一本'四书'，好像解闷似的，从早到晚我们就扯着喉咙唱着经文。……老师动不动就用烟袋锅子敲我的脑袋，板子也越打越重。说是'大学''中庸'，打得屁股哼哼。"[②] 袁枚的《随园诗话》中有一首诗："漆黑茅柴屋半间，猪窝牛圈浴锅连，牧童八九纵横坐，天地玄黄喊一年。""天地玄黄"是《千字文》的开篇话，这里意指传统的教材。胡适回忆说："字字句句都要翻译才能懂，有时候翻出来还不懂。例如《三字经》上的'苟不教'，我们小孩子急起来只当是'狗不叫'，先生却说是'倘使不教训'。又如《千字文》上的'天地玄黄，宇宙洪荒'，我从五岁时读起，现在做了十年大学教授，还不懂得这八个字究竟说的是什么。"[③]

从外国人的眼光来看，这些教材在形式上更是十恶不赦。1860 年来华的英国传教士麦高温（John Macgowan）以局外人的身份对当时中国传统教材一针见血地批评说：

中国的课本，也许是学生手中最枯燥、最陈腐、最古怪的东西了，书的作者恐怕从来就没有考虑过学生们的兴趣爱好。书的内容因单调而显得死气沉沉，既缺幽默又少机智，它们最大的"功劳"似乎就在于从来不会在孩子们那活泼爱笑的脸上增加一点儿轻松。西方人一般是从"猫""狗"之类的词开始他们的学习的，这种方法，在这个国土上的学者和圣人们看来，确实是太幼稚了，因而是不可取的。中国人采取的教学方法是让八九岁的孩子去读一本写有深奥伦理观点的书，由此开始他们的学习生涯。这本书名叫《三字经》……中国的小学生真是太可怜了。从书中他得不到快乐，只有无休止的灌输，努力把那些印刷得糟糕透顶

---

① 张梦倩：《中国传统童谣研究》，太原：山西教育出版社，2012 年，第 296 页。

② 辅仁大学校友会编委会编：《风云录》，北京：北京师范大学出版社，1985 年，第 129～130 页。

③ 胡适：《慈幼的问题》，欧阳哲生编：《胡适文集》（第四卷），北京：北京大学出版社，1998 年，第 644 页。

的文字留在记忆里。而这些东西未必与日常生活有多大关系。孩子们那一张张古板没有神采的小脸总是显得严肃而镇定，仿佛笑声、嬉戏与微笑对他们而言是一种犯罪，是他们不应该有的……事实上，中国人总是为成年人着想，两千年来没有哪位作家为孩子们写过什么。[①]

正是认识到传统教材的不足，清末民国时期的教科书进行了比较彻底的变革，这种变革的方向某种意义上来自西方教科书，是向域外教科书学习的结果。人们在传教士编写的教科书中，在引进、改编日本和欧美教科书的过程中逐渐发现了教科书的本质要求或特点，以及教科书这一文本的独特性。

首先，教科书要通俗易懂。教科书的对象是学生，是孩童，通俗易懂成为和朗朗上口一样重要的指标。被誉为"清末白话文运动理论先驱者"[②]，"编写通俗小学教科书的第一人"[③] 的陈子褒，被英语启蒙课本中的鸡、犬、猫等通俗易懂的内容所触动，联想到我国教材的"天地玄黄，宇宙洪荒"，决心改革启蒙教材，把通俗易懂作为优质教材的最大特征。他由日本的小学课本，"恍然于中国教育既失其本，复遗其末。非全行改革，无以激发国民之志气，濬瀹国民之智慧。且读书十年，毫无级数。汩没性灵，虚度日晷，莫此为甚"，于是，他愤激地喊出"中国之亡，亡于学究之手"[④] 的极端口号。那么何为通俗易懂呢？对小学教科书而言，也许应该"不雅而浅，不炼而顺，不文章而谈话"。"所谓不雅而浅者，不用'啮燠鬻觅簏'等字，而用'咬暖卖寻箱'等字是也。""所谓不炼而顺者，不用'系之以竹'而用'以竹系之'是也。""所谓不文章而谈话者，不用'弟悦甚'而用'弟极欢喜'是也。"[⑤] 这实际上涉及教科书内容和内容的表达问题。当时，日本教科书多用故事、寓言等生动多样的表现手法来追求通俗易懂，以引发儿童的注意及学习兴趣。留日学生在编译（撰）教科书时也十分注重这些，如无锡三等公学堂的《蒙学读本全书》第二编中，便借用了日本教科书中的故事形

---

① ［英］麦高温：《中国人生活的明与暗》，北京：中华书局，2006 年，第 66～67 页。

② 胡全章：《清末民初白话报刊研究》，北京：中国社会科学出版社，2011 年，第 16 页。

③ 谭彼岸：《晚清的白话文运动》，武汉：湖北人民出版社，1956 年，第 17～19 页。

④ 陈子褒：《教育学会缘起》，《陈子褒先生教育遗议》，南宁：广西师范大学出版社，2012 年，第 5 页。

⑤ 陈子褒：《陈子褒先生教育遗议》，第 21 页。

式而更换其“桃太郎”等内容，代之以中国文化中人们熟悉的内容。

其次，要用易于掌握的文字语言。教科书要达到通俗易懂的要求，一定要实现从“文言”到“白话”的语境变通。陈子褒谈到自己去日本访学时的深刻感受，只见路边的车夫、旅馆的女仆都在看报，而广东省城一店之中仅数人识字，不是因为国人愚笨，而是因为日本报纸多用浅说，中国报纸多用文言。他大声疾呼：“今天文言之祸亡中国。”“中国五万万人之中，试问能文言者几何?”“大抵今日变法，以开民智为先。开民智莫如改革文言。”① 受日本教科书的启发，大量留日学生都敏锐地意识到用与现实生活脱节的文言来开启民智确实是会有很大的困难与隔膜的。于是，用通俗文字来开启民智便成为一种现代性诉求。由于文言文是当时中国的官话，在今后的考试与工作中都有要求，于是留日学生在对比中日两国文字后，其编译的教科书一般开始都用的是浅近的文言文，后逐渐使用白话文。这样，不但有利于阅读理解，而且自然、朴实的语言既符合实际的生活，又吻合了现代的潮流、社会的需要、世界的大势，使教科书自身充满了生命力与创造力。笔者考证，中国最早以“国语”命名的教科书是1907年8月留日学生黄展云、林万里、王永炘等编的《国语教科书》(商务印书馆出版)。它比新文化运动要早十余年，比教育部规定教科书必须使用白话文早更多时间。它是伴随着新文化运动，在1922年新学制的基础上，小学白话文教科书完全取代文言文教科书的。

再次，教科书体例日益规范和完善。中国传统教材没有特定的体例与规范，课序、课题、课后练习等都形形色色，无一定之规。受西方特别是日本教科书的影响，清末民初的教科书发展由开始的无体例无规范，到编撰者逐渐意识到教科书是一种独特的文本，应该有自己的文体要求，有自己的体例与规范。教科书不是普通的读物，也不是学术著作，而是实现教学过程进而达到教学目的的特殊文本，应该有自己的体例与规范。比如出现单元模式，每个单元由若干篇课文组成；还开始出现练习、注释、插图、简表等助读系统。练习是教科书的重要组成

① 陈子褒：《论初等小学读本》，《陈子褒先生教育遗议》，第12～22页。

部分，对于学生巩固新知、提高独立思考能力大有裨益。以练习为代表的助读系统的出现使教科书作为“教学用书”的性质得以体现，并很快又出现了与教科书配套之教师用书，帮助教师教学。

以历史教科书为例。我国古代史学体例，主要有“编年”和“纪传”两种。依据这两种体例编写的史学著作，都不是很适合当时新型学校的教学需要。留日学生便把日本学者编写中小学历史教科书所采用的“简明通史体”介绍到中国来。如 1902 年 7 月作新社首版的《万国历史》便是取日本当时各种最新历史著作编译而成，“专为中国教科书之用，故译笔以明白易晓为主，不以修饰为工”①，且此书还是部定教科书，后多次再版，在学堂广为流传。

“章节体”这一教科书编撰方法是近代在西方发展起来的，这种体例采用篇、章、节结构，既综合贯通又分门别类，和传统教材相比容量更大、更系统，因此成为近代西方教科书编撰的主要体例形式。国人在编译国外教科书的过程中，章节体也进入中国，并逐渐被国人所接受。晚清“新政”之后自编的教科书，开始大量使用章节体组织教科书内容。

另外，教科书对传统教材的取代，还有标点符号引入的因素。有关标点符号这些书写形式的问题对现在的师生来说，早已习以为常，但在晚清民初教科书的语言文字的变革过程中，它所起的作用非常大，标志着教科书文本的成熟。句号和逗号是最常用的两种标点符号，但其实是最晚被引入汉语书写中，就因为汉语文本原来就有使用句读的历史。句读和句号、逗号都有断句的功能，但它们的断句方式并不相同，句号、逗号的配合使用可以反映某种文法关系，这为句读所不具备。句号、逗号的引入，终于全面实现了书写形式的移入与变革。全国人颇不习惯的“欧化”的汉语书写得以全面实现。旧式教材明显表现出不如现代教科书便于阅读的不足，此时，教科书功莫大焉。

在教科书装订上，中国教科书也受外国的影响。中国的铅字活版早于日本，但现代装订的采用，却比日本要晚。一直到清末民初，图书装帧基本上都是线

① 作新社：《万国历史》，上海：作新社，1902 年初版，1903 年第 6 版，“凡例”。

装。商务印书馆最有影响的“共和国教科书”（1912）、中华书局的“中华教科书”（1912）都还是线装出版印刷的。据实藤惠秀研究，1900年留日学生编译的教科书《东语正规》，是中国书籍装订形式转变的开始。[①]《东语正规》由第一批中国留日学生中的唐宝锷编译于日本，“采用洋纸与双面印刷，西式装订，打开了中国书籍装帧的新变局”[②]。再经过近20年的发展，现代装订最终完全取代传统的线装，成为教科书的基本装订方式。西式装订即现代装订，意指平装与精装。特别值得一提的是，在留日学生编译（撰）的教科书中，开始出现了文字横排印刷。

教科书之为教科书，不仅在内容的选择上有严格的要求，在形式上亦具有其独特性、规范性。在近代风云际会的历史背景下诞生的教科书，编撰形式配合新生文化的内容，在不断地模仿、学习、创新的过程中，逐渐实现自身的科学性、规范性。知识分类和体例改良是新式教本与传统的最大不同，最大优点是便于教育的普及，便于大众教育，便于更多的人阅读。这已经成为晚清很多学者的共识。[③] 即便是旧学人也不得不承认，新教科书注重方法，“使人一见而能”，此为过去所无，所以即便需要学习传统经典，也应该按新教科书编之。[④]

新型课堂教学形式需要新的课本文本书写形式的支持，而新的书写形式的教科书的出现又促进了教学形式的变革。这一变革促使传统老教材无法生存，现代教科书彻底占领课堂。

---

① ［日］实藤惠秀：《中国人留学日本史》，北京：生活·读书·新知三联书店，1983年，第252页。

② 彭斐章，《中外图书交流史》，长沙，湖南教育出版社，1998年，第243页。

③ 毕苑：《“蒙学教科书”：第一部中国近代教科书》，《中华读书报》2009年5月13日。

④ 许之衡：《读〈国粹学报〉感言》，《国粹学报》1905年第6号。

附 录

晚清留日学生编撰（译）的部分教科书目

[1] 曾志忞. 唱歌及教授法［M］. 出版不详，1903.

[2] 沈心工. 重编学校唱歌集：六集［M］. 出版不详，1911.

[3] 查理斯密. 初等代数学［M］. 陈榥，译. 东京：清国留学生会馆，1905.

[4] 高步瀛，陈宝泉. 初等小学堂格致教科书［M］. 天津：北洋官报局，1905.

[5] 查理斯密. 初等代数学［M］. 长泽龟之助，增补. 仇毅，转译. 上海：群益书局，1908.

[6] 徐傅霖. 初等小学手工教授本［M］. 上海：中国图书公司，1907.

[7] 郑宪成. 初等小学体操教科书［M］. 上海：新民书局，1906.

[8] 顾倬，顾祖玑. 初等小学修身教授本：四编［M］. 上海文明书局，1910.

[9] 菊池大麓. 初等平面几何学［M］. 任允，译. 东京：教科书译辑社，时间不详.

[10] 桦正董. 代数学教科书：中学用：改订［M］. 彭世俊，等，译述. 东京：清国留学生会馆，1905.

[11] 立花赖重. 代数学教科书：中学用［M］. 宏文学院，编辑. 东京：东亚公司，1907.

[12] 横山又次郎. 地质学简易教科书：中学［M］. 虞和钦，虞和寅，译述. 上海：广智书局，1902.

[13] 雷奋. 地方自治讲义［M］. 上海：中国图书公司，1909.

[14] 矢津昌永. 地理学［M］. 宏文学院，编辑. 东京：东亚公司，时间不详.

[15] 横山又次郎. 地学概论［M］. 湖南留日学生（姓名不详），译. 东京：湖南编译社，1903.

[16] 陈榥. 订正中等算术教科书：2 卷［M］. 东京：教科书译辑社，1904.

[17] 万声扬. 代数［M］. 出版不详.

[18] 戢翼翚，唐宝锷. 东语正规［M］. 上海：作新社，1900.

［19］ 周逵. 法制教科书［M］. 上海：国学社，时间不详.

［20］ 杨廷栋. 法制理科教科书政治学［M］. 上海：文明书局，1908.

［21］ 杨廷栋. 法律学教科书［M］. 上海：中国图书公司，1908.

［22］ 宏文学院. 法制教科书［M］. 东京：东亚公司，1907.

［23］ 林万里，黄展云. 高等小学修身课本［M］. 沈恩孚，张继良，校订. 上海：中国图书公司，1907.

［24］ 林万里，黄展云. 高等小学修身教授本［M］. 沈恩孚，张继良，校订. 上海：中国图书公司，1907.

［25］ 顾倬. 高等小学国文读本：4 卷［M］. 上海：文明书局，1905.

［26］ 辜天佑. 高小地理教科书：本国之部［M］. 长沙：修业学堂，1906.

［27］ 山本武. 高等小学游戏法教科书［M］. 丁锦，译述. 上海：文明书局，1903.

［28］ 张肇桐. 高等小学国史教科书［M］. 上海：文明书局，1902.

［29］ 秦瑞玠. 高等小学西洋历史教科书：2 册［M］. 上海：文明书局，1903.

［30］ 王建善. 国文教授进阶［M］. 上海：作新社，1903.

［31］ 国际法学［M］. 汪郁年，译. 东京：译书汇编社，1903.

［32］ 李叔同. 国学唱歌集［M］. 上海：中新书局国学会，1905.

［33］ 黄展云，等. 国语教科书：3 册［M］. 上海：商务印书馆，1907.

［34］ 西川政宪. 国民体育学［M］. 杨寿桐，译. 上海：文明书局，1902.

［35］ 雷奋. 国家学讲义［M］. 上海：中国图书公司，1909.

［36］ 辜天佑. 湖南乡土地理：5 册［M］. 湖南：会通学社，1910.

［37］ 辜天佑. 湖南乡土地理参考书：5 册［M］. 长沙：群益图书社，1910.

［38］ 龟高德平. 化学讲义实验书［M］. 虞铭新，译. 上海：普及书局，1906.

［39］ 查理斯密. 解析几何学教科书：中学用［M］. 宫本藤吉，译. 仇毅，转译. 上海：群益书社，1908.

［40］ 生驹万治. 几何学教科书［M］. 金太仁作，译. 宏文学院，编辑. 3 版. 出版不详，1909.

［41］ 经亨颐. 几何学讲义第一编直线：中学用［M］. 上海：新学会社，1907.

［42］ 曾志忞. 教育唱歌集［M］. 出版不详，1903.

［43］ 虞和寅. 近世化学教科书［M］. 上海：科学仪器馆，1907.

［44］ 作者不详. 近世德意志政治史［M］. 富士英，编译. 上海：作新社，1903.

［45］ 安东伊三次郎. 矿物界教科书［M］. 江陵鲁洞，译. 东京：留学生会馆，1906.

［46］ 胁水铁五郎. 矿物界教科书［M］. 邓毓怡，译. 东京：并木印刷所，1907.

［47］ 邢之襄，等. 矿物界教科书［M］. 北京：河北译书社，1907.

［48］ 佐藤传藏. 矿物学及地质学［M］. 金太仁作，译. 东京：宫本印刷所，1907.

［49］ 石川成章. 矿物教科书［M］. 史浩然，译. 上海：文明书局，1907.

［50］ 胡沙. 矿物学［M］. 马君武，译. 上海：科学会编译部，1911.

［51］ 神保小虎. 矿物界教科书［M］. 虞和钦，等，译. 宁波：宁波实业会社，1902.

［52］ 高山林次郎. 论理学［M］. 汪荣宝，译. 出版不详，1902.

［53］ 乐典教科书［M］. 曾志忞，译. 上海：广智书局，1904.

［54］ 夏清贻. 历史教授法［M］. 上海：开明书局，1906.

［55］ 秦瑞玠. 蒙学简明世界地图［M］. 上海：文明书局，1905.

［56］ 周柏年. 蒙学化学教科书［M］. 上海：文明书局，1906.

［57］ 秦瑞玠. 蒙学西洋历史教科书［M］. 上海：文明书局，1903.

［58］ 秦瑞玠. 蒙学东洋历史教科书［M］. 上海：文明书局，1904.

［59］ 坪井玄道，田中盛业. 蒙学体操教科书［M］. 丁锦，译. 上海：文明书局，1903.

［60］ 美国伦孙氏中等化学教科书［M］. 马君武，译. 上海：科学会编译部，1911.

［61］ 杨荫杭. 名学教科书［M］. 上海：文明书局，1903.

［62］ 徐一冰. 女子小学体操范本［M］. 上海：中国图书公司，时间不详.

［63］ 徐傅霖. 女子体操范本［M］. 出版不详，1909.

［64］ 徐傅霖. 女子小学体操范本：高小教授用［M］. 上海：中国图书公司，1908.

［65］ 岩川友太郎，等. 普通教育动物学教科书［M］. 张修爵，王官寿，编译. 上海：普及书局，1906.

［66］ 长泽龟之助. 普通教育平面三角教科书［M］. 张修爵，编译. 上海：普及书局，1907.

［67］ 滨辛次郎，伍野龄藏. 普通教育物理教科书［M］. 张修爵，译述. 上海：普及书局，1907.

［68］ 秦瑞玠. 普通西洋历史教科书［M］. 上海：文明书局，1907.

［69］ 作新社. 普通体操法［M］. 上海：作新社，1903.

［70］ 夏清贻. 普通地理读本［M］. 上海：王氏育才学堂编译所，1901.

［71］ 普通百科全书：100 册［M］. 范迪吉，等，译. 上海：会文学社，1903.

[72] 富山房. 普通教育地质学问答 [M]. 郑宪成，译. 上海：作新社，1903.

[73] 王宰善. 普通经济学教科书 [M]. 东京：教科书译辑社，时间不详.

[74] 陈文哲. 普通应用物理教科书 [M]. 上海：昌明公司，1908.

[75] 彭树滋，张修爵. 普通教育植物学教科书 [M]. 上海：普及书局，1906.

[76] 桦正董. 平面三角法教科书 [M]. 仇毅，译. 上海：群益书社，1907.

[77] 陈文哲. 普通应用物理教科书 [M]. 上海：昌明公司，1904.

[78] 普通体操学教科书 [M]. 王肇鋐，译. 上海：文明书局，1904.

[79] 普通教育实验理化教科书 [M]. 王本祥，译述. 出版不详，1906.

[80] 陈文哲. 普通教育矿物界教科书 [M]. 上海：昌明公司，1906.

[81] 宏文学院. 日本语教科书 [M]. 出版不详，1906.

[82] 瑞典式体操教科书：中学用 [M]. 范迪吉，译. 上海：时中书局，1906.

[83] 作新社. 世界地理 [M]. 上海：作新社，1902.

[84] 吴闿生. 桐城吴氏文法教科书 [M]. 上海：文明书局，1909.

[85] 织田万原，吴闿生. 桐城吴氏法律学教科书 [M]. 北京：华北书局，1905.

[86] 徐一冰. 体育教程 [M]. 上海：文明书局，时间不详.

[87] 陈文哲. 物理教科书 [M]. 上海：昌明公司，1905.

[88] 杨寿桐. 物理学问答 [M]. 上海：科学书局，1906.

[89] 陈榥. 物理易解 [M]. 东京：教科书译辑社，1902.

[90] 董鸿祎. 外国史 [M]. 上海：国学社，时间不详.

[91] 作新社. 万国历史 [M]. 上海：作新社，1902.

[92] 作新社. 新编矿物学教科书 [M]. 上海：作新社，1905.

[93] 赵缭，余焕东. 新译算术教科书：2 卷 [M]. 东京：湖南编译社，1905.

[94] 坪井次郎. 新编中学生理学教科书 [M]. 沈工桢，译. 东京：清国留学生会馆，1906.

[95] 新撰小学校体操法 [M]. 李春醐，译. 东京：留学生会馆，1906.

[96] 谷本富. 新体欧洲教育史要 [M]. 汪郁年，马叙伦，校. 北京：大学堂官书局，1903.

[97] 邓莹诗. 小学体操生理教科书 [M]. 出版不详，1906.

[98] 蒋智由. 小学修身书 [M]. 东京：同文印刷舍，1906.

[99] 石原重雄. 小学唱歌教授法 [M]. 沈心工，译. 上海：文明书局，1905.

[100] 陈乾生. 小学万国地理新编 [M]. 上海：商务印书馆，1902.

［101］ 汪荣宝. 小学国史［M］. 上海：国学社，时间不详.
［102］ 汪荣宝. 小学国文典［M］. 上海：国学社，时间不详.
［103］ 叶澜. 小学地理志［M］. 上海：国学社，时间不详.
［104］ 徐一冰. 小学体操范本［M］. 上海：中国图书公司，时间不详.
［105］ 陈滋. 寻常小学简明物理教科书［M］. 上海：新学会社，1904.
［106］ 沈心工. 学校唱歌集［M］. 出版不详，1904.
［107］ 高松丰吉. 最新实验化学教科书［M］. 张修爵，彭树滋，编译. 上海：挹记图书馆，1905.
［108］ 山上万次郎. 最近中学地理教科书地文之部［M］. 陈树藩，译编. 上海：中国留学生会馆，1906.
［109］ 富士英. 最近俄罗斯政治史［M］. 东京：译书汇编社，1902.
［110］ 秦沅. 中学数学教科书［M］. 上海：开明书店，1904.
［111］ 斯起尔. 中学生理教科书［M］. 何燏时，译补. 东京：教科书译辑社，1902.
［112］ 曾鲲化. 中国历史［M］. 长沙：东新译社，1903.
［113］ 吉田彦六郎. 中等最新化学教科书［M］. 何燏时，译. 东京：教科书译辑社，1904.
［114］ 作新社. 中学教科书新编动物学［M］. 上海：作新社，1903.
［115］ 汪荣宝. 中国历史教科书本朝史讲义：3 编［M］. 张元济，校订. 上海：商务印书馆，1909.
［116］ 中学代数教科书［M］. 陈榥，译. 东京：教科书译辑社，时间不详.
［117］ 水岛久太郎. 中学物理教科书［M］. 陈榥，译. 东京：教科书译辑社，时间不详.
［118］ 水岛久太郎. 中学算理教科书［M］. 陈榥，译. 东京：教科书译辑社，时间不详.
［119］ 周家彦. 中学几何教科书［M］. 东京：教科书译辑社，时间不详.
［120］ 夏清贻. 中学地理教科书［M］. 东京：教科书译辑社，时间不详.
［121］ 徐家璋. 中学教科书数学新编［M］. 张瑞基，徐家瑢，参阅. 东京：清国留学生会馆，1906.
［122］ 万声扬. 中学适用算术新教科书［M］. 出版不详.
［123］ 神谷市郎. 中学地文教科书［M］. 汪郁年，译. 东京：教科书译辑社，1906.
［124］ 蒋智由. 中学修身教科书：3 卷［M］. 东京：同文印刷舍，1906.
［125］ 亀高德平. 中学化学教科书［M］. 虞和钦，译述. 上海：文明书局，1906.

[126] 夏清贻. 中学本国史教科书 [M]. 上海：开明书店，1906.

[127] 菊池大麓. 中学数学教科书几何之部平面 [M]. 仇毅，译. 上海：群益书社，1907.

[128] 上野清. 中等教育几何学教科书立体之部 [M]. 仇毅，译述. 上海：群益书社，1909.

[129] 菊池大麓. 中学校数学教科书几何小教科书平面 [M]. 仇毅，译. 上海：群益书社，1908.

[130] 张肇桐. 中外故事读本 [M]. 上海：文明书局，1902.

[131] 秦毓鎏，嵇镜. 中学读本 [M]. 上海：国学社，时间不详.

[132] 汪荣宝. 中学文典 [M]. 上海：国学社，时间不详.

[133] 叶澜. 中学本国地理志 [M]. 上海：国学社，时间不详.

[134] 黄展云. 最新妇女国文读本：女学堂用：10 册 [M]. 福州：教育普及社，1908.

[135] 龟高德平. 最新化学教科书 [M]. 陈家灿，译述. 上海：群益书社，1908.

[136] 田原正人. 植物之生理 [M]. 高铪，译. 东京：教科书译辑社，时间不详.

[137] 杨廷栋. 政治学教科书 [M]. 上海：作新社，1902.

中外参考文献举要

[1] 《大公报》[N]. 香港.

[2] 《译书公会报》[N]. 上海.

[3] 《中央日报》[N]. 南京.

[4] 《中华读书报》[N]. 北京.

[5] 《申报》[N]. 上海.

[6] 《编辑之友》[J]. 太原:山西出版集团.

[7] 《出版史料》[J]. 北京:开明出版社.

[8] 《东方杂志》[J]. 上海:商务印书馆.

[9] 《大学院公报》[J]. 南京:中华民国大学院.

[10] 《高等教育研究》[J]. 武汉:华中科技大学.

[11] 《湖南师范大学教育科学学报》[J]. 长沙:湖南师范大学.

[12] 《华东师范大学学报》(教育科学版)[J]. 上海:华东师范大学.

[13] 《河北师范大学学报》(教育科学版)[J]. 石家庄:河北师范大学.

[14] 《教育研究》[J]. 北京:中国教育科学研究院.

[15] 《教育杂志》[J]. 上海:商务印书馆.

[16] 《教育公报》[J]. 南京:中华民国教育部.

[17] 《教育学报》[J]. 北京:北京师范大学.

[18] 《课程・教材・教法》[J]. 北京:人民教育出版社.

[19] 《课程教学研究》[J]. 广州:广东教育出版社.

[20] 《兰州学刊》[J]. 兰州:兰州市社会科学研究院,兰州市社会科学界联合会.

[21] 《民国档案》[J]. 南京:中国第二历史档案馆.

[22] 《清华大学学报》(哲学社会科学版)[J]. 北京:清华大学.

[23] 《日本学刊》[J]. 北京:中国社会科学院日本研究所,中华日本学会.

[24] 《新教育》[J]. 上海:新教育共进社.

[25] 《新青年》[J]. 上海:群益书社.

[26] 《学术研究》[J]. 广州:广东省社会科学界联合会.

[27] 《现代哲学》[J]. 广州:广东省哲学学会.

[28] 《中山大学学报》(社会科学版)[J]. 广州:中山大学.

[29] 《中华教育界》[J]. 上海:中华书局.

[30] 《浙江师范大学学报》(社会科学版)[J]. 金华:浙江师范大学.

[31] 《中小学管理》[J]. 北京:北京教育学院.

[32] 《中国科技史料》[J]. 北京:中国科学技术史学会.

[33] 石鸥. 百年中国教科书论[M]. 长沙:湖南师范大学出版社, 2013.

[34] 石鸥. 百年中国教科书忆[M]. 北京:知识产权出版社, 2015.

[35] 钱江. 百人千书——无锡近代教育著作书目初编[M]. 南京:江苏凤凰教育出版社, 2016.

[36] 课程教材研究所. 20 世纪中国中小学课程标准・教学大纲汇编:课程(教学)计划卷[G]. 北京:人民教育出版社, 2001.

[37] 黎锦熙. 国语运动史纲[M]. 北京:商务印书馆, 2011.

[38] 乐嗣炳. 国语学大纲[M]. 上海:大众书局, 1935.

[39] "中国国民党中央委员会中央党史史料编纂委员会". 国父全集[M]. 台北:"中央文物供应社", 1973.

[40] 吴晓峰. 国语运动与文学革命[M]. 北京:中央编译出版社, 2008.

[41] 顾颉刚. 顾颉刚日记[M]. 台北:联经出版公司, 2007.

[42] 彪蒙编译所. 绘图蒙学论说实在易[M]. 上海:彪蒙书室, 1909.

[43] 石鸥. 简明中国教科书史[M]. 北京:知识产权出版社, 2015.

[44] 陈侠. 近代中国小学课程演变史[M]. 重庆:商务印书馆, 1944.

[45] 毕苑. 建造常识:教科书与近代中国文化转型[M]. 福州:福建教育出版社, 2010.

[46] 李华兴. 民国教育史[M]. 上海:上海教育出版社, 1997.

[47] 胡适. 四十自述[M]. 合肥:安徽教育出版社, 2006.

[48] 全国教育联合会新学制课程标准起草委员会. 新学制课程标准纲要[R]. 上海:商务印书馆，1925.

[49] 石鸥. 中国近现代教科书史[M]. 长沙:湖南教育出版社,2012.

[50] 王建军. 中国近代教科书发展研究[M]. 广州:广东教育出版社，1996.

[51] 龚启昌. 中学普通教学法[M]. 上海:商务印书馆，1946.

[52] 孙邦正. 中国学制问题[M]. 台北:台湾商务印书馆，1973.

[53] 舒新城. 中国近代教育史资料[M]. 北京:人民教育出版社，1961.

[54] 陈景磐. 中国近代教育史[M]. 北京:人民教育出版社，1983.

[55] 孙培青. 中国教育史[M]. 上海:华东师范大学出版社，2000.

[56] 李光伯. 中国复式教学史[M]. 南京:南京师范大学出版社，2014.

[57] 实藤惠秀. 中国人留学日本史[M]. 北京:生活·读书·新知三联书店，1983.

[58] 毕苑. 中国近代教科书研究[D]. 北京:北京师范大学，2004.

[59] 刘景超. 清末民初女子教科书文化传承与创新之研究[D]. 长沙:湖南师范大学，2014.

[60] History and Social Studies-Methodologies of Textbook Analysis[J]. Amsterdam.

[61] Hiding the Hidden Curriculum[J]. Curriculum Theory Network.

[62] New Education Media and Textbooks[J]. Stockholm.

[63] School of Oriental and African Studies[J]. University of London.

[64] TYLER, RALPH W. Basic Principles of Curriculum and Instruction[M]. Chicago: University of Chicago press, 1969.

[65] G. E. HALL, S. M. HORD. Change in Schools:Facilitating the Process[M]. New York: State University of New York Press, 1987.

[66] MICHAEL W. APPLE. Ideology and Curriculum[M]. New York: Routledge, 1990.

[67] MARTIN W. BAUER, GEORGE GASKELL. Qualitative Researching with Text, Image and Sound:A practical handbook for Social Research[M]. New York: Sage, 2000.

[68] MICHAEL W. APPLE, LINDA K. CHRISTIAN-SMITH. The Politics of the Textbook [M]. New York: Routledge, 1991.

[69] JEROME BRUNER. The Culture of Education[M]. Boston: Harvard University Press, 1997.

索　引

相关人物索引

D

F

G

H

M

N

P

Q

R

S

X

Y

重要事件、政策法案索引

教科书索引

Y

Z

后记

湖南教育出版社的李军等好友，多次与我聊起新书选题，我这个教育史的门外汉，不知道是哪根神经扭了，总喜欢谈民国教育的方方面面。我说，完全可以也应该出一套民国教育的专题史！但最初的反馈有点令人沮丧，说是对这个选题有争议。于是，该选题沉寂下来了。记得到了 2015 年 4 月初的一天，李军想见我，而且一定要见我，他高兴地说，社领导很重视，要求尽快启动，而且省局的相关负责人也叫好，认为值得搞。我这个时候反而不那么兴奋了，这已经不是我的事了，我的兴奋点已经转移了。但李军先生抓住我不放，我无处可逃。谁来举旗呐喊？谁来领衔挂帅呢？我觉得非田正平教授莫属。想来很不礼貌，没有征得田先生的同意，就把他给卖了。而且被李军催逼着多次与田教授联系，简直是雷厉风行。2015 年 4 月底的一个周末，我陪着（与其说陪着，不如说被逼着）李军和他们的黄步高社长来到杭州拜访田教授，收获出乎意料地好，在我的多次联系后，田教授事实上已经在酝酿这套书的有关问题了，已经接过了帅印擎起了帅旗。启动准备工作遂按部就班又紧锣密鼓地进行着。是年暑假，正式启动会议在长沙美丽的普瑞大酒店举行，一批教育史研究的名家被田正平教授的大旗召唤过来了。

田教授一定是冒着风险，把其中的一本交给了我。这可是教育史的研究呀！我压根就是野路子走到底的人，仅仅凭着满腔热忱以及也许是一丝冥冥之中的召唤。记得 1977 年恢复高考的第一年，我就以第一批上线的成绩胜出，当时的志愿竟是两个考古专业——北大考古系和武大考古系。只是那还是 1977 年冬，尽管春马上就要来了，但仍然寒冷。十一届三中全会还没有召开，家庭的背景把我挡在大学之外，也挡在考古之外。谁想到，山转水转时光转，又把我转到收藏上来了。早在20世纪90年代初，在德国学习时，我就开始光顾旧货市场，并逐渐转入老教科书的专门收藏。20余年的老教材收藏，既是专业研究的需要，更是自己兴趣的驱使。收藏与研究结合，人生一乐也。也许正是看在我与旧物有缘分这一点上，田教授认为我还不算是完全与历史研究绝缘的、从零开始的莽夫，遂给了我这一份差事，明令完成时间。

满心欢喜地接到这一任务后，让我完全没有想到的是，接下来的大多数时间，于我而言，几乎就是刻骨铭心的。我的心绪几乎完全没有办法平静下来了。心灵的电闪雷鸣之后，一切都过去了。我没有办法改变命运，但我可以留在书桌前。

书桌前的沉思，山巅上的远眺，这两种方法能使人心灵平静。

感谢张文、张学鹏的全程操心，感谢段发明、李彦群、李新、周美云、张美静等为本书的顺利完成提供的帮助和付出的辛劳；感谢李军、罗青山的认真负责，感谢责任编辑何莉精益求精的态度和不厌其烦的求证。尤其是要感谢田正平教授，他是我们这一船人的掌舵者，确保不至于发生方向性错误；他也是我们这一干人的发令者，确保我们拼尽全力跑到目的地；他更是我的作品的设计师，每一个细小的地方，都被他睿智的眼光扫描过检验过。

最后，我要说一句从来没有说过的话：我要感谢自己！真的，这种特殊时光，我真不知道自己是如何挺过来的！是不是因为有书？不论是要读的书还是要写的书，书本质上是为了善。尤为重要的，是不是为了爱，我心中的爱？

……

电脑合上，

书本合上，

还剩下，心中的两杯茶两盏灯……

“总有一天，你会放下不舍和痛楚，带上爱开始新生活。”

石鸥

2018年3月3日改定于北京童书阁